자바 프로그래밍

안 동 찬 · 신 진 섭 공저

오성 미디어

머 리 말

끊임없이 변화하는 IT 환경 속에서 그래도 꾸준히 각광 받을 수 있는 분야가 프로그래밍 분야가 아닌가 생각한다. 그러나 최근에는 프로그래밍 분야가 IT관련 학과의 재학생들에게 기피 분야가 되어가고 있다. 수학적 지식을 비롯한 논리 사고력 등의 지식을 요구하기 때문에 한마디로 어려운 것은 피해 가자는 것이다. 그러나 어렵다고 모두 피해 갈 수 있는 것은 아니라고 생각한다. 그 중에서도 자바는 컴퓨터 프로그래밍 언어 중에서 군더더기를 제거한 아주 슬림한 언어이기 때문에 산업현장 및 교육현장에서도 개발 및 교육의 도구로 가장 많이 쓰이고 있다.

앞으로 산업현장에서 개발을 하거나, 진학을 하여 공부를 계속할 학생들이라면 자바언어를 적극 추천하고 싶다. 글로벌시대에 능숙한 외국어 실력이 우리에게 살아가면서 큰 힘이 될 것이라고 모두 생각하는 것처럼, 인정받는 IT 분야 종사자로서 살아가길 희망한다면 능숙한 컴퓨터 프로그래밍언어 하나쯤은 가지고 있어야 할 것이다. 바로 그것이 자바언어이고, 자바언어는 아주 유용하면서도 실제 사용이 용이한 언어가 될 것이다.

본 교재는 자바를 처음 공부하는 초보자로서 다른 언어의 경험이 없이도 쉽게 공부 할 수 있도록 아주 기초적인 부분부터 배울 수 있도록 저술되었다. 최근 거의 모든 대학에서 객체지향언어의 하나인 자바를 교과목으로 정하고 강의가 진행되고 있다. 저자도 대학에서 자바의 강의 경험을 바탕으로 이 책을 저술하게 되었다.

본 교재의 구성은 제1장 자바 언어의 소개, 제2장 자바의 설치와 실행, 제3장 자바의 기본 문법, 제4장 객체지향 프로그래밍, 제5장 상속, 제6장 인터페이스와 패키지, 제7장 스레드, 제8장 예외처리, 제9장 애플릿, 제10장 입출력, 제11장 AWT(Abstract Window Toolkit), 제12장 네트워크, 제13장 이벤트처리, 제14장 자바 패키지, 제15장 JDBC(Java Database Connectivity), 제16장 모바일 자바, 그리고 마지막 부분에 부록 : 개발툴 설치 및 환경 설정하기로 구성되어있다.

이 책을 통해 많은 학생들이 자바 프로그래밍 언어를 이해하고 자신감을 갖는데 큰 도움이 되었으면 하는 바램을 가져본다.

2008년 7월

저자 씀

차 례

CHAPTER 01 자바 언어의 소개 1

1.1 자바의 유래 1
1.2 자바 응용프로그램 2
1.3 자바의 장점 4
1.4 자바의 방향 7

CHAPTER 02 자바의 설치와 실행 9

2.1 자바의 설치 9
2.2 자바의 실행 환경 설정 13
2.3 자바의 실행 14
2.3.1 자바 프로그램 개발 도구 14
2.3.2 간단한 자바 프로그램의 작성과 실행 15

CHAPTER 03 자바의 기본문법 19

3.1 기본 자료형과 수식 19
3.2 연산자와 우선순위 23
3.3 자바 프로그램의 구성문 42
3.4 자바 가상머신의 메모리 모델과 배열 객체 64

CHAPTER 04 객체지향 프로그래밍 83

4.1 개체지향 개념과 자바 83
4.2 객체 생성자와 객체 생성 과정 93

CHAPTER 05 상 속 109

5.1 상속의 개념 109
5.2 상위클래스와 하위클래스 111
5.3 상속과 생성자 115
5.4 메소드의 재정의(Overriding) 120
5.5 변수와 메소드의 접근제어 125
5.6 추상클래스와 추상메소드 128
5.7 중첩클래스(Nested class)와 내부클래스(Inner class) 131

CHAPTER 06 인터페이스와 패키지 139

6.1 인터페이스 139
6.2 패키지 146

CHAPTER 07 스레드(Thread) 149

7.1 프로세스 149
7.2 스레드 154
7.3 멀티스레딩(Multi-threading) 177

CHAPTER 08 예외처리 189

8.1 예외와 예외처리 방법 189
8.2 예외의 분류 196
8.3 예외 발생 및 처리 200

CHAPTER 09 애플릿(Applet) 209

9.1 자바 애플릿 209
9.2 자바 애플릿의 실행 213
9.3 애플릿의 보안 217
9.4 애플릿에서 이미지와 사운드 출력 217
9.5 애니메이션 애플릿의 작성 223
9.6 애플릿과 브라우저 사이의 통신 228
9.7 애플릿에서 스레드의 사용 231

CHAPTER 10 입출력 235

10.1 자바 입출력 235
10.2 파일과 디렉토리 235
10.3 자바 입출력 스트림 모델 244
10.4 기본 입출력 스트림 249
10.4.1 기본 입출력 스트림 249
10.4.2 파일 입출력 스트림 254
10.5 메모리 입출력 스트림 259
10.5.1 메모리 입출력 스트림 259
10.5.2 배열 입출력 스트림 260
10.5.3 문자열 입출력 스트림 264

CHAPTER 11 AWT(Abstract Window Toolkit) 269

11.1 AWT 269
11.2 레이블(Label) 클래스 269
11.3 버튼(Button) 클래스 271
11.4 체크박스(Checkbox) 클래스 272
11.5 선택(Choice) 클래스 273
11.6 리스트(List) 클래스 275

11.7 스크롤바(Scrollbar) 클래스 276
11.8 캔버스(Canvas) 클래스 277
11.9 윈도우(Window) 클래스 279
11.10 프레임(Frame) 클래스 281
11.11 대화상자(Dialog) 클래스 282
11.12 파일 대화상자(File Dialog) 클래스 285
11.13 메뉴의 사용 287

CHAPTER 12 네트워크(Network) 291

12.1 네트워크 개요 291
12.2 InetAddress 클래스 291
12.3 URL(Uniform Resource Location) 294
12.4 TCP 소켓(Transmission Control Protocol Socket) 297
12.5 UDP(User Datagram Protocol) 302
12.6 클라이언트(Client)/서버(Server) 프로그래밍 305

CHAPTER 13 이벤트 처리 321

13.1 이벤트 321
13.2 자바 이벤트 모델 322
13.3 이벤트의 종류 323
13.4 액션 이벤트(Action Event) 324
13.5 조정 이벤트(Adjustment Event) 326
13.6 컴포넌트 이벤트(Component Event) 329
13.7 입력 이벤트(Input Event) 331
13.8 키 이벤트(Key Event) 332
13.9 마우스 이벤트(Mouse Event) 336
13.10 아이템 이벤트(Item Event) 337
13.11 텍스트 이벤트(Component Event) 338
13.12 윈도우 이벤트(Window Event) 338

CHAPTER 14 자바 패키지 341

14.1 패키지 341
14.2 java.lang 패키지 355
14.3 java.lang 패키지의 System 클래스 361
14.4 Wrapper 클래스 372
14.5 java.util 패키지 383

CHAPTER 15 JDBC 403

15.1 데이터베이스란? 403
15.2 JDBC 404
15.3 JDBC의 연결 406
15.4 데이터 검색하기 412
15.5 데이터 변경 및 삭제하기 414

CHAPTER 16 모바일(Mobile) 자바 417

16.1 VM의 등장 417
16.2 J2ME개요 420
16.3 Configuration과 Profile 423

부 록 ▷ 개발툴 설치 및 환경 설정하기 427
찾아보기 431

CHAPTER 01

자바 언어의 소개

1.1 자바의 유래

자바는 인도네시아 섬의 명칭으로 커피를 뜻하기도 하지만 프로그램 언어로서는 썬 마이크로시스템즈(Sun Microsystems)사에서 개발한 프로그래밍 언어를 말한다. 자바라는 명칭이 붙은 것은 개발하면서 피곤을 풀기 위해 따뜻한 커피 한잔 하면서 서로 대화를 나누곤 했는데 마침 적당한 이름을 생각하던 중 누군가가 자바를 제안하면서 지금 우리가 알고 있는 자바가 되었다.

자바는 일반적인 가전제품 또는 휴대용기기 간의 의사소통을 목적으로 James Gosling이 만들었는데 최초 명칭은 Oak로서 Patrick Naughton, Mike Sheridan and James Gosling이 Green Project(자바를 이용한 최초의 Project)를 통해 개발되었다. 그러나 빛을 보지 못하다 웹의 출현과 함께 조건이 가장 잘 맞는 언어가 되면서 널리 사용되게 되었다.

1.2 자바 응용프로그램

(1) JSP

JSP(Java Server Page)는 Servelet(서블릿은 서버에서 실행되는 작은 프로그램)의 사용을 통해 웹 페이지의 내용이나 모양을 제어하는 기술이다. 서블릿은 자바의 개발자인 썬 마이크로시스템즈사에서는 JSP 기술이 서블릿 API라고 말하고 있다. JSP는 마이크로소프트의 ASP와 유사하다. JSP가 웹서버에 의해 실행될 자바프로그램을 호출하는데 반하여, ASP는 페이지가 사용자에게 보내지기 전에 스크립트 인터프리터(VBScript 또는 JScript와 같은)에 의해 해석될 스크립트를 포함시킨다.

(2) Java Beans

자바빈즈는 "Visual Objects at Development Time"이다. 즉 개발툴(비주얼툴 - 이를테면 오라클의 JDeveloper, IBM의 Visual Age for Java , Visual Cafe 등)에서 사용자인터페이스를 만드는 것처럼 미리 완성된 기능을 제공한다. 자바빈즈는 단순한 인터페이스 구성 요소 차원을 넘어 여러 업무/작업에 필요한 것들을 완전한 형태로 만들어 놓은 것이다. 따라서 다른 프로그램이나 프로젝트에서 재사용되기 쉽다.

(3) EJB

Enterprise Java Beans(EJB)는 자바빈즈에 분산 컴퓨팅 기능을 첨가시켜 놓은 것으로서 엔터프라이즈 어플리케이션의 개발을 위한 서버측 컴포넌트 아키텍처이다. 따라서 대규모 처리를 하기 위한 프로그램 제작을 위해서 필요한 방법이다.

(4) 자바스크립트(JavaScript)와 JScript

자바스크립트는 자바와 무관하다. 사실 원래 이름은 LiveScript였다. 네스케이프사는 중간에 LiveScript를 JavaScript로 바꾸었다. 이로 인하여 일반 사용자들은 자바와 자바스크립트를 혼동한다. 자바의 인기가 높아지자 JavaScript에도 이와 같은 인기와 관심을 갖도록 하기 위해서였는지 모른다. 하지만 분명한 차이가 있다. 일반적으로 스크립트는 다른 프로그램에 의해 번역되거나 수행되는 프로그램이나 명령어들의 나열을 말한다. 즉 다른 프로그램에 의존하여 함께 사용 되는 것이다. 아직도 많이 사용되고 있다. 어떤 기능들은 간편하게 수행되므로 자바스크립트가 사용된다. JScript는 웹페이지에서 사용되도록 설계한 마이크로소프트사의 스크립트 언어이다. 자바스크립트와는 약간은 다른 기능들이 있기는 하지만 대부분 유사한 기능과 명령어를 가졌다. 차이가 있다면 일부는 네스케이프에서는 가능한데 익스플로어에서는 불가능하거나 익스플로어에서는 가능한데 네스케이프에서는 안되는 정도이다.

(5) 애플릿과 애플리케이션

자바프로그램은 두 가지로 작동된다. 애플릿은 웹브라우저 내에서 돌아가는 프로그램이고, 애플리케이션은 웹브라저 없이 독립적으로 실행된다.

① 애플릿(Applet)

애플릿은 연속적인 상호작용의 프로그램으로서 적당하다. 애플릿은 보안성을 갖추고 있고, 크기가 작지만 빈번하게 사용되어 반응이 즉시 나타나는 경우에 많이 사용된다. HTML 문서에 포함되어 작동하며 제한된 작업만 가능하다. 애플릿은 이미 인터넷을 통해 접해 보았다. 애니메이션이라든지 채팅을 통한 대화 입력 같은 작업을 가능케 해주는 기능을 가진 것이다.

② 애플리케이션(Application)

애플리케이션은 자바 소스코드가 자바 컴파일러를 통해 자바 바이트 코드인 파일명.class로 변환되어 JVM(Java Virtual Machine)과 함께 실행되는 프로그램이다. 일반적으로 기타 언어인 C, C++와 같은 언어로 작성된 프로그램과 같다고 생각하면 된다. Stand-Alone 프로그램이다. 따라서 웹브라우저를 실행할 필요가 없다. 단 JVM(Java Virtual Machine)이 필요하다.

(6) 자바로 개발된 클라이언트/서버 애플리케이션

기존의 클라이언트/서버 방식은 클라이언트와 서버 양쪽에 코드가 있어야 한다. 서버에 큰 부하가 걸리면 어쩔 수 없었지만 자바로 개발되면 클라이언트 쪽으로 부하를 나눌 수 있도록 옮길 수가 있다. 따라서 한쪽에 집중되는 현상을 균등하게 나누어 안정을 기할 수 있다. 또 앞에서도 밝힌바와 같이 완전한 플랫폼 독립적인 애플리케이션을 개발할 수 있다. 리컴파일링 하지 않고 다른 운영체제에서 운영가능하다는 것인데 이와 같은 것을 포팅(응용프로그램이 개발되었던 한 운영체계 환경으로부터 다른 운영체계에서 실행될 수 있도록 새로운 환경으로 옮기는 것)이라고 한다.

1.3 자바의 장점

탄생 배경에서부터 다양한 기기들에 적용이 되어야 하면서 각 기기들 간의 통신이 목적이었고 네크워크 환경인 다양한 장치에 필요한 높은 신뢰성, 완벽한 호환 등은 자바가 지금의 네트워크시대, 정보교환의 시대에 훌륭한 언어가 되었다. 이와 관련된 특징을 좀더 나열하면 다음과 같다.

(1) 객체지향 언어이다.

객체(Object)란 일상생활에서 흔히 대하고 사고하는 대상 목적물을 뜻하며 형태가 있는 것만이 아닌 형태가 없는 것까지 포함한다. 객체지향은 사고대상을 중심으로 문제를 해결하는 성향을 말한다. 객체지향이 되면 정보의 은닉성과 다양성 그리고 상속을 쉽게 할 수 있다.

(2) 단순하며 다른 언어와 유사하다.

자바는 기존의 C++와 유사한 언어이면서도 문제를 일으키기 쉬운 포인터, GOTO문, 연산자 중복, 다중상속 등을 삭제하였다. 따라서 혼란을 줄이고 단순한 구조를 갖게 되었다.

(3) 자동메모리관리 기능을 갖는다.

가비지 컬렉션(Garbage Collection) 즉, 자동적인 쓰레기 수집 기능은 메모리 사용이 끝난 후 더 이상 사용하지 않을 것이 확실한 것을 수거하여 메모리 공간을 확보하는 기능을 제공한다. 컴퓨터의 메모리는 무한하지 않다. 따라서 이 한정된 공간을 어떻게 잘 활용하느냐에 따라서 프로그램의 수행 속도가 빨라지는데, 공간자원을 활용하는데 있어서 좀더 넓은 공간에서 작업할 수 있도록 사용자나 개발자가 처리하지 않아도 자동으로 점유하던 공간을 비우는 처리 즉 메모리를 자유롭게 하여 메모리 활용도를 높인다. C++의 경우 메모리 관리를 위해 사용자가 메모리 해제를 해야 하는 즉 공간 확보를 위해 직접 대상을 지정해야 하고 관리해야 하는 불편함을 가지고 있는데 이를 개발자가 고생하지 않도록 하였으며 이는 개발을 쉽게 한다. 특히 한창 자원을 사용 중일 때 수거하는 것이 아니라 한가할 때 자동수집 기능을 수행하여 빠른 수행을 한다.

(4) 멀티스레드를 수행한다.

스레드는 하나의 프로세스 안에서 실행되는 단위작업을 의미한다. 따라서 멀티스레드란 여러 작업이 동시에 수행되는데 필요할 때 프로그램을 쉽게 구성하도록 도와준다. 주문을 받는 경우를 예로 들어 식당에서 주문할 때 여러 사람이 주문하게 되면 주문을 하다가 결정이 보류되는 경우가 있다. 그럴 때 종업원은 다른 테이블의 주문을 받기도 하는데 이처럼 하나의 주문서와 달리 다른 테이블의 주문을 받는 경우 스레드는 다른 테이블과 처음 테이블의 주문서라고 생각하면 된다. 따라서 멀티스레드는 둘 이상의 입력을 가능하도록 하는 것과 같이 능률적으로 단위작업들을 수행할 수 있다. 여러 개의 스레드가 존재하여 동시에 여러 가지 일을 수행하는 것이다.

(5) 풍부한 클래스 라이브러리와 동적연결이 가능하다.

사용자 인터페이스, 그래픽, 네트워크 등을 지원하는 풍부한 클래스 라이브러리를 지원한다. 기존 언어들보다 시작이 늦은 편이라 비주얼 개발툴은 상대적으로 적지만 많은 라이브러리를 제공한다. 또한 풍부한 라이브러리를 가졌기 때문에 실행시간에 라이브러리와 연결되어 실행되는 것이 효율적이고 실제 실행 또한 실시간에 수행된다. 따라서 변화되기 쉬운 환경이이거나 중간에 필요한 경우라면 라이브러리에 새로운 메소드나 속성을 추가시켜 이러한 변화를 빠르게 적용 시킬 수 있다는 점이 장점이다.

(6) 분산 환경과 네트워크에 강하다.

네트워크를 지원하는 클래스가 풍부하기 때문이기도 하지만 특정 운영체제나 하드웨어에 의존하지 않는 자바 프로그램의 실행환경을 생각한다면 네트워크에 강하다는 것이다. 또한 TCP/IP 프로토콜과 URL처리 같은 HTTP, FTP 프로토콜을 처리할 수 있다. 자바의 네트워크 패키지에는 여기에 해당하는 클래스들이 포함되어 있다. RMI(Remote Method Invocation)는 서로 다른 컴퓨터상에 있는 객체들을 원격으로 호출하여 실행시키는데 이런 기능은 객체들이 분산 네트워크 내에서 상호 작용하는 객체지향형 프로그램을 작성할 수 있다.

(7) 자바는 인터프리터 언어이다.

C/C++기존의 언어와 비교할 때, 자바 컴파일러는 소스코드를 기종에 무관한 바이트 코드(Byte Code)로 만들고, 실시간에 라이브러리와 연결되어 자바가상머신(Java Virtual Machine)상에서 작동된다. 따라서 플랫폼에 독립적으로 존재하고 실행된다.

(8) 견고하다.

C/C++에서 사용하는 포인터 처리가 필요 없기 때문에 런타임(실행시간) 에러 발생이 줄었고, 메모리 포인터의 사용으로 인한 주소 기억이 필요 없다. 따라서 메모리를 자동으로 할당하고 실행시간에 발생하는 에러를 처리하는 방법을 제공한다. 반면 데이터 형 검사는 실행 시간에 검사되는 것이 아니라 컴파일 시에 엄격하게 이루어져 에러를 먼저 발견한다.

(9) 플랫폼에 무관하게 작동한다.

운영체제와 하드웨어기종에 따라서 프로그램이 달라야 한다면 네트워크에서 작동하기는 힘들 것이다. 네트워크 상에서 운영체제와 하드웨어기종에 관계없이 작동하려면 기본적으로 기반에 독립적이어야 한다. 자바는 이러한 문제에 대해 하드웨어 아키텍처, 운영체제, 인터페이스에 독립적인 바이트 코드를 사용하므로 효과적이다. 또한 자바에서는 정수형 int는 부호를 사용하며 2의 보수인 32비트 정수가 되고, 실수형 float는 항상 IEEE 754표준에 정의된 32비트 부동 소수형 숫자가 된다. 따라서 어느 플랫폼에서나 결과가 동일하다. 자바 프로그램은 윈도우 XP, 2000/NT, Solaris 2.x, Mac OS, Linux 등과 같이 자바가 지원되는 모든 플랫폼 상에서 자바 컴파일러에 의해 바이트 코드 형태로 컴파일 되고, 인터프리터가 동작하는 자바 가상 기계에 의해 어떤 기종의 시스템에서도 쉽게 해석된다.

(10) 고성능 언어이다.

자바는 인터프리터 언어이므로 CPU 처리를 많이 요하는 프로그램의 경우 20~30배, 네트워크 프로그램의 경우 5배 정도 기존 프로그램보다 처리속도가 느리다. 중간에 JVM(Java Virtual Machine)이 관여하기 때문인데 이러한 단점을

'just-in-time' 컴파일러를 도입해 속도 면에서 좀더 빠르도록 하였다. 하지만 이런 단점에 대해서는 현재 컴퓨터 발전 속도에 의해서 해결 될 것이다. JIT(just-in-time) 컴파일러는 JVM의 기능을 수행하면서 한 번 기계어로 번역된 코드를 기억하고 다시 실행할 경우 번역과정을 거치지 않고 바로 기계어를 실행해 준다. JIT 컴파일러는 자바 바이트코드(반드시 해석되어야만 하는 명령어를 포함한 프로그램)를 프로세서에게 직접 전달될 수 있는 명령어로 바꾸어주는 프로그램이다. 따라서 초기화 과정에 시간이 소요되기도 하지만 반복 수행 되는 경우의 계산 프로그램에는 효과적이다.

(11) 안전하다.

자바는 네트워크 환경에서 운영되는 언어이므로 다른 언어보다 안전성에 대한 중요성이 요구된다. 다시 말해, 애플릿과 같은 프로그램의 다운로드 시에 적절한 제재를 가하지 않으면 보안상 많은 문제를 야기할 수 있다. 또는 서로 다른 결과를 이행하는 경우도 발생한다. 바이트코드 확인자(Bytecode Verifier)를 통해서 코드를 주고받을 때 미리 확인하는 과정을 거친다. 따라서 자바 코드는 바이러스, 파일의 삭제나 수정, 데이터 파괴 작업이나 컴퓨터 오류 연산 등을 방지할 수 있는 환경에서 실행 되도록 설계되었다. 자바는 해석적이고, 컴파일 적이라는 사실을 비롯한 몇 가지 다른 기능들은 보안을 돕는다는 것이다. 예를 들어, 웹브라우저에서 동작될 경우 소켓(네트워크 상에서 서버와 클라이언트 사이의 통신 방법)을 열지 못하고 자바 프로그램이 메모리에 접속할 수 없다는 사실은 안전하게 실행될 수 있다는 것을 의미한다. 대부분 자바는 안전하게 설계되었기 때문에 안전하다.

1.4 자바의 방향

자바의 장점 때문에 현재 프로그램들을 자바로 개발하는 경우가 점점 늘고 있다. 단지 이전 프로그램을 자바로 만들 경우 자바로의 전환에 시간과 비용이 요구된다는 점이다. 자바로 변화하는 것이 쉽지는 않다. 기존의 프로그램이 문제없이 잘 돌아간다면 특히 그렇다. 공을 들여 바꾸려고 하지는 않을 것이다. 또 자바로 일단 만들었다면 어느 정도 기간 동안은 검증의 필요성도 있기 때문에 별도의 노력이 필요할 수도 있다. 하지만 단지 프로그램은 개발이 전부가 아니다. 유지 보수가 오히려

더 중요하다. 좀더 기능을 추가시키기도 해야 하고 변화된 환경에 맞게 고쳐야 하는 것이다. 자바로의 순간적 변환이 힘들긴 하지만 전체적인 관점에서 유리하다. 문제가 된다면 자바로의 전환에 소요될 시간이다. 기존의 언어들은 사용자가 많다. 만들어진 코드도 많고 개발툴도 많다. 기반이 좋다. 자바로 가려면 이런 점이 문제가 된다. 하지만 이미 자바 개발환경을 지원하는 툴들이 많이 나왔다. 자바의 발전 속도가 빠르고, 판매용 자바 라이브러리도 많아졌다. 자바로의 전환에 고생이 필요하긴 하지만 강한 언어는 경쟁에서 살아남아 진화하기 마련이다. 현재보다 훨씬 월등한 언어가 되리라 믿는다.

CHAPTER

02

자바의 설치와 실행

2.1 자바의 설치

자바를 설치하려면 먼저 썬 마이크로시스템즈사에서 제공하는 개발 도구인 SDK (Software Developement Kit)를 먼저 구해야 한다. SDK는 썬 마이크로시스템즈사의 홈페이지(http://java.sun.com)에서 구할 수 있다.

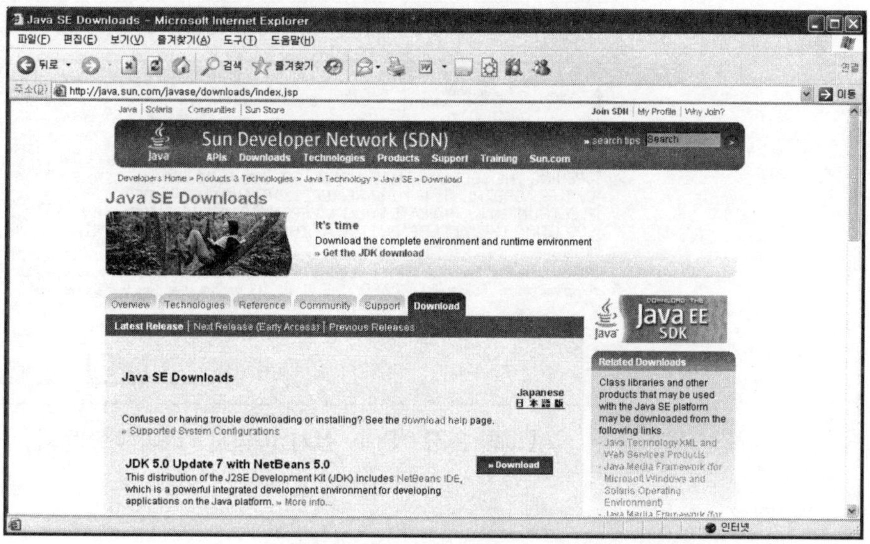

【그림 2.1】 SDK Download Site

(1) 썬 마이크로시스템즈사의 홈페이지에서 다운로드 받은 SDK를 실행한다. SDK 설치 내용에 대한 요약화면이 나타난다. "Next" 단추를 선택한다.

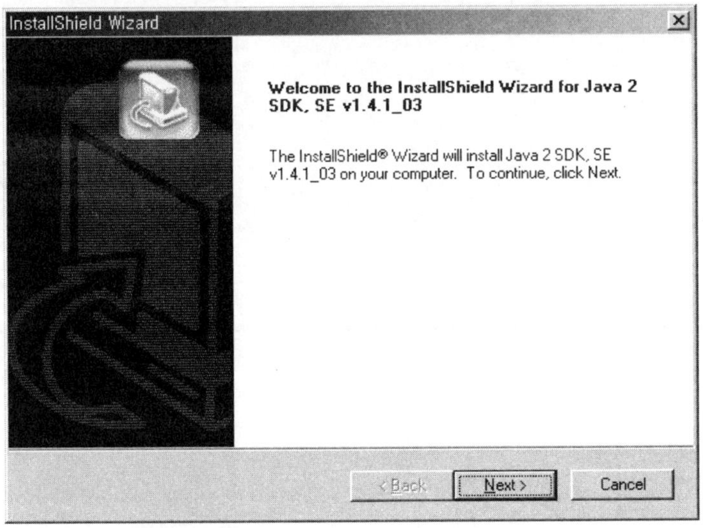

【그림 2.2】 SDK 설치 마법사 - 시작

(2) SDK 사용에 대한 라이센스 동의 절차를 묻는 단계이다.

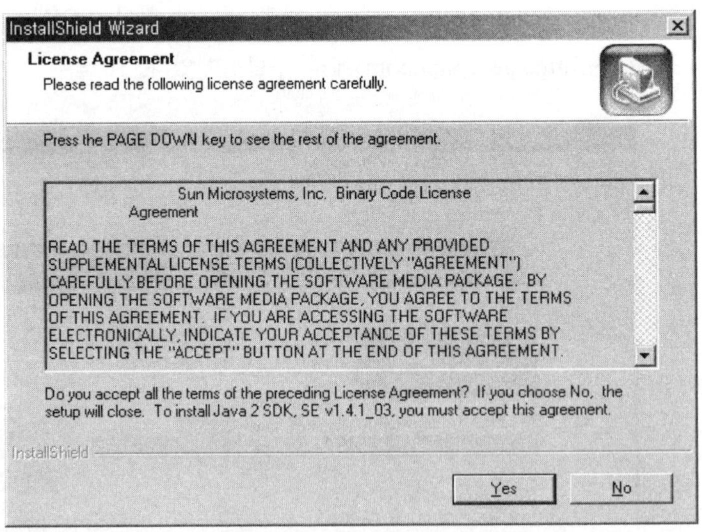

【그림 2.3】 SDK 설치 마법사 - 라이센스 동의

(3) SDK가 설치될 디렉토리 설정하는 단계이다. 원하는 디렉토리로 변경이 가능하다.

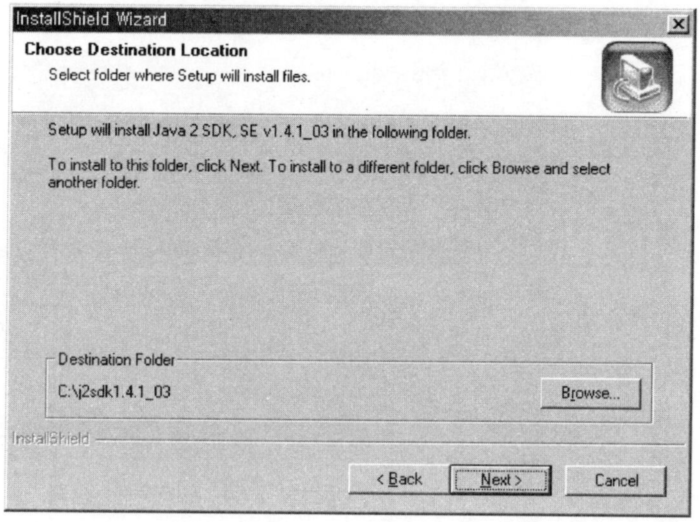

【그림 2.4】 SDK 설치 장소 지정

(4) SDK가 설치될 내용에 대해 선택하는 단계이다.

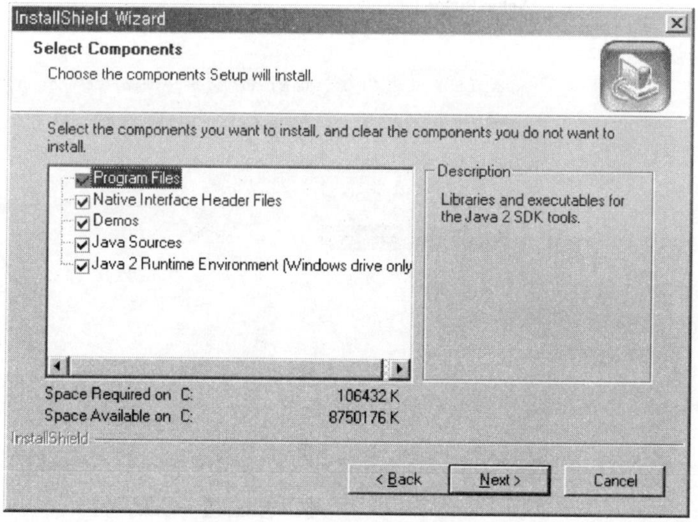

【그림 2.5】 SDK 설치 내용 선택

(5) 자바에서 사용할 브라우저를 선택한다.

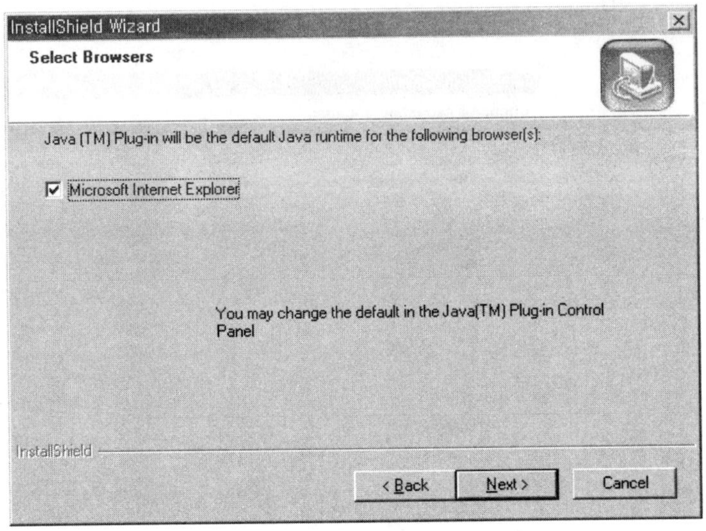

【그림 2.6】 브라우저 선택

(6) 설정한 내용으로 SDK와 JRE(Java Runtime Environment)를 설치한다.

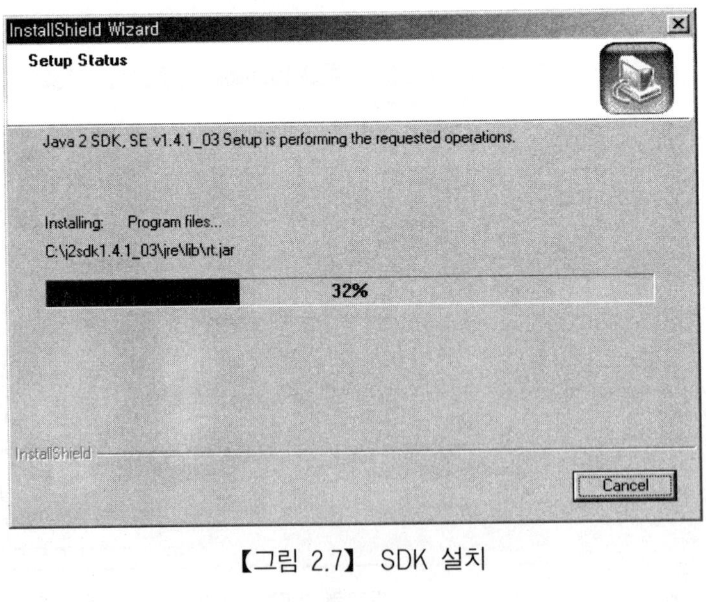

【그림 2.7】 SDK 설치

(7) SDK 설치 과정이 완료되었다.

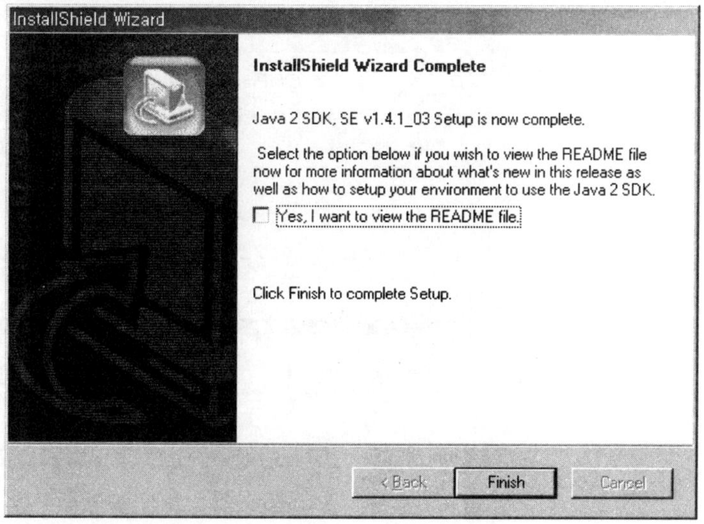

【그림 2.8】 SDK 설치 완료

2.2 자바의 실행 환경 설정

SDK에서 자바 언어를 컴파일하고 실행하기 위해서는 SDK의 개발도구를 시스템 환경에 맞게 설정하는 것이 필요하다. 자바는 아쉽게도 다른 프로그램언어처럼 편리한 인터페이스를 제공하지 못해 도스 모드에서 컴파일과 실행을 하여야한다. 이것을 위한 설정은 다음과 같이한다.

① 윈도우 98 환경에서는 메모장으로 C:\autoexec.bat 파일을 열고 다음 사항을 추가한다.

SET PATH=%PATH%;C:\j2sdk1.4.1_03\bin

② 윈도우 XP, NT, 2000 환경에서는 아래 그림과 같이 PATH를 추가해 준다. (시작 → 설정 → 제어판 → 시스템 → 고급 → 환경변수)

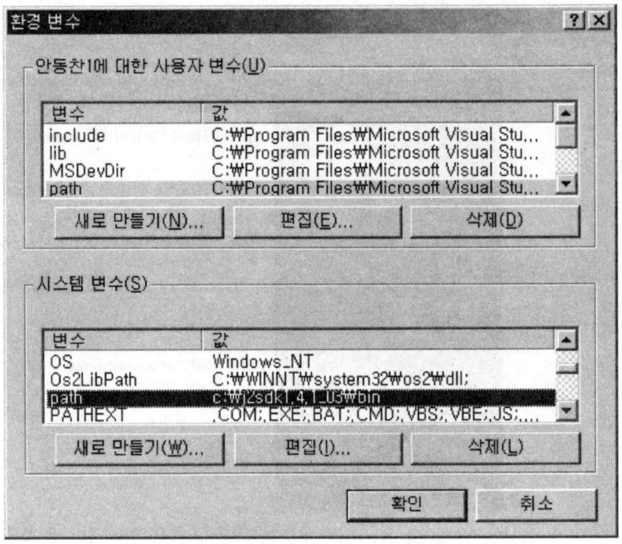

【그림 2.9】 환경변수 창

환경 설정후 아래와 같은 명령의 실행으로 정상 설치 여부를 확인한다.

C:\>java -version

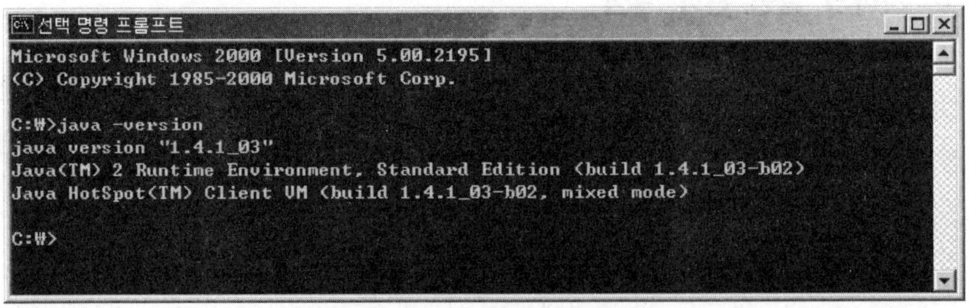

【그림 2.10】 설치완료 확인

2.3 자바의 실행

2.3.1 자바 프로그램 개발 도구

bin 디렉토리에는 실행 파일과 DLL 파일이 들어 있으며 실행 파일은 다음과 같다.

(1) 자바 컴파일러(javac)

바이트 코드를 만들기 위해 필요한데 javac 해당파일(확장자를 포함) 명령으로 수행된다.

(2) 자바 인터프리터(java)

자바컴파일러에서 작성된 바이트코드는 java 해당파일(확장자를 제외, 확장자가 class인 파일)로서 실행된다.

(3) 자바 애플릿뷰어(appletviewer)

애플릿은 웹브라우저에서 실행되는데 애플릿을 웹브라우저에서 실행시키면서 확인하기는 번거롭다. 이런 경우 자바애플릿 뷰어를 사용하면 간편하게 애플릿을 확인할 수 있다.

(4) 자바디버거(jdb)

자바 프로그램의 버그를 디버깅할 수 있는 디버거이다.

(5) C헤더파일과 스텁 파일 생성기(javah)

자바 클래스로부터 C 헤더 파일과 C stub 파일을 만들어 주는 도구이다. 이를 통해 자바 코드와 C 코드를 연결할 수 있다.

(6) 자바 문서 생성기(javadoc)

자바 소스 코드로부터 HTML 형태의 API 문서를 만들어 준다.

2.3.2 간단한 자바 프로그램의 작성과 실행

윈도우즈에서 보조 프로그램인 메모장을 열고 아래와 같이 입력한다.

```
/* HelloWorld 클래스 정의 시작 */
class HelloWorld {
    // main 메소드 : 프로그램에서 가장 먼저 실행되는 메소드
   public static void main(String args[]) {
        /** Hello World!라는 문장을 화면에 출력하는 부분 */
       System.out.println("Hello World!");
   }
}
```

"HelloWorld.java"라는 이름으로 소스를 저장한다.

(1) 자바 프로그램 분석

① 주석문

자바 언어에서 주석문(Comment)은 '/*' 와 '*/'사이, '//'뒤에 기술하며, 컴파일 대상에서 제외된다. 주석문은 프로그램의 이해를 증진시키는 것을 목적으로 한다.

② class 키워드

class는 객체지향 프로그래밍에서 가장 기본이 되는 클래스를 정의하는 키워드이다. 모든 자바 프로그램은 이 클래스를 하나 이상 가지게 되며, 보통의 경우 주 클래스 이름이 프로그램의 이름이 된다. 컴파일하게 되면 클래스 이름뒤에 .class라는 확장자가 붙는다.

③ main 메소드

자바에서는 함수라는 이름 대신에 메소드라는 말을 사용한다. 메소드의 입력은 String 타입의 args라는 매개변수로 한다. main 메소드의 출력(리턴값)은 void－ 아무 것도 출력하지 않는다.

public 키워드－누구든지 이 메소드를 호출할 수 있도록 공개하겠다는 의미.

static 키워드－이 클래스에는 오직 하나의 main 메소드를 공유하도록 하는 의미.

④ ( ) : 소 괄호 - 메소드, 수식의 우선 순위.

{ } : 중 괄호 - Block의 시작과 끝.

[ ] : 대 괄호 - 배열 선언 및 요소 지정.

⑤ 변수와 키워드

변수는 영문자, '_', '$'로 시작해야 한다. (대, 소문자 구분)
키워드를 변수로 사용해서는 안된다.

⑥ 출력부분

System.out.println - "Hello World!"라는 문장을 화면에 출력한다.

(2) 컴파일

확장자를 반드시 적어야 한다.

C:\> javac HelloWorld.java

(3) 실행

인터프리터 방식으로 작동한다.
.class라는 확장자를 붙이지 말아야 한다.

C:\> java HelloWorld

CHAPTER 03

자바의 기본문법

3.1 기본 자료형과 수식

(1) 기본 자료형

자바에서 제공해 주는 기본 자료형은 정수 자료형, 부동 소수 자료형, 그리고 진리 자료형 등 세 가지로 구분할 수 있다. 정수 및 부동 소수 자료형은 C/C++에서 제공해 주는 것과 같은 자료형이고, 진리 자료형은 C/C++에서는 정수형 값을 이용하여 표현할 수 있었지만 자바에서는 기본 자료형으로 제공해 주고 있다. 이 세가지 자료형에 대해 살펴보면 다음과 같다.

▶표 3.1 자바의 기본 자료형

자료형	크기/형태	값의 범위	설명
문자	char/16비트 유니코드	$0 \sim 2^{16}$ (\u0000~\uffff)	한 문자
정수	byte/8비트 보수	$-2^7 \sim 2^7-1$ (-128~127)	바이트 정수
	short/16비트 2의 보수	$-2^{15} \sim 2^{15}-1$ (-32768~32767)	짧은 정수
	int/32비트 2의 보수	$-2^{31} \sim 2^{31}-1$	정수
	long/64비트의 보수	$-2^{63} \sim 2^{63}-1$	배정도 정수
실수	float/32 비트 IEEE 754	.	단정도 실수
	double/64 비트 IEEE 754	.	배정도 실수
진리	boolean	true 또는 false	참 또는 거짓

C/C++에서는 int 형이 플랫폼에 따라 달라지게 되는데, 자바에서는 어느 플랫폼에서 실행을 하던 상관없이 32비트로 고정시켰다. 따라서, 자바 개발자가 각 자료형에 대해 플랫폼과 독립적으로 개발할 수 있도록 해 주고 있다. 그리고, 플랫폼이 바뀔 때마다 C/C++에서는 기본형의 크기를 고려해 주어야 했지만, 자바에서는 플랫폼이 바뀌더라도 기본형의 크기에 대해 신경쓰지 않아도 된다.

C/C++에서는 void 형에 대해 포인터 변수 또는 함수의 리턴값이 없을 경우에 사용할 수 있었습니다. 그러나, 자바에서는 void 형에 대해 메소드가 아무 값도 리턴하지 않을 경우에만 사용하도록 하고 있다. 이는 자바에서는 C/C++에서 많이 사용하는 포인터 변수를 제거했으므로 당연한 얘기이다.

C/C++에서 사용하는 포인터와 비슷한 역할을 하는 자료형 중 참조형이 있다. 이는 주기억 장치에 저장되어 있는 객체의 주소값을 가리킨다. 자바에서 제공해 주는 참조형은 다음과 같다.

- 배열 참조형: 배열 객체를 참조하기 위한 자료형
- 클래스 참조형: 클래스 객체를 참조하기 위한 자료형
- 인터페이스 참조형: 자바에서는 클래스 외에 인터페이스라는 것을 제공해 주는데, 이러한 인터페이스 객체를 참조하기 위한 자료형

자바에서는 C/C++에서 사용하는 포인터(pointer), 구조체(struct), 공용체(union), 그리고 enum 형 등과 같은 복잡한 자료형들은 프로그램 개발자들에게 혼란 및 실수를 빈번하게 야기하므로 제공하지 않고 있다. 자바에서 사용하는 모든 변수, 수식, 그리고 리터럴 등은 그에 해당하는 자료형을 가지며, 변수는 자료형을 이용하여 선언해 준다. 자료형은 값의 범위 및 가능한 연산을 결정지어 준다.

(2) 정수 및 문자 자료형과 수식

자바에서는 C/C++ 언어와 마찬가지로 기본적으로 정수형 값을 처리할 수 있도록 정수 자료형을 제공해 주고 있다. 또한, 정수형 값을 나타내는 정수 리터럴(C/C++ 언어에서는 리터럴 상수 또는 상수라고 함)을 표현하는 방법을 제공해 주고 있다. 리터럴이란, 우리가 수식에서 사용하는 "34"라는 값을 프로그램 내에서 "34" 그대로 표현하는 것을 말한다. 자바에서 제공해 주고 있는 정수 자료형은 byte, short, int, 그리고 long 등과 같이 네 가지로 구분하여 제공되고 있지만, 실제로 정수 리터

럴은 기본적으로 int 형을 갖게 되고, 정수 리터럴의 값이 커질 경우 long 형을 가질 수도 있다. 다음은 기본적으로 갖게 되는 형에 대해 설명하고 있다.

- int 자료형: 자바에서 표현되는 모든 정수 리터럴은 기본적으로 int 자료형을 갖게 된다. 이러한 정수 리터럴은 8진수, 10진수, 16진수 등 세 가지 진법으로 표현할 수 있다. int 자료형의 정수 리터럴이 갖는 값의 범위는 -2147483648 ~ 2147483647 (-2^{31} ~ 2^{31} - 1)이다.

  0, -1, 1, 36, 0x4527, -2147483648

- long 자료형: C/C++에서와 마찬가지로 자바에서도 long 자료형을 갖는 정수 리터럴을 표현하기 위해 정수 리터럴의 끝에 'l' 또는 'L'을 붙여준다. long 자료형 정수 리터럴이 갖는 값의 범위는 -2^{63} ~ 2^{63} - 1이다.

  '0L, 23245L, 2147483648 (int형으로 표현하기에는 값이 너무 큼)

또한 정수 리터럴은 8진수, 10진수, 그리고 16진수 등 세가지 진법으로 표현할 수 있다.

- 8진수: '0'으로 시작하는 정수 리터럴이다. '0' 다음에는 '0'에서 '7'까지의 8진수 숫자들이 나타납니다.
- 10진수: 일반적으로 사용하는 정수 리터럴이다. '0'에서 '9'까지의 10진수 숫자들로 표현된다.
- 16진수: '0x' 또는 '0X'로 시작하는 정수 리터럴이다. '0x' 또는 '0X' 다음에는 '0'에서 '9'와 'A' 또는 'a'에서 'F' 또는 'f' 등 16진수 숫자들이 나타납니다.

자바에서 제공해 주는 문자 리터럴은 기본적으로 char 자료형을 가지며, char 자료형 값은 자바 내부적으로는 유니코드로 표현된다. 자바에서 문자 리터럴을 표현하기 위한 가장 기본적인 방법은 다음과 같다.

- 일반적인 방법: 'a'와 같이 (')로 문자를 감싸준다.
- 제어문자(escape 확장열): '\t' - TAB, '\n' - Line Feed, '\r' - Carriage Return, '\b' - Back Space, '\f' - Form Feed 등
- 유니코드 표현: '\유니코드값' 또는 '\u16진수유니코드값' 'A': '\65' 또는 '\u0041'

정수 자료형에 대한 연산을 수행할 때, C/C++에서와 같이 0으로 나누는 경우가 발생할 수 있는데, 자바에서는 ArithmeticException라는 예외가 발생하게 된다. 예외란 일종의 에러라고 생각하면 되는데, 이러한 예외에 대해서는 뒷부분에서 자세히 다루도록 한다.

(3) 부동소수 자료형과 수식

자바에서는 C/C++ 언어와 마찬가지로 기본적으로 부동소수(실수) 값을 처리할 수 있도록 부동소수 자료형을 제공해 주고 있다. 이를 위해 부동소수 값을 프로그램 내에 직접 나타낼 수 있도록 부동소수 리터럴을 표현할 수 있는 방법을 제공해 주고 있다. 자바에서 제공해 주고 있는 부동소수 자료형은 float와 double 등 두 가지가 있다. 부동소수 리터럴을 나타낼 때 부동소수 리터럴의 끝에 아무 것도 붙지 않거나 끝에 'd' 또는 'D'가 붙으면 기본적으로 double 자료형이 되고, 부동소수 리터럴의 끝에 'f' 또는 'F'를 붙이면 float 자료형이 된다. 정수 리터럴의 경우, 디폴트 자료형은 int형이었지만, 부동소수 리터럴의 경우 디폴트 자료형은 double 형이다.

- float 자료형: 부동소수 리터럴의 끝에 'f' 또는 'F'를 붙여 표현하며, float 자료형을 갖는 부동소수 리터럴의 범위는 1.40239846e-45f ~ 3.40282347e+38f이다.

  3.141592f, 3.141592F, 3.141592e1f, .333F, 3.33E+10f 등

- double 자료형: 부동소수 리터럴의 끝에 아무 것도 붙지 않거나 'd' 또는 'D'를 붙여 표현하며, double 자료형을 갖는 부동소수 리터럴의 범위는 4.94065645841246544e-324 ~ 1.79769313486231570e+308이다.

  3.141592, 3.141592d, 3.141592e1D, .333D, 3.33E+10d 등

C/C++에서는 부동소수 형 값에 대한 연산에 '%' 연산자를 사용할 수 없지만, 자바에서는 % 연산자를 사용할 수 있고 정수 자료형에서와 유사한 결과를 갖습니다. 또한, 부동소수 연산에서는 어떤 예외도 발생하지 않으며, 자바에서 정의하고 있는 부동소수 값은 다음과 같다.

Float.POSITIVE_INFINITY: 양의 무한대 값
Float.NEGATIVE_INFINITY: 음의 무한대 값

Float.NaN: 부정, Not-a-Number
Double.POSITIVE_INFINITY: 양의 무한대 값
Double.NEGATIVE_INFINITY: 음의 무한대 값
Double.NaN: 부정, Not-a-Number

(4) 진리 자료형과 수식

C/C++ 언어와는 달리 자바에서는 진리 자료형을 기본적으로 처리할 수 있도록 해 주고 있다. 실제로 우리가 사용하는 진리값은 참 또는 거짓 등 두 가지 밖에 없다. 이러한 진리 자료형에 대해서는 boolean 형으로, 진리 자료형을 갖는 진리 리터럴에는 'true' 또는 'false' 값이 있다. C/C++에서는 정수값을 이용하여 0일 때는 참을 나타내고, 0이외의 값일 때는 거짓을 나타내도록 하고 있는데, 자바에서는 기본적으로 boolean 자료형을 제공해주고, boolean 자료형의 값으로 true 또는 false 등을 제공해 주고 있다.

3.2 연산자와 우선순위

(1) 산술(Arithmetic) 연산자와 부호(Sign) 연산자

우리가 산수 시간에 많이 했던 가감승제 연산과 나머지를 구하는 연산을 산술 연산이라 하고, 자바에서는 이러한 산술 연산을 표현할 수 있도록 산술 연산자를 제공해 준다. 더하기는 '+', 빼기는 '-', 곱하기는 '*', 나누기는 '/', 마지막으로 나머지 연산은 '%' 등의 기호를 사용하여 각각의 연산을 표현할 수 있다. C/C++에서 는 '%' 연산자의 피연산자로 float 형 또는 double 형 등과 같은 부동형을 취할 수 없었지만, 자바에서는 가능하다. 그리고, 수식에 대한 부호를 나타내기 위해 '+' 및 '-' 등과 같은 부호 연산자를 사용할 수 있다. 부호 연산자는 피연산자를 하나만 취하는 단항 연산자이고, 산술연산자는 두 개의 피연산자를 취하는 이항 연산자이다. 산술 연산자와 부호 연산자에 대해 정리하면, 다음과 같다.

▶표 3.2 단항 연산자와 이항 연산자

분 류	연 산 자	연 산 식	예 제		설 명
			연 산 식	결 과	
이항연산자	+	op1 + op2	7 + 5	12	op1과 op2를 더하기
	-	op1 - op2	7 - 5	2	op1과 op2를 빼기
	*	op1 * op2	7 * 5	35	op1과 op2를 곱하기
	/	op1 / op2	7 / 5	1	op1과 op2를 나누기
	%	op1 % op2	7 % 5	2	op1을 op2로 나눈 나머지
단항연산자	+	+op	+7	7	양의 수임을 나타냄
	-	-op	-7	-7	부호를 바꿈

다음에 나오는 자바 프로그램은 산술 연산자를 사용하는 예에 대하여 보여주고 있다.

예제

ArithmeticTest.java

```
class ArithmeticTest {
   public static void main(String args[]) {
      System.out.println("4+2: " + (4+2));
      System.out.println("4.5-2: " + (4.5-2));
      System.out.println("4.4*2.2: " + (4.4*2.2));
      System.out.println("4.6/3: " + (4.6/3));
      System.out.println("4.6%3: " + (4.6%3));
      System.out.println("4.6%3.1: " + (4.6%3.1));
   }
}
```

실행결과

```
4+2: 6
4.5-2: 2.5
4.4*2.2: 9.680000000000001
4.6/3: 1.5333333333333332
4.6%3: 1.5999999999999996
4.6%3.1: 1.4999999999999996
```

다음에 나오는 자바 프로그램은 부호 연산자를 사용하는 예에 대하여 보여주고 있다.

예제

SignTest.java

```
class SignTest {
    public static void main(String args[]) {
        System.out.println("Result: " + (+-+-+-((5 % 3) * (4 / 2))));
    }
}
```

실행결과

```
Result: -4
```

(2) 증감(Increment/Decrement) 연산자

증감 연산자는 변수의 값을 1씩 증가 또는 감소 시킨 후, 변화된 값을 다시 그 변수에 저장시켜 주는 연산자이고, 하나의 피연산자를 취하는 단항 연산자이다. 증가 연산자는 1씩 증가시키고, 감소 연산자는 1씩 감소시킨다는 것 외엔 다른 차이점이 없다. 이러한 증감 연산자는 사용하는 위치에 따라 전위형과 후위형 등 두 가지 방법으로 나눌 수 있다. 전위형으로 나타내면 변수의 값에 대해 먼저 증감 연산을 수행한 후, 변화된 변수의 값을 참조하여 그 변수가 포함된 연산식에 적용이 되고, 후위형으로 나타내면 변수의 값을 참조하여 연산식에 먼저 적용을 한 후, 변수의 값에 대해 증감 연산을 수행한다는 것이다. 증감 연산자에 대해 정리하면 다음과 같다.

▶표 3.3 증감 연산자

분 류	연 산 자	연 산 식	예 제	설 명
단항 연산자	++	op++	num++	op값을 참조 후 1증가
		++op	++num	op값을 1증가 후 참조
	--	op--	num--	op값을 참조 후 1감소
		--op	--num	op값을 1감소 후 참조

증감 연산자의 사용시 주의할 사항이 몇 가지 있는데, 하나씩 살펴보면 다음과 같다.

먼저, 한 변수가 수식 내에 두 번 이상 사용될 경우 증감 연산자를 사용하지 않는 것이 바람직 하다. 물론, 값의 변화를 모두 머릿속으로 미리 계산하고 나서 사용한다면 상관 없겠지만, 그렇지 않은 경우에는 자신의 의도와는 다른 결과를 야기할 수 있으므로 조심해야 한다.

두 번째, 한 변수가 어떤 함수의 실매개변수로 두 번 이상 쓰이면 절대로 이 변수에 증감 연산자를 사용하지 않아야 한다. 실제로 사용을 했을 경우, 예상치 못한 이상한 결과를 초래하기 때문이다.

다음에 나오는 자바 프로그램은 증감 연산자를 사용하는 예에 대하여 보여주고 있다.

예제

IncDecTest.java

```
class IncDecTest {
   public static void main(String args[]) {
      int i=23, j=8, k;
      k = ++i + j--;
      System.out.println("i=" + i + ", j=" + j +", k=" + k);
      k = i-- + --j;
      System.out.println("i=" + i + ", j=" + j +", k=" + k);
      System.out.println("i=" + ++i + ", j=" + j-- +
                        ", i=" + --i + ", j=" + --j);
   }
}
```

실행결과

```
i=24, j=7, k=32
i=23, j=6, k=30
i=24, j=6, i=23, j=4
```

(3) 관계(Relational) 연산자

관계 연산자는 말 그대로 관계를 따져보기 위한 연산자이다. 이러한 관계 연산자는 관계를 따져보기 위해서 두 개의 피연산자를 필요로 할 것이다. 이렇게 두 개의 피연산자에 대해 관계 연산자가 의미하는 관계를 따져보고, 그 결과는 'true' 또는 'false' 값으로 나타나게 된다. 따라서, 이러한 관계 연산자로 표현된 조건식을 'boolean-식'이라 할 수 있다. 자바에서는 다음과 같은 관계 연산자들을 제공해 주고 있다.

▶표 3.4 관계 연산자

연 산 자	연 산 식	예 제		설 명
		연 산 식	결 과	
>	op1>op2	3>7	false	op1이 op2보다 크면 참
>=	op1>=op2	3>=7	false	op1이 op2보다 크거나 같으면 참
<	op1<op2	3<7	true	op1이 op2보다 작으면 참
<=	op1<=op2	3<=7	true	op1이 op2보다 작거나 같으면 참
==	op1==op2	3==7	false	op1과 op2가 같으면 참
!=	op1!=op2	3!=7	true	op1과 op2가 다르면 참
instance of	op1instance of op2	나중에 설명	true	op1이 op2의 인스턴스이면 참

다음에 나오는 자바 프로그램은 관계 연산자를 사용하는 예에 대하여 보여주고 있다.

예제

RelationalTest.java

```
class RelationalTest {
    public static void main(String args[]) {
        int a=3, b=4;
        boolean c;
        c = a < b;
        System.out.println("a=" + a + ", b=" + b + ", c=" + c);
    }
}
```

실행결과

```
a=3, b=4, c=true
```

(4) 논리(Logical) 연산자

논리 연산자는 논리값에 대한 논리적인 연산을 수행하도록 해 주는 연산자를 말하고, 이러한 논리 연산자를 사용하는 식을 논리식이라 한다. 논리 연산자는 'true' 또는 'false' 등과 같은 논리값을 사용하여 논리 연산을 수행하고, 그 결과 역시 마찬가지로 'true' 또는 'false' 등의 논리값이 되며, 이 값은 논리식의 결과값이 된다. 이러한 논리식 역시 조건식과 마찬가지로 'booelan-식'이라 할 수 있으며, 두 개의 피연산자를 취하는 이항 연산자이다. 자바에서 제공해 주고 있는 논리 연산자를 살펴보면, 다음과 같다.

▶표 3.5 논리 연산자

<table>
<tr><th rowspan="2">연 산 자</th><th rowspan="2">연 산 식</th><th colspan="2">예 제</th><th rowspan="2">설 명</th></tr>
<tr><th>연 산 식</th><th>결 과</th></tr>
<tr><td>!</td><td>!op</td><td>!(1==1)</td><td>false</td><td>op가 거짓이면 참</td></tr>
<tr><td>&&</td><td>op1&&op2</td><td>(2==1)&&(1==1)</td><td>false</td><td>op1과 op2가 모두 참이면 참
op1이 거짓이면 op2를 평가하지 않음</td></tr>
<tr><td>||</td><td>op1||op2</td><td>(1 == 1)||(2 == 1)</td><td>true</td><td>op1이나 op2 둘 중 하나라도 참이면 참
op1이 참이면 op2를 평가하지 않음</td></tr>
<tr><td>&</td><td>op1&op2</td><td>(2 == 1)&(2 == 1)</td><td>false</td><td>op1과 op2가 모두 참이면 참
op1이 거짓이어도 op2를 평가함</td></tr>
<tr><td>|</td><td>op1|op2</td><td>(1 == 1)|(2 == 1)</td><td>true</td><td>op1이나 op2 둘 중 하나라도 참이면 참
op1이 참이어도 op2를 평가함</td></tr>
</table>

C/C++ 언어에서와 마찬가지로 자바에서는 논리 연산자 '&&' 또는 '||'를 사용하여 논리 연산을 수행할 때, 'short circuit' 법칙을 적용한다. 이는 '&&' 연산에서는 피연산자 중 하나라도 거짓이면 전체 논리식은 거짓이 되고, '||' 연산에서는 피연산자 중 하나라도 참이면 전체 논리식은 참이 된다는 특성을 이용하는 것이다. 다시 말해서, 자바 언어에서 논리식은 왼쪽에서 오른쪽으로 평가되는데, '&&' 연산의 경우 왼쪽에서부터 평가해 갈 때, 하나의 피연산자라도 거짓이면, 나머지 피연산자를 평가할 필요도 없이 전체 논리식은 거짓이 되므로 더 이상 논리식을 평가하지 않게 된다. 또한, '||' 연산의 경우 왼쪽에서부터 평가해 갈 때, 하나의 피연산자라도 참이 나오면, 나머지 피연산자를 평가할 필요도 없이 전체 논리식은 참이 되므로 더 이상 논리식을 평가하지 않습니다. 이를 'short circuit' 이라 한다. 이러한 'short circuit' 법칙은 프로그램 개발자에게 혼동을 줄 수 있고, 착각을 일으킬 수 있다. 따라서, 자바에서는 개발자의 실수를 줄이기 위해, 'short circuit' 법칙을 적용하지 않는 '&'와 '|' 연산자를 제공해 주고 있다.

다음에 나오는 자바 프로그램은 논리 연산자를 사용하는 예에 대하여 보여주고 있다.

예제

LogicalTest.java

```
class LogicalTest {
   public static void main(String args[]) {
      int x, y, z;
      boolean t;
      x = y = z = 1;
      t = ((++x != 0) || (++y != 0) || (++z != 0));
      System.out.println(“x=" + x + “, y=" + y + “, z=" + z + “, t=" + t);
      t = ((++x != 0) | (++y != 0) | (++z != 0));
      System.out.println(“x=" + x + “, y=" + y + “, z=" + z + “, t=" + t);
      x = y = z = -1;
      t = ((++x != 0) && (++y != 0) && (++z != 0));
      System.out.println(“x=" + x + “, y=" + y + “, z=" + z + “, t=" + t);
      t = ((++x != 0) & (++y != 0) & (++z != 0));
      System.out.println(“x=" + x + “, y=" + y + “, z=" + z + “, t=" + t);
   }
}
```

실행결과

```
x=2, y=1, z=1, t=true
x=3, y=2, z=2, t=true
x=0, y=-1, z=-1, t=false
x=1, y=0, z=0, t=false
```

(5) 비트(Bitwise) 연산자

비트 연산자는 비트 단위의 연산을 수행하고, 피연산자로 double 또는 float 형을 제외한 산술형 데이터를 취한다. 이러한 비트 연산자에는 1의 보수 연산, AND, OR, XOR 등과 같은 비트 연산과 왼쪽/오른쪽 비트 이동 등을 위한 연산자가 있다.

- 1의 보수 연산은 각 비트에 대해 0은 1로 1은 0으로 바꾸어주는 것이다.
- '&' 연산자는 주로 데이터의 특정 비트를 0으로 만들기(mask off) 위해 사용되고, 두 개의 피연산자에 대해 대응하는 두 비트 중 하나라도 0이면 결과도 0이 된다.
- '|' 연산자는 주로 어떤 데이터의 특정 비트를 1로 만들기(mask on) 위해서 사용한다. 이 때 두 개의 피연산자에 대해 대응하는 두 비트 중 어느 하나라도 1이면 결과 비트는 1이 된다.
- '^' 연산자는 두 개의 피연산자에 대해 대응하는 두 비트가 서로 다르면 결과 비트가 1이 된다.
- '<<', '>>', '>>>' 등과 같은 쉬프트 연산자는 주어진 자릿수 만큼 왼쪽 또는 오른쪽으로 비트열을 쉬프트 한다.

이러한 비트 연산자를 정리하면, 다음과 같다.

▶표 3.6 비트 연산자

연 산 자	연 산 식	예 제	설 명
>>	op1>>op2	10001100 >> 1	op1을 op2만큼우측으로 비트 이동
<<	op1<<op2	10110000 << 1	op1을 op2만큼좌측으로 비트 이동
>>>	op1>>>op2	10110000 >>> 2	op1을 op2만큼우측으로 비트 이동 (이동으로 생긴 자리에는 0이 채워짐)
&	op1&op2	11000110&00001111	비트 단위의 논리곱
|	op1|op2	11000110 | 00001111	비트 단위의 논리합
^	op1^op2	10111011 ^ 10101000	비트단위의 XOR (배타적논리합)
~	~op	~10110110	비트 단위의 보수

'<<' 연산자를 쓸 경우 쉬프트 연산의 결과로 오른쪽에 생긴 빈자리 부분은 0으로 채우고, '>>' 연산자를 사용하여 쉬프트 연산을 수행한 후 왼쪽에 생긴 빈자리에는 MSB(Most Signficant Bit) 즉, 최상위 비트인 부호비트가 복사되므로, 쉬프트 연산자를 쓸 때는 될 수 있으면, 부호 없는 데이터형을 사용하는 것이 바람직한다. 이때, 이와 같이 부호 비트가 복사되는 것을 방지하기 위하여 '>>>'를 사용한다. 이는 부호 비트에 상관없이 쉬프트를 수행하게 된다.

다음에 나오는 자바 프로그램은 비트 연산자를 사용하는 예에 대하여 보여주고 있다.

예제

BitwiseTest.java

```
class BitwiseTest {
   public static void main(String args[]) {
      byte x=0x0a, y=0x48;
      System.out.println("x  =  " + x);
      System.out.println("y  =  " + y);
      System.out.println("x | y   =  " + (x |y));
      System.out.println("x & y   =  " + (x &y));
      System.out.println("x ^ y  =  " + (x ^ y));
      x  =  1;
      System.out.println(x);
      System.out.println( ~x);
      System.out.println("  ~x | x  =  " + (~x | x));
      System.out.println("   x ^ x  =  " + ( x ^ x));
      System.out.println("x  << 3  =  " + (x  << 3));
      System.out.println("x  >> 3  =  " + (x  >> 3));
      System.out.println("x >>> 3  =  " + (x >>> 3));
      }
}
```

(6) 대입(Assignment) 연산자

대입연산자는 우변에 있는 수식의 값을 좌변이 가리키고 있는 메모리의 위치에 저장(대입)하기 위해 사용하는 연산자이다. 이 때, 좌변에 오는 것을 좌변값(lvalue)이라고 하는데, 좌변값에 올 수 있는 것으로는 각종 변수, 배열요소, 구조체멤버, 포인터의 대상체 등과 같이 메모리에 저장 공간을 갖고 있는 것들만 가능하다. 왜냐하면, 값을 저장해야 되기 때문이다. 자바 언어에서의 '='은 수학에서의 "같음"의 의미가 아닌 "대입"의 의미를 갖는다. 그리고 자바 언어에서는 대입식 자체가 값을 가지게 되는데, "n=1"이라는 대입식이 있으면, 이 대입식은 n이라는 변수에 1이라는 값을 대입하게 되고, 대입식 자체는 좌변값인 n이 가지는 값 즉 1을 갖게 된다. 따라서 다음과 같이 몇 개의 대입식을 합칠 수 있다.

일반 대입식	자바 언어에서 가능한 대입식

x = 0;
y = 0;
z = 0;
	x = y = z = 0;

위의 대입식이 가능한 이유는 "z=0" 대입식 자체가 z변수가 가지는 값인 0이라는 값을 나타내고, 이 값이 다시 "y=0" 이라는 대입식을 구성하게 된다. 이런 식으로 z, y, x 등에 모두 0이 차례대로 대입되는 것이다. 또한, C언어에서는 다음과 같은 형태의 대입식도 가능하다.

일반 대입식	단축 대입식
변수 = 변수 op 수식;	변수 op= 수식;

이 때, 대입식의 양쪽에 있는 변수의 이름은 같다. 또한, 자바에서 사용가능한 대입식과 단축 대입식을 살펴보면, 다음과 같다.

▶표 3.7 대입식과 단축대입식

연산자	연산식	예제	설명
=	op1=op2	n=1;	일반 대입식
+=	op1+=op2	n=n+1;->n+=1	op1=op1+op2
-=	op1-=op2	n=n-1;->n-=1	op1=op1 - op2
*=	op1*=op2	n=n*1;->n*=1	op1=op1*op2
/=	op1/=op2	n=n/1;->n/=1	op1=op1/op2
%=	op1%=op2	n=n%1;->n%=1	op1=op1%op2
&=	op1&=op2	n=n&1;->n&=1	op1=op1&op2
|=	op1|=op2	n=n|1;->n|=1	op1=op1|op2
^=	op1^=op2	n=n^1;->n^=1	op1=op1^op2
<<=	op1<<=op2	n=n<<1;->n<<=1	op1=op1<<op2
>>=	op1>>=op2	n=n>>1;->n>>=1	op1=op1>>op2
>>>=	op1>>>=op2	n=n>>>1;->n>>>=1	op1=op1>>>op2

다음에 나오는 자바 프로그램은 대입 연산자를 사용하는 예에 대하여 보여주고 있다.

예제

AssignmentTest.java

```
class AssignmentTest {
   public static void main(String args[]) {
      int x=2, y=5, z=0;
      x += 3 + 2;
      System.out.println("x=" + x + ", y=" + y + ", z=" + z);
      x += y -= z = 4;
      System.out.println("x=" + x + ", y=" + y + ", z=" + z);
   }
}
```

실행결과

```
x=7, y=5, z=0
x=8, y=1, z=4
```

(7) 조건(Conditional) 연산자

조건 연산자는 3 개의 피연산자를 취하는 3항 연산자이다. 이 연산은 첫번째 피연산자인 조건식의 결과가 참이면 두 번째 피연산자를, 거짓이면 세 번째 피연산자를 조건 연산의 결과로 취하게 된다. 그리고 첫번째 피연산자는 조건식을 나타내기 위한 논리식이어야 하고, 두 번째와 세 번째 피연산자는 같은 데이터형을 갖도록 해야 하는데, 서로 다른 데이터형이라도 하나의 데이터형일 경우 형변환이 가능하면 된다.

조건식 ? 식1: 식 2

다음에 나오는 자바 프로그램은 조건 연산자를 사용하는 예에 대하여 보여주고 있다.

예제

ConditionalTest.java

```
class ConditionalTest {
   public static void main(String args[]) {
      int a=23, b=12, max, min;
      min = (a < b) ? a: b;
      System.out.println("min=" + min + ", a=" + a + ", b=" + b);
      max = (a > b) ? a: b;
      System.out.println("max=" + max + ", a=" + a + ", b=" + b);
   }
}
```

실행결과

```
min=12, a=23, b=12
max=23, a=23, b=12
```

조건 연산자는 조건식, 식1, 식2 등 세 개의 피연산자를 취하는 연산자로서 C언어에서 특별히 제공해 주는 연산자이다. 연산식의 결과로써 둘 중 하나를 선택해야 하는 경우에 사용하게 된다. 위의 예에서처럼, 두 수 중 큰 값을 선택할 경우 유용하게 사용할 수 있겠지요. 조건 연산자를 이용하여 하나의 연산식을 표현하므로 당연히 연산식의 결과 값을 갖게 된다. 따라서, 이러한 연산식의 결과값은 어떤 변수에든 대입이 가능하고, 다른 수식에 포함시킬 수 있겠지요.

(8) 연산자 우선순위와 결합성

자바에서의 수식이란 변수, 리터럴, 또는 다른 수식에 대해 연산자를 이용하여 연산을 나타내는 것은 말한다. 이 때, 변수 또는 리터럴 등이 가지는 자료형이 있을 것이며, 다음과 같이 연산자들 간의 우선순위 및 결합성이 있을 것이다.

- 연산자 우선순위: 서로 다른 연산자들 사이의 수행 순서
  - "a+b*c"와 같은 수식에서 '*' 연산을 '+' 연산보다 먼저 수행한다.
- 연산자 결합성: 같은 우선 순위의 연산자가 두 개 이상 연속적으로 나올 경우, 이들 간의 우선 순위

- "a+b+c"와 같이 '+' 연산자와 '+' 연산자가 순서대로 두 개 이상 나올 경우 왼쪽에 있는 "a+b" 연산을 "b+c" 연산보다 먼저 수행한다.

다음에 나오는 표는 지금까지 살펴 본, 자바에서 제공해 주는 연산자들에 대해 연산자 우선순위와 연산자 결합성을 보여주고 있다.

▶표 3.8 연산자 우선순위와 결합성

우선 순위	명 칭	연 산 자	비 고
1	기본 연산자	. [] ()	
2	증감 연산자	++ -- ! ~	←
3	승법 연산자	* / %	→
4	가법 연산자	+ -	→
5	Shift 연산자	<< >>	→
6	관계 연산자	< > <= >=	→
7	등가 연산자	== !=	→
8	bit곱 연산자	&	→
9	bit차 연산자	^	→
10	bit합 연산자	|	→
11	논리곱 연산자	&&	→
12	논리합 연산자	||	→
13	조건 연산자	? :	←
14	대입연산자	= += -= *= /= %= &= ^= |= >>= <<=	←

자바에서 정의하고 있는 연산자 우선순위와 연산자 결합성은 C/C++에서 정의하고 있는 것과 같으며, 자바에서는 포인터를 제공해주지 않으므로 C/C++에서 포인터 연산을 위해 사용하는 구조체 포인터의 항목 참조 연산자(->), 주소 연산자(&), 간접 연산자(*) 등과 같은 연산자는 제공되지 않습니다. 또한 sizeof와 쉼표연산자(,) 등도 역시 자바에서는 제공해주지 않고 있다. 다음에 나오는 연산식 "a = (int)f-- * --b;" 내에 있는 연산자 우선순위에 따른 연산 수행 순서를 살펴보면 다음과 같다.

- 연산자 우선순위 및 결합법칙에 의해 f의 값을 (int)와 같이 캐스트 연산하여 값을 먼저 3으로 참조하고,
- f-- 연산을 수행하고,
- 다음으로 --b를 수행하여 9를 참조하고,
- 3*9 연산을 수행하고,
- 마지막으로 a=27을 수행한다.

예제

OperatorTest.java

```
class OperatorTest {
   public static void main(String args[]) {
      int a=10, b=10;
      float f = (float)3.141592;
      System.out.println("a=" + a + ", f=" + f + ", b=" + b);
      a = (int)f-- * --b;
      System.out.println("a=" + a + ", f=" + f + ", b=" + b);
   }
}
```

실행결과

```
a=10, f=3.141592, b=10
a=27, f=2.141592, b=9
```

(9) 기본 자료형과 형변환

C/C++언어에서와 마찬가지로 자바에서도 기본 자료형 값들에 대해 서로 형변환이 가능하도록 해 주고 있다. 자바에서는 내부적으로 자동으로 수행하는 묵시적 형변환(Implicit conversion)과 사용자가 임의대로 형변환을 지정해 주는 명시적 형변환(Explicit conversion 또는 Casting conversion) 등 두 가지 형변환을 제공해 주고 있다. 이러한 형변환을 위해 각 자료형들 간의 관계를 살펴보면 다음과 같다.

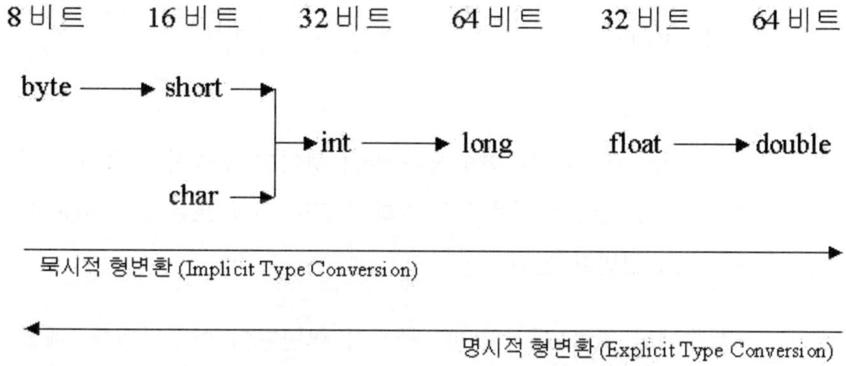

【그림 3.1】 자바에서의 형변환

자바의 특징 중 하나는 안정성이다. 이러한 안정성이라는 특징은 묵시적 또는 명시적 형변환을 통해서도 제공되고 있다. 다시 말해서, 자바에서는 데이터의 손실이 없이 안정적으로 형변환이 가능할 경우에만 내부적으로 자동으로 묵시적 형변환을 수행하고, 그렇지 않고 데이터의 손실을 야기할 수 있는 소지가 있는 경우에는 자동적으로 형변환하는 것을 방지한다. 이렇게 데이터의 손실이 발생할 수 있는 경우에는 자바에서는 에러를 발생시킴으로써 자바 프로그램 개발자가 알 수 있도록 하고, 이를 자바 프로그램 개발자가 의도한 것이라면 명시적 형변환을 수행하도록 하는 것이다. 위의 그림에서 보면, 왼쪽 자료형에서 오른쪽 자료형으로의 형변환은 자바에서 내부적으로 자동으로 묵시적 형변환을 수행하고, 오른쪽 자료형에서 왼쪽 자료형으로의 형변환은 자바 프로그램의 개발자가 의도적으로 수행하는 명시적 형변환을 하게 된다. 다음과 같은 경우 묵시적 형변환이 이루어진다.

대입 연산에서 좌변의 자료형이 우변의 자료형보다 클 때 발생한다. 예를 들어 다음과 같은 경우가 있다.

```
float f; f = 1;
```

- f에는 정수형 1이 아닌 부동 소수형 1.0f로 형변환 되어 저장된다.

매개변수 전달 시 대입 연산에서와 마찬가지로 묵시적 형변환이 이루어진다. 예를 들어 다음과 같은 경우가 있다.

```
float f(float x) { … }
…
f(1); f(2);
…
```

- 메소드 f의 실매개변수 x는 float 형이고 호출시 사용하는 형식매개변수의 값은 1 또는 2와 같이 정수형이다. 따라서, 정수형 1 또는 2는 float 형 1.0f와 2.0f로 각각 자동으로 형변환 된다.

함수에서 값을 리턴할 때, 묵시적 형변환이 이루어진다. 예를 들어 다음과 같은 경우가 있다.

```
float f(float x) {
    return(1);
}
```

- 메소드 f의 리턴형은 float 형이지만 실제 리턴하는 값의 자료형은 정수형 1이다. 따라서, 정수형 1을 float 형 1.0f로 자동으로 형변환 된다.

산술식에서 묵시적 형변환이 자동으로 발생한다. 다음과 같은 경우를 예로 들 수 있다.

단항 산술식: -'a' → -97
이항 산술식: 3 + 2.1 → 3.0 + 2.1 → 5.1

명시적 형변환은 자바 프로그램 개발자가 임의대로 수행하는 형변환이다. 이러한 형변환은 전적으로 자바 프로그램 개발자에게 책임이 있다. 또한, 명시적 형변환은 큰 자료형의 값을 작은 자료형의 값으로 변환하는 것이므로, 명시적 형변환시 값의 손실이 발생한다. 이러한 명시적 형변환을 위한 규칙을 살펴보면, 다음과 같다.

(자료형)값
또는
(자료형)수식

명시적 형변환의 예를 들면 다음과 같다.

```
int i;
float f = 3.141592f;

i = f; 자료형이 손실을 야기하므로 ERROR 발생
i = (int)f; 자료형의 손실이 발생할 경우에는, 명시적 형변환을 수행
i=3
```

마지막으로, 자료형 서로간에 형변환이 이루어지지 않고 불가능한 자료형들이 있는데 다음과 같다.

산술 자료형
boolean 자료형
참조형

마지막으로, 산술 자료형과 boolean 자료형 서로 간에 형변환이 이루어지지 않지만, C/C++에서 정수형 값 0을 거짓으로, 정수형 값 0이외의 값을 참으로 사용하는 것에서 힌트를 얻어, 다음과 같이 약간의 기법을 사용하면 boolean 자료형과 산술 자료형 간에 형변환이 가능하다.

산술 자료형 → boolean 자료형

boolean 자료형 → 산술 자료형

다음은 형변환에 대한 예를 보여주기 위해 작성한 자바 프로그램이다.

예제

TypeConversionTest.java

```
class TypeConversionTest
{
    public static void main(String args[]) {
        int i;
        float f = (float)3.141592;
        double d;
        i = (int)f;
        d = (double)f;
        i = f;                  // 에러가 발생한다..
                                // i = (int)f;와 같이 명시적 형변환이 필요한다.
    }
}
```

실행결과

```
TypeConversionTest.java:9: Incompatible type for =.Explicit cast needed to
convert float to int.
        i = f;                  // 에러가 발생한다..
          ^
1 error
```

자바에서는 3.141592와 같이 부동소수 리터럴을 선언하면, 이 부동소수 리터럴의 자료형은 double 형이 된다. 따라서, 다음에 나오는 프로그램에서는 float 형 변수 f에 double 형 값 3.141592를 대입하게 되는 것이므로, 명시적 형변환을 수행하거나 또는 3.141592f와 같이 해 주어야 한다.

예제

TypeConversionTest2.java

```
class TypeConversionTest2 {
   static void m(int i) {
   }
   public static void main(String args[]) {
      int i=1, j;
      long l=3;
      float f=3.141592;            // 에러 발생
      l = i;
      j = (int)l;
      m((int)f);
   }
}
```

실행결과

```
D:\Java\OnlineBook\Exam\02>javac TypeConversionTest2.java
TypeConversionTest2.java:7: Incompatible type for declaration. Explicit
cast needed to convert double to float.
        float f=3.141592;            // 에러 발생
              ^
1 error
```

다음은 형변환에 대한 예를 보여주기 위해 작성한 자바 프로그램이다.

예제

TypeConversionTest3.java

```
class TypeConversionTest3 {
   public static void main(String args[]) {
      System.out.println("    -'A' = " + (-'A'));
      System.out.println("100-'A' = " + (100-'A'));
      System.out.println("100+'A' = " + (100+'A'));
   }
}
```

실행결과

```
    -'A' = -65
100-'A' = 35
100+'A' = 165
```

3.3 자바 프로그램의 구성문

C/C++ 프로그램에서와 같이 자바 프로그램을 이루는 가장 기본적인 것은 수식이다. "a = 10", "a < b", "a + b", "a << 4" 등과 같이 하나의 연산을 행하는 가장 단순한 것이라 볼 수 있다. 이러한 단순한 수식이 여러 개가 모여 "a+b*10", "(a > b)&&(b > c)" 등과 같이 복잡한 수식을 이룬다. 이러한 수식은 하나 또는 그 이상이 모여 하나의 문장을 이룬다. 문장은 그 역할에 따라, 선언문, 선택문, 반복문, 분기문, 예외처리문, 그리고 동기화문 등과 같이 구분할 수 있다. 그리고, 이 문장은 자바 프로그램을 실행하기 위한 기본적인 실행 단위라고 볼 수 있다. 여러 개의 문장들을 '{'와 '}'를 이용하여 하나의 실행단위로 묶어 줄 수 있는데, 이를 블록 또는 블록문이라 할 수 있고 이 블록문을 하나의 문장으로 다시 생각할 수 있다.

하나 이상의 문장이 모여 메소드를 구성하고, 이러한 메소드들과 변수들을 묶어 하나의 클래스 또는 인터페이스를 구성하도록 하고 있다. 이와 같이 생성된 클래스들이 모여 다양한 형태의 자바 프로그램이 될 수 있는데, 이 때 해당 자바 프로그램이 명시하고 있는 규약을 만족해 주는 하나의 클래스가 꼭 존재해야 한다. 예를 들어, 클래스와 인터페이스들이 모여 자바 애플리케이션을 구성하였다면, 이러한 클래스들 중 하나는 자바 애플리케이션 규약에 해당하는 다음과 같은 메소드를 포함하고 있어야 한다는 것이다.

```
public static void main(String args[]) {
    …
}
```

또는

```
public static void main(String[] args) {
    …
}
```

다음에 나타난 그림을 살펴보면, 위에서 말한 자바 프로그램의 구조를 쉽게 이해할 수 있을 것이다.

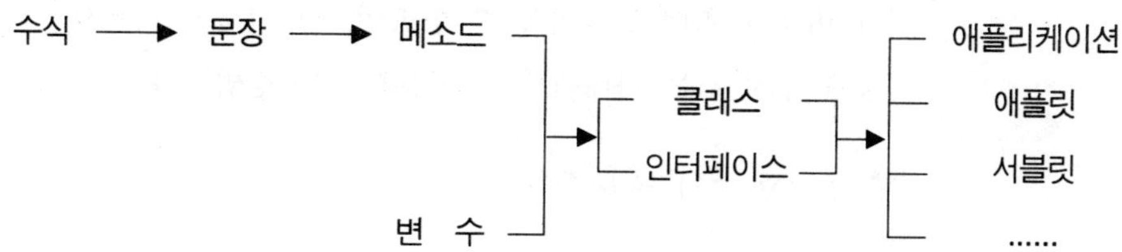

【그림 3.2】 자바 프로그램의 구성도

(1) 주석문

자바에서 원시 프로그램을 작성하기 위해 사용할 수 있는 구성요소들에 대해 몇 가지로 나누어 살펴볼 수 있다.

먼저, C/C++와 같은 기존의 언어를 이용하여 자바 원시 프로그램을 작성하기 위해 여러 문자들을 사용하지요. 이러한 문자들을 사용해서 변수, 메소드, 문자상수, 스트링 상수, 문장, 또는 여러 가지 다른 것들을 표현한다. 이를 위해 자바에서는 여러 가지 문자 세트를 제공해 주는데, 대한민국에서는 KSC 5601 문자 세트를 주로 사용한다.

두 번째, 자바에서는 프로그램 내에 주석문을 나타내기 위해, C++에서 사용하는 두 가지 방법 외에 한 가지 방법을 더 제공해 주고 있다. C++에서 사용하는 것과 같은 방법과 자바에서만 제공해 주는 방법을 살펴보면 다음과 같다.

- 블록 주석문 : 블록 주석은 "/*"과 "*/"로 둘러 쌓인 주석문을 말한다. 이러한 블록 주석문은 한 라인 또는 두 라인 이상을 주석으로 처리할 수 있으며, 다음과 같이 사용할 수 있다. 그리고, 자바에서의 블록 주석문은 C/C++에서 제공해 주고 있는 블록 주석문과 같다.

  /* 블록 주석 내용 */

- 라인 주석문 : 라인 주석은 "//"를 사용하여 나타내며, "//"가 한 라인의 어디에 나와도 상관없고, "//"이 나온 후부터 그 라인의 끝까지 주석으로 처리하게 된다. 라인 주석은 다음과 같이 사용하며, C/C++에서도 제공해 주는 라인 주석문과 같다.
  // 라인 주석 내용

- 문서화 주석문 : 자바 프로그램에 대해 JDK와 함께 제공되는 javadoc 프로그램을 사용하여 문서화 할 수 있다. 이 때, javadoc가 자바 프로그램에서 추출하여 문서화 하기 위해 사용하는 부분이 문서화 주석문이다. 문서화 주석은 블록 주석과 비슷한 형태로 처리할 수 있으며, 그 사용은 다음과 같고, C/C++에서는 제공해 주지 않는 자바에서만 제공해 주는 방법이다.

  /** 문서화 주석 내용 */

세 번째, 식별자(identifier)는 변수, 메소드, 클래스, 인터페이스, 또는 패키지 등의 이름을 나타내기 위해 사용한다. 이러한 식별자를 만들기 위한 몇 가지 규칙을 살펴보면 다음과 같다.

- 유니코드 자바 레터와 유니코드 숫자로 구성하고 반드시 유니코드 자바 레터로 시작한다.
  - 유니코드 자바 레터: 'A'-'Z', 'a'-'z', '_', '$', 각국 언어
  - 유니코드 숫자: '0' ? '9'
- 대소문자를 구별하며, 길이에는 제한이 없다.
  - 클래스 또는 인터페이스의 이름은 대문자로 시작한다.
    Object, System, Runnable, ObjectTest 등
  - 변수 또는 메소드의 이름은 소문자로 시작한다.
    i, name, numberOfArray, getName(), setName() 등
- 두 단어 이상으로 구성될 때는 각 단어의 시작은 대문자로 해 준다.
  ObjectTest, getName(), setName() 등

네 번째, 자바에서 사용하므로 식별자로 사용될 수 없는 키워드에 대해서 살펴보면 다음과 같다.

▶표 3.9 식별자로 사용될 수 없는 키워드

사용목적	키워드
자료형	boolean byte short int long char float double void
리터럴	true false null
문장	if else switch case default for while do break continue return
클래스	class protected extends implements static abstract final new instance of this super
접근제어	public protected private
특수 변수 또는 메소드	volatile transient synchronized native
패키지	package import
예외처리	try catch finally throw throws

이외에도 연산자, 리터럴(literal, C/C++에서는 상수라 함), 또는 '{'와 '}', '('와 ')', '['와 ']', ';', ',', '.' 등과 같은 분리자 등도 있다.

(2) 지역변수 선언문, 수식문, 그리고 블록문

자바에서는 C/C++와 달리 모든 변수들은 메소드, 클래스, 또는 인터페이스 내에 선언하도록 하고 있다. 따라서, C/C++ 에 존재하는 전역변수가 없고, 지역변수만 존재하게 된다. 이러한 지역변수를 선언하는 방법은 C/C++에서와 같다.

지역변수 선언 문법
자료형 변수이름[=초기값];
자료형 변수이름1[=초기값1], 변수이름2[=초기값2], …;

자바에서는 변수 이름을 줄 때 한 가지 관습적으로 지켜주는 것이 있는데, 그것은 바로 변수 이름은 소문자로 시작하며, "nameValue", "sampleData" 등과 같이 변수 이름이 두 개 이상의 단어로 이루어질 때는 각 단어의 시작문자는 대문자로 해 준다.

수식문은 연산을 수행하는 수식의 끝을 ';'으로 닫아 준 문장이다. 자바에서는 C/C++에서와 같이 편의상 메소드에서 반환한 값을 사용하지 않아도 되도록 하고 있다.

자바는 기본적으로 각각의 문장으로 구성되는데, 두 개 이상의 문장을 수행해야 할 경우 두 개 모두 실행되어야 한다는 것을 나타내기 위해, 하나의 문장으로 처리하도록 해 주어야 한다. 이를 위해 C/C++에서와 같이 두 개 이상을 문장을 '{'와 '}'로 묶어 블록문을 구성할 수 있으며, 이 블록문 역시 하나의 문장으로 취급된다. 이러한 블록문은 메소드의 몸체(body)를 구성하거나, 해당 조건에 만족하면 여러 개의 문장을 수행해야 할 경우 블록문을 사용한다.

(3) 선택문

C/C++에서 선택문으로써 if문, if-else문, switch문 등을 제공해주는 것과 마찬가지로 자바에서도 이러한 선택문들을 제공해 주고 있다.

먼저, 가장 간단한 형태의 선택문으로써 해당 조건에 만족할 경우에만 수행해야 한다고 했을 경우 단순 if 문을 사용한다. 예를 들면, 성적이 90점 이상인 사람만 출력해야 할 경우가 있다.

```
if (조건식) 문장 또는 블록
if(score >= 90) {
    …
}
```

다음으로 이거 아니면 저거 식의 조건 검사를 해야 할 경우, 다시 말해서 양자택일을 해야 할 경우에 사용할 수 있는 선택문으로서 if-else 문이 있다. 예를 들면, 홀수이면 홀수라고 출력하고 짝수이면 짝수라고 출력해야 될 경우가 있다.

```
if (조건식) 문장 또는 블록
else 문장 또는 블록
if((n % 2) == 0) {
    …
} else {
    …
}
```

if 문 또는 이의 확장인 if-else 문 역시 하나의 문장이다. 그렇다면 다음과 같이

if-else-if-else문이 반복적으로 나올 경우 어떻게 구분해야 하나?

```
if (조건식) if (조건식) 문장 또는 블록
else 문장 또는 블록
```

자바에서는 C/C++ 언어에서와 마찬가지로 if 문과 else 문을 짝짓기 위한 규칙이 있다. 가장 가까운 if와 else를 순서대로 짝지어 주는 것이다. 이러한 혼동을 피하기 위하여 자바에서는 C/C++에서와 같이 '{'와 '}'를 이용하여 if-else 문을 임의대로 연결시켜 주는 것이 바람직하다.

```
if (조건식) {
   if (조건식) 문장 또는 블록
   else 문장 또는 블록
}
```

만약, 성적이 90점 이상이면 'A' 학점, 80점에서 89점 사이이면 'B' 학점, 70점에서 79점 사이이면 'C' 학점, 60점에서 69점 사이이면 'D' 학점, 나머지는 'F' 학점을 주어야 할 경우에 사용할 수 있도록, 자바에서는 C/C++에서와 같이 다중택일을 위한 if-else-if-else 문을 제공해 주고 있다.

```
if (조건식) 문장 또는 블록
else if (조건식) 문장 또는 블록
else if (조건식) 문장 또는 블록
……
else 문장 또는 블록
if(score >= 90) {
…
} else if((score >= 80)&&(score < 90)) {
…
} else if((score >= 70)&&(score < 80)) {
…
} else if((score >= 60)&&(score < 70)) {
…
```

```
} else {
…
}
```

위와 같이 if-else-if-else 하는 식으로 쓰다 보니깐, 너무 복잡해 보이고 지저분해 보이지 않습니까? 이런 식의 다중택일을 위한 if-else-if-else 문을 대체할 수 있도록, C/C++에서와 마찬가지로 자바에서는 switch 문을 제공해 주고 있다.

프로그램을 수행해 나가다 switch 문에 이르게 되면, switch 문 다음에 있는 수식의 결과 값과 case 다음에 나오는 상수식을 비교하여, 같은 값이 있을 경우 해당 'case 상수식:' 문 다음에 나오는 문장부터 'break' 문이 나올 때가지 수행하게 되고, 'break' 문을 만나게 되면, 프로그램의 수행을 현재 switch 문의 블록 밖으로 이동하게 된다. switch 문에서 '수식'과 'case 상수식:'에서 '상수식'의 위치에 올 수 있는 자료형은 정수형이다.

```
switch(int형 수식) {
    case 상수식1:
        문장1;
    break;
    ……
    case 상수식n:
        문장n;
    break;
    default:
        문장
}
```

다음에 나오는 자바 프로그램은 주어진 숫자가 짝수이면 짝수라고 출력해 주고, 홀수이면 홀수라고 출력하기 위한 것이다.

예제

IfTest.java

```
class IfTest {
    public static void main(String args[]) {
        int i=18;
        if((i%2) == 0) {
            System.out.println(i + " is a even number");
        }
        if((i%2) == 1) {
            System.out.println(i + " is a odd number");
        }
    }
}
```

실행결과

```
18 is a even number
```

위의 프로그램에서는 단순 if 문만을 이용하여 원하는 작업을 했다. 5의 배수를 찾는다거나 아니면, 8의 배수를 찾는다거나 할 경우에는 위의 프로그램에서와 같이 하면 된다. 그런데, 짝수이면 짝수라고 출력하고, 그렇지 않을 경우에는 무조건 홀수이지요. 따라서, 이런 경우에는 if-else 문을 사용하는 것이 바람직하다. 다음은 if-else 문을 이용하여 짝수인지 홀수인지를 출력하도록 작성한 프로그램이다.

예제

IfElseTest.java

```
class IfElseTest {
    public static void main(String args[]) {
        int i=15;
        if((i%2) == 0) {
            System.out.println(i + " is a even number");
        } else {
            System.out.println(i + " is a odd number");
        }
    }
}
```

```
/*
 * Results:
```

실행결과

```
15 is a odd number
```

switch문 내에서 break 문을 사용할 경우에는 주의를 기울여야 한다. 다음에 나오는 자바 프로그램에서는 break문을 잘못 사용함으로써 의도하지 않은 결과를 초래할 수 있다.

예제

IllegalSwitchTest.java

```
class IllegalSwitchTest {
   public static void main(String args[]) {
      int a=13, b=9;
      char c='-';
      switch(c) {
         case '+':
            System.out.println(a+"+"+b+"="+(a+b));
         case '-':
            System.out.println(a+"-"+b+"="+(a-b));
         case '*':
            System.out.println(a+"*"+b+"="+(a*b));
         case '/':
            System.out.println(a+"/"+b+"="+(a/b));
         case '%':
            System.out.println(a+"%"+b+"="+(a%b));
         default:
            System.out.println ("unexpected operator..");
      }
   }
}
```

실행결과

```
13-9=4
13*9=117
13/9=1
13%9=4
unexpected operator...
```

위의 자바 프로그램 예에서는 13과 9에 대해 '-' 연산을 수행하기를 원했지만, '-' 뿐만 아니라, 그 아래에 있는 모든 연산은 물론, "unexpected operator…"라는 메시지까지 출력했지요. 이는 해당 case 문에 대해 break문을 항상 붙여주어야 한다. 그렇지 않으면 위와 같은 에러가 발생하게 되지요. 정리하자면, switch 문에 연결된 수식이 case 문에 연결된 수식과 같은 경우 case 문에 연결된 문장을 수행하게 되고, 이 때 break 문이 나올 때까지 수행을 하게 된다. 따라서, 위의 자바 프로그램에서는 switch 문에 연결된 수식인 c가 '-'를 갖게되므로 case '-'문에 연결된 문장을 수행하게 되는데, 이 때 break 문이 없으므로 switch 문의 끝까지 수행하게 된다.

그러나, 다음과 같이 의도적으로 break 문을 생략할 수도 있다. 다음에 나오는 자바 프로그램은 switch 문을 이용하여 3의 배수인지 아닌지를 테스트하기 위한 것이다. 물론, if-else 문을 사용해도 되지만, 의도적으로 break문을 생략할 수도 있다는 것을 보여주기 위한 예제이다.

예제

SwitchTest2.java

```
class SwitchTest2 {
   public static void main(String args[]) {
      int a=13;
      switch(a%3) {
         case 0:
            System.out.println(a+" is multiple of 3");
         break;
         case 1:
         case 2:
            System.out.println(a+" is not multiple of 3");
         break;
```

```
        }
    }
}
```

실행결과

```
13 is not multiple of 3
```

(4) 반복문

자바에서도 C/C++에서와 마찬가지로 어떤 문장 또는 블록을 반복 수행할 수 있도록 해 주기 위한 문장들을 제공해 주고 있다. 반복 수행의 가장 간단한 예는 1부터 100까지 더하는 것을 들 수 있겠지요. 또는 입력 숫자가 0이 될 때까지 입력을 계속하는 경우도 반복 수행의 예로 들 수 있겠지요. 이러한 반복 수행을 나타낼 수 있도록 자바에서는 C/C++에서와 마찬가지로 세 가지 반복문을 제공해 주고 있다.

먼저, while 문은 'while'이 의미하는 것과 같이 '～동안'이라는 의미로 해석할 수 있다. 다시 말해서, '조건식이 만족할 동안'이라는 의미가 되는 것이다. 따라서, 조건식이 참일 동안 문장 또는 블록을 반복적으로 실행하게 되고, 반복 실행 중에 조건식이 거짓으로 바뀌게 되면 반복 실행을 그만두게 되는 것이다. 이 때, 조건식의 결과는 'true' 또는 'false' 등의 값을 갖게 되는 'boolean-식' 이어야 한다.

While(조건식) 문장 또는 블록

반복문을 수행할 때, 다음과 같은 세 단계로 나누어 수행을 해야 할 경우에는 for 문을 사용한다.

- 반복 수행을 처음 시작할 때 하는 초기화
- 반복 수행을 반복 여부를 검사하기 위한 조건식 검사
- 반복할 때마다 수행할 수식

for 문은 위에 나타난 세 가지 과정을 하나의 명령문으로 표현 가능하도록 함으로써, 반복 수행을 위한 명령문을 작성하는데 드는 노력을 최소화 할 수 있도록 해 준다.

for(지역변수 선언 및 초기화수식;조건식;증감수식)
문장 또는 블록

for 문을 구성하고 있는 세 가지 수식을 하나씩 살펴보면 다음과 같다.

- 초기화 수식: 반복 수행을 하기 위해 필요한 초기화 문장들을 나열한다. 이 때, 각 문장들은 ','로 구분하여 준다. 이 초기식은 필요에 따라 생략 가능하고, 필요에 따라 변수를 선언하여 사용할 수 있고, 이 변수는 for 문 내에서만 유효하다.
- 조건식: 반복 수행을 빠져나가기 위한 조건을 나타내는데, for의 의미 그대로 해석하자면, '조건식이 만족할 동안'이라고 할 수 있겠지요. 따라서, 이 조건식을 만족할 동안 반복 수행한다. 조건식도 초기식과 마찬가지로 필요에 따라 생략 가능하다. 이 때, 조건식은 while 문과 마찬가지로, 'true' 또는 'false' 등의 값을 갖게 되는 'blooean-식'이어야 한다.
- 증감 수식: 주로 증감 연산식이 사용된다. 이 재평가식(증감수식)에 의해 변경된 내용은 다음 반복 수행을 위한 조건을 조사할 때 조건식에 반영된다.
- 문장 또는 블록: 반복 수행하기 위한 문장 또는 블록을 나타낸다.

while 문은 'while'이 의미하는 것과 같이 '～동안'이라는 의미로 해석할 수도 있다. 그렇다면, do-while 문은 어떻게 해석해야 될까? 있는 그대로 해석해 보면, '조건식이 참일 동안 문장 또는 블록을 수행해라' 일 것이다. 그렇다면, while 문과 무슨 차이가 있겠냐는 의문이 생긴다? 그러나 우리는 여기서 한 가지 간과하고 넘어간 것이 있다. while 문에서는 반복 수행의 앞부분에서 조건식을 검사했지만, do-while 문에서는 문장 또는 블록을 수행한 후, 조건식을 검사한다는 것이다. 간단하게 말하자면, while 문은 - 물론 for 문도 마찬가지겠지만 - 앞부분에서 조건식을 검사하기 때문에, 조건식이 처음부터 거짓일 경우 연결된 문장 또는 블록을 아예 수행하지 않을 수도 있다. 그러나 do-while 문은 문장 또는 블록을 먼저 수행 한 후 조건식을 검사하기 때문에 적어도 한번은 do-while 문에 연결된 문장 또는 블록을 수행을 하게 되겠지요. 이 때, 조건식 역시 blooean-식이어야 한다.

```
do {
    문장 또는 블록
} while(조건식);
```

다음에 나오는 자바 프로그램은 while 문을 이용하여 1부터 10까지 숫자 중 짝수의 합과 홀수의 합을 각각 구하기 위한 프로그램이다.

예제

WhileTest.java

```
class WhileTest {
   public static void main(String args[]) {
      int n, sum_odd, sum_even;
      n = 1;
      sum_odd = sum_even = 0;
      while (n <= 10) {
         if((n % 2) == 0) {
            sum_even = sum_even + n;
         } else {
            sum_odd = sum_odd + n;
         }
         n++;
      }
      System.out.println(" odd sum = " + sum_odd);
      System.out.println("even sum = " + sum_even);
   }
}
```

실행결과

```
 odd sum = 25
even sum = 30
```

다음에 나오는 자바 프로그램은 for 문을 이용하여 1부터 10까지 숫자 중 짝수의 합과 홀수의 합을 각각 구하기 위한 프로그램이다.

예제

ForTest.java

```
class ForTest {
   public static void main(String[] args) {
      int sum_odd=0, sum_even=0;
      for(int n=1;n<=10;n++) {
         if((n % 2) == 0) {
            sum_even = sum_even + n;
         } else {
            sum_odd = sum_odd + n;
```

```
            }
        }
        System.out.println(" odd sum = " + sum_odd);
        System.out.println("even sum = " + sum_even);
    }
}
```

실행결과

```
 odd sum = 25
even sum = 30
```

다음에 나오는 자바 프로그램은 for 문을 이용하여 1부터 10까지 숫자 중 짝수의 합과 홀수의 합을 각각 구하기 위한 프로그램이다.

예제

DoWhileTest.java

```
class DoWhileTest {
    public static void main(String args[]) {
        int n=1;
        int sum_odd=0, sum_even=0;
        do {
            if((n % 2) == 0) {
                sum_even = sum_even + n;
            } else {
                sum_odd = sum_odd + n;
            }
            n++;
        } while (n <= 10);
        System.out.println(" odd sum = " + sum_odd);
        System.out.println("even sum = " + sum_even);
    }
}
```

실행결과

```
 odd sum = 25
even sum = 30
```

위에서 살펴본 세 개의 자바 프로그램에서처럼, while문, for문, 그리고 do-while 문 등은 서로 보완적으로 사용할 수 있다. 다시 말해서, 반복해야 될 작업이 있을 경우, 셋 중 하나를 취향에 맞게 골라서 쓸 수 있다는 것이다. 이 때, 각 반복문은 다음과 같이 약간의 차이를 보이고 있다는 것을 주의해야 한다.

먼저, do-while 문은 조건 검사를 문장의 뒷부분에서 하기 때문에 적어도 한 번은 수행이 된다는 것이다.

두 번째, for 문은 초기화문, 조건문, 그리고 증감문을 줄 수 있는데, 이 때 증감문을 지정해 주었을 경우, 반복하고자 하는 문장 내에서 증감 연산을 수행해서는 안된다는 것이다.

마지막으로, while 문과 do-while 문에서는 증감문을 지정하는 부분이 문법적으로 제공되지 않기 때문에, 증감 연산이 필요할 경우 반복하고자 하는 문장 내에서 증감 연산을 수행해야 한다는 것이다. 그렇지 않을 경우 무한 루프에 빠지기 때문이다. 예를 들어, 다음과 같이 증감 연산을 빠뜨린 경우에는 무한 루프에 빠지게 된다.

int n=1, sum=0;
while(n <= 10) {
    sum += n;
}
	int n=1, sum=0;
	do {
	    sum += n;
	} while(n <= 10);

(5) 분기문

C/C++와 같이 자바 프로그램도 문장이 나타나는 순서대로 하나씩 수행해 나갑니다. 물론, 선택문 또는 반복문 등과 같은 문장들을 이용하여 프로그램 수행흐름에 대해 약간의 변화를 줄 수도 있다. 이 때, 프로그램의 수행흐름을 특정 위치로 옮김으로써, 프로그램의 수행을 보다 원활하고 효율적으로 할 수도 있다. 이를 위해, 자바에서는 break 문, continue 문, return 문 등을 제공해 주고 있다. 한 가지 특이한 점은 C/C++와는 달리 자바에서는 break 문 또는 continue 문과 함께 레이블을 사용할 수 있다. 다시 말해서, 레이블에 지정된 위치로 break 또는 continue 등의 분기 명령을 수행할 수 있다.

break 문은 항상 for, while, do-while, switch 문과 같이 쓰이며, 현재 실행이 break 문을 만나게 되면 가장 가까이 연결된 반복문 또는 블록의 밖으로 프로그램의 수행이 빠져나가게 된다. 그리고 break문을 for, while, do-while, switch 문과 상관

없이 사용하게 되면 에러를 발생시키므로 조심해야 한다. 레이블을 갖는 break 문은 레이블이 지정되어 있는 위치로 프로그램의 수행이 이동하게 된다. 이러한 레이블을 갖는 break 문은 C/C++에는 존재하지만 자바에서는 지원되지 않는 goto 문을 대신하여 사용될 수 있다.

break;

break 레이블;

continue 문은 break 문처럼 항상 for, while, do-while 문과 같이 쓰이며, 현재 실행이 continue 문을 만나게 되면 가장 가까이 연결된 반복문의 다음 시작 위치로 이동하게 된다. continue 문이 break 문과 다른 점은 제어흐름이 반복문의 시작 위치로 이동하느냐 아니면 반복문의 밖으로 이동하느냐의 차이도 있지만, 또 하나의 차이는 break 문은 switch 문과 같이 쓰일 수 있지만, continue 문은 switch 문과는 같이 쓰이지 못하고 단지 반복문인 for, while, do-while 문과만 쓰일 수 있다는 것이다. 레이블을 갖는 continue 문을 만나면, 프로그램의 수행은 continue 문을 포함하면서 레이블을 갖는 반복문의 다음 루프로 이동하게 된다.

continue;

continue 레이블;

자바에서 레이블을 지정하는 방법은 C/C++에서와 마찬가지로 "레이블이름:"과 같이 해 주면 된다. 그리고, 하나의 프로그램 내에서 사용된 레이블은 각각 구분 가능해야 한다. 다시 말하자면, 각 레이블은 이름이 달라야 한다는 것이다. 왜냐하면, break 문을 이용하여 제어흐름을 이동하기 위해 "break loop;"와 같이 했는데, 프로그램 내에 'loop'라는 이름을 갖는 레이블이 두 개 이상 존재한다면, 어디로 이동이 이루어져야 할 지 모른다.

레이블:

반복문 내에서 break 문을 만났을 경우, break 문은 프로그램의 수행을 무조건 반복문의 밖으로 이동시킨다. 그리고 break 문은 switch문과 같이 쓸 수 있다. 각각의 경우, 다음과 같이 프로그램의 수행을 이동하게 된다.

<table>
<tr>
<td>while 문
while (i <= 100) {
// …
break;
/ …
}
// 여기로 이동</td>
<td>do-while 문
do {
    // …
    break;
    // …
} while (i <= 100);
// 여기로 이동</td>
</tr>
<tr>
<td>for 문
for (; i <= 100;) {
    // …
    break;
    // …
}
// 여기로 이동</td>
<td>switch 문
switch (i) {
    // …
    break;
    // …
}
// 여기로 이동</td>
</tr>
</table>

다음에 나오는 예제는 1-50까지이 숫자 중 프라임 숫자를 구하기 위한 자바 프로그램이다. 프라임 숫자란 1을 제외한 숫자들 중 1과 자기 자신만을 약수로 가지는 수를 말한다. 따라서, n이라는 숫자가 프라임 숫자인지 아닌 지를 구하기 위해서는, 2부터 (n/2)까지의 숫자들 중 나누어 떨어지는 숫자가 있는 지를 검사하면 된다. 만약 하나라도 나누어 떨어지는 숫자가 있다면, n은 프라임 숫자가 아니고, 나누어 떨어지는 숫자가 하나도 없다면, n은 프라임 숫자가 되는 것이다. 이 때, 다음에 나오는 프로그램에서와 같이 break를 이용하여 위와 같은 작업을 할 수 있다.

예제

PrimeNumberTest.java

```
class PrimeNumberTest {
   public static void main(String args[]) {
      for(int n=2;n<=50;n++) {
         boolean is_prime=true;
         for(int i=2;i<=(n/2);i++) {
            if((n % i) == 0) {
               is_prime=false;
               break;
            }
         }
         if(is_prime) {
            System.out.println(n + " is a prime number");
         }
```

```
        }
    }
}
```

실행결과

```
2 is a prime number
3 is a prime number
5 is a prime number
7 is a prime number
11 is a prime number
13 is a prime number
17 is a prime number
19 is a prime number
23 is a prime number
29 is a prime number
31 is a prime number
37 is a prime number
41 is a prime number
43 is a prime number
47 is a prime number
```

다음에 나오는 예제는 좀 더 간단한 경우인데, 1부터 10까지 숫자들의 합을 구하는 프로그램을 break 문을 이용하여 작성한 것이다.

예제

BreakTest.java

```
class BreakTest {
    public static void main(String args[]) {
        int n, sum;
        n = 1; sum = 0;
        while(true) {
            sum += n;
            if(n++ >= 10) break;
        }
        System.out.println("sum = " + sum);
    }
}
```

실행결과

```
sum = 55
```

continue 문은 반복문의 조건검사 부분으로 프로그램의 수행을 옮겨 조건을 검사한 후 프로그램의 수행을 계속하거나 그만 두거나 하도록 한다. 그리고 continue 문은 break 문과 달리, switch문과 같이 쓸 수 없다. 왜냐하면, continue 문은 반복의 계속을 의미하므로 반복문과 같이 쓰일 수 있는 것이다. 반복문 각각의 경우 continue 문을 만나게 되면, 다음과 같이 프로그램의 수행을 이동하게 된다.

while 문
while (i <= 100) {
    // …
    continue;
    // …
    // 여기로 이동
}
	do-while 문
	do {
	    // …
	    continue;
	    // …
	    // 여기로 이동
	} while (i <= 100);

for 문
for (; i <= 100;) {
    // …
    continue;
    // …
    // 여기로 이동
}
	switch 문
	continue 문을 사용불가

다음에 나오는 예제는 위에서 break문을 이용하여 1부터 10까지 숫자들의 합을 구하는 프로그램을 continue 문을 이용하여 다시 작성한 것이다.

예제

ContinueTest.java

```
class ContinueTest {
    public static void main(String args[]) {
        int n, sum;
        boolean FLAG = true;
```

```
        n = 1; sum = 0;
        while(FLAG) {
            sum += n;
            if(n++ < 10) continue;
            FLAG = false;
        }
        System.out.println("sum = " + sum);
    }
}
```

실행결과

```
sum = 55
```

다음에 나오는 예제는 레이블을 갖는 continue 문을 테스트하기 위한 자바 프로그램으로서, 위에서 작성한 프라임 숫자를 구하는 자바 프로그램을 다시 작성한 것이다.

예제

PrimeNumberTest2.java

```
class PrimeNumberTest2 {
    public static void main(String args[]) {
n__label:
        for(int n=2;n<=50;n++) {
            for(int i=2;i<=(n/2);i++) {
                if((n % i) == 0) {
                    continue n__label;
                }
            }
            System.out.println(n + " is a prime number");
        }
    }
}
```

실행결과

```
2 is a prime number
3 is a prime number
5 is a prime number
7 is a prime number
11 is a prime number
13 is a prime number
17 is a prime number
19 is a prime number
23 is a prime number
29 is a prime number
31 is a prime number
37 is a prime number
41 is a prime number
43 is a prime number
47 is a prime number
```

다음에 나오는 예제는 위에서 나온 레이블을 갖는 continue 문을 테스트 하기 위한 자바 프로그램을 continue 문 대신 break 문으로 바꾸어 쓴 자바 프로그램이다. 두 개의 결과를 비교해 봄으로써 레이블을 갖는 continue 문과 레이블을 갖는 break 문의 차이점을 살펴보기 바란다.

예제

PrimeNumberTest3.java

```
class PrimeNumberTest3 {
  public static void main(String args[]) {
n_label:
      for(int n=2;n<=50;n++) {
        System.out.println(n + ":");
        for(int i=2;i<=(n/2);i++) {
          if((n % i) == 0) {
            break n_label;
          }
        }
        System.out.println(n + " is a prime number");
      }
    }
}
```

실행결과

```
2:
2 is a prime number
3:
3 is a prime number
4:
```

레이블을 갖는 continue 문과 레이블을 갖는 break 문에 대해 같은 예제를 이용하여 살펴보았습니다. 이 때 사용되는 레이블이란 단지 continue 문과 break 문을 적용하기 위한 반복문을 지정하기 위한 것이다. 따라서 위의 예제를 살펴보면, “continue n_label;” 문은 n_label과 연결된 바깥 for 문에 대해 continue 문을 적용하는 것이고, “break n_label;” 문은 n_label과 연결된 바깥 for 문에 대해 break 문을 적용하는 것이다.

따라서, 레이블을 갖는 continue 문 또는 break 문에 의해 연결된 레이블은 for 문, while 문, do-while 문 등과 같은 반복문과 바로 연결되어야 한다. 그러므로, 다음에 나오는 자바 프로그램의 경우, “outer_label:”과 “sum = 0;” 두 개의 문장의 위치가 바뀌어야 한다.

예제

ContinueLabelTest2.java

```
class ContinueLabelTest2 {
   public static void main(String args[]) {
      int i, j, sum;
  outer_label:
      sum = 0;
      for (i=1;i<=5;i++) {
         j = 1;
         while (true) {
            if (i == j) {
               continue outer_label;
            }
            sum += j++;
         }
      }
```

```
            System.out.print(sum + " ");
        }
    }
```

실행결과

```
ContinueLabelTest2.java:10: No label definition found for outer_label.
                continue outer_label;
                ^
1 error
```

3.4 자바 가상머신의 메모리 모델과 배열 객체

(1) 자바 가상머신의 메모리 모델

C/C++언어에서와 마찬가지로 자바에서도 메소드, 객체, 또는 각종 변수들을 저장하기 위한 메모리 공간을 정의하고 있는 메모리 모델을 제공해주고 있다. 자바에서 제공해 주고 있는 메모리 모델은 기본적으로 다음과 같은 세 개의 논리적인 영역으로 나뉜다.

메소드영역(Method Area) • 메소드의 바이트 코드 • 클래스 변수
스택(Stack) • 매개변수 • 지역변수
힙(Heap) • 클래스 객체 • 배열 객체 • 문자열 객체

【그림 3.3】 자바 가상머신의 메모리 모델

- 메소드 영역(Method Area): 자바 프로그램을 구성하고 있는 클래스의 메소드에 대한 바이트코드 또는 클래스의 전역 변수인 클래스변수 등이 위치한다.
- 스택(Stack): 메소드가 호출되어 수행될 때, 메소드가 갖는 매개변수, 메소드 내에 선언된 지역변수, 임시변수, 반환치 등을 저장하기 위해 C/C++에서와 마찬가지로 자바에서도 스택이라는 저장공간을 이용한다. 메소드의 매개변수, 지역변수, 임시 변수, 반환치 등은 메소드가 호출되어 수행될 때만 필요하므로, 메소드 호출과 함께 이들을 저장하기 위한 메모리 공간(스택 프레임)이 할당되고, 메소드의 수행을 마치고 호출한 쪽으로 되돌아 갈 때, 더 이상 필요하지 않으므로 할당되었던 스택프레임은 다시 시스템에 반환된다.
- 힙(Heap): 자바에서 객체를 저장할 때 사용하는 메모리 공간이다. 주로 연산자 new를 이용하여 생성된 객체들이 저장되는 공간이다.

(2) 클래스의 구성요소와 메모리 모델

클래스는 객체(object), 객체는 인스턴스(instance)라고도 하는데 이를 위한 자료형이라 볼 수 있다. 다시 말해서, "int n;"이라고 할 때, n이라는 객체의 자료형은 int라고 할 수 있는 것과 동등하게 생각하면 된다. 이 때, int는 클래스로, n은 int라는 클래스가 실제로 나타나는 객체 또는 인스턴스라고 할 수 있다. 따라서, 클래스는 객체가 가질 수 있는 인스턴스 변수(instance variable 또는 instance field) 와 인스턴스 메소드(instance method)를 정의하고 있다. 이 때, 인스턴스 변수는 객체가 갖는 데이터를 저장하기 위한 메모리 공간을 정의하고, 인스턴스 메소드는 객체가 갖는 메소드 즉 데이터를 참조 또는 변경하기 위한 메소드를 정의하는 것이다.

이렇게 정의된 클래스에 대해 new 연산자를 이용하여 힙 메모리 공간에 객체를 만들고, 그 객체에 대한 메모리 내의 주소 즉 참조값을 갖게 된다. 따라서, 클래스 참조형으로 선언된 변수는 지역변수로서 스택에 위치하며, 힙에 저장되어 있는 객체에 대한 참조값을 갖게 된다. 클래스 참조형으로 선언된 변수의 값이 null이면 아무런 객체도 가리키고 있지 않다는 것을 의미한다.

예제

MemoryModelTest.java

```
class MemoryModelTest {
   static int x=0;
   public static void main(String args[]) {
      int a=10, b=20, c;
      c = add(a, b);
   }
   static int add(int a, int b) {
      return(a + b);
   }
}
```

위와 같이 자바프로그램을 수행시켰을 경우, 자바 프로그램에 선언된 변수 또는 객체들 각각이 위치하는 메모리 공간을 살펴보면 다음과 같다.

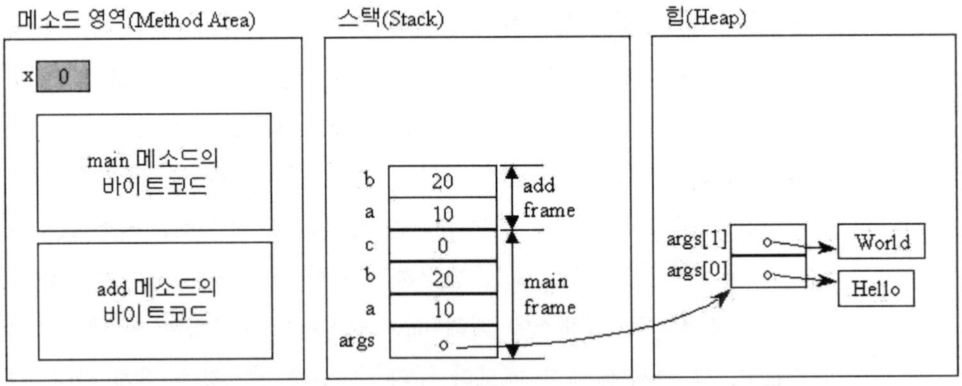

【그림 3.4】 클래스의 구성요소와 자바 가상머신의 메모리 모델

(3) 배열

배열이란 같은 자료형의 데이터를 여러 개 저장하기 위한 메모리 공간을 말한다. C/C++에서와는 달리 자바에서는 배열을 하나의 객체로써 처리한다. 따라서, 자바에서는 배열에 대해 배열 객체라고 표현한다. 이 때, 배열 객체는 하나의 객체이므로 다른 클래스 객체처럼 힙에 위치하게 된다. 자바에서 배열 객체를 다루기 위해서는,

먼저 배열 객체를 선언하고, new 연산자를 이용하여 배열 객체를 생성하거나, 또는 배열 객체를 선언하면서 배열 객체의 초기값들을 함께 나타내 줌으로써 내부적으로 배열 객체를 생성할 수도 있다.

배열의 선언과 생성:
int[] a; // 또는 int a[];
a = new int[10];

배열의 선언, 생성, 그리고 초기화:
int[] a = { 1, 2, 3 };

이름 없는(anonymous) 배열 객체:
int[] a;
a = new int[] { 1, 2, 3 };

배열의 길이:
a.length

위에서 살펴본 바와 같이, 배열 참조형에 대한 변수를 선언하고, 배열 객체를 생성하기 위하여 명시적으로 new 연산자를 사용하거나, 초기값을 나열해 줌으로써 내부적으로 배열 객체를 생성하거나, 마지막으로 배열 객체를 명시적으로 생성하면서 이름 없는 배열 객체를 이용하여 초기값을 정해줄 수 있다. 배열 객체를 생성하고 초기화하지 않으면, 자바에서는 자동으로 0, '\u0000', null, false 등의 디폴트 초기값으로 초기화를 수행하게 된다.

이렇게 생성된 배열 객체의 크기는 length 라는 변수를 갖게 되는데, 이 배열 객체의 크기는 변할 수는 없지만, 배열 객체 참조 변수는 다음과 같이 다른 배열 객체를 참조할 수 있다.

예제

ArrayTest.java

```
class ArrayTest {
   public static void main(String args[]) {
      int a[];
      a = new int[10];
```

```
        a.length = 6;   // 자바에서는 불가능, 아래와 같이 컴파일 에러 발생
        a = new int [] { 1, 2, 3, 4, 5 };           // 에러 발생하지 않음
        for(int i=0;i < a.length;i++) {
            System.out.println("a["+i+"]="+a[i]);
        }
    }
}
```

실행결과

```
ArrayTest.java:5: Invalid left hand side of assignment.
        a.length = 6;  // 자바에서는 불가능, 아래와 같이 컴파일 에러 발생
         ^
1 error
```

다음에 나오는 프로그램은 자바에서 생성한 배열과 자바에서 제공해 주는 메모리 공간과의 관계를 보여주기 위한 자바 프로그램이다.

예제

ArrayTest2.java

```
class ArrayTest2 {
    public static void main(String[] args) {
        int a1[];
        int[] a2;
        int[] a3 = { 31, 32, 33 };
        a1 = new int[4];
        a2 = new int[] { 21, 22, 23, 24 };
        a3 = a2;
        System.out.println(a1.length + " " +
                           a2.length + " " +
                           a3.length);
    }
}
```

실행결과

```
4 4 4
```

위의 자바 프로그램을 실행시킬 때, 다음과 같은 메모리 구성을 갖게 된다. 이 때, "a3=a2;" 문장을 수행하게 됨으로써, 다음과 같은 메모리 구성에서 a3는 자신이 가리키고 있던 배열을 끊고, a2가 가리키고 있던 배열을 가리키게 된다. 이렇게 함으로써, 배열 객체 참조형 변수 a3는 참조값을 바꿀 수 있는 것이다.

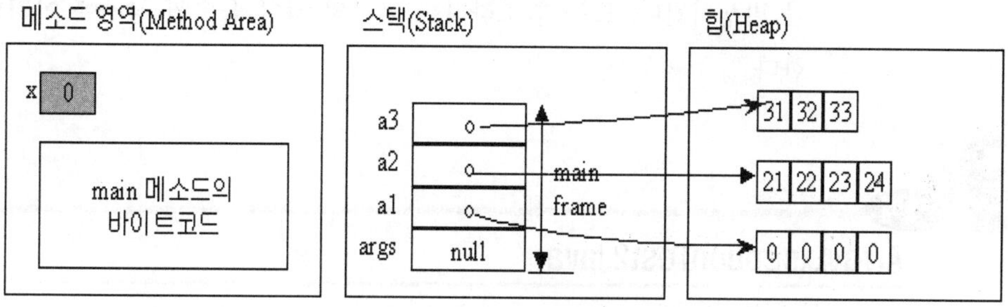

【그림 3.5】 배열과 자바 가상머신의 메모리 모델

자바에서 이러한 배열 객체를 다룰 때, 배열에 대한 안전한 접근을 보장하기 위하여 다음과 같은 경우 예외를 발생시키게 되는데, 예외에 대해서는 뒷부분에서 다루게 되겠지만, 미리 언급하자면 예외란 일종의 에러라고 생각하면 된다.

- ArrayStoreException 예외: 이러한 예외는 배열 객체에 원소를 저장하려 할 때, 배열 객체의 자료형과 호환될 수 없는 자료형의 값을 저장하려 할 때 발생한다. 다음과 같은 경우를 예로 들 수 있다.

예제

ArrayExceptionTest.java

```
class ArrayExceptionTest {
   public static void main(String args[]) {
      Object x[] = new String[3];
      x[0] = new Integer(0);          // ArrayStoreException 발생
   }
}
```

실행결과

```
Exception in thread "main" java.lang.ArrayStoreException:
        at ArrayExceptionTest.main(ArrayExceptionTest.java:4)
```

- ArrayIndexOutOfBoundsException 예외: 참조하려는 배열의 첨자가 범위를 벗어났을 때: 배열의 원소를 참조할 때, 첨자의 범위는 0부터 배열객체의 인스턴스 변수 (length-1)까지 이다. 따라서, "int a[]; a = new int[3] { 1, 2, 3 }; i=a[3];"과 같이 배열의 크기가 3이면 그 첨자는 0부터 2사이의 값이어야 하는데, a[3]과 같이 참조하려 하였으므로, 자바에서는 ArrayIndexOutOfBoundsException 예외를 발생시킨다. 또는 참조하려는 첨자의 값이 음수인 경우에 이러한 예외가 발생한다.

예제

ArrayExceptionTest2.java

```
class ArrayExceptionTest2 {
   public static void main(String args[]) {
      int i, a[];
      a = new int[3];
      i = a[3];          // (a) ArrayIndexOutOfBoundsException 발생
      i = a[-1];         // (b) ArrayIndexOutOfBoundsException 발생
   }
}
```

실행결과

```
(a)를 주석 처리한 경우
Exception in thread "main" java.lang.ArrayIndexOutOfBoundsException: -1
at ArrayExceptionTest2.main(ArrayExceptionTest2.java:6)

(b)를 주석 처리한 경우
Exception in thread "main" java.lang.ArrayIndexOutOfBoundsException: 3
at ArrayExceptionTest2.main(ArrayExceptionTest2.java:5)
```

- NegativeArraySizeException 예외: 자바 애플리케이션이 음수 크기의 배열을 생성하려고 할 때, NegativeArraySizeException 예외가 발생하게 된다.

예제

ArrayExceptionTest3.java

```
class ArrayExceptionTest3 {
   public static void main(String args[]) {
      int n=-6, a[];
      a = new int[n];
   }
}
```

실행결과

```
Exception in thread "main" java.lang.NegativeArraySizeException:
        at ArrayExceptionTest3.main(ArrayExceptionTest3.java:4)
```

- NullPointerException 예외: null 값을 갖는 배열 객체 참조 변수를 참조하려 할 때 배열 객체 참조 변수가 생성되지 않았거나, null로 설정되어 있는데, 이 배열 객체의 원소를 참조하려 할 때 자바에서는 NullPointerException을 발생시킨다.

예제

ArrayExceptionTest4.java

```
class ArrayExceptionTest4 {
   public static void main(String args[]) {
      int n, a[]=null;
      /* ... */
      n = a[1];
   }
}
```

실행결과

```
Exception in thread "main" java.lang.NullPointerException:
at ArrayExceptionTest4.main(ArrayExceptionTest4.java:5)
```

자바에서의 배열 객체는 C/C++에서와 마찬가지로 0부터 (배열객체.length-1)까지의 첨자를 이용하여 배열 객체의 원소를 참조해야만 한다. 그런데, 다음에 나오는 자바 프로그램에서의 for 문에서 0부터 s.length까지 반복하므로 배열객체의 참조범위를 벗어나게 된다. 따라서, “n<=s.length”를 “n<s.length”로 바꾸어 주어야 한다. 그렇지 않을 경우 ArrayIndexOutOfBoundsException 예외가 발생하므로, 언제나 주의해야 한다.

예제

ArrayTest3.java

```
class ArrayTest3 {
   public static void main(String[] args) {
      int n, a[]; String s[];
      a = new int[] { 21, 22, 23, 24 };
      s = new String[] { “Hello”, “World” };
      for(n=0;n<=s.length;n++) {
         System.out.print(s[n] + “ ”);
      }
   }
}
```

실행결과

```
Hello World Exception in thread “main” java.lang.ArrayIndexOutOfBoundsException: 2
at ArrayTest3.main(ArrayTest3.java:7)
```

위에 나와 있는 자바 프로그램에서 선언된 변수들이 위치하는 메모리 공간을 그림으로 나타내면 다음과 같다. 왜냐하면, String 클래스는 참조형이다. 따라서, s1이 바로 “Hello”와 “World”를 참조하는 것이 아니고, s는 String 변수들의 배열을 참조하고, s[0] = “Hello”, s[1] = “World”와 같이 참조하게 된다.

(4) 다차원 배열

자바에서 사용할 수 있는 모든 자료형에 대한 배열의 선언이 가능하다. 심지어 클래스에 대한 배열도 선언하고 생성하여 사용할 수 있었지요. 그렇다면 배열에 대한 배열도 선언하고 생성하여 사용할 수 있다.

만일 5년 동안의 강우량을 분석하려고 한다면, 매년은 12개월이고, 이것이 5년이므로 총 60개의 원소를 갖는 배열을 선언해야 된다. 그러나 60년 동안의 데이터를 저장하려고 할 때, 이렇게 크기 60의 배열을 선언하여 사용하는 것은 그리 효율적이지 못한다. 보다 효율적이고 나은 해결 방법은 12개월에 대한 배열을 5년 동안이므로 5개를 잡아주는 것이다. 이를 하나의 배열로 표현하면 12개 짜리 배열에 대한 5개 짜리 배열을 잡아주는 것이다. 이렇게 배열에 대한 배열을 선언하는 것이다. 배열에 대한 배열 즉 2차원 배열을 선언하기 위해서는, 다음과 같이 선언하면 된다.

- 다차원 배열의 선언과 생성:

```
int i;
int[][] a;
a = new int[3][3];
a[0][0] = 10; i = a[0][0];
```

- 다차원 배열의 선언, 생성, 그리고 초기화:

```
int i;
int[][] a = { { 1, 2, 3 }, { 1, 2 }, { 1, 2, 3, 4 } };
a[0][0] = 10; i = a[0][0];
```

- 다차원 배열의 길이:
  - a.length: 다차원 배열 a가 갖는 배열 객체의 개수(예에서는 3)
  - a[0].length: a[0] 배열이 갖는 원소의 개수 (예에서는 3)
  - a[1].length: a[1] 배열이 갖는 원소의 개수 (예에서는 2)
  - a[2].length: a[2] 배열이 갖는 원소의 개수 (예에서는 4)

위와 같이 배열 객체를 잡았을 경우, 이 배열 객체가 자바 가상머신의 메모리 상에는 다음과 같이 위치하게 된다.

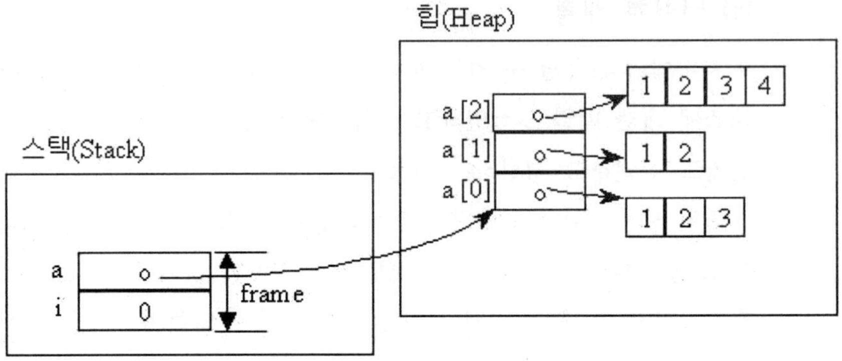

【그림 3.6】 다차원 배열과 자바 가상머신의 메모리 모델

2차원 배열은 배열 객체에 대한 배열로 표현할 수 있다. 마찬가지로, 3차원 배열은 2차원 배열 객체에 대한 배열이라고 볼 수 있다. 이런 식으로 다차원 배열을 생각할 수 있다. 이러한 다차원 배열 중 가장 많이 쓰이는 것은 2차원 또는 3차원 배열이다.

그리고, 자바에서 배열을 선언할 때, 한 가지 주의할 점은 new 연산자를 이용하여 배열을 생성할 때는 배열의 크기를 명시하지만, 배열을 생성하고 초기값을 지정해 줄 때는 배열의 크기를 지정하지 않고 자바에서 내부적으로 자동으로 결정할 수 있도록 해 주어야 한다는 것이다.

다음에 나오는 예제는 다차원 배열을 이용하는 자바 프로그램이다.

예제

MultiArrayTest.java

```
class MultiArrayTest {
      public static void main(String args[]) {
         int i, j;
         int a[][] = { { 11, 12, 13 },
              { 21, 22, 23, 24 },
              { 31, 32, 33 } };
     for(i=0;i<a.length;i++) {
       System.out.print("a[i].length: " + a[i].length + "  Elements: ");
       for(j=0;j<a[i].length;j++) {
          System.out.print("a[" + i + "][" + j + "]" + a[i][j] + " ");
       }
```

```
            System.out.println();
        }
    }
}
```

실행결과

```
a[i].length: 3  Elements: a[0][0]11 a[0][1]12 a[0][2]13
a[i].length: 4  Elements: a[1][0]21 a[1][1]22 a[1][2]23 a[1][3]24
a[i].length: 3  Elements: a[2][0]31 a[2][1]32 a[2][2]33
```

(5) 문자배열 및 String 클래스

자바에서는 C/C++에서와는 달리 문자 배열(char[])과 String 객체는 전혀 다른 자료형이다. 문자 배열의 내용은 바꿀 수 있지만, String 객체의 내용을 변경시킬 수 없다. C/C++에서는 문자 배열의 끝에 '\0'이 자동으로 추가되었지만, 자바에서는 문자열을 다룰 때 문자 배열을 이용하지 않고 String 클래스 참조형 변수를 이용하므로 문자 배열의 끝에 자동으로 '\0'을 추가하지 않습니다. 대신, 문자열 리터럴을 "Hello"와 같이 선언하면 이 문자열의 끝에는 자동으로 문자열의 끝을 나타내는 '\0'이 추가된다는 것이다. 문자 배열과 String 클래스 참조형 변수를 사용하는 방법은 다음과 같다.

```
char[] arr = { 'H', 'e', 'l', 'l', 'o' };
String str = "Hello";
```

다음은 문자 배열과 문자열을 사용하는 자바 예제 프로그램이다. String 클래스 참조형 변수의 내용은 변경할 수 없다. 그러나, String 클래스 참조형 변수가 참조하는 값을 변화시키는 것은 가능하다. 따라서, 다음에 나오는 자바 프로그램을 컴파일하면, 주석문에 나타난 것처럼 에러가 발생하게 된다.

예제

ArrayStringTest.java

```
class ArrayStringTest {
        public static void main(String args[]) {
          int i;
          char arr[] = { 'H', 'e', 'l', 'l', 'o' };
          String str = "Hello";
          arr[0] = 'h';
          str[0] = 'h';  // 아래와 같이 에러 발생
          for(i=0;i<arr.length;i++) {
                System.out.print(arr[i]);
           }
              System.out.println();
           str = null;
        }
      }
```

실행결과

```
ArrayStringTest.java:8: [] can only be applied to arrays. It can't be applied to
 java.lang.String.
        str[0] = 'h';  // 아래와 같이 에러 발생
           ^
1 error
```

(6) 자바 애플리케이션에 매개변수 값 넘겨주기

C/C++와 같은 다른 프로그래밍 언어와 같이 자바에서도 실행되는 플랫폼에서 프로그램의 실행을 시작할 때 그 프로그램에 명령문 라인을 통해 매개변수를 전달할 수 있도록 해 주고 있다. 이를 위해 자바에서는 main 메소드가 1 개의 매개변수를 선언하도록 하고 있다. 이는 수행을 시작할 때 명령문 라인으로부터 1 개의 매개변수를 넘겨받게 하기 위함이다.

- C/C++: void main(int argc, char **argv)
- 자바: public static void main(String args[])

매개변수를 "String args[]"와 같이 선언함으로써, 자바 프로그램에서 전달 받게 되는 명령행 매개변수는 문자열로서 String 클래스 참조형 변수인 args에 배열로 들

어가게 된다. C/C++에서의 main 함수와 비교하면 다음과 같은 차이점이 있다.

자바에서의 모든 배열은 length라는 인스턴스 변수를 갖게 되며 이 값은 배열이 포함하고 있는 원소의 개수를 나타냅니다. 따라서, C/C++에서 main 함수의 매개변수인 명령행 매개변수의 개수를 나타내는 argc와 명령행 매개변수들을 문자열 배열로 받아들이는 argv들은 각각 자바 프로그램의 main 메소드의 매개변수인 args.length와 args와 같이 볼 수 있다. 다음은 자바 프로그램에 명령행 매개변수를 전달하기 위한 예를 보여주는 자바 프로그램이다.

예제

ArgsTest.java

```
class ArgsTest {
        public static void main(String args[]) {
        int i;
           System.out.println("args.length: " + args.length);
    for(i=0;i<args.length;i++) {
               System.out.println("args[" + i + "] " + args[i]);
           }
        }
    }
```

실행결과

```
>java ArgsTest Hello "Java World!"
args.length: 2
args[0] Hello
args[1] Java World!

>java ArgsTest Hello Java World!
args.length: 3
args[0] Hello
args[1] Java
args[2] World!
```

위의 프로그램에 대해, 두 가지 방법으로 테스트 해 보았는데, 첫 번째 방법에서 따옴표로 묶음으로써 공백을 포함하는 문자열을 명령행 매개변수로 전달하였습니다. 이 때, 자바 가상머신이 갖는 메모리 구성을 살펴보면, 다음과 같다.

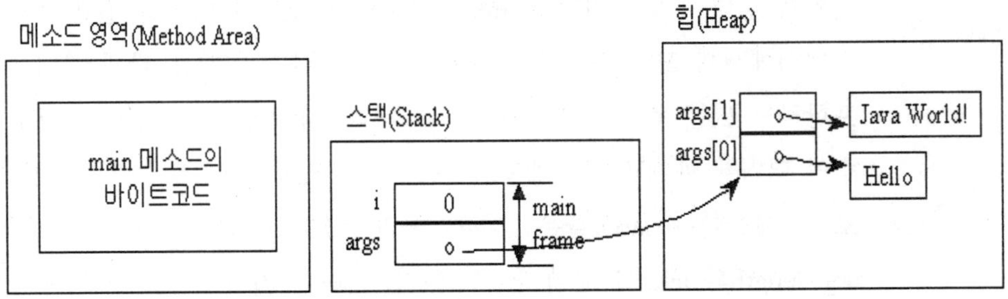

【그림 3.7】 명령행 매개변수와 자바 가상머신의 메모리 모델

다음에 나오는 프로그램은 명령행 매개변수로 전달된 값들을 거꾸로 출력하기 위한 자바 프로그램이다.

예제

ArgsTest2.java

```
class ArgsTest2 {
   public static void main(String args[]) {
      int i;
      System.out.println("args.length: " + args.length);
      for(i=args.length-1;i>=0;i--) {
         System.out.print(args[i] + " ");
      }
   }
}
```

실행결과

```
>java ArgsTest2 Hello Java World!
args.length: 3
World! Java Hello
```

(7) 표준 입출력

자바에서의 표준 입・출력은 다음과 같다.

- 표준 입력 : System.in
- 표준 출력 : System.out

System.in.read() - 키보드로부터 하나의 문자를 받아서 리턴하게 된다.
만약 더 이상 문자가 들어오지 않는다면 -1을 리턴하게 된다.

예제

InOutPractice.java

```
class InOutPractice{
        public static void main(String args[]) throws java.io.IOException{  // 예외처리
                char ans;

                System.out.println("Do you want quit? (y/n)");
                while(true){
                        ans = (char)System.in.read();
 //메소드가 리턴하는 정수형값을 문자형으로 바꾸어준다.
                        if(ans= ='y'){
                                System.out.println("You answered yes.");
                                break;
                        }
                        else if(ans= ='n'){
                                System.out.println("You answered no.");
                                break;
                        }
                        else {
                                System.out.println("You must use y or n.");
                        }
                }
        }
}
```

실행결과

```
Do you want quit? (y/n)
y
You answered yes.

Do you want quit? (y/n)
n
You answered no.
```

(8) 명령행 인자(Command Line Argument)

- args[] : 사용자가 프로그램을 실행시킬 때 입력한 매개변수를 저장하기 위한 문자열 배열 변수를 말한다.

예제

CommandLine.java

```
class CommandLine{
        public static void main(String args[]){
                System.out.println("Hi! " + args[0]);
        }
}
```

```
> java CommandLine James
Hi! James
```

Quiz 매개변수의 수와 관계 없이 처리할 수 있는 프로그램을 완성하라.

```
class CommandLine{
        public static void main(String args[]){
        int i;
        System.out.print("Hi! ");
        for(i=0; (________); i++){
                System.out.print(            );
          }
        System.out.println( );
        }
}
```

실행결과

```
> java CommandLine Hello World Java
Hi! Hello World Java
```

(9) 예외 처리(Exception Handling)

프로그램에서 발생할 수 있는 여러 가지 에러들에 대해 적절한 대비를 취하는 것을 말한다.

① CommandLine 프로그램은 아무런 매개변수를 주지 않으면 'ArrayIndexOutOfBoundsException' 같은 에러가 발생한다. 매개변수가 들어오지도 않았는데 args[0]의 값을 읽으려 했기 때문에 에러가 발생한 것이다.

② 예외처리는 try, catch 문을 통해 구현한다.

③ 에러가 발생할 수 있는 부분을 try문으로 감싸놓고, 에러가 발생할 때 처리할 내용은 catch문으로 감싸 놓는다.

④ catch의 매개변수로는 Exception 클래스 변수를 넣는데, 여기에 발생한 에러의 정보가 들어간다.

예제

ExceptionCommandLine.java

```
class ExceptionCommandLine{
        public static void main(String args[]){
                try{
                        System.out.println("Hi! " + args[0]);
                  }
                  catch(Exception e){
                        System.out.println("Error : " + e);
                  }
        }
}
```

실행결과

```
> java ExceptionCommandLine James
Hi! James

> java ExceptionCommandLine
Error : java.lang.ArrayIndexOutOfBoundsException: 0
```

CHAPTER 04

객체지향 프로그래밍

4.1 개체지향 개념과 자바

(1) 객체지향개념

객체지향 개념을 이해하기 위해 기본적으로 객체에 대해 알아야한다. 지금 여러분 주위를 한 번 둘러 보자. 거기에는 실세계라는 것이 있고, 그 실세계에 존재하는 여러 객체들이 보일 것이다. 강의실 내의 학생, 여러분이 지금 사용하고 있는 컴퓨터, 또는 밖에서 경적을 울리며 지나가는 자동차 등을 모두 객체라고 할 수 있다. 이러한 실세계에 존재하는 객체는 다음과 같은 두 가지 구성요소를 갖는다

- 상태(state): 객체가 가지고 있는 속성 또는 특성
- 행동(behavior): 객체가 가지고 있는 기능 또는 할 수 있는 행동

예를 들어, 실생활에 존재하는 자동차 객체는 색, 네 개의 바퀴, 핸들, 배기량, 현재 속도, 현재 기어 위치 등등의 상태를 갖고, 달린다, 멈춘다, 기어를 바꾼다, 속도를 높이거나 낮춘다, 경적을 울린다 등과 같은 행동을 할 수 있다.

이러한 실세계의 객체를 소프트웨어적으로 표현하기 위한 방법 중의 하나가 객체지향 방법이다. 따라서, 소프트웨어 객체는 실세계의 객체가 갖는 구성요소를 모두 표현할 수 있어야 한다. 이를 위해 객체지향 방법을 이용하여 실세계의 객체가 갖는

상태(state)와 행동(behavior)을 소프트웨어 객체의 변수(variable)와 메소드(method 또는 function)로 모델링하게 된다. 자세히 말하자면, 소프트웨어 객체는 실세계의 객체가 갖는 특성이나 상태를 나타내기 위해 변수를 이용하고, 이러한 특성이나 상태를 변경시키는 행동을 표현하기 위해 변수의 값을 변경하거나 다른 객체로부터 온 요청에 대한 서비스를 수행하는 메소드 즉 함수를 구현하는 것이다. 그리고, 이 상태를 나타내는 변수들과 상태를 변경해 주는 행동을 구현한 메소드(또는 함수)를 하나로 묶어줌으로써 실세계의 객체를 소프트웨어 객체로 모델링하고 구현할 수 있다. 이러한 객체지향 방법에서 나타나는 몇 가지 특징들을 살펴보면 다음과 같다.

- **캡슐화(Encapsulation)**

상태 정보를 저장하고 있는 변수와 상태를 변경하거나 서비스를 수행하는 메소드를 하나의 소프트웨어 묶음으로 캡슐화한다. 캡슐화는 소프트웨어의 개발자에게 높은 모듈성(modularity)과 정보은닉(information hiding) 등 두 가지 이득을 제공해 준다. 모듈성은 하나의 객체를 위한 소스 코드가 다른 객체를 위한 소스 코드와 무관하게 유지될 수 있다는 것이다. 객체가 자신이 갖는 정보에 대해 public 접근 권한을 줌으로써 다른 객체들이 접근할 수 있도록 하거나, 또는 다른 객체가 접근할 수 없도록 private 접근 권한을 줄 수 있다. 이러한 접근 권한을 이용하여 중요한 정보 또는 불필요한 접근이 필요하지 않은 정보에 대해서는 다른 객체에게 공개하지 않아도 된다는 것이다. 또한, 객체 자신이 가지고 있는 정보에 대해 접근 권한을 달리함으로써, 또는 자신이 제공한 메소드를 이용하여 접근하도록 함으로써 정보에 대한 보호를 할 수 있다.

- **메시지(Message)**

객체는 메시지를 다른 객체에게 보냄으로써 다른 객체와 통신을 한다. 다시 말해서 객체 A는 객체 B에게 메시지를 보냄으로써 객체 B의 메소드를 수행할 수 있다는 것이다. 이러한 메시지는 메시지를 받을 객체, 수행을 요청한 메소드의 이름, 그리고 메소드에 의해 필요한 매개변수 등 세 가지 구성요소를 갖는다

- **클래스(Class)**

클래스란 어떤 특정 종류의 모든 객체들에 대해 일반적으로 적용할 수 있는 변수와 메소드를 정의하고 있는 소프트웨어적인 설계도(blueprint) 또는 프로토타입(prototype)이라 할 수 있다. 예를 들어, 실세계에 존재하는 자동차들인 아반떼, 누비

라, 그랜저, 티코, 아토스, 봉고, 또는 버스 등의 자동차들이 가질 수 있는 상태 정보와 행동에 대하여 일반화시켜 정의해 놓은 것이 자동차 클래스가 될 수 있다. 다시 말해서, 실세계에 존재하는 객체들이 가질 수 있는 상태와 행동들에 대해 소프트웨어적으로 추상화(abstraction) 해 놓은 것이 클래스라는 것이다. 이러한 클래스를 청사진이라 표현하기도 하고, 벽돌을 찍기 위한 하나의 틀로써 비유되기도 한다.

• 인스턴스(Instance)

자동차라는 클래스를 만들었다고 해서, 우리가 실제로 사용할 수 있는 것은 아닙니다. 자동차 클래스라는 것은 단지 자동차 객체가 가질 수 있는 상태 정보와 행동들에 대한 정의이기 때문이다. 실제로, 자동차 클래스는 김대리가 가지고 있는 아반떼, 박실장이 가지고 있는 티코 등의 식으로 나타나야 한다. 실제화되어야 한다. 이렇게 클래스를 실제로 사용할 수 있도록 선언하는 것, 다시 말해서 클래스에 대한 변수를 선언하는 것을 "인스턴스를 생성한다(instantiate)"라 하고, 이렇게 생성된 변수를 인스턴스라 하며, 이 인스턴스는 메모리 공간을 차지하게 된다. 그리고, 인스턴스의 메소드를 이용하여 변수들의 값을 설정 및 변경할 수 있다. 인스턴스를 생성한다는 것은 벽돌 틀을 이용해서 벽돌을 찍는 것과 같다고 볼 수 있다.

• 객체(Object)

객체지향 개념에 대하여 처음 접하게 될 때, 혼동되는 것 중 하나가 클래스, 객체, 인스턴스 등의 차이를 구분하는 것이다. 물론, 그 구분이 명확하다면 다른 혼동에 빠져들어야 겠지요. 먼저, 클래스와 객체를 구분하는 것은 실세계를 살펴볼 때 좀 더 명확해 질 수 있다. 예를 들어, 자동차 클래스가 있으면, 쏘나타, 그랜저, 카렌스, 토스카, 액티언, 또는 버스 등을 실세계에 존재하는 객체라고 할 수 있다. 그리고 이를 소프트웨어적으로 추상화시켜 놓은 것을 클래스라 하고, 클래스를 실제 사용할 수 있도록 실제화시켜 놓은 것을 또는 클래스가 실제 값들을 가질 수 있도록 메모리 공간을 할당해 놓은 것을 인스턴스라 한다. 이를 소프트웨어적으로 정리하자면, 클래스는 객체의 상태(또는 변수)와 행동(또는 메소드)을 정의하고 있는 설계도(blueprint) 또는 프로토타입(prototype)이고, 클래스를 실제 사용할 수 있도록 변수 선언한 것을 인스턴스이며, 이 인스턴스를 객체라 할 수 있다. 객체는 높은 모듈성(modularity)과 정보은닉(information hiding)의 장점을 제공해 준다. 클래스는 재사용성(reusability)의 장점을 제공해 준다. 자동차 공장에서는 하나의 자동차 설계도(클래스)를 이용하여 여러 대의 자동차(객체 또는 인스턴스)를 생산해 냅니다. 이렇듯 하나의 클래스를 선언해 놓으면 그 클래스를 여러 번 재사용할 수 있지요. 소프트웨어 개발자 역시 하나나 둘 이상의 또는 수 없는 인스턴스 또는 객체를 생성하기 위해 하나의 클래스를 수 없이 우려먹겠지요. 이러한 것이 가능한 것은 클래스가 제공해 주는 재사용성의 장점 때문이다.

• 상속(Inheritance)

객체지향 개념은 클래스를 이용하여 다른 클래스를 생성 또는 정의할 수 있도록 하고 있다. 예를 들어, 자동차가 갖는 일반적인 상태와 행동들을 자동차 클래스로 정의해 놓고, 이 자동차 클래스를 확장하여 버스만이 갖는 상태와 행동을 추가하여 버스 클래스를 정의하고, 트럭이 갖는 상태와 행동을 추가하여 트럭 클래스를 정의하고, 그리고 자가용이 갖는 상태와 행동들을 추가하여 자가용 클래스를 정의 할 수 있겠지요. 이 때, 자동차 클래스를 상위클래스(superclass)라 하고 버스 클래스, 트럭 클래스, 자가용 클래스 등을 하위클래스(subclass)라 하며, 이들 간의 관계에 대해 얘기할 때 "하위클래스는 상위클래스를 상속한다(inherit)"라고 한다. 다시 말해서, 하위클래스는 상위클래스가 갖고 있는 모든 특성들을 상속하여 사용할 수 있다는 것이다. 이러한 상속 관계를 트리로 나타낼 수 있고, 이 상속관계 트리를 클래스 계층도(class hierarchy)라 한다. 상속의 장점을 살펴보면, 상위클래스는 하위클래스들이 가질 수 있는 일반적인 상태와 행동을 정의하고 있고, 하위클래스는 하위클래스만이 갖는 특별한 상태와 행동을 정의하도록 함으로써 상위클래스를 여러 하위클래스들이 재사용할 수 있고 소프트웨어 개발에 드는 비용을 감소할 수 있다. 프로그램 개발자는 상위클래스를 일반적인 행동(generic behavior)을 정의하도록 할 수 있고, 이러한 클래스를 추상 클래스(abstract class)라 한다. 이러한 추상 클래스는 부분적으로 구현되거나 구현이나 정의가 이루어지지 않을 수 있는데, 이는 하위클래스를 정의하면서 완성할 수 있도록 가이드라인을 제공해 주는 역할을 한다.

【그림 4.1】 클래스 계층도

• 다형성(Polymorphism)

다형성의 기본 개념은 여러 개의 클래스가 같은 메시지에 대해서 각자의 방법으로 작용할 수 있는 능력이라고 볼 수 있다. 다시 말해서, 다형성은 같은 이름을 갖는 여러 가지 형태가 존재한다는 것이다. 다형성을 제공해 주기 위해 C++에서는 연산자 중복 정의(overloading), 함수 중복 정의, 그리고 함수 재정의(overriding) 등을 제공해 주고 있지만, 자바에서는 메소드(함수) 중복 정의와 메소드 재정의를 제공해 주고 있다.

```
class 클래스이름 {
    ...
    int method(int x);
    int method(int x, int y);
    int method(float x);
    int method(double x);
    ...
}
```

【그림 4.2】 메소드 중복 정의

(2) 클래스정의 및 인스턴스(객체) 생성

자바 언어는 객체지향 프로그래밍을 할 수 있도록 문법을 제공해 주고 있다. 객체지향 프로그래밍이란 기본적으로 클래스를 정의할 수 있고, 객체 또는 인스턴스를 생성할 수 있어야 한다. 자바 언어를 이용하여 클래스를 정의할 때 다음과 같이 할 수 있다.

```
class 클래스이름 {
    // 변수 선언부
      …
    // 메소드 선언부
      …
}
```

객체가 갖는 상태를 변수로서 정의하고, 행동을 메소드로서 정의할 수 있고, 이를 하나의 묶음으로 캡슐화 하기 위해 "class { … }"와 같이 하면 된다. 따라서, 자바에서는 위와 같이 클래스를 정의할 수 있다.

이렇게 정의된 클래스를 실제로 인스턴스로 생성할 수 있고, 이렇게 생성된 인스턴스를 객체라고 할 수 있다고 했습니다. 클래스에 대한 객체 또는 인스턴스를 생성하기 위해서는 먼저 클래스에 대한 객체 또는 인스턴스를 선언해야 하며, 객체 또는 인스턴스를 선언하는 방법은 의외로 간단한다. 기본 자료형에 대한 변수를 선언하는 것과 같다. 다시 말해서 클래스형에 대한 변수를 선언한다고 생각할 수 있다. C++에서와 마찬가지로 자바에서 클래스에 대한 인스턴스 또는 객체를 선언하고 생성하는 방법은 다음과 같다.

클래스이름 클래스인스턴스이름 = new 클래스이름();
또는
클래스이름 클래스인스턴스이름;
클래스인스턴스이름 = new 클래스이름();

자바에서 클래스에 대한 객체(또는 인스턴스)를 선언하고 생성하기 위해 클래스에 대한 변수를 선언함과 동시에 생성하는 방법과, 클래스에 대한 변수를 선언하고 나중에 필요할 때 객체 (또는 인스턴스)를 생성하는 방법 등 두 가지 방법을 모두 제공해 주고 있다. 자바에서는 이러한 클래스에 대한 변수를 클래스 참조형 변수라 하고, 클래스 참조형 변수는 참조형이므로 반드시 new 연산자를 이용하여 메모리 공간을 할당해 주어야 한다.

다음은 자바 언어를 이용하여 클래스를 정의하고, 이 클래스에 대한 객체를 선언하고 생성하는 예를 보여주는 자바 프로그램이다.

예제

ClassTest.java

```
class Point {
   int x, y;
   void setX(int xValue) { x = xValue; }
   void setY(int yValue) { y = yValue; }
   int getX() { return(x); }
```

```
    int getY() { return(y); }
    void move(int xValue, int yValue) {
        x += xValue;
        y += yValue;
    }
}
class Circle {
    Point center = new Point();
    int radius;
    void setRadius(int r) { radius = r; }
    void setCenter(int x, int y) {
        center.setX(x);
        center.setY(y);
    }
    int getRadius() { return(radius); }
    int getCenterX() { return(center.getX()); }
    int getCenterY() { return(center.getY()); }
    double getArea() { return(Math.PI * radius * radius); }
}
class ClassTest {
    public static void main(String args[]) {
        Circle c1 = new Circle(), c2;
        c2 = new Circle();
        c1.setRadius(5);
        c1.setCenter(10, 10);
        c2.setRadius(10);
        c2.setCenter(20, 20);
        System.out.println("c1(x,y,r): (" + c1.getRadius() + ","
                                          + c1.getCenterX() + ","
                                          + c1.getCenterY() + ")");
        System.out.println("c2(x,y,r): (" + c2.getRadius() + ","
                                          + c2.getCenterX() + ","
                                          + c2.getCenterY() + ")");
    }
}
```

실행결과

```
c1(x,y,r): (5,10,10)
c2(x,y,r): (10,20,20)
```

(3) 변수 및 메소드의 접근제어

지금까지 클래스를 정의하고 객체를 선언 및 생성하는 방법에 대하여 살펴보았습니다. 객체지향 개념에서는 객체가 갖는 상태 정보에 대해 접근 및 변경할 수 있는 메소드를 제공해 줌으로써 객체가 갖는 상태 정보에 대한 잘못된 접근 또는 변경을 막을 수 있었지요. 또한, 상태 정보를 나타내는 변수 또는 행동이나 접근 및 변경을 위한 메소드에 대한 접근 권한을 지정해 줌으로써 객체가 갖는 데이터에 대한 정보은닉을 가능하도록 했습니다. 자바에서는 객체가 갖는 변수 또는 메소드에 대한 접근 권한을 지정하도록 하기 위해 다음과 같은 네 가지 종류의 접근지정자를 제공해 주고 있다.

- public: 같은 클래스, 하위클래스, 또는 같은 패키지 내에 있는 어떤 클래스에서도 접근할 수 있다. 이 접근 권한은 클래스 또는 객체의 외부 인터페이스를 제공해 줄 때 주로 사용한다.

- private: 같은 클래스 내에서만 접근가능 한다. 다시 말해서, 이 접근 권한으로 지정된 변수 또는 메소드를 다른 객체에서 참조하거나 사용하는 것이 불가능하고, 자신의 클래스 내에 있는 메소드에서만 참조하거나 사용할 수 있다. 클래스가 제공하는 기능을 내부적으로 구현할 때 주로 사용하고, 이렇게 함으로써 완벽한 정보은닉이 가능하다.

- protected: 자바에서 정의된 클래스들은 기본적으로 하나의 그룹 단위 또는 묶음단위로써 유지되는데, 이를 패키지라 한다. 다시 말해서 패키지는 클래스들의 그룹이라 볼 수 있다. protected 접근지정자를 이용하면 같은 클래스, 하위클래스, 또는 같은 패키지 내의 모든 클래스에서 접근가능하다.

- 생략(friendly): 같은 클래스 또는 같은 패키지 내에 있는 모든 클래스 내에서 접근가능 한다. protected 접근지정자와는 달리 하위클래스에서는 접근할 수 없다.

```
접근지정자 변수 선언;
접근지정자 메소드 선언;
private int x, y;
public void setX() { … }
public int getX() { … }
```

다음에 나오는 예제는 접근지정자를 사용하고 있는 자바 프로그램이다. 접근지정자 private로 선언된 변수 또는 메소드는 같은 클래스 내에서만 접근할 수 있다. 따라서, 다음에 나오는 자바 프로그램에서와 같이 Point 클래스가 아닌 곳에서는 사용할 수 없고, 단지 Point 클래스에서 제공해 주는 접근가능한 메소드를 사용하여 값을 참조해야 한다.

예제

AccessModifierTest

```
class Point {
   private int x, y;
   public void setX(int xValue) { x = xValue; }
   public void setY(int yValue) { y = yValue; }
   public int getX() { return(x); }
   public int getY() { return(y); }
   public void move(int xValue, int yValue) {
      x += xValue;
      y += yValue;
   }
}
class AccessModifierTest {
   public static void main(String args[]) {
      Point p1 = new Point(), p2 = new Point();
      p1.setX(5); p1.setY(10);
      p1.move(10, 10);
      p2.setX(35); p2.setY(30);
      System.out.println(“p1(” + p1.x + “,” + p1.y + “)”);          // 에러 발생
      System.out.println(“p2(”+p2.getX()+“,”+p2.getY()+“)”);
   }
}
```

실행결과

```
AccessModifierTest.java:18: Variable x in class Point not accessible from class
AccessModifierTest.System.out.println(“p1(” + p1.x + “,” + p1.y + “)”);
                                                     ^
AccessModifierTest.java:18: Variable y in class Point not accessible from class
AccessModifierTest.System.out.println(“p1(” + p1.x + “,” + p1.y + “)”);
                                                                 ^
2 errors
```

(4) 메소드의 중복 정의(Overloading)

C++와 같은 객체지향 언어에서 다형성을 제공해 주기 위한 방법 중의 하나가 중복 정의이다. 중복 정의란 같은 이름으로 여러 가지 일을 하는 것은 말한다. C++에서는 함수 중복 정의와 연산자 중복 정의 등 두 가지 중복 정의를 제공해 준다. 함수 중복 정의는 같은 이름의 함수가 여러 개 존재하는 것이고, 연산자 중복 정의란 같은 이름의 연사자가 클래스에 따라 다른 연산을 수행할 수 있도록 하는 것이다. 이러한 중복 정의에 대해 자바에서는 연산자 중복 정의는 제공해주지 않고, 단지 함수 중복 정의 즉 메소드 중복 정의만을 제공해 주고 있다. 그렇다면 메소드의 이름이 같다면 어떤 것을 이용하여 같은 이름의 여러 개의 메소드를 구별할 수 있을까요? C++에서와 마찬가지로 자바에서도 같은 이름의 여러 개의 메소드를 구별하기 위하여 메소드가 갖는 매개변수의 개수와 자료형을 이용하여 구분한다. 예를 들면, 다음과 같은 메소드는 메소드 중복 정의에 의해 서로 구별가능 한다.

```
void f(char n) { … }
void f(int n) { … }
void f(int i, int j) { … }
void f(long n) { … }
void f(float n) { … }
```

이렇게 메소드 중복 정의에 의해 선언된 메소드는 그 메소드를 호출할 때의 매개변수의 개수 또는 매개변수의 자료형에 따라 동적으로 호출이 이루어진다. 따라서, 메소드를 호출할 때 호출되는 메소드는 실매개변수의 자료형과 가장 가까운 형식매개변수를 갖는 메소드가 호출된다. 다음은 메소드 중복 정의에 대한 예를 보여주기 위해 작성한 자바 프로그램이다.

예제

MethodOverloadingTest.java

```
class MethodOverloadingTest {
    public static void main(String args[]) {
        short i=1;
        long l=2;
        f('A');
```

```
        f(1);
        f(i);
        f(l);
        f(3.141592);
    }
//   static void f(char n) { System.out.println("  char: " + n); }
     static void f(byte n) { System.out.println("  byte: " + n); }
     static void f(short n) { System.out.println(" short: " + n); }
     static void f(int n) { System.out.println("   int: " + n); }
     static void f(long n) { System.out.println("  long: " + n); }
     static void f(float n) { System.out.println(" float: " + n); }
     static void f(double n) { System.out.println(" double: " + n); }
}
```

실행결과

```
   int: 65
   int: 1
 short: 1
  long: 2
double: 3.141592
```

위의 자바 프로그램에서 char 자료형 매개변수를 갖는 메소드는 주석 처리되었지만, 위에서는 메소드 호출이 성공적으로 이루어진 것을 볼 수 있다. 이런 경우가 가능한 것은, 앞에서도 살펴보았듯이 암시적 형변환이 이루어지기 때문에 가능하다. 다시 말해서, char 자료형 매개변수를 갖는 메소드를 찾고, 이러한 메소드가 없을 경우 char 자료형에 대해 내부적으로 형변환이 가능한 int 자료형 매개변수를 갖는 메소드를 찾게 되고, 이 int 자료형 매개변수를 갖는 메소드가 존재하므로, 이 메소드를 호출하게 되는 것이다.

4.2 객체 생성자와 객체 생성 과정

(1) 객체 생성자

자바 언어를 이용하여 객체를 생성하고 필요에 따라 값을 초기화 해 주어야 하는 경우가 있다.

```
Point p1 = new Point();
p1.setX(5); p1.setY(10);
```

위의 예에서는 Point 클래스 객체 p1을 선언하고, "new Point()"를 통해서 객체를 생성하였습니다. 그리고, 마지막으로 p1 객체가 같은 상태를 저장하기 위한 x와 y 변수에 각각 "p1.setX(5)"와 "p1.setY(10)" 메소드를 이용하여 초기화하고 있다. 이러한 작업을 좀 더 간단하게 할 수는 없을까? 물론, C++를 접해 본 사용자라면 생성자(constructor)라는 것이 있다."라고 생각할 것이다.

자바 프로그램을 처음 시작하거나 자바를 이용하여 많은 프로그램을 작성해 본 프로그래머들이라도 쉽게 지나칠 수 있는 것이 객체 생성자이다. 이러한 객체 생성자는 new 연산자를 이용하여 객체를 생성할 때 호출된다. 자바에서도 C++와 마찬가지로 객체 생성자를 제공해 주고 있고, 이러한 객체 생성자의 특징을 살펴보면 다음과 같다.

- 객체가 생성될 때 자동으로 호출되며, 주로 객체가 가지는 변수에 대한 초기화 작업 또는 메모리 할당 등의 작업을 주로 한다.
- new 연산자를 이용하여 객체를 생성할 때 호출되며, 이 때 객체를 위한 메모리를 할당하고, 다음으로 객체 생성자를 호출한다.
- 메소드와 비슷한 구조를 갖지만, 다른 점은 객체가 생성될 때 자동으로 호출되며, 반환값을 갖지 않으며, 메소드와 같이 직접 호출할 수 없다.
- 메소드 중복정의에 의해 같은 이름을 갖는 메소드가 여러 개 존재할 수 있듯이, 객체 생성자도 여러 개 존재가능하며 객체 생성자가 갖는 매개변수의 개수와 자료형을 이용하여 서로 구별하여 준다.
- 객체 생성자가 여러 개 정의되어 있을 때, 필요에 따라 하나의 객체 생성자에서 다른 객체 생성자를 호출 할 수 있는데, 이 때 this라는 키워드를 사용하고, 상속 관계에 있는 하위클래스에서 상위클래스의 객체 생성자를 호출할 때는 super라는 키워드를 사용하며, 이러한 다른 객체 생성자의 호출은 반드시 첫 번째 줄에 나타나야 한다.
- 객체 생성자를 정의하지 않으면, 자바 컴파일러는 아무런 매개변수도 취하지 않고 아무런 작업도 하지 않는 디폴트 객체 생성자를 자동으로 추가하여 준다.

```
클래스이름(형식매개변수 리스트) { … }
클래스이름(형식매개변수 리스트) {
```

다른 객체 생성자 호출; 반드시 첫번째 줄에서
이루어져야 함.
...
}

클래스이름 변수이름 = new 클래스이름(실매개변수 리스트);

new 연산자를 이용하여 객체를 생성할 때, 먼저 객체를 위한 메모리 공간을 할당하여 이를 디폴트 값으로 초기화 하며, 객체 생성자의 첫 번째 문장이 다른 생성자를 호출할 경우 이를 먼저 처리하고, 다음으로 객체가 갖는 인스턴스 변수의 초기화 수식, 초기화 블록, 생성자의 몸체를 순서대로 수행한다. 다음에 나오는 예제 프로그램은 이러한 과정을 보여주기 위한 자바 프로그램이다.

예제

ConstructorTest.java

```
class Point {
   private int x, y;
   Point() {
   }
   Point(int xValue, int yValue) {
      x = xValue;
      y = yValue;
   }
   public void setX(int xValue) { x = xValue; }
   public void setY(int yValue) { y = yValue; }
   public int getX() { return(x); }
   public int getY() { return(y); }
   public void move(int xValue, int yValue) {
      x += xValue;
      y += yValue;
   }
   public String toString() {
      return("(" + x + "," + y + ")");
   }
}
class ConstructorTest {
   public static void main(String args[]) {
      Point p1 = new Point();
```

```
        Point p2 = new Point(10, 20);
        System.out.println("p1: " + p1);
        System.out.println("p2: " + p2);
    }
}
```

실행결과

```
p1: (0,0)
p2: (10,20)
```

이 때, 자바 프로그램에서 Circle 클래스를 정의하고 Circle 클래스를 위한 아무런 객체 생성자도 정의해 주지 않았다면, 자바 컴파일러에 의해 자동으로 삽입되는 Circle 클래스의 객체 생성자는 다음과 같다.

```
public Circle() {
}
```

【그림 4.3】 객체 생성자가 없을 경우 자동으로 삽입되는 객체 생성자

(2) this

자바에서는 일반적으로 객체의 메소드 내에서 객체가 가지고 있는 변수 또는 메소드를 직접 참조할 수 있다. 그런데, 자바에서 클래스를 정의하고 객체를 생성할 때, this라는 키워드를 자주 사용하게 된다. 그렇다면 this는 어떤 역할을 하도록 자바에서 제공해 주는 걸까요? this는 다음과 같은 몇 가지 중요한 특징을 갖는다

- 객체 자신에 대한 참조값을 갖는다
- 메소드 내에서만 사용된다.
- 매개변수와 객체 자신이 가지고 있는 변수의 이름이 같을 경우 이를 구분하기 위해 자신이 가지고 있는 변수 앞에 this를 사용한다.
- 객체 생성자 내에서 다른 생성자를 호출하기 위해 사용한다.
- 객체 자신에 대한 참조값을 메소드에 전달하거나 리턴해 주기 위해 사용하기도 한다.
- this를 사용함으로써, 모호하지 않고 좀더 명확한 프로그램을 작성할 수 있다.

this

this.멤버변수

this(매개변수);

앞에서 살펴보았던 Point 클래스에 비해 훨씬 간결하고 보기 좋은 프로그램이라는 느낌이 들 것이다. 다음은 this를 사용하여 자바 프로그램을 좀 더 간결하게 하는 예제 프로그램이다.

예제

ThisTest.java

```
class Point {
   private int x, y;
   Point() {
      this(0, 0);
   }
   Point(int x, int y) {
      this.x = x;
      this.y = y;
   }
   public void setX(int x) { this.x = x; }
   public void setY(int y) { this.y = y; }
   public int getX() { return(this.x); }
   public int getY() { return(this.y); }
   public void move(int x, int y) {
      this.x += x;
      this.y += y;
   }
   public String toString() {
      return("(" + this.x + "," + this.y + ")");
   }
}
class ThisTest {
   public static void main(String args[]) {
      Point p1 = new Point();
      Point p2 = new Point(10, 20);
      System.out.println("p1: " + p1);
      System.out.println("p2: " + p2);
   }
}
```

실행결과

```
p1: (0,0)
p2: (10,20)
```

다음은 this를 사용하여, 자신의 다른 객체 생성자를 호출하였을 경우, 그 생성 과정은 어떻게 되는 지를 보여주기 위한 예이다.

예제

ThisTest2.java

```
class Point {
   private int x, y;
   Point() {
      this(0, 0);
      System.out.println("Point(): ("+x+","+y+")");
   }
   Point(int x, int y) {
      this.x = x;
      this.y = y;
      System.out.println("Point(x,y): ("+this.x+","+this.y+")");
   }
   public void setX(int x) { this.x = x; }
   public void setY(int y) { this.y = y; }
   public int getX() { return(this.x); }
   public int getY() { return(this.y); }
   public void move(int x, int y) {
      this.x += x;
      this.y += y;
   }
   public String toString() {
      return("(" + this.x + "," + this.y + ")");
   }
}
class ThisTest2 {
   public static void main(String args[]) {
      Point p1 = new Point();
      Point p2 = new Point(10, 20);
   }
}
```

실행결과

```
Point(x,y): (0,0)
Point(): (0,0)
Point(x,y): (10,20)
```

(3) 클래스멤버와 인스턴스 멤버

클래스 내에 정의되어 있는 멤버는 변수와 메소드가 있고, 이는 다시 인스턴스 변수와 인스턴스 메소드 및 클래스 변수와 클래스 메소드로 나뉩니다. 일반적으로 클래스 내에 선언된 변수와 메소드는 대부분이 인스턴스 변수와 인스턴스 메소드이다. 이는 클래스에 대해 인스턴스를 생성할 때, 각 인스턴스가 독립적으로 이를 위한 메모리 공간을 확보하기 때문이다. 이와는 달리, 클래스 변수와 클래스 메소드는 클래스의 모든 객체(또는 인스턴스)가 공유하는 전역 변수와 전역 메소드를 말한다. 클래스 변수 또는 메소드는 기존의 인스턴스 변수와 인스턴스 메소드의 앞에 'static' 이라는 키워드를 명시해 주면 된다. 이러한 이유 때문에 클래스 변수와 클래스 메소드를 각각 static 변수와 static 메소드라고도 한다.

인스턴스 변수는 각 인스턴스(또는 객체)가 따로 갖는 변수이고 클래스 변수는 메소드 영역에 따로 잡혀 해당 클래스에 대한 모든 인스턴스들이 공유하는 변수이다. 따라서, 클래스 변수는 객체의 생성과 관련이 없으며, 클래스가 메모리에 로드 될 때 단 한번 클래스 변수를 위한 메모리가 할당되고 초기화된다. 따라서, 객체를 생성하지 않더라도 클래스 변수에 대한 접근이 가능하다.

클래스 변수와 클래스 메소드의 선언)
[접근권한] static 변수 선언;
[접근권한] static 메소드 선언;
클래스 변수와 클래스 메소드의 접근)
클래스이름.클래스메소드()
클래스메소드()
객체참조값.클래스메소드()

인스턴스 메소드는 각 객체에 속하는 메소드이므로 인스턴스 메소드를 호출할 때는 해당 객체에 대한 참조값이 필요하지만, 클래스 메소드는 객체에 속한 것이 아니므로 객체에 대한 참조값이 필요가 없다. 또한, 인스턴스 변수 내에서는 자신에 대한 참조값 또는 상위 클래스에 대한 참조값을 각각 나타내는 this와 super와 같은 객체 참조값을 사용할 수 있고, 따라서 변수와 메소드의 사용에 제약이 없으나, 클래스 메소드 내에서는 해당 객체에 대한 참조값을 갖지 않으므로 인스턴스 변수 또는 인스턴스 메소드를 사용할 때는 해당 객체 참조값을 명시해 주어야 하며, 그렇지 않을 경우 클래스 메소드 내에서는 인스턴스 변수 또는 인스턴스 메소드를 참조할 수 없다. 다음은 클래스 변수와 클래스 메소드를 사용하는 자바 예제 프로그램이다.

예제

ClassVarMethodTest.java

```
class Point {
   private static int countPoint=0;
   private int pointID;
   private int x, y;
   Point() {
      this(0, 0);
   }
   Point(int x, int y) {
      pointID = ++countPoint;
      this.x = x;
      this.y = y;
   }
   public static int getCount() { return(countPoint); }
   public int getID() { return(pointID); }
   public void setX(int x) { this.x = x; }
   public void setY(int y) { this.y = y; }
   public int getX() { return(this.x); }
   public int getY() { return(this.y); }
   public void move(int x, int y) {
      this.x += x;
      this.y += y;
   }
   public String toString() {
      return("(" + this.getID() + "/"
               + this.getCount() + ":"
               + this.x + "," + this.y + ")");
   }
}
class ClassVarMethodTest {
```

```
    public static void main(String args[]) {
        Point p1 = new Point();
        Point p2 = new Point(10, 20);

        System.out.println(“p1: " + p1);
        System.out.println(“p2: " + p2);
    }
}
```

실행결과

```
p1: (1/2:0,0)
p2: (2/2:10,20)
```

다음에 나오는 예제는 클래스 메소드에서 인스턴스 변수에 접근하는 잘못된 경우를 보여 주고 있는 예이다.

예제

ClassVarMethodTest2.java

```
class Point {
    private static int countPoint=0;
    private int pointID;
    private int x, y;
    Point() {
        this(0, 0);
    }
    Point(int x, int y) {
        pointID = ++countPoint;
        this.x = x;
        this.y = y;
    }
    public static int getCount() { return(countPoint); }
    public static void printPointID() {
        System.out.println(“pointID: " + pointID);  // 에러 발생
    }
    public static void printPointID(Point p) {
        System.out.println(“pointID: " + p.pointID);
    }
```

```
    public int getID() { return(pointID); }
    public String toString() {
        return("(" + this.getID() + "/"
                    + this.getCount() + ":"
                    + this.x + "," + this.y + ")");
    }
}
class ClassVarMethodTest2 {
    public static void main(String args[]) {
        Point p1 = new Point();
        Point p2 = new Point(10, 20);
        System.out.print("p1" + p1 + " ");
        System.out.println("p2" + p2);
    }
}
```

실행결과

```
ClassVarMethodTest2.java:15: Can't make a static reference to nonstatic variable
pointID in class Point.
        System.out.println("pointID: " + pointID);  // 에러 발생
                                          ^
1 error
```

(4) 클래스 초기화 및 객체의 생성 과정

자바에서 클래스를 처음으로 메모리에 적재(loading)하고, 클래스에 대한 객체(또는 인스턴스)를 생성할 때 자바에서는 내부적으로 초기화 작업을 수행한다. 클래스는 클래스 변수 및 클래스 메소드 등과 같은 클래스 멤버와 인스턴스 변수 및 인스턴스 메소드 등과 같은 인스턴스 멤버로 구성되어 있다. 이 때, 클래스 메소드와 인스턴스 메소드를 메모리에 적재하고, 클래스 변수와 인스턴스 변수에 대한 메모리를 할당하고 초기화 해야 하는데, 자바에서 언제 어떻게 이러한 작업을 수행하는 지에 대하여 살펴보도록 하겠다.

자바에서는 자바 가상머신에 의해 해당 클래스가 메모리에 적재될 때 클래스 초기화를 무엇보다도 먼저 수행한다. 이 때 수행되는 클래스 초기화는 다음과 같이 이루어진다.

- 먼저, 모든 클래스 변수는 자바에서 제공해 주는 세 가지 메모리 영역 중 메소

드 영역에 위치한다.

- 다음으로, 각 클래스 변수는 0, '\u0000', false, 또는 null 등과 같은 디폴트 초기값으로 초기화 된다.
- 마지막으로, 클래스 변수 초기화 수식과 클래스 초기화 블록을 정의된 순서대로 실행하게 된다.

다음과 같이 클래스 변수의 초기화 수식만으로 클래스 변수 초기화할 수 없을 경우 클래스 초기화 블록을 사용할 수 있다.

- 배열형의 클래스 변수를 초기화 할 때
- 여러 개의 클래스 변수를 한꺼번에 초기화 할 때
- 예외(exception)를 발생시키는 메소드를 호출할 때

클래스 초기화는 객체의 생성과는 무관하게 클래스가 메모리에 적재될 때 이루어지는 것과는 달리, new 연산자에 의해 객체가 생성될 때마다 수행되는 작업이 있는데 다음과 같다.

- new 연산자는 객체를 위한 메모리 공간을 할당한다.
- 객체가 가지고 있는 모든 인스턴스 변수들을 디폴트 초기값(0, '\u0000', false, null)으로 초기화 된다.
- 객체가 갖고 있는 인스턴스 변수의 초기화 수식 및 초기화 블록을 실행한다.
- 객체 생성자의 첫번째 문장에서 다른 생성자를 호출할 경우 이를 먼저 처리한다.
- 마지막으로 객체 생성자의 몸체를 실행한다.

- **클래스 변수의 초기화 및 초기화 블록**

```
static 변수선언=초기값;
또는
static 배열형변수선언=new 배열형;
static {
여러 개의 변수들의 초기화
또는
배열의 초기화;
}
```

- **클래스 변수의 초기화 및 초기화 블록의 예**

```
static int countPoint=0;
```

또는

```
static int monthDays[] = new int[10];
static {
  monthDays[ 0] = 31; monthDays[ 1] = 28;
        ...
monthDays[10] = 30; monthDays[11] = 31;
}
```

단, 인스턴스 변수의 초기화 및 초기화 블록은 위에서 static 를 제거하면 된다.

new 연산자를 이용하여 객체를 생성할 때, 먼저 객체를 위한 메모리 공간을 할당하여 이를 디폴트 값으로 초기화 하며, 객체 생성자의 첫 번째 문장이 다른 생성자를 호출할 경우 이를 먼저 처리하고, 다음으로 객체가 갖는 인스턴스 변수의 초기화 수식, 초기화 블록, 생성자의 몸체를 순서대로 수행한다. 다음에 나오는 예제 프로그램은 그러한 과정을 잘 보여주는 자바 프로그램이다.

예제

ConstructionTest2.java

```
class Point {
   private int x, y;
   Point() {
      System.out.println("Point()");
   }
   Point(int xValue, int yValue) {
      x = xValue;
      y = yValue;
      System.out.println("Point(" + x + "," + y + ")");
   }
   public void setX(int xValue) { x = xValue; }
   public void setY(int yValue) { y = yValue; }
   public int getX() { return(x); }
   public int getY() { return(y); }
   public void move(int xValue, int yValue) {
```

```
        x += xValue;
        y += yValue;
    }
    public String toString() {
        return("(" + x + "," + y + ")");
    }
}
class ConstructionTest2 {
    Point p1 = new Point();
    {
        System.out.println("Point p1 = new Point();");
    }
    Point p2;
    {
        p2 = new Point(10, 20);
        System.out.println("p2 = new Point(10, 20);");
    }
    ConstructionTest2() {
        System.out.println("ConstructionProcessTest()");
    }
    public static void main(String args[]) {
        new ConstructionTest2();
    }
}
```

실행결과

```
Point()
Point p1 = new Point();
Point(10,20)
p2 = new Point(10, 20);
ConstructionProcessTest()
```

또한, 객체의 생성과는 무관하게 클래스를 메모리에 적재하면서 클래스 변수의 초기화 클래스 초기화 블록의 실행 등의 초기화를 수행하고, 객체를 생성할 때 인스턴스 변수의 초기화 및 초기화 블록의 실행 등을 하고 객체 생성자를 실행한다. 다음에 나오는 예제 프로그램은 그러한 과정을 잘 보여주는 자바 프로그램이다.

예제

ClassInitTest.java

```
class A {
   A() {
      System.out.println("A()");
   }
}
class ClassInitTest {
   static int monthNum=12;
   static int monthDays[];
   static
   {
      monthDays = new int[monthNum];
      monthDays[ 0] = 31; monthDays[ 1] = 28;
      monthDays[ 2] = 31; monthDays[ 3] = 30;
      monthDays[ 4] = 31; monthDays[ 5] = 30;
      monthDays[ 6] = 31; monthDays[ 7] = 31;
      monthDays[ 8] = 30; monthDays[ 9] = 31;
      monthDays[10] = 30; monthDays[11] = 31;

      System.out.println("static int monthDays[];...");
   }
   A a;
   {
      a = new A();
      System.out.println("A a;");
   }
   ClassInitTest() {
      this(0);
      System.out.println("ClassInitTest()");
   }
   ClassInitTest(int x) {
      System.out.println("ClassInitTest(int x)");
   }
   public static void main(String args[]) {
      new ClassInitTest();
      System.out.println("new ClassInitTest();");
   }
}
```

실행결과

```
static int monthDays[];...
A()
A a;
ClassInitTest(int x)
ClassInitTest()
new ClassInitTest();
```

CHAPTER 05

상 속

5.1 상속의 개념

객체지향 개념은 클래스를 이용하여 새로운 클래스를 생성 또는 정의할 수 있도록 하고 있다. 예를 들어, 자동차가 갖는 일반적인 상태와 행동들을 자동차 클래스로 정의해 놓고, 이 자동차 클래스를 확장하여 버스만이 갖는 상태와 행동을 추가하여 버스 클래스를 정의하고, 트럭이 갖는 상태와 행동을 추가하여 트럭 클래스를 정의하고, 그리고 자가용이 갖는 상태와 행동들을 추가하여 자가용 클래스를 정의 할 수 있다. 여기서 자동차 클래스를 상위클래스(superclass)라 하고 버스 클래스, 트럭 클래스, 자가용 클래스 등을 하위클래스(subclass)라 하며, 이들 간의 관계에 대해 이야기할 때 "하위클래스는 상위클래스를 상속한다(inherit)"라고 한다. 다시 말해서, 하위클래스는 상위클래스가 갖고 있는 모든 특성들을 상속하여 사용할 수 있다는 것이다.

자바에서의 모든 클래스들은 반드시 어떤 클래스로부터 파생되어야 하는데, 클래스 계층 구조의 최상위 클래스는 바로 java.lang이라는 패키지에 있는 Object라는 클래스다. 따라서, 자바에서 정의된 모든 클래스는 기본적으로 Object 클래스로부터 파생된 클래스가 되며, 자바 개발자가 만든 클래스가 그 어떤 클래스도 상속하지 않도록 정의하였다면, 자바는 내부적으로 이 사용자 클래스가 Object 클래스를 상속하도록 코드를 추가하여 준다. 그러므로, 자바에서 생성된 모든 클래스는 Object 클래스가 가지고 있는 변수와 메소드를 상속하여 그대로 사용할 수 있다.

```
class A {
   ...
}
class B extends A {
   ...
}
```

클래스 B는 클래스 A를 상속하면서 확장하게 되고, 이 때 클래스 A에 있는 변수와 메소드에 대해 접근 권한에 따라 상속하여 사용할 수 있다. 다음은 클래스 B가 클래스 A를 상속하도록 하고 있는 자바 프로그램이다.

예제

InheritanceTest.java

```
class A {
 int x, y;
 A() {
    x = 0; y = 0;
 }
 public void setXY(int x, int y) {
    this.x = x;
    this.y = y;
 }
 public int getX() { return(this.x); }
 public int getY() { return(this.y); }
}
class B extends A {
   int z;
   public void setXYZ(int x, int y, int z) {
      setXY(x, y);
      this.z = z;
   }
```

```
    public int getZ() { return(this.z); }
}
class InheritanceTest {
    public static void main(String args[]) {
        A a = new A();
        B b = new B();
        a.setXY(1, 2);
        b.setXYZ(3, 4, 5);
        System.out.println(“XY(” + a.getX() + “,”
                                + a.getY() + “) ”);
        System.out.println(“XYZ(” + b.getX() + “,”
                                 + b.getY() + “,”
                                 + b.getZ() + “)”);
    }
}
```

실행결과

```
XY(1,2)
XYZ(3,4,5)
```

5.2 상위클래스와 하위클래스

자바에서 “B 클래스가 A 클래스를 상속한다” 라고 할 때, 상속관계에 있는 두 클래스의 관계를 정의해 보면, A 클래스를 상위클래스(superclass)라 하고, B 클래스를 하위클래스(subclass)라 한다. 이 때, 하위클래스는 다른 클래스로부터 파생된 클래스를 나타내며, 상위클래스의 모든 상태(변수)와 행동(메소드)을 상속하게 된다. 상위클래스란 클래스 계층구조에서 바로 한 단계 위 클래스를 나타낸다. 하위클래스는 상위클래스의 외부 인터페이스 및 그 구현에 대해 재사용하므로, 상위클래스의 모든 변수와 메소드에 대해 하위클래스에서 접근 가능한 변수와 메소드는 하위클래스의 것으로 생각할 수 있는데, 하위클래스가 상속할 수 있거나 그렇지 못한 상위클래스의 멤버는 다음과 같다.

① public 또는 protected 접근 지정자로 선언된 변수와 메소드는 상속할 수 있다.

② 같은 패키지 내의 상위클래스에 있는 접근 지정자가 생략되어 있는 변수와 메소드는 상속할 수 있다.

③ 상위클래스와 하위클래스에 같은 이름의 변수나 메소드가 있는 경우, 하위클래스에서 상속할 수 없다. 메소드의 이름이 같은 경우 재정의(overriding)한다고 말한다.

④ private 접근 지정자로 선언된 변수와 메소드는 상속할 수 없다.

또한, 자바에서는 C++에서와는 달리 클래스는 단 하나의 클래스만을 상속하도록 하고 있다. 상위클래스와 하위클래스 간의 관계는 항상 1:1이다. 클래스는 클래스 계층 구조를 최상위 클래스까지 거슬러 올라가면서 만날 수 있는 상위클래스, 상위클래스의 상위클래스 등등 모든 상위클래스의 변수 및 메소드를 상속하는 것이다. 마지막으로 상위클래스는 상위자료형이라고 말할 수 있고, 하위클래스는 하위자료형이라 말할 수 있다. 이 때, 하위자료형은 수식 내에서 상위자료형이 나타날 수 있는 어떤 위치에도 나타날 수 있다. 다시 말해서, 하위자료형은 상위자료형을 확장한 자료형이므로, 상위자료형 변수는 하위자료형 값을 가리킬 수 있지만, 하위자료형 변수는 상위자료형 값을 가리킬 수 없다.

```
  // 상위클래스 정의

class A {

  …

}

// 하위클래스 정의, A 클래스를 확장

class B extends A {
  …

}
```

다음은 상위클래스와 하위클래스의 관계에 따른 상위자료형과 하위자료형의 관계를 명확하게 보여주기 위한 자바 예제 프로그램이다.

예제

SuperSubClassTest1.java

```
class A {
   int x, y;
   A() {
      x = 0; y = 0;
   }
   public void set(int x, int y) {
      this.x = x; this.y = y;
   }
   public int getX() { return(this.x); }
   public int getY() { return(this.y); }
}
class B extends A {
   int z;
   B() {
      x = 0; y = 0; z = 0;
   }
   public void set(int x, int y, int z) {
      set(x, y);
      this.z = z;
   }
   public int getZ() { return(this.z); }
}
class SuperSubClassTest1 {
   public static void main(String args[]) {
      A a1, a = new A();
      B b1, b = new B();
      a.set(10, 10);
      b.set(5, 5, 5);
      a1 = b;
      b1 = a;
      System.out.print("XY(" + a.getX() + "," + a.getY() + ") ");
      System.out.print("XYZ(" + b.getX() + "," + b.getY() + "," + b.getZ() + ")");
   }
}
```

Quiz 위 예제를 실행하고 결과를 확인해 보자.

다음은 상위클래스와 하위클래스의 관계를 좀 더 명확하게 보여주기 위한 자바 예제 프로그램이다.

예제

SuperSubClassTest2.java

```
class A {
   int x, y;
   public void setXY(int x, int y) {
      this.x = x; this.y = y;
   }
   public int getX() { return(this.x); }
   public int getY() { return(this.y); }
}
class B extends A {
   int z;
   public void setXYZ(int x, int y, int z) {
      setXY(x, y);
      this.z = z;
   }
   public int getZ() { return(this.z); }
}
class SuperSubClassTest2 {
   public static void main(String args[]) {
     A a;
     B b = new B();
     a = b;
     b.setXYZ(1, 2, 3);
     System.out.println("XYZ(" + b.getX() + "," + b.getY() + "," + b.getZ() + ") ");
     a.setXY(4, 5);
     System.out.println("XYZ(" + b.getX() + "," + b.getY() + "," + b.getZ() + ") ");
     b.setXY(6, 7);
     System.out.println("XYZ(" + b.getX() + "," + b.getY() + "," + b.getZ() + ")");
   }
}
```

실행결과

```
XYZ(1,2,3)
XYZ(4,5,3)
XYZ(6,7,3)
```

5.3 상속과 생성자

자바에서는 상위클래스에 있는 변수와 메소드에 대하여 하위클래스에서 접근 가능한 모든 변수와 클래스를 하위클래스가 상위클래스로부터 상속하여 자신의 것으로 사용한다. 그러나 상위클래스가 가지고 있는 객체 생성자는 하위클래스가 상속할 수 없고, 대신 하위클래스의 객체 생성자에서 상위클래스의 객체 생성자를 호출할 수 있다. 클래스의 객체 생성자에서 자신의 다른 객체 생성자를 호출하기 위해 키워드 this를 사용하여 객체 생성자의 첫 줄에 나타내 주었다. 그렇다면 하위클래스의 객체 생성자에서 상위클래스의 객체 생성자를 호출하기 위해서는 어떻게 해야 할까? 하위클래스의 객체 생성자에서 상위클래스의 객체 생성자를 명시적으로 호출하기 위해서는 super라는 키워드를 사용한다. 그리고 하위클래스의 객체 생성자에서 상위클래스의 객체 생성자를 호출하는 문장을 명시적으로 나타내 주지 않으면, 자바 컴파일러는 자동으로 "super();" 문장을 삽입해 준다. 여기서 객체 생성자에서 다른 객체 생성자를 호출하기 위해 다음과 같은 키워드를 사용할 수 있고, 이러한 문장은 반드시 객체 생성자의 첫번째 문장으로 나타나야 한다.

- this(…) : 클래스 내의 객체 생성자에서 다른 객체 생성자를 호출한다.
- super(…) : 하위클래스의 객체 생성자에서 상위클래스의 객체 생성자를 호출한다.

이렇게 자바 프로그램이 상속과 다른 객체 생성자를 호출하게 되는 복잡한 구조를 갖게 될 때 객체의 생성 순서를 살펴보면 다음과 같다.

① new 생성자를 이용하여 객체를 위한 메모리 공간을 할당한다.
② 모든 인스턴스 변수를 0, '\u0000', false, 그리고 null 등과 같은 디폴트 초기치로 초기화한다.
③ 상위클래스의 생성자를 호출한다.
④ 하위클래스에 선언된 인스턴스 변수 초기자 수식 및 인스턴스 초기화 블록을 실행한다.
⑤ 하위클래스의 생성자 몸체를 실행한다.

```
class A {

    A() {

        this(…);

        …

    }

    …

}
class B extends A {

    B() {

        super(…);

        …

    }

    …

}
```

다음은 상속에 따른 생성자들의 관계를 보여주기 위한 자바 예제 프로그램이다.

예제

SuperThisTest.java

```
class A {
  static int check(String msg) {
     System.out.println(msg);
     return(0);
  }
  int a = check("int a");
  public A() { check("public A()"); }
```

```
}
class SuperThisTest extends A {
   public int b = check("public int b");
   public SuperThisTest() {
      check("public SuperThisTest()");
   }
   public static void main(String args[]) {
      SuperThisTest b = new SuperThisTest();
   }
}
```

실행결과

```
int a
public A()
public int b
public SuperThisTest()
```

다음은 상속에 따른 생성자들의 관계를 보여주기 위한 자바 예제 프로그램이다.

예제

SuperThisTest2.java

```
class A {
 static int check(String msg) {
    System.out.println(msg);
    return(0);
 }
 int a = check("int a");
 public A() {
    check("public A()");
 }
 public A(int i) {
    this();
    check("public A(" + i + ") after this()");
   }
}
class SuperThisTest2 extends A {
   public int b = check("public int b");
   public SuperThisTest2() {
```

```
        super(1);
        check("public SuperThisTest2()");
    }
    public static void main(String args[]) {
        SuperThisTest2 b = new SuperThisTest2();
    }
}
```

실행결과

```
int a
public A()
public A(1) after this()
public int b
public SuperThisTest2()
```

예제

ConstructorPractice1.java

```
class A1 {
  double d1;
  A1() {
  System.out.println("클래스 A1의 생성자 수행");
  d1 = 10*10;
  }
}

class A2 extends A1 {
  double d2;
  A2() {
    System.out.println("클래스 A2의 생성자 수행");
    d2 = 10*10*10;
  }
}

class A3 extends A2 {
    double d3;
    A3() {
    System.out.println("클래스 A3의 생성자 수행");
    d3 = 10*10*10*10;
  }
```

```
}

class ConstructorPractice1 {
  public static void main(String args[]) {
    A3 super1 = new A3();
    System.out.println("10의 2제곱 : " + super1.d1);
    System.out.println("10의 3제곱 : " + super1.d2);
    System.out.println("10의 4제곱 : " + super1.d3);
  }
}
```

실행결과

```
클래스 A1의 생성자 수행
클래스 A2의 생성자 수행
클래스 A3의 생성자 수행
10의 2제곱 : 100.0
10의 3제곱 : 1000.0
10의 4제곱 : 10000.0
```

예제

ConstructorPractice2.java

```
class A1 {
  int d1;
  int s;
  A1(int s1) {
  System.out.println("클래스 A1의 생성자 수행");
  s = s1;
  d1 = s * s ;
  }
}

class A2 extends A1 {
  int d2;
  int t;
  A2(int s1, int t1) {
    super(s1);  // 상위 클래스의 생성자를 명시적으로 호출
    System.out.println("클래스 A2의 생성자 수행");
    t = t1;
    d2 = t * t ;
```

```
    }
  }
  class ConstructorPractice2 {
    public static void main(String args[]) {
      A2 super2 = new A2(10,20);
      System.out.println("10의 제곱은 : " + super2.d1);
      System.out.println("20의 제곱은 : " + super2.d2);
    }
  }
```

Quiz 위 예제를 실행하고 결과를 확인해 보자.

5.4 메소드의 재정의(Overriding)

자바에서는 객체지향 개념에서 정의하고 있는 특성 중 하나인 다형성(Polymorphism)을 제공해 주기 위해 메소드의 재정의(method overriding) 및 메소드의 중복정의(method overloading)를 할 수 있도록 하고 있다. 상속관계에서 나타날 수 있는 다형성의 특징이 메소드 재정의이다. 이러한 다형성은 보다 더 강력한 소스 코드 및 외부 인터페이스 재사용할 수 있도록 해 주고 상위클래스의 일부 메소드가 하위클래스에 적합하지 않을 경우에도 적합하지 않은 메소드만 재정의(overriding) 함으로써 상속이 가능하며 나머지 부분은 재사용 될 수 있다. 또한, 프로그램의 다른 부분이 수정 없이 재사용되고 응용 프로그램의 개발을 돕기 위한 뼈대 구조를 제공하는 강력한 클래스 라이브러리(패키지)를 제공할 수 있다.

하위클래스는 상위클래스로부터 상속되는 상태와 행동들을 가질 수 있다. 또한 하위클래스는 자신에게 필요한 변수들과 메소드를 추가적으로 정의할 수 있다. 그리고, 하위클래스는 상위클래스에서 정의된 메소드와 같은 이름 같은 인자들을 갖는 새로운 메소드를 정의하여 상위클래스에서 상속되는 메소드를 재정의(overriding) 할 수 있다. 이렇게 하위클래스가 상위클래스의 인스턴스 메소드를 새로 구현함으로써 상위클래스에서 제공해주고 있는 메소드를 하위클래스에 맞게 새롭게 구현할 수 있는 것이다. 하위클래스에서 상위클래스의 메소드를 재정의하기 위해서는 다음과 같은 규약을 지켜야 한다.

① 인스턴스 메소드이어야 한다.

② 메소드의 이름이 같아야 한다.

③ 매개변수의 개수가 같아야 한다.

④ 매개변수 각각의 자료형이 일치해야 한다.

⑤ 메소드의 리턴형이 일치해야 한다.

⑥ 매개변수의 개수나 자료형이 일치하지 않을 경우 이는 메소드 중복정의 (method overloading)가 된다.

```
class A {
    …
    int m1(int i) { … }
    int m2(float f) { … }
    …
}

class B extends A {
    …
    int m1(int i) { … }                        // 메소드 재정의
    int m2(float f1, float f2) { … }<          // 메소드 중복정의
    int m3() { … }                             // 메소드 추가
    …
}
```

상위자료형을 갖는 변수를 통하여 재정의된 메소드를 호출하면 참조되고 있는 객체의 실제 클래스에서 마지막으로 재정의된 메소드가 호출된다. 그리고 인스턴스 변수, 클래스 변수, 클래스 메소드는 은닉될 수는 있어도 재정의 될 수는 없다. 마지막으로 하위클래스에서 재정의되었지만 상위클래스에 있는 메소드를 호출하기 위해서는 super라는 키워드를 사용한다. 기존의 상위클래스의 메소드 및 그 상위클래스에 접근하는 기존 클래스의 재사용 인스턴스 메소드 내에서의 super 변수는 this 변수

와 마찬가지로 현재 객체의 참조값을 갖지만 그 자료형은 직계 상위클래스의 자료형이 된다. 따라서 super 키워드를 통하여 재정의된 메소드를 호출할 경우에는 현재의 클래스에 재정의된 메소드를 호출하지 않고 상위클래스의 메소드를 호출하는 특별한 의미를 갖는다.

다음은 메소드 중복정의(overloading)를 보여주는 프로그램이다.

예제

OverloadingPractice.java

```
class Overload1 {
    void test() {
      System.out.println("매개변수 없음");
   }

   void test(int a) {
     System.out.println("매개변수 int " + a);
   }

   void test(int a, int b) {
     System.out.println("매개변수 int " + a + "와 int " + b);
   }

   double test(double a) {
     System.out.println("매개변수 double " + a);
     return a * 2;
   }
}

class OverloadingPractice {
  public static void main(String args[]) {
    Overload1 ob = new Overload1();
    double result;

    ob.test();
    ob.test(100);
    ob.test(5, 10);
    result = ob.test(4.2);
    System.out.println("ob.test(4.2)의 결과 : " + result);
  }
}
```

실행결과

```
매개변수 없음
매개변수 int 100
매개변수 int 5와 int 10
매개변수 double 4.2
ob.test(4.2)의 결과 : 8.4
```

다음은 메소드 재정의(overriding)를 보여주는 프로그램이다.

예제

OverridingPractice.java

```
  class A {
    void show() {
    System.out.println("상위클래스의 메소드 show(String str) 수행 ");
    }
}

class B extends A {

  void show() {
    System.out.println("하위클래스의 메소드 show() 수행");
    }
}

class OverridingPractice {
  public static void main(String args[]) {
    B over = new B();
    over.show();
  }
}
```

실행결과

```
하위클래스의 메소드 show() 수행
```

다음은 메소드 재정의 및 메소드 중복정의를 보여주기 위한 자바 프로그램이다.

예제

OverridingTest.java

```
class SuperClass {
   void m1(int i) {
      System.out.println("SuperClass:m1:" + i + " ");
   }
   void m2(float f) {
      System.out.println("SuperClass:m2:" + f + " ");
   }
}
class SubClass extends SuperClass {
   void m1(int i) {  // method overriding
      super.m1(i);
      System.out.println("  SubClass:m1:" + i + " ");
   }
   void m2(float f1, float f2) {  // method overloading
      System.out.println("  SubClass:m2:" + f1 + "," + f2 + " ");
   }
   void m3() {
      System.out.println("  SubClass:m3");
   }
}
class OverridingTest {
   public static void main(String args[]) {
      SubClass sub = new SubClass();
      sub.m1(10);
      sub.m2(3.141592f);
      sub.m2(30, 40);
      sub.m3();
   }
}
```

실행결과

```
SuperClass:m1:10
   SubClass:m1:10
SuperClass:m2:3.141592
   SubClass:m2:30.0,40.0
   SubClass:m3
```

5.5 변수와 메소드의 접근제어

인스턴스 변수, 클래스 변수, 그리고 클래스 메소드는 은닉될 수는 있어도 재정의 될 수는 없다. 또한 상위클래스에 있는 변수를 참조하거나 또는 메소드를 호출하기 위해서는 super라는 키워드를 사용한다. 기존의 상위클래스의 변수, 메소드 및 그 상위클래스에 접근하는 기존 클래스의 재사용 인스턴스 메소드 내에서의 super 변수는 this 변수와 마찬가지로 현재 객체의 참조값을 갖지만 그 자료형은 직계 상위클래스의 자료형이 된다. super 키워드를 통하여 재정의된 메소드를 호출할 경우에는 현재의 클래스에 재정의된 메소드를 호출하지 않고 상위클래스의 메소드를 호출하는 특별한 의미를 갖는다.

하위클래스는 상위클래스의 외부 인터페이스 및 그 구현에 대해 재사용되므로 상위클래스의 모든 변수와 메소드에 대해 하위클래스에서 접근 가능한 변수와 메소드는 하위클래스의 것으로 생각할 수 있는데 하위클래스가 상속할 수 있거나 그렇지 못한 상위클래스의 멤버는 다음과 같다.

① private 접근 지정자로 선언된 변수는 상속할 수 없고 메소드는 상속 및 재정의 할 수 없다.

② public 또는 protected 접근 지정자로 선언된 변수와 메소드는 상속할 수 있고 메소드에 대해 재정의 할 수 있다.

③ 같은 패키지 내에 있는 상위클래스에 있는 접근 지정자가 생략되어 있는 변수와 메소드는 상속할 수 있고 메소드에 대해 재정의 할 수 있다.

```
class A {
 int x, y, z;
 …
 …
}
class B extends A {
 int x;                          // x는 새롭게 정의
```

```
  float y;                          // y는 새롭게 정의

                                    // z는 상속

  ...

  int m3() {

     this.x  =  super.x;

     this.y  =  super.m1(this.x);

  ...

}
```

다음에 나오는 자바 프로그램에서 B 클래스가 A 클래스를 상속하도록 하였는데, 상속 가능한 변수 또는 메소드에 대하여 생각해보고 결과를 확인해 보자.

예제

AccessRightTest.java

```
class A {
 public int x;
 protected int y;
 private int z;
 int getX() { return(this.x); }
 private int getY() { return(this.y); }
 protected int getZ() { return(this.z); }
}
class B extends A {
 public int x;
 public void setXYZ(int x, int y, int z) {
    this.x = x;
    this.y = y;
    this.z = z;                    // 에러 발생
 }
}
class AccessRightTest {
 public static void main(String args[]) {
```

```
        B b = new B();
        b.getX();
        b.getY();                        // 에러 발생
        b.getZ();
    }
}
```

Quiz 위 예제를 실행하고 결과를 확인해 보자.

다음은 접근 권한에 따른 상속을 보여주기 위한 자바 프로그램이다. B 클래스가 A 클래스를 상속하도록 하였는데 상속과 관련하여 에러가 발생하는 부분에 대해서 다시 한 번 살펴보자.

예제

AccessRightTest2.java

```
class A {
  int i;
  public int j;
  protected int k;
  private int l;
}
class B extends A {
  public void print() {
     System.out.println("i:" + i);
     System.out.println("j:" + j);
     System.out.println("k:" + k);
     System.out.println("l:" + l);              // 에러 발생
  }
}
class AccessRightTest2 {
  public static void main(String args[]) {
     A a = new A();
     new B().print();
     System.out.println("ii:" + a.i);
     System.out.println("jj:" + a.j);
     System.out.println("kk:" + a.k);
     System.out.println("ll:" + a.l);              // 에러 발생
  }
}
```

Quiz 위 예제를 실행하고 결과를 확인해 보자.

5.6 추상클래스와 추상메소드

추상클래스(abstract class)는 추상적인 클래스로서 그 구현이 덜 되었거나 또는 아직은 미완성 클래스이므로 실제 인스턴스(또는 객체)를 생성할 수 없도록 한 클래스이다. 추상클래스는 객체가 가지는 특성들을 추상화시켜 놓았을 뿐 아직 구체화 시키지 못한 클래스이므로 이 추상클래스를 상속하는 하위클래스에서 좀 더 구체화 시키도록 하는 것이다. 따라서, 추상클래스를 상위클래스로 하여 상속하는 하위클래스는 추상클래스인 상위클래스에서 완전히 구현하지 못한 부분들을 완전하게 구현해 주어야만 하위클래스에 대한 객체 생성이 가능하고 그렇지 못할 경우 하위클래스는 상위클래스인 추상클래스와 같이 미완성이므로 자체적으로 객체를 생성할 수 없고 이 하위클래스는 다시 추상클래스가 된다.

추상메소드는 추상클래스와 마찬가지로 아직 구현이 이루어지지 않고 단지 그 프로토타입만을 가지고 있는 메소드를 말한다. 추상메소드의 특징은 다음과 같다.

① 추상메소드는 미완성 메소드이어야 하므로 메소드의 몸체(body)를 가질 수 없다.
② 추상메소드는 클래스가 가져야 할 인터페이스에 대한 프로토타입(메소드의 형태)을 정의하고 있다.
③ 추상메소드는 하위클래스가 가져야 할 인터페이스를 정의한다.
④ 추상메소드를 포함하는 클래스는 반드시 추상클래스로 선언되어야 한다.

추상클래스는 추상메소드를 포함할 수 있고 추상메소드를 포함하는 클래스는 반드시 추상클래스로 선언되어야 한다. 추상메소드를 포함하고 있는 추상클래스를 상속하는 하위클래스는 추상클래스가 갖고 있는 모든 추상메소드를 구현하여야 한다. 그럴 경우, 하위클래스는 하나의 클래스처럼 사용할 수 있고 인스턴스의 생성도 가능하지만 추상메소드를 모두 구현해 주지 못한 경우에는 하위클래스도 구현이 완전히 이루어지지 않은 추상메소드를 포함하게 되므로 추상클래스가 되며 이 때 반드시 추상클래스로 선언되어야 한다. 이러한 추상 클래스(abstract class)와 추상 메소드는 해당 클래스와 메소드의 앞에 abstract 키워드를 사용하여 다음과 같이 선언할 수 있다.

```
abstract class 클래스이름 {

   abstract 메소드선언;          // 메소드의 몸체는 없음

}
abstract class AbstractClass {

   abstract void abstractMethod();

}
```

아래 예제는 abstract를 잘못 사용하고 있는 예를 보여주는 자바 프로그램이다.

예제

AbstractTest.java

```
class A {
   abstract void m1();
   abstract void m2();
   abstract void m3() {
      /* ... */
   }
}
class AbstractTest extends A {
   void m1() {
   }
}
```

Quiz 위 예제를 실행하고 결과를 확인해 보자.

아래의 자바 프로그램을 컴파일 해 보면 에러가 발생하는데, 이는 추상클래스 참조형 변수를 선언할 수는 있지만, 인스턴스(또는 객체)를 생성할 수는 없기 때문이다.

예제

AbstractTest2.java

```
abstract class A {
   abstract void m1();
   abstract void m2();
   void m3() { /* ... */ }
}
abstract class B extends A {
   void m1() { /* ... */ }
}
class C extends B {
   void m2() { /* ... */ }
}
class AbstractTest2 {
   public static void main(String args[]) {
      A a;
      B b;
      C c;
      a = new A();                    // 에러 발생
      c = new C();
   }
}
```

실행결과

```
AbstractTest2.java:21: class A is an abstract class. It can't be instantiated.
        a = new A();                    // 에러 발생
            ^
1 error
```

예제

AbstractClass.java

```
abstract class Shape {   // 추상클래스 선언
  abstract void draw();  // 구현부분이 없는 추상 메소드 정의
}
class Circle extends Shape {
  void draw() {
```

```
      System.out.println("원을 그리는 기능");
    }
  }
  class Rectangle extends Shape {
    void draw() {
      System.out.println("사각형을 그리는 기능");
    }
  }
  class Triangle extends Shape {
    void draw() {
      System.out.println("삼각형을 그리는 기능");
    }
  }
  class AbstractClass {
    public static void main(String args[]) {
      Circle c = new Circle();
      c.draw();
      Rectangle r = new Rectangle();
      r.draw();
      Triangle t = new Triangle();
      t.draw();
      System.out.println("====객체 형변환과 오버라이딩을 이용====");
      Shape s = new Circle(); // 상위 클래스의 객체에 하위 클래스의 객체를 형변환
      s.draw();                // draw() 메소드 호출
      s = new Rectangle();
      s.draw();                // draw() 메소드 호출
      s = new Triangle();
      s.draw();                // draw() 메소드 호출
    }
  }
```

Quiz 위 예제를 실행하고 결과를 확인해 보자.

5.7 중첩클래스(Nested class)와 내부클래스(Inner class)

(1) 중첩클래스(nested class)

클래스 내부에 선언되는 클래스는 변수 또는 메소드와 마찬가지로 두 가지 종류가 있다. 클래스를 따로 선언하고 정의하기에는 간단하고 특정 클래스와 밀접한 관

계를 갖는 경우 또는 클래스로 정의해야 되지만 다른 클래스에서는 사용하지 않고 특정 클래스 하나에서만 사용하는 경우, 특정 클래스 내부에 중첩된 클래스로 만든다. 이렇게 함으로써 클래스의 이름 짓는 것을 간단하게 하고 프로그램을 보다 알아보기 쉽게 할 수 있다. 또한 이러한 중첩클래스를 사용하여 프로그램의 구조를 보다 더 간단하고 알아보기 쉽게 할 수 있다. 이러한 두 개의 클래스 중 클래스 내부에 static으로 선언된 클래스가 있는데, 이 클래스를 중첩클래스라 한다. 중첩 클래스의 객체는 중첩클래스를 포함하고 있는 클래스의 이름을 패키지 이름처럼 사용할 수 있는 것일 뿐 서로 동등하다. 그리고, 중첩 클래스가 포함하고 있는 메소드에서는 클래스 메소드에서처럼 인스턴스 변수 또는 인스턴스 메소드에 접근할 수 없지만, 클래스 변수 또는 클래스 메소드에는 접근할 수 있다. 마지막으로, 중첩클래스와 이 중첩클래스를 포함하고 있는 클래스는 컴파일 했을 때 다음과 같이 각각에 대한 클래스 파일이 생성된다.

```
class A {

   static class B {

      …

   }

   …

}
```

<컴파일 했을 때 생성되는 파일>

A.class 중첩클래스를 포함하는 클래스

A$B.class 중첩클래스

다음은 중첩클래스를 사용할 때 주의해야 할 것에 대해 간단히 보여주는 자바 프로그램이다.

예제

NestedClassTest.java

```
class NestingClass {
   int i=11;
   static int si=12;
   static class NestedClass {
      int j=21;
      static int sj=22;
      void print() {
         System.out.println(“ i = ” + i);               // 에러 발생
         System.out.println(“si = ” + si);
         System.out.println(“ j = ” + j);
      }
   }
   NestingClass() {
      NestedClass nested = new NestedClass();
      System.out.println(nested.j);
   }
}
class NestedClassTest {
   public static void main(String args[]) {
    NestingClass nesting = new NestingClass();
    System.out.println(nesting.i);
    NestingClass.NestedClass nested
       = new NestingClass.NestedClass();
    System.out.println(nested.j);
   }
}
```

실행결과

```
NestedClassTest.java:10: Can’t make a static reference to nonstatic variable
int i in void print().
         System.out.println(“ i = ” + i);               // 에러 발생
                                       ^
1 error
```

다음은 정상적으로 중첩클래스를 정의하여 컴파일했을 경우이다.

예제

NestedClassTest2.java

```
class NestingClass2 {
  int i=11;
  static int si=12;
  static class NestedClass2 {
     int j=21;
     static int sj=22;
     void print() {
        System.out.println("si = " + si);
        System.out.println(" j = " + j);
     }
  }
  NestingClass2() {
     NestedClass2 nested = new NestedClass2();
     System.out.println(nested.j);
  }
}
class NestedClassTest2 {
  public static void main(String args[]) {
     NestingClass2 nesting = new NestingClass2();
     System.out.println(nesting.i);
     NestingClass2.NestedClass2 nested = new NestingClass2.NestedClass2();
     System.out.println(nested.j);
  }
}
```

실행결과

```
21
11
21
```

위와 같이 정상적으로 컴파일 했을 경우 다음과 같은 세 개의 '.class' 파일이 생성된다.

NestingClass2.class

NestingClass2$NestedClass2.class

NestedClassTest2.class

(2) 내부클래스(inner class)

중첩클래스와 같이 클래스 내부에 선언되는 클래스로서 중첩클래스와는 달리 static 없이 선언된 클래스를 말한다. 중첩클래스를 사용하는 것과 같이 내부클래스를 사용하는 것 역시 프로그램의 구조를 더 좋게 할 수 있고 특정 클래스와 관련 깊은 클래스를 그 클래스 외부에 따로 정의하지 않고 클래스의 내부에 정의함으로써 프로그램을 보다 읽기 쉽고 알아보기 쉽게 해준다.

이러한 내부클래스는 이벤트 처리, 데이터 구조 클래스 등을 위해 자주 사용되며, 내부클래스 객체는 생성 당시에 외부 클래스 객체에 대한 보이지 않는 참조값을 갖도록 초기화된다. 이를 통하여 외부클래스 객체의 메소드와 필드가 내부클래스 객체의 메소드와 필드인 것처럼 접근할 수 있게 해준다.

내부클래스의 메소드에서 외부클래스 객체의 참조값을 얻기 위해서는 "외부클래스이름.this"를 사용한다. 이렇게 함으로써 내부클래스에서 외부클래스의 변수 및 메소드를 자신의 변수 및 메소드인 것처럼 접근 가능하다. 따라서 중첩클래스에서는 자신을 포함하고 있는 클래스의 인스턴스 변수 및 인스턴스 메소드에는 접근할 수 없고, 단지 클래스 변수 및 클래스 메소드에만 접근가능 했지만, 내부클래스에서는 자신을 포함하고 있는 클래스의 클래스 변수 및 클래스 메소드에 접근할 수 있을 뿐만아니라 인스턴스 변수 및 인스턴스 메소드에도 접근 가능하다. 그러나 내부클래스는 클래스 변수나 클래스 메소드를 가질 수 없고, 내부클래스를 선언하고 이를 컴파일 했을 때 생성되는 바이트 코드의 클래스 파일 이름은 다음과 같다. 마지막으로 내부클래스는 클래스 변수 또는 클래스 메소드를 가질 수 없다. 다시 말해서 static으로 선언된 변수 또는 메소드를 가질 수 없다.

```
class A {

    class B {

        …

    }

    …

}
```

<컴파일 했을 때 생성되는 파일>

A.class 외부클래스

A$B.class 내부클래스

다음에 나오는 예제는 외부클래스와 내부클래스의 관계를 보여주기 위한 자바 프로그램이다.

예제

OuterClassTest.java

```
class OuterClass {
   int i=11;
   static int si=12;
   class InnerClass {
      int j=21;
      static int sj=22;
      static void staticMethod() {
      }
      void print() {
         System.out.println(" i = " + i);
         System.out.println(" i = " + OuterClass.this.i);
         System.out.println("si = " + si);
         System.out.println(" j = " + j);
      }
   }
   OuterClass() {
      InnerClass nested = new InnerClass();
      System.out.println(nested.j);
   }
}
class OuterClassTest {
   public static void main(String args[]) {
      OuterClass outer = new OuterClass();
      System.out.println(outer.i);
      OuterClass.InnerClass inner = new OuterClass.InnerClass();
      System.out.println(inner.j);
   }
}
```

Quiz 위 예제를 실행하고 결과를 확인해 보자.

첫 번째와 두 번째 에러의 경우, 내부클래스에서는 static 변수 또는 static 메소드는 불가능하기 때문에 발생하는 것이고, 세 번째 에러의 경우에는 “OuterClass.InnerClass inner = outer. new InnerClass();”와 같이 바꾸어 주어야 한다.

다음에 나오는 예제는 정상적으로 컴파일 가능한 자바 프로그램이다.

예제

OuterClassTest2.java

```
class OuterClass2 {
   int i=11;
   static int si=12;
   class InnerClass2 {
      int j=21;
      void print() {
         System.out.println(" i = " + i);
         System.out.println(" i = " + OuterClass2.this.i);
         System.out.println("si = " + si);
         System.out.println(" j = " + j);
      }
   }
   OuterClass2() {
      InnerClass2 nested = new InnerClass2();
      System.out.println(nested.j);
   }
}
class OuterClassTest2 {
   public static void main(String args[]) {
      OuterClass2 outer = new OuterClass2();
      System.out.println(outer.i);
      OuterClass2.InnerClass2 inner = outer. new InnerClass2();
      System.out.println(inner.j);
   }
}
```

실행결과

```
21
11
21
```

위와 같이 정상적으로 컴파일 했을 경우 다음과 같은 세 개의 '.class' 파일이 생성된다.

OuterClass2.class

OuterClass2$InnerClass2.class

OuterClassTest2.class

CHAPTER 06

인터페이스와 패키지

6.1 인터페이스

인터페이스는 클래스에 의해 구현되어야 한다. 왜냐하면 인터페이스는 자체적으로 객체를 생성할 수 없으므로 클래스가 이 인터페이스를 상속하여 인터페이스에 정의된 모든 메소드를 구현해 주어야 한다. 그렇게 할 경우에만 객체를 생성하여 사용할 수 있다. 그리고 클래스의 상속에서 하나의 클래스는 하나의 클래스만을 직속으로 상속할 수 있는 것과는 달리 하나의 클래스는 여러 개의 인터페이스를 구현해 줄 수 있다. 이렇게 클래스가 인터페이스를 구현한다는 것을 표현하기 위하여 다음과 같이 할 수 있다. 인터페이스 정의는 다음과 같이 인터페이스 선언부와 인터페이스 몸체부(body) 등 크게 두 부분으로 구성되어 있다.

① 인터페이스 선언부 : 인터페이스 선언부는 접근 권한, 인터페이스의 이름, 상속하고 있는 인터페이스 리스트 등으로 구성되어 있다.

② 인터페이스 몸체부 : 인터페이스 몸체부는 인터페이스를 위한 상수와 메소드 선언(프로토타입)을 포함하고 있다.

```
인터페이스 선언부 {

    인터페이스 몸체부
```

```
}

또는

[public] interface 인터페이스 이름 [extends 상위 인터페이스] {

    상수 선언;

    메소드 선언;

}
```

- 인터페이스 선언부의 접근 지정자
- **public** : 인터페이스는 어떤 패키지 내에 있는 클래스에 의해서도 접근 가능하다.
- 생략(friendly) : 인터페이스는 인터페이스와 같은 패키지 내에 있는 클래스에 의해서만 접근 가능하다.

인터페이스도 클래스와 마찬가지로 인터페이스를 상속할 수 있다. 그러나 클래스 상속과 한 가지 차이점은 클래스는 오직 하나의 클래스만 상속 가능한테 비해 인터페이스는 여러 개의 인터페이스를 상속할 수 있다는 것이다. 인터페이스가 상속하는 상위인터페이스들은 ','로 구분하여 주고 상위인터페이스가 가지는 모든 상수와 메소드들을 상속하게 된다.

- 인터페이스 몸체부 : 인터페이스 몸체부는 인터페이스 내에 있는 모든 상수와 메소드를 위한 선언을 포함하게 된다. 이 때 인터페이스 내에 메소드를 선언할 때 다음과 같은 선언과 관련된 지정자들은 사용할 수 없다.
- 선언 지정자 : transient, volatile, synchronized
- 접근 지정자 : private, protected

자바에서 인터페이스를 선언할 때 또는 인터페이스 내에 선언된 메소드를 선언할 때 abstract 지정자를 사용하는 것은 불필요하다. 왜냐하면 자바에서는 인터페이스 및 인터페이스 내의 메소드는 그 구현이 이루어지지 않았다는 특성 때문에 인터페이스 및 인터페이스 내의 메소드에 대해 내부적으로 abstract로 취급하기 때문이다.

인터페이스는 추상클래스와 같이 아직 구현이 이루어지지 않았으므로 클래스에 의해 상속되어 그 구현이 완성되어야 객체(또는 인스턴스)를 생성하여 사용할 수 있다.

클래스가 인터페이스를 상속하여 구현하기 위해서는 다음과 같이 해 주어야 한다.

```
접근지정자 class [extends 클래스이름]

              implements 상위인터페이스리스트 {

  // 인터페이스에 선언된 메소드 구현

}
```

인터페이스는 참조 자료형으로서 기본 자료형이나 다른 참조 자료형과 같이 어느 곳에서나 사용할 수 있다. 다음은 인터페이스를 잘못 사용하는 자바 프로그램에 대한 예를 보여 주고 있다.

예제

InterfaceTest1.java

```
private interface InterfaceTest1 {
   int MAX_NUM = 10;
   boolean SUCCESS=true;
   boolean FAIL=false;
   public abstract int m1(Object obj);
   private int m2(Object obj);
   protected int m3(Object obj);
   abstract int m4();
   transient int m5(Object obj);
   volatile int m6(Object obj);
   synchronized int m7();
}
```

실행결과

```
InterfaceTest1.java:1: The type type InterfaceTest can't be private. Package members are always accessible within the current package.
 private interface InterfaceTest {
                   ^
 InterfaceTest1.java:7: Interface methods can't be native, static, synchronized, final, private, or protected: int m2(Object)
     private int m2(Object obj);
                 ^
 InterfaceTest1.java:8: Interface methods can't be native, static, synchronized, final, private, or protected: int m3(Object)
     protected int m3(Object obj);
                   ^
 InterfaceTest1.java:10: Method int m5(Object) can't be transient. Only variables can be transient.
     transient int m5(Object obj);
                   ^
 InterfaceTest1.java:11: Method int m6(Object) can't be volatile. Only variables can be volatile.
     volatile int m6(Object obj);
                  ^
 InterfaceTest1.java:12: Interface methods can't be native, static, synchronized, final, private, or protected: int m7()
     synchronized int m7();
                      ^
 6 errors
```

다음은 인터페이스를 선언하고 클래스를 이용하여 인터페이스를 상속 및 구현하는 자바 프로그램이다.

예제

InterfaceTest2.java

```
interface DataStructure {
 int MAX_NUM = 100;
 boolean SUCCESS = true;
 boolean FAIL = false;
 boolean insert(Object obj);
```

```
  boolean delete(Object obj);
  Object search(Object obj);
  int numberOf();
}
class StackA implements DataStructure {                    // (A)
   /* ... */
   public boolean insert(Object obj) { return(SUCCESS); }
   public boolean delete(Object obj) { return(SUCCESS); }
}
class StackB implements DataStructure {
   /* ... */
   public boolean insert(Object obj) { return(SUCCESS); }
   public boolean delete(Object obj) { return(SUCCESS); }
   public Object search(Object obj) { return((Object)null); }
   public int numberOf() { return(0); }
}
class StackC extends StackA {
   /* ... */
   public Object search(Object obj) { return((Object)null); }
   public int numberOf() { return(0); }
}
class InterfaceTest2 {
   public static void main(String args[]) {
      DataStructure ds = new DataStructure();              // (B)
      StackA stackA = new StackA();                        // (C)
      StackB stackB = new StackB();
      StackC stackC = new StackC();
      System.out.println("MAX_NUM: " + StackB.MAX_NUM);
   }
}
```

실행결과

```
InterfaceTest2.java:10: class StackA must be declared abstract. It does not
define int numberOf() from interface DataStructure.
class StackA implements DataStructure {                    //(A)
      ^
InterfaceTest2.java:29: interface DataStructure is an interface. It can't be
instantiated.
      DataStructure ds = new DataStructure();              //(B)
                         ^
2 errors
```

자바에서 클래스가 인터페이스를 상속하여 구현하려 할 때, (A)와 같이 인터페이스 내에 있는 모든 메소드를 구현해 주지 않으면 그 클래스는 추상클래스(abstract class)로 선언되어야 한다. 또한 (B), (C)와 같이 인터페이스 또는 그 구현이 끝나지 않은 (인터페이스를 제대로 구현하지 못한) 클래스에 대해서는 객체를 생성할 수 없다.

예제

InterfaceTest3.java

```
interface IStack {
  void push(int item);
  int pop();
}
class FixedStack implements IStack {
  private int stack[];
  private int tos;
  FixedStack(int size) {
    stack = new int[size];
    tos = -1;
  }
  public void push(int item) {  // 인터페이스에서 정의된 메소드 구현
    if(tos= =stack.length-1)
      System.out.println("스택이 꽉찼음");
    else
      stack[ + +tos] = item;
  }
  public int pop() {  // 인터페이스에서 정의된 메소드 구현
    if(tos < 0) {
      System.out.println("스택이 비었음");
      return 0;
    }
    else
      return stack[tos--];
  }
}
class InterfaceTest3 {
  public static void main(String args[]) {
    FixedStack mystack1 = new FixedStack(10);
    FixedStack mystack2 = new FixedStack(5);
    for(int i=0 ; i<10 ; i+ +)
      mystack1.push(i);
    for(int i=0 ; i<5 ; i+ +)
```

```
        mystack2.push(i);
      System.out.println("스택 : mystack1");
      for(int i=0 ; i<10 ; i++)
         System.out.print(mystack1.pop() + "  ");
         System.out.println();
         System.out.println("스택 : mystack2");
      for(int i=0 ; i<5 ; i++)
         System.out.print(mystack2.pop() + "  ");
   }
}
```

Quiz 위 예제를 실행하고 결과를 확인해 보자.

예제

InterfaceTest4.java

```
interface A {
  void ameth1();
  void ameth2();
}
interface B {
  void bmeth1();
}
interface C extends A,B {  // 두개의 인터페이스 상속
  void cmeth1();
}
 class InterfaceClass implements C {
  public void ameth1() {
    System.out.println("ameth1() 메소드의 구현");
  }
  public void ameth2() {
    System.out.println("ameth2() 메소드의 구현");
  }
  public void bmeth1() {
    System.out.println("bmeth1() 메소드의 구현");
  }
  public void cmeth1() {
    System.out.println("cmeth1() 메소드의 구현");
  }
}
class InterfaceTest4 {
```

```
    public static void main(String arg[]) {
      InterfaceClass ic = new InterfaceClass();
      ic.ameth1();
      ic.ameth2();
      ic.bmeth1();
      ic.cmeth1();
    }
  }
```

Quiz 위 예제를 실행하고 결과를 확인해 보자.

Tip ***클래스와 인터페이스의 차이점***

> 클래스 - 메소드의 정의를 반드시 적어야 한다.
> 인터페이스 - 메소드는 선언만 하면 된다.

6.2 패키지

패키지란 유사한 기능을 가진 클래스들의 묶음을 말한다. 클래스를 패키지로 묶음으로써 필요한 클래스만을 사용할 수 있으며 패키지를 계층적인 형태로 관리함으로써 다른 그룹에 속한 클래스와 발생할 수 있는 이름 충돌을 막을 수있다. 간단한 프로그램의 경우에는 패키지를 사용할 필요가 없으나, 복잡한 프로그램을 작성한다면 프로그램의 재사용성을 높일 수 있는 패키지를 사용해서 더욱 편리하고 효율적으로 프로그램을 작성할 수 있다.

(1) 패키지 사용법

자바에서 패키지를 사용하려면 반드시 클래스를 정의하기 전에 import 문을 선언해야 한다. 이는 컴파일러가 자바 소스를 컴파일 하기 전에 어떤 외부의 클래스가 사용될지를 알아야하기 때문이다.

import문으로 패키지를 불러들일 때에는 다음과 같은 두 가지 형태를 사용한다.

① import 패키지. 클래스. * ;

패키지 중에서 특정 클래스만 골라서 import 하는 경우 사용.

② import 패키지. * ;

패키지에 포함된 클래스 모두를 import 하는 경우 사용.

예제

PackageTest.java

```
import java.util.*;
// Date 클래스를 가지고 있는 util 패키지를 import
class PackageTest {
public static void main(String args[]) {
  Date now = new Date();
  // 현재 시각을 얻기 위해 Date 클래스 객체 생성
System.out.println("현재 시각은?");
System.out.println("----------------------");
System.out.println("현재 시각 => " + now);
  }
}
```

실행결과

```
현재 시각은?
---------------------
현재 시각 => Wed Jun 25 12:08:23 GMT+09:00 2003
```

날짜를 출력하는 소스로서 util 패키지에 있는 Date 클래스를 사용하기 위해 소스 맨 앞에 import 문이 선언되어 있다. 이 import문이 없으면 컴파일러가 Date 클래스가 어디에 있는지 찾지 못하므로 에러가 발생한다.

Tip *import는 C/C++에서 사용하는 #include문과 같다.*

(2) 표준 패키지 - 자바 API

자바는 여러 기능별로 관련된 클래스들을 묶어 패키지로 제공하고 있으며 사용자들이 필요에 따라 이 클래스들을 불러서 사용할 수 있게 한다. 이러한 패키지를 자바 API(Application Programming Interface)라고 한다. 자바는 자바의 장점 중의 하나로 이러한 API를 제공하여 쉽게 프로그래밍 할 수 있도록 하며, 클래스들을 패키지 단위로 정의함으로써 쉽게 재사용이 가능하게 한다. 자주 사용되는 패키지들을 살펴보면 다음과 같다.

▶표 6.1 자바에서 제공되는 주요 패키지

패키지 이름	설 명
java.lang	기본 자바 클래스를 포함한 것으로 모든 자바 프로그램에 디폴트로 import된다.
java.io	입출력과 관련된 클래스 포함
java.util	유틸리티 클래스 포함
java.net	네트웍 연결에 사용되는 클래스 포함
java.awt	플랫폼에 독립된 그래픽 유저 인터페이스 프로그램을 만들기 위해 필요한 클래스 포함
java.awt.event	awt 컴포넌트들의 이벤트를 제어하는 클래스 포함
java.applet	자바 호환 브라우저에서 실행되는 자바 애플릿을 만들기 위해 필요한 클래스 포함

CHAPTER 07

스레드(Thread)

7.1 프로세스

(1) 프로세스 생성 및 종료

일반적으로 프로그램을 실행시키면, 하나의 프로세스로서 동작하게 된다. 다시 말해서, 우리가 실행시키는 하나의 프로그램은 하나의 프로세스로서 나타나게 된다. 자바에서의 프로세스는 자바 런타임 환경과 밀접한 관계를 갖고 있다. 왜냐하면, 자바 런타임 환경은 프로세스가 실행될 수 있는 기반 환경을 제공해 주기 때문이다. 프로세스는 다른 프로세스를 생성할 수 있는데, 이 때 생성된 프로세스를 자식 프로세스라하고 기존에 있던 프로세스를 부모 프로세스라 한다. 이러한 부모/자식 프로세스 개념은 하나의 자바 프로그램에서 다른 프로그램을 실행시키고자 할 때, 주로 사용된다. 다시 말해서, 플랫폼 독립적인 자바 프로그램이 플랫폼과 밀접한 관련이 있는 작업을 해야 할 경우, 해당 작업을 수행할 프로그램을 다른 언어로 해당 플랫폼에 맞도록 작성하고, 이 프로그램을 자바 프로그램에서 실행시켜 주는 것이다.

이를 위해, 플랫폼 종속적인 시스템 함수들을 호출할 수 있도록 해 주는 Runtime 클래스와 실행하고자 하는 응용프로그램을 위한 프로세스를 관리할 수 있도록 해 주는 Process 클래스를 사용할 수 있다. 자바에서 프로세스를 생성하기 위하여 다음과 같이 해 준다.

- "Runtime runtime = Runtime.getRuntime();": 런타임 객체를 생성한다.
- "Process p = runtime.exec("프로그램경로명");": exec 메소드를 이용하여 프로세스를 생성한다.

위와 같이 프로세스를 생성할 수 있고, 프로세스의 작업을 마치거나 또는 프로세스를 강제고 종료하기 위해서는 다음 중 한 가지 방법으로 할 수 있다.

- "p.waitFor();": 자식 프로세스가 종료될 때까지 기다린다.
- "p.destroy();": 부모 프로세스에서 자식 프로세스를 강제로 종료시킨다.
- "System.exit(0);": 부모 프로세스만 종료되고 자식 프로세스는 계속 실행된다.

Runtime 클래스가 제공해 주는 주요 메소드를 살펴보면 다음과 같다.

- public static Runtime getRuntime(): 현재 실행되고 있는 자바 애플리케이션과 관련된 런타임 객체를 리턴해 준다.
- public void exit(int status): 현재 자바 가상머신을 종료한다. status 매개변수는 종료시의 상태값을 나타내며, 일반적으로 0 이외의 값은 비정상적으로 종료되었음을 의미한다.
- public Process exec(String command) throws IOException: 주어진 명령어를 독립된 프로세스로 실행시켜 준다. exec(command, null)와 같이 실행시킨 것과 같다.
- public Process exec(String command, String envp[]) throws IOException: 주어진 명령어를 주어진 환경을 갖는 독립된 프로세스로 실행시켜 준다. 이 메소드는 명령어 문자열을 토큰으로 나누어 이 토큰들을 포함하고 있는 cmdarray라는 새로운 배열을 생성한다. 그리고 나서 exec(cmdarray, envp)을 호출한다.
- public Process exec(String cmdarray[]) throws IOException: 주어진 문자열 배열에 있는 명령어와 매개변수를 이용하여 독립된 프로세스로 실행시켜 준다. exec(cmdarray, null)을 호출한다.
- public Process exec(String cmdarray[], String envp[]) throws IOException: 주어진 문자열 배열에 있는 명령어와 매개변수를 이용하여 주어진 환경을 갖는 독립된 프로세스로 실행시켜 준다. 문자열 배열 cmdarray에는 명령어와 명령행 인자들을 나타내고 있다.
- public native long freeMemory(): 시스템에 남아있는 메모리의 양을 얻는다 이

값은 항상 totalMemory() 메소드에 의해 얻어지는 값보다 작다.

- public native long totalMemory(): 자바 가상머신의 최대 메모리 크기를 얻는다

Process 클래스가 제공해 주는 주요 메소드를 살펴보면 다음과 같다.

- public abstract OutputStream getOutputStream(): 자식 프로세스의 출력 스트림을 얻는다
- public abstract InputStream getInputStream(): 자식 프로세스의 입력 스트림을 얻는다.
- public abstract InputStream getErrorStream(): 자식 프로세스의 에러 스트림을 얻는다.
- public abstract int waitFor() throws InterruptedException: 자식 프로세스가 종료될 때까지 기다립니다.
- public abstract int exitValue(): 자식 프로세스가 종료할 때의 상태값을 얻는다.
- public abstract void destroy(): 자식 프로세스를 강제로 종료시킵니다.

다음에 나오는 자바 프로그램은 위의 Runtime 클래스 및 Process 클래스를 이용하여 새로운 프로세스를 생성하고 종료하는 과정을 보여주기 위해 윈도우의 계산기와 프리첼 그리고 메모장를 실행시키는 간단한 예제이다.

예제

ProcessTest.java

```
import java.io.*;
public class ProcessTest {
   static public void main(String args[]) {
      try {
         Process p1 = Runtime.getRuntime().exec("calc.exe");
         Process p2 = Runtime.getRuntime().exec("freecell.exe");
         Process p3 = Runtime.getRuntime().exec("Notepad.exe");
         p1.waitFor();
         p2.destroy();
         System.out.println("Exit value of p1: "+p1.exitValue());
         System.out.println("Exit value of p2: "+p2.exitValue());
      } catch(IOException e) {
         System.out.println(e.getMessage());
      } catch(InterruptedException e) {
```

```
            System.out.println(e.getMessage());
        }
        System.exit(0);
    }
}
```

실행결과

```
Exit value of p1: 0
Exit value of p2: 1
```

(2) 상호작용 명령어의 실행

위와 같이 프로세스를 이용하여 방식으로 명령어를 실행하다 보면, 명령어에 따라 사용자에게 메시지를 출력하고 이에 대한 적절한 답을 사용자로부터 입력 받기를 원하는 명령어가 있다. 이러한 명령어를 상호작용(interactive) 명령어라고 한다.

```
C:\>ping 163.239.24.1
Pinging 163.239.24.1 with 32 bytes of data:
Reply from 163.239.24.1: bytes=32 time<10ms TTL=128
Reply from 163.239.24.1: bytes=32 time<10ms TTL=128
Reply from 163.239.24.1: bytes=32 time<10ms TTL=128
Reply from 163.239.24.1: bytes=32 time<10ms TTL=128
Ping statistics for 163.239.24.1:
    Packets: Sent = 4, Received = 4, Lost = 0 (0% loss),
Approximate round trip times in milli-seconds:
    Minimum = 0ms, Maximum = 0ms, Average = 0ms
```

【그림 7.1】 상호작용 명령어의 실행

그림에서와 같이 ping 명령어를 실행시키게 되면, ping 명령어는 그 실행 결과를 표준 출력을 이용하여 화면상에 출력해 준다. 이렇게 자바에서 실행시킨 프로세스가 출력하는 결과를 자바 프로그램은 알아야 하고, 또한 프로세스가 자바 프로그램으로부터 어떤 대답을 원할 경우가 있는데 이 때 사용자는 이에 대해 적절하게 답을 해 주어야 한다. 이 때, ping 명령어는 메시지를 자신의 표준 출력에 장치에 출력하게 되는데, 이렇게 프로세스의 표준 출력을 자바 프로그램에서는 p.getInputStream 메소드를 이용하여 얻고, p.getOutputStream 메소드를 이용하여 프로세스의 표준 입력 장치에 쓰게 된다. 이 때, 한 가지 주의할 사항은 표준 출력 스트림에 대답을 쓴(write) 후, 꼭 flush 또는 close 메소드를 이용하여 표준 출력 스트림을 비워(flush) 주어야 한다.

다음에 나오는 자바 프로그램은 도스 상에서 상호작용 명령어를 사용하는 간단한 예제를 보여준다.

예제

InteractiveProcessTest.java

```
import java.io.*;
import java.lang.*;
public class InteractiveProcessTest {
   public static void main(String[] args) {
      try {
         Process p = Runtime.getRuntime().exec("ping 163.239.24.1");
         byte[] msg = new byte[128];
         int len;
         while((len=p.getInputStream().read(msg)) > 0) {
            System.out.print(new String(msg, 0, len));
         }
         String rs = "\n";
         byte[] rb  = new byte[] { (byte)'\n' } ; //rs.getBytes();
         OutputStream os = p.getOutputStream();
         os.write(rb);
         os.close();
      } catch (Exception e) {
         e.printStackTrace();
      }
   }
}
```

실행결과

```
Pinging 163.239.24.1 with 32 bytes of data:
Reply from 163.239.24.1: bytes=32 time<1ms TTL=255
Reply from 163.239.24.1: bytes=32 time<1ms TTL=255
Reply from 163.239.24.1: bytes=32 time<1ms TTL=255
Reply from 163.239.24.1: bytes=32 time<1ms TTL=255
Ping statistics for 163.239.24.1:
    Packets: Sent = 4, Received = 4, Lost = 0 (0% loss),
Approximate round trip times in milli-seconds:
    Minimum = 0ms, Maximum = 0ms, Average = 0ms
```

7.2 스레드

(1) 스레드(Thread)

하나의 프로그램을 프로세스라고 볼 때, 스레드는 하나의 프로그램 내에서의 실행 단위라고 할 수 있다. 자바에서는 각 작업(타스크)을 스레드로 표현하도록 하고, 이러한 스레드를 여러 개 둘 수 있도록 함으로써 멀티타스킹을 가능하게 해 준다. 다시 말해서, 자바에서는 멀티태스킹을 여러 개의 스레드를 동시에 수행하는 멀티스레딩을 이용하여 해결하고 있다. 따라서, 자바 가상머신은 하나의 애플리케이션이 동시에 수행되는 여러 개의 스레드를 가질 수 있도록 하고 있다. 물론, 일의 우선순위가 존재하듯이 모든 스레드는 그 우선순위를 가지게 된다.

자바 가상머신이 시작할 때는 데몬 스레드가 아닌 단 하나의 스레드가 존재하며, 이 스레드는 일반적으로 실행하려는 애플리케이션의 main() 메소드를 호출하도록 되어 있다. 자바 가상머신이 시작할 때부터 존재하는 이 스레드는 다음과 같은 경우가 발생할 때까지 계속적으로 수행된다.

- Runtime 클래스의 exit() 메소드가 호출되고, 보안 관리자(security manager)가 exit 동작이 수행되도록 허락할 때
- 스레드의 run() 메소드의 수행이 끝나고 리턴되거나 또는 stop() 메소드가 수행되는 등 데몬 스레드가 아닌 모든 스레드가 죽었을 때

자바에서는 이러한 스레드를 표현할 수 있도록 하기 위해 Thread 클래스를 상속

하여 확장하는 방법, Runnable 인터페이스를 구현하는 방법 등 두 가지 방법을 제공해 주고 있다. 먼저, Thread 클래스를 상속하여 확장하는 방법에 대하여 살펴보고, 다음으로 Runnable 인터페이스를 구현하여 스레드로 실행시키는 방법에 대하여 살펴보도록 하겠다.

(2) Thread 클래스를 상속하는 스레드의 생성 및 시작

새로운 스레드를 생성하는 방법 중 Thread 클래스를 이용하는 방법에 대하여 살펴보면, 먼저 Thread 클래스를 상속하는 하위클래스를 선언하고, 이 하위클래스가 Thread 클래스의 run 메소드를 재정의하도록 하는 것이다. 이렇게 Thread 클래스를 상속하여 run 메소드를 재정의한 하위클래스의 인스턴스를 생성하고 시작되도록 하면 된다. 이 때, run 메소드는 스레드가 수행할 작업을 나타내는 스레드의 몸체 역할을 한다. 다시 말해서, 스레드를 시작시키면, 이 run 메소드가 호출되고, 이 run 메소드의 수행이 끝나고 리턴하게 되면 스레드는 종료하게 된다. 이러한 이유 때문에 run 메소드 내에는 주로 while 문을 사용하여 무한 루프로 나타냄으로써, 스레드가 반복작업을 수행하고 항상 살아 있을 수 있도록 하는 것이다. 다음과 같이 Thread 클래스를 상속하고 run 메소드를 재정의 할 수 있다.

```
import java.lang.Thread;
class ThreadName extends Thread {
…
public void run() {
// Thread Body
// . . .
}
…
}
```

【그림 7.2】 Thread 클래스의 상속 및 run 메소드의 재정의

다음과 같이 스레드 클래스의 하위클래스를 선언하고 생성한 후, 시작시켜 주면 된다.

```
ThreadName t = new ThreadName();
t.start();
```

【그림 7.3】 스레드의 시작

다음은 스레드를 생성하고, 시작시켜 주기 위해 Thread 클래스에서 기본적으로 제공해 주는 몇 가지 메소드들이다.

- public Thread(): 새로운 스레드 객체를 생성한다. 이 객체생성자는 Thread(null, null, gname)와 같은 효과를 가지며, 스레드의 이름은 "Thread-"+n의 형태로 자동으로 생성된다. 이 때, 스레드의 몸체를 나타내는 run 메소드를 반드시 재정의해 주어야 한다.
- public Thread(Runnable target): 새로운 스레드를 생성하고, Thread(null, target, gname)와 같은 효과를 가지는 객체생성자이다. 스레드의 이름은 "Thread-"+n의 형태로 자동으로 생성된다. 이 때, 스레드의 몸체인 run 메소드는 Runnable 인터페이스를 구현하는 target이 정의하고 있어야 한다.
- public Thread(ThreadGroup group, Runnable target): 새로운 스레드를 생성하고, Thread(group, target, gname)와 같은 효과를 가지는 객체생성자이다. 스레드의 이름은 "Thread-"+n의 형태로 자동으로 생성된다. 이 때, 스레드의 몸체인 run 메소드는 Runnable 인터페이스를 구현하는 target이 정의하고 있어야 한다.
- public Thread(String name): 주어진 이름을 갖는 새로운 스레드를 생성하고, Thread(null, null, name)와 같은 효과를 갖는 객체생성자이다.
- public Thread(ThreadGroup group, String name): 주어진 이름을 갖는 새로운 스레드를 생성하고, Thread(group, null, name)와 같은 효과를 갖는 객체생성자이다.
- public Thread(Runnable target, String name): 주어진 이름을 갖는 새로운 스레드를 생성하고, Thread(null, target, name)와 같은 효과를 갖는 객체생성자이다.
- public Thread(ThreadGroup group, Runnable target, String name): 주어진 이름을 갖고 주어진 스레드 그룹에 속하는 새로운 스레드 객체를 생성한다. 이 때, 스레드의 몸체인 run 메소드는 Runnable 인터페이스를 구현하는 target이 정의하고 있어야 한다.
- public native synchronized void start(): 스레드가 수행을 시작하도록 한다. 이

때, 자바 가상머신은 이 스레드의 run 메소드를 호출하도록 되어 있다. 이렇게 함으로써 현재 수행중인 스레드와 새롭게 수행을 시작하도록 된 스레드 등 두 개의 스레드가 동시에 수행되게 된다.

- public void run(): 만약, 이 스레드가 서로 분리된 Runnable 실행 객체로 생성되었다면, 그 Runnable 객체의 run 메소드가 호출된다. 또는, Thread 클래스를 상속하여 생성된 스레드라면, Thread 클래스의 하위클래스가 갖고 있는 run 메소드가 호출된다. 그렇지 않을 경우, 이 메소드는 아무 것도 하지 않고 리턴된다.
- public final String getName(): 스레드의 이름을 얻는다
- public final void setName(String name): 스레드의 이름을 주어진 이름으로 설정한다.
- public String toString(): 스레드를 표현하기 위해 설정된 문자열을 얻는다 일반적으로, 이 문자열은 스레드의 이름, 우선순위, 스레드 그룹 등으로 이루어져 있다.

다음에 나오는 자바 프로그램은 Thread 클래스를 상속하여 스레드를 생성하고 실행시켜 주는 예를 보여주는 간단한 프로그램이다.

예제

ThreadTest.java

```
import java.lang.*;
class PrimeThread extends Thread {
   int number;
   PrimeThread(int n) {
      super();
      number = n;
   }
   PrimeThread(String s, int n) {
      super(s);
      number = n;
   }
   public void run() {
      int n = 3;
      while(n < number) {
         if(isPrimeNumber(n))
            System.out.println(getName() + ": "
                              + n + " is prime number");
         n++;
```

```
                try {
                    sleep(100);
                } catch(InterruptedException e) {
                }
            }
        }
        public boolean isPrimeNumber(int n) {
            int i;
            for(i=2;i<=(n/2);i++)
                if((n % i) == 0) return(false);
            return(true);
        }
    }
    class ThreadTest {
        public static void main(String args[] ) {
            Thread primeThread = new PrimeThread(30);
            System.out.println("PrimeThread: "+primeThread);
            primeThread.setName("PrimeThread");
            System.out.println("PrimeThread: "+primeThread);
            primeThread.start();
        }
    }
```

실행결과

```
PrimeThread: Thread[Thread-0,5,main]
PrimeThread: Thread[PrimeThread,5,main]
PrimeThread: 3 is prime number
PrimeThread: 5 is prime number
PrimeThread: 7 is prime number
PrimeThread: 11 is prime number
PrimeThread: 13 is prime number
PrimeThread: 17 is prime number
PrimeThread: 19 is prime number
PrimeThread: 23 is prime number
PrimeThread: 29 is prime number
```

(3) Runnable 인터페이스를 구현하는 스레드의 생성 및 시작

스레드를 생성하기 위한 다른 방법은 Runnable 인터페이스를 구현하는 클래스를 선언하는 것이다. 다시 말해서, Runnable 인터페이스의 run 메소드를 구현하는 클래스를 선언하고, 그 클래스의 인스턴스를 생성한 후, 이 인스턴스를 Thread를 생성할 때 매개변수로 넘겨주는 것이다. 다음과 같이 Runnable 인터페이스의 run 메소드를 구현하는 클래스를 선언할 수 있다.

```
import java.lang.Runnable;
class RunnableThreadName implements Runnable {
…
public void run() {
// Thread Body
// …
}
…
}
```

【그림 7.4】 Runnable 인터페이스의 run 메소드를 구현

다음과 같이 Runnable 인터페이스를 구현하는 클래스의 인스턴스를 선언하고 생성한 후, 스레드를 생성할 때 매개변수로 넘겨주어 시작시켜 주게 된다.

```
Thread t = new new Thread(new RunnableThreadName());
t.start();
```

【그림 7.5】 Runnable 스레드의 시작

Runnable 인터페이스는 클래스에 의해 구현되어져야 하고, 이 클래스의 인스턴스는 스레드에 의해 수행되도록 되어 있다. 자바에서는 내부적으로 Runnable 인터페이스를 Thread 클래스가 구현하고 있고, 따라서 Runnable 인터페이스는 Thread 클래스의 하위클래스를 만들지 않고서도 스레드로 수행될 클래스를 만들 수 있는 방법을 제공해 주고 있다. Thread 클래스의 인스턴스를 생성하면서 Runnable 인터페이스를 구현하는 클래스의 인스턴스를 매개변수로 전달해 줌으로써, Thread 클래스의 하위클래스를 생성하지 않고서도 스레드를 구현할 수 있다. 대부분의 경우, Runnable 인터페이스는 run 메소드만 구현하여 사용하고, Thread 클래스의 나머지 메소드는 사용할 필요가 없을 경우 주로 사용된다. 다음은 Runnable 인터페이스에서 선언하고 있는 run() 메소드이다.

- public abstract void run(): Runnable 인터페이스를 구현하는 스레드 객체가 반드시 구현해 주어야 하는 메소드이다. 왜냐하면, Runnable 인터페이스를 구현하는 클래스 객체의 run 메소드가 호출되도록 함으로써 그 스레드가 분리된 스레드로 수행되도록 하기 때문이다.

다음에 나오는 자바 프로그램은 Runnable 인터페이스를 구현하여 스레드를 생성하고 실행시켜 주는 예를 보여주는 간단한 프로그램이다.

예제

RunnableTest.java

```
import java.lang.Thread;
import java.lang.Runnable;
class PrimeThread implements Runnable {
   int number;
   String name;
   PrimeThread(int n) {
      name = null;
      number = n;
   }
   PrimeThread(String s, int n) {
      name = s;
      number = n;
   }
   public void run() {
      int n = 3;
      while(n < number) {
         if(isPrimeNumber(n))
            System.out.println(name + ": " + n + " is prime number");
         n++;
         try {
            Thread.sleep(100);
         } catch(InterruptedException e) {
         }
      }
   }
   public boolean isPrimeNumber(int n) {
      int i;
      for(i=2;i<=(n/2);i++)
         if((n % i) == 0) return(false);
      return(true);
```

```
    }
}
class RunnableTest {
    public static void main(String args[] ) {
        Thread primeThread = new Thread(new PrimeThread(30));
        System.out.println("PrimeThread: "+primeThread);
        primeThread.setName("PrimeThread");
        System.out.println("PrimeThread: "+primeThread);
        primeThread.start();
    }
}
```

실행결과

```
PrimeThread: Thread[Thread-0,5,main]
PrimeThread: Thread[PrimeThread,5,main]
null: 3 is prime number
null: 5 is prime number
null: 7 is prime number
null: 11 is prime number
null: 13 is prime number
null: 17 is prime number
null: 19 is prime number
null: 23 is prime number
null: 29 is prime number
```

(4) 스레드의 종료 및 대기

스레드 객체의 start 메소드를 호출하여 스레드를 시작하면, 스레드 객체의 run 메소드가 호출되고, 이 스레드는 run 메소드가 실행되는 동안 계속 살아있게 된다. 만약, 스레드의 run 메소드가 무한루프로 구성되어 종료되지 않고, 이 스레드를 시작시켜 준 다른 스레드가 이 스레드를 종료시켜야 할 필요성이 있다. 또는 복잡한 계산을 여러 개로 나누어 수행한 후, 각각의 결과값을 모두 참조하여 최종 계산 결과를 얻어 내야 할 경우, 하나의 스레드가 여러 개로 나누어진 계산을 수행할 스레드들을 수행시키고, 그 스레드들의 수행이 끝날 때까지 기다렸다가 다음 계산 작업을 수행해야 한다.

다음은 이렇게 스레드를 강제로 종료시키거나, 종료될 때까지 기다리기 위해

Thread 클래스에서 기본적으로 제공해 주는 몇 가지 메소드들이다.

- public final void stop(): 수행을 강제로 정지하도록 한다.
- public final synchronized void stop(Throwable o): 수행을 강제로 정지하도록 한다.
- public final void join() throws InterruptedException: 스레드가 종료되기를 기다립니다.
- public final synchronized void join(long millis) throws InterruptedException: millis에 주어진 밀리초 시간 동안 스레드가 종료되기를 기다립니다. 만약, 주어진 시간이 0이라면, 영원히 기다리라는 의미이다.
- public final synchronized void join(long millis, int nanos) throws InterruptedException: millis에 주어진 밀리초와 nanos에 주어진 나노초를 더한 시간 동안 스레드가 종료되기를 기다립니다.

stop과 join 메소드는 다음과 같이 사용될 수 있다.

```
ThreadName t = new ThreadName();
t.start();
...
t.stop();
// 또는 t.join([milis [,nanos]]);
```

【그림 7.6】 Runnable 스레드의 시작

다음은 두 개의 스레드를 이용하여 1부터 10000까지, 10001부터 20000까지 각각의 합을 구하고, 이 두 결과를 합하여 1부터 20000까지 합한 값을 구하는 작업에 대해 Thread 클래스를 이용하여 작성한 것이다.

예제

ThreadJoinTest.java

```
import java.lang.*;
//class SumThread extends Thread {  // Thread Class
class SumThread implements Runnable {  // Runnable Interface
    static int count=0;                 // Runnable Interface
    int id;                             // Runnable Interface
    int start, end, sum;
    SumThread(int start, int end) {
        this.start  = start;
        this.end    = end;
        this.id     = count++;           // Runnable Interface
    }
    public String getName() {           // Runnable Interface
        return("Thread-"+id);            // Runnable Interface
    }                                   // Runnable Interface
    public int getSum() {
        return(sum);
    }
    public void run() {
        sum = 0;
        for(int i=start;i<=end;i++) {
            sum += i;
            System.out.println(getName() + ": " + sum);
        }
    }
}
class ThreadJoinTest {
    public static void main(String args[] ) {
//      SumThread t1 = new SumThread(1, 10000);          // Thread Class
//      SumThread t2 = new SumThread(10001, 20000);      // Thread Class
        SumThread rt1 = new SumThread(1, 10000);         // Runnable Interface
        SumThread rt2 = new SumThread(10001, 20000);     // Runnable Interface
        Thread t1 = new Thread(rt1);                     // Runnable Interface
        Thread t2 = new Thread(rt2);                     // Runnable Interface
        t1.start();
        t2.start();
        try {
            t1.join();
            t2.join();
        } catch(InterruptedException e) {
        }
```

```
//      System.out.println("Sum(10000,20000): " + (t1.getSum()+ t2.getSum()));    //
Thread Class
      System.out.println("Sum(10000,20000):  "  +  (rt1.getSum()+  rt2.getSum()));
// Runnable Interface
   }
}
```

실행결과

```
...
Thread-0: 8778
Thread-1: 40010
Thread-0: 8911
Thread-1: 50015
...
Thread-1: 149985000
Thread-1: 150005000
Sum(10000,20000): 200010000
```

위의 예제에서는 스레드를 생성하는 두 가지 방법을 각각 사용할 수 있도록 예를 보여 주고 있다. 각 주석 처리된 부분을 해제/설정 하는 식으로 Thread 클래스를 상속하여 스레드를 생성하거나, Runnable 인터페이스를 구현하여 스레드를 생성할 수 있다.

다음에 나오는 자바 프로그램은 일정 시간만큼 기다린 후 생성한 스레드를 멈추게 하는 예를 보여주는 프로그램이다.

예제

ThreadStopTest.java

```
import java.lang.*;
class NeverStopThread extends Thread {
   int i=0;
   public void run() {
      while(true) {
         try {
            sleep(100);
            System.out.println(getName() + ": " + i++);
         } catch(InterruptedException e) {
         }
```

```
      }
   }
}
class ThreadStopTest {
   public static void main(String args[] ) {
      Thread t = new NeverStopThread();
      t.start();
      try {
         Thread.sleep(1000);
//          t.join(1000);          // 기다리는 시간은 같음
//          t.join(1000, 0);      // 기다리는 시간은 같음
      } catch(InterruptedException e) {
      }
      t.stop();
   }
}
```

실행결과

```
Thread-0: 0
Thread-0: 1
Thread-0: 2
Thread-0: 3
Thread-0: 4
Thread-0: 5
Thread-0: 6
Thread-0: 7
Thread-0: 8
```

(5) 스레드의 상태

스레드가 갖는 상태를 살펴보면, 먼저 스레드가 생성되고 스레드가 실행되고 스레드가 실행을 멈추고 있다가 다시 실행되기를 기다리고 마지막으로 스레드의 실행이 완전히 끝나 스레드가 죽는 등의 상태가 있다. 이렇게 스레드의 상태를 변화시킬 수 있도록 Thread 클래스에서는 여러 가지 메소드를 제공해 주고 있고 이러한 메소드와 상태간의 관계도를 그려보면 다음과 같은 스레드 상태도가 나타난다.

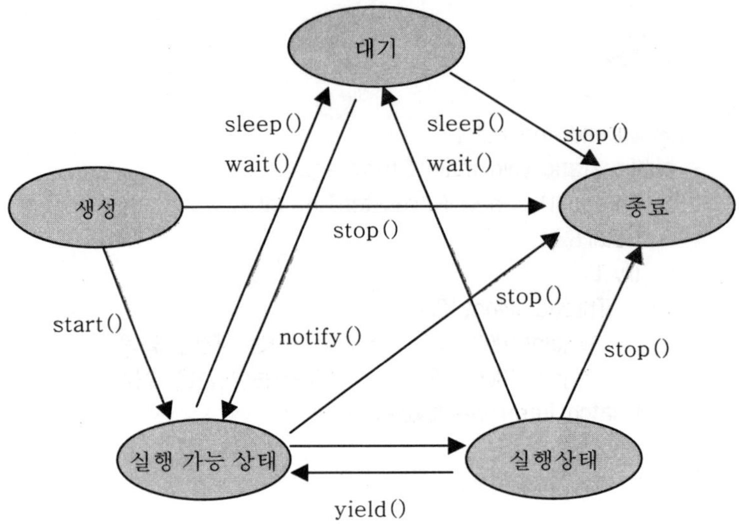

【그림 7.7】 스레드 상태도

스레드각 가질 수 있는 각 상태를 살펴보면 다음과 같다.

- 스레드 시작

스레드 클래스 또는 Runnable 인터페이스를 구현한 클래스로부터 스레드 객체를 생성하고 start() 메소드를 호출하면 스레드는 시작된다. 그러나 정확히 말하면 start() 메소드를 호출한다고 해서 바로 스레드가 실행되는 것은 아니며 스레드 상태도에서 보는 것처럼 스레드의 상태가 생성 상태에서 실행 가능 상태로 이동되는 것이다.

그리고 자바 가상 머신(JVM)은 자체의 스케줄링 알고리즘에 의하여 실행 가능 상태에 있는 다수의 스레드를 차례로 실행한다. 물론, 스레드에 우선순위를 부여하여 우선순위에 따라 실행시킬 수도 있다. 따라서 활성화된 스레드는 실행 가능 상태에서 실행 상태로 또는 실행 상태에서 실행 가능 상태로 스케쥴러에 의하여 자동적으로 이동된다. 그리고 실행 상태에 있는 스레드는 인위적으로 yield() 메소드에 의하여 실행 가능 상태로 이동될 수 도 있다.

- 스레드의 상태전이

스레드 상태도에서 보는 것처럼 스레드는 실행 가능 상태 및 실행 상태에서 sleep() 메소드 및 wait() 메소드를 호출하였을때 또는 입출력을 위하여 블록이 되었을 때 대기 상태로 이동한다. 그리고 대기 상태로 이동된 원인이 해소되면 다시 실행 가능 상태로 이동한다.

- **스레드의 종료**

스레드는 run() 메소드의 실행이 종료되면 자동으로 종료되며, 스레드 상태도에서 보는 것처럼 스레드가 종료된 상태를 종료 상태라 한다. 스레드는 stop() 메소드에 의하여 인위적으로 종료될 수 있으나 사용이 보류된 메소드이므로 가능하면 사용을 삼가해야 한다.

스레드의 상태와 관련하여 Thread 클래스에서 제공해 주고 있는 메소드를 살펴보면, 다음과 같다.

- static Thread currentThread(): 현재 수행중인 스레드를 얻는다
- public native synchronized void start(): 스레드가 수행을 시작하도록 한다. 이때, 자바 가상머신은 이 스레드의 run 메소드를 호출하도록 되어 있다. 이렇게 함으로써 현재 수행중인 스레드와 새롭게 수행을 시작하도록 된 스레드 등 두 개의 스레드가 동시에 수행되게 된다.
- public final void suspend(): 스레드를 잠시 쉬게(suspend) 한다.
- public final void resume(): 잠시 쉬고 있는(suspended) 스레드를 다시 시작(resume)하도록 한다.
- public final void stop(): 수행을 강제로 정지하도록 한다.
- public final synchronized void stop(Throwable o): 수행을 강제로 정지하도록 한다.
- void destroy(): 스레드를 파괴한다.
- public static native void yield(): 현재 실행중인 스레드 객체가 잠시 멈추고 다른 스레드가 수행되도록 프로세서(CPU)를 양보한다.
- public static native void sleep(long millis) throws InterruptedException: 현재 실행중인 스레드가 주어진 시간(millis)만큼 sleep하도록 한다. 스레드는 모니터에 대한 소유를 잃지 않고, 주어진 시간이 경과하면 다시 깨어나서 실행된다.
- public static void sleep(long millis, int nanos) throws InterruptedException: 현재 실행중인 스레드가 주어진 시간(millis+nanos)만큼 sleep하도록 한다. 스레드는 모니터에 대한 소유를 잃지 않고, 주어진 시간이 경과하면 다시 깨어나서 실행된다. millis는 millisecond 단위이고, nanos는 0-999999 사이에 있는

nanosecond 단위의 추가적인 시간이다.

- public final native boolean isAlive(): 스레드가 살아 있는 지 검사하는데, 스레드가 실행된 후 아직 죽지 않았다면, 이 스레드는 살아있는 스레드 이다.

(6) 스레드의 우선순위와 자바 스케줄링

일반적으로 우리가 일을 수행할 때, 일들 사이에 운선순위가 존재하듯이, 자바 프로그램에서 수행하는 작업에도 우선순위를 부여할 수 있고, 자바에서 이러한 작업들은 스레드로 표현할 수 있으므로 스레드 역시 우선순위를 갖게 된다. 또한, 이러한 우선순위는 자바 프로그램 개발자가 스레드의 실행을 위한 스케줄링을 할 수 있는 방법을 제공해 주는 것이다.

스레드의 우선순위를 제어하기 위해 Thread 클래스에서 제공해주는 파이널 변수와 메소드는 다음과 같다.

- public static final int MIN_PRIORITY(=1): 스레드가 가질 수 있는 가장 낮은 우선순위 값이다.
- public static final int NORM_PRIORITY(=5): 스레드가 가질 수 있는 디폴트 우선순위 값이다.
- public static final int MAX_PRIORITY(=10): 스레드가 가질 수 있는 가장 높은 우선순위 값이다.
- static Thread currentThread(): 현재 수행중인 스레드를 얻는다
- public final int getPriority(): 스레드의 우선순위를 얻는다
- public final void setPriority(int newPriority): 스레드의 우선순위를 주어진 값으로 설정한다.

자바 런타임 스케줄러는 현재 실행 가능한 스레드들 중에서 우선순위가 가장 높은 스레드를 실행시켜 주는데, 현재 실행중인 스레드보다 더 높은 우선순위를 갖는 스레드가 실행가능 상태가 되면 자바 런타임 스케줄러는 우선순위가 더 높은 스레드를 실행시켜 준다. 이러한 스케줄링 방식을 선점형 스케줄링이라 한다. 또한, 같은 우선순위를 갖는 여러 개의 스레드가 동시에 실행되기를 원할 때는 주어진 타임 슬라이스 만큼 스레드를 순서대로 돌아가면서 실행시켜 주는데, 이러한 방식을 타임 슬라이싱(time-slicing)이라 하고, 이 때 순서대로 돌아가면서 실행시켜 주므로 라운드-로빈(round-robin)이라 한다. 마지막으로, 스레드가 스레드를 생성할 경우 새로

생성되는 스레드의 우선순위는 자신을 생성시킨 스레드의 우선순위를 그대로 상속하도록 되어 있다.

다음에 나오는 자바 프로그램은 스레드들이 갖는 우선순위 값에 대한 예를 보여주는 프로그램이다.

예제

ThreadPriorityTest.java

```
import java.lang.*;
class ThreadWithPriority extends Thread {
   ThreadWithPriority() {
   }
   ThreadWithPriority(int priority) {
      setPriority(priority);
   }
   public void run() {
      int i=0;
      while(i++ < 500) {
         System.out.println(this/*this.toString()*/);
      }
   }
}
class ThreadPriorityTest {
   public static void main(String args[] ) {
      Thread.currentThread().setPriority(Thread.NORM_PRIORITY+3);
      Thread t1 = new ThreadWithPriority();
      Thread t2 = new ThreadWithPriority(6);
      Thread t3 = new ThreadWithPriority(4);
      System.out.println(Thread.currentThread());
      t1.start();
      t2.start();
      t3.start();
   }
}
```

실행결과

```
Thread[main,8,main]
Thread[Thread-0,8,main]
...
Thread[Thread-1,6,main]
...
Thread[Thread-2,4,main]
```

위의 자바 프로그램에서는 총 네 개의 스레드가 존재한다. 다시 말해서, 현재 main 메소드도 하나의 스레드로 실행이 된다는 것이다. 그리고, 스레드 t1은 현재 스레드(main을 포함하는)가 갖는 우선순위를 그대로 상속한다는 것을 알 수 있고, 스레드 t2와 스레드 t3는 각각 6, 4의 우선순위 값을 갖는다. 그러므로, 우선순위가 높은 t2 스레드가 가장 많이 실행되고, t1 스레드가 실행되다가도 t2스레드에 의해 CPU를 바로 빼앗기게 된다. 스레드 t1, t2, t3는 자신의 타임 슬라이스 만큼 라운드-로빈 방식에 의해 순서대로 실행된다.

(7) 스레드 그룹(ThreadGroup)

스레드 그룹은 스레드 또는 스레드 그룹을 멤버로 포함할 수 있으며, 모든 스레드는 스레드 그룹에 속하게 된다. 이 때, 자바 애플리케이션에 있는 최상위 스레드 그룹은 시스템 스레드 그룹이다. 자바 애플리케이션이 시작되면 자바 런타임 시스템은 시스템 스레드 그룹의 멤버로서 main 스레드 그룹 인트턴스를 만들고, 이 main 스레드 그룹은 main 스레드를 생성하여 멤버로 포함하게 된다. 그리고, 이 main 스레드는 main 메소드를 실행하도록 되어 있다. 기본적으로 사용자가 작성한 새로운 스레드와 스레드 그룹은 이 main 스레드 그룹의 멤버가 된다. 그런데, 사용자가 새로운 스레드 그룹을 만들고 스레드들을 관리할 수 있는데, 새로운 스레드 그룹을 만들기 위해서는 다음과 같이 해 주면 된다.

```
ThreadGroup tg = new ThreadGroup("NewThreadGroup");
Thread t = new Thread(tg, "NewThread");
```

【그림 7.8】 스레드에 대한 스레드 그룹의 설정

이렇게 스레드 및 스레드 그룹을 관리하기 위해, Thread 클래스에서 제공해 주고 있는 메소드를 살펴보면, 다음과 같다.

- public Thread(ThreadGroup group, String name): 주어진 이름을 갖는 새로운 스레드를 생성하고, Thread(group, null, name)와 같은 효과를 갖는 객체생성자이다.
- public Thread(ThreadGroup group, Runnable target): 새로운 스레드를 생성하고, Thread(group, target, gname)와 같은 효과를 가지는 객체생성자이다. 스레드의 이름은 "Thread-"+n의 형태로 자동으로 생성된다. 이 때, 스레드의 몸체인 run 메소드는 Runnable 인터페이스를 구현하는 target이 정의하고 있어야 한다.
- public Thread(ThreadGroup group, Runnable target, String name): 주어진 이름을 갖고 주어진 스레드 그룹에 속하는 새로운 스레드 객체를 생성한다. 이 때, 스레드의 몸체인 run 메소드는 Runnable 인터페이스를 구현하는 target이 정의하고 있어야 한다.
- public final ThreadGroup getThreadGroup(): 스레드가 속한 스레드 그룹을 리턴해 준다.

위에서 살펴본 바와 같이, 스레드에 대한 스레드 그룹의 설정은 스레드 생성시에만 가능한다. 다음으로, 스레드 및 스레드 그룹을 관리하기 위해 ThreadGroup 클래스에서 제공해 주고 있는 메소드를 살펴보면, 다음과 같다.

- public ThreadGroup(String name): 주어진 이름의 새로운 스레드 그룹을 생성한다. 이 스레드 그룹의 상위 스레드 그룹을 이 스레드 그룹을 생성하는 스레드가 속한 스레드 그룹이 된다.
- public ThreadGroup(ThreadGroup parent, String name): 주어진 스레드 그룹을 상위 스레드 그룹으로 하는 주어진 이름의 스레드 그룹을 생성한다.
- public final String getName(): 이 스레드 그룹의 이름을 얻는다
- public final ThreadGroup getParent(): 이 스레드 그룹의 상위 스레드 그룹을 얻는다
- public final int getMaxPriority(): 이 스레드 그룹의 최대 우선순위 값을 얻는다 이 스레드 그룹에 속한 스레드들은 이 최대 우선순위 값보다 큰 우선순위 값을 가질 수 없다.

- public final void setMaxPriority(int pri): 이 그룹의 최대 우선순위 값을 설정한다. 이 스레드 그룹에 속한 스레드들은 이 최대 우선순위 값보다 큰 우선순위 값을 가질 수 없다.
- public int activeCount(): 이 스레드 그룹에 속한 active 스레드의 개수를 구한다.
- public int activeGroupCount():이 스레드 그룹에 속한 active 스레드 그룹의 개수를 구한다.
- public final void stop(): 이 스레드 그룹에 속한 모든 프로세스들을 완전히 멈추게 한다.
- public final void suspend(): 이 스레드 그룹에 속한 모든 프로세스들을 잠깐 멈추게 한다.
- public final void resume(): 이 스레드 그룹에 속한 모든 프로세스들을 다시 시작하게 한다.
- public final void destroy(): 이 스레드 그룹과 하위 스레드 그룹들을 모두 없앱니다.
- public synchronized boolean isDestroyed(): 스레드 그룹이 없어질(destroy) 수 있는 가를 검사한다.
- public String toString(): 이 스레드 그룹을 표현하고 있는 문자열을 얻는다

다음에 나오는 자바 프로그램은 스레드 그룹에 대한 간단한 예를 보여주는 프로그램이다.

예제

ThreadGroupTest.java

```
import java.lang.*;
class ThreadGroupTest {
   public static void main(String args[] ) {
      ThreadGroup tg1 = Thread.currentThread().getThreadGroup();
      ThreadGroup tg2 = new ThreadGroup(tg1, "ThreadGroup2");
      ThreadGroup tg3 = new ThreadGroup("ThreadGroup3");
      Thread t1 = new Thread();
      Thread t2 = new Thread(tg1, "Thread-tg1");
      Thread t3 = new Thread(tg2, "Thread-tg2");
      Thread t4 = new Thread(tg3, "Thread-tg3");
      System.out.println("this: "+Thread.currentThread());
```

```
        System.out.println("  t1: "+t1);
        System.out.println("  t2: "+t2);
        System.out.println("  t3: "+t3);
        System.out.println("  t4: "+t4);
        System.out.println("this: "+Thread.currentThread().getThreadGroup()+", "
          +Thread.currentThread().getThreadGroup().activeCount()+", "
          +Thread.currentThread().getThreadGroup().activeGroupCount());
    System.out.println(" t1: "+t1.getThreadGroup());
    System.out.println(" t2: "+t2.getThreadGroup());
    System.out.println(" t3: "+t3.getThreadGroup());

System.out.println("t4:"+t4.getThreadGroup()+","+t4.getThreadGroup().getName());
        Thread.currentThread().getThreadGroup().list();
    }
}
```

실행결과

```
this: Thread[main,5,main]
  t1: Thread[Thread-0,5,main]
  t2: Thread[Thread-tg1,5,main]
  t3: Thread[Thread-tg2,5,ThreadGroup2]
  t4: Thread[Thread-tg3,5,ThreadGroup3]
this: java.lang.ThreadGroup[name=main,maxpri=10], 7, 2
  t1: java.lang.ThreadGroup[name=main,maxpri=10]
  t2: java.lang.ThreadGroup[name=main,maxpri=10]
  t3: java.lang.ThreadGroup[name=ThreadGroup2,maxpri=10]
  t4: java.lang.ThreadGroup[name=ThreadGroup3,maxpri=10], ThreadGroup3
java.lang.ThreadGroup[name=main,maxpri=10]
    Thread[main,5,main]
    Thread[SymcJIT-LazyCompilation-0,1,main]
    Thread[SymcJIT-LazyCompilation-PA,10,main]
    Thread[Thread-0,5,main]
    Thread[Thread-tg1,5,main]
    java.lang.ThreadGroup[name=ThreadGroup2,maxpri=10]
        Thread[Thread-tg2,5,ThreadGroup2]
    java.lang.ThreadGroup[name=ThreadGroup3,maxpri=10]
        Thread[Thread-tg3,5,ThreadGroup3]
```

위의 자바 프로그램에서는 마지막 라인의 "Thread.currentThread().getThreadGroup().list();" 문을 이용하여 현재 main 스레드 그룹이 가지고 있는 스레드와 스레드 그룹에 대한 정보를 보여주고 있다. 이 때, main 스레드 그룹이 총 7개의 스레드(activeCount)와 두 개의 스레드 그룹을 포함하고 있다는 것을 알 수 있다.

(8) 데몬 스레드와 데몬 스레드 그룹

일반적으로, 스레드는 자신의 작업을 수행하도록 되어 있는 반면, 데몬 스레드란 다른 스레드로부터 요청을 받아 특정 서비스를 수행하는 작업을 한다. 따라서, 데몬 스레드 자신이 맡고 있는 서비스에 대한 요청이 언제 발생하더라고 모두 수행해 주어야 한다. 이를 위해, 데몬 스레드의 몸체는 보통 무한루프를 돌도록 되어 있고, 시스템이 살아있는 동안 계속 그 시스템과 생명주기를 같이 하도록 되어 있다. 그리고, 자바에서는 다른 일반 스레드가 모두 종료되고 데몬 스레드만 남아 있다면, 해당 프로그램을 자동으로 종료하도록 하고 있다. 왜냐하면, 데몬 스레드는 다른 스레드를 돕는 역할을 하는데 다른 스레드가 하나도 남아있지 않다면, 데몬 스레드의 존재 가치가 더 이상 필요 없기 때문이다. 마지막으로, 데몬 스레드가 생성한 스레드는 디폴트로 데몬 스레드가 된다. 이러한, 데몬 스레드를 위해 Thread 클래스에서 제공해 주고 있는 메소드를 살펴보면, 다음과 같다.

- public final void setDaemon(boolean on): 이 스레드를 데몬 스레드 또는 사용자 스레드로 설정한다. 현재, 수행되고 있는 모든 스레드가 데몬 스레드이면 자바 가상머신은 수행을 마치게 되며, 이 메소드는 반드시 스레드가 시작(start)하기 전에 호출되어야 한다.
- public final boolean isDaemon(): 스레드가 데몬 스레드인지 얻는다

데몬 스레드 그룹은 자신이 포함하고 있는 멤버가 다 종료되면 자동으로 종료된다. 데몬 스레드의 경우와 마찬가지로, 데몬 스레드 그룹의 자식 스레드 그룹은 디폴트로 데몬 스레드 그룹이 된다. ThreadGroup 클래스에서 데몬 스레드 그룹을 위해 제공해주는 메소드를 살펴보면, 다음과 같다.

- public final void setDaemon(boolean daemon): 이 스레드 그룹을 데몬 스레드 그룹으로 설정한다.
- public final boolean isDaemon(): 이 스레드 그룹이 데몬 스레드 그룹인지를 얻는다.

다음에 나오는 자바 프로그램은 데몬 스레드와 데몬 스레드 그룹에 대한 간단한 예를 보여주는 프로그램이다.

예제

DaemonThreadTest.java

```
import java.lang.*;
class DaemonThread extends Thread {
   public void run() {
      while(true) {
         System.out.println(getName() + ": Polling...");
         try {
            sleep(100);
         } catch(InterruptedException e) {
         }
      }
   }
}
class DaemonThreadTest {
   public static void main(String args[] ) {
      Thread t1 = new DaemonThread();
      Thread t2 = new DaemonThread();
      t1.setDaemon(true);   // (a)
      t2.setDaemon(true);   // (a)
      t1.start();
      t2.start();
//      t1.setDaemon(true);   // (b)
//      t2.setDaemon(true);   // (b)
      try {
         Thread.sleep(1000);
      } catch(InterruptedException e) {
      }
   }
}
```

실행결과

```
(a) 부분을 주석처리한 후, 실행시킨 경우
Thread-0: Polling...
Thread-1: Polling...
...
...^C
무한루프

(b) 부분을 주석처리한 후, 실행시킨 경우
Thread-0: Polling...
Thread-1: Polling...
Thread-0: Polling...
Thread-1: Polling...
Thread-0: Polling...
Thread-1: Polling...
Thread-0: Polling...
Thread-1: Polling...
Thread-0: Polling...
Thread-1: Polling...
Thread-0: Polling...
Thread-1: Polling...
Thread-0: Polling...
Thread-1: Polling...
Thread-0: Polling...
Thread-1: Polling...
Thread-0: Polling...
Thread-1: Polling...
Thread-0: Polling...
Thread-1: Polling...
```

setDaemon 메소드는 스레드가 시작하기 전에 호출되어야 데몬 스레드 또는 데몬 스레드 그룹으로 설정할 수 있다. 위의 (a) 부분만 주석처리하고 실행시키거나, (b) 부분만 주석처리하고 실행시켜 보면, 그 차이를 알 수 있다.

7.3 멀티스레딩(Multi-threading)

(1) 멀티스레드 프로그래밍

자바에서는 여러 개의 스레드를 작성하여 사용하는 멀티스레드 프로그래밍을 제공해 주고 있다. 이러한 여러 개의 스레드는 하나의 자원을 공유하기도 한다. 예를 들어, 하나의 파일을 공유하면서, 한 스레드는 그 파일에 자신이 생성한 데이터를 쓰고, 이와 동시에 다른 스레드는 거기에 있는 데이터를 읽는다고 가정한다. 한 스레드가 쓰기도 전에 다른 스레드가 읽는다거나, 한 스레드가 다음 데이터를 쓰기 전에 다른 스레드가 읽는다면 이는 원하는 데이터가 아닙니다. 우리는 한 스레드가 방금 쓴 그 데이터를 읽길 원하는 것이고, 또한 항상 새로운 데이터를 읽기를 원하는 것이다. 또한, 이렇게 여러 개의 스레드가 하나의 자원을 공유하는 멀티스레드 프로그램을 작성할 경우 다음과 같은 경우를 고려해 주어야 한다.

- 공정(fairness): 여러 개의 스레드가 하나의 컴퓨팅 자원을 사용하기 위해 동시에 접근하는 프로그램을 작성할 경우, 모든 스레드가 공정하게 그 자원을 사용할 수 있도록 해 주어야 한다. 이러한 시스템을 공정(fair)하다고 말할 수 있고, 그렇지 못할 경우 기아(starvation) 또는 교착상태(deadlock)를 야기할 수 있다.
- 기아(starvation): 기아란 하나 또는 그 이상의 스레드가 원하는 자원을 얻기 위해 블록되는데, 그 자원을 얻을 수 없으므로 다른 작업을 못하는 상태를 말한다. 다시 말해서, 하나의 시스템 자원을 얻지 못하고 계속 블록되어 있는 상태를 말하는 것이다.
- 교착상태(deadlock): 교착상태란 기아의 근본적인 문제인데, 이는 두 개 이상의 스레드가 만족하지 못하는 상태로 계속 기다릴 때 발생할 수 있다. 다시 말해서, 교착상태는 두 개 이상의 스레드가 서로에게 어떤 일을 해 주기를 기다리는 상태를 말하는데, 서로가 서로에게 어떤 일을 하기를 기다리기 때문에 한 스레드가 먼저 포기하지 않는 이상 영원히 기다릴 수 밖에 없는 것이다.

이런 식으로 여러 개의 스레드가 하나의 자원 또는 데이터를 공유할 때, 다음과 같은 문제가 발생할 수 있다. 다시 말해서, 동기화를 하지 않을 경우, 그림에서와 같이 한 스레드가 값을 읽어간 후 변경 하고 있는 도중에 다른 스레드가 기존의 값을 읽어갑니다. 그리고 먼저 읽어간 스레드가 값을 변경하고 그 값을 저장했는데, 마찬가지로 두 번째 읽어간 스레드도 나름대로 값을 변경한 후 그 값을 다시 저장한다.

이렇게 하면, 첫 번째 스레드가 변경한 작업은 결과적으로 무시된다.

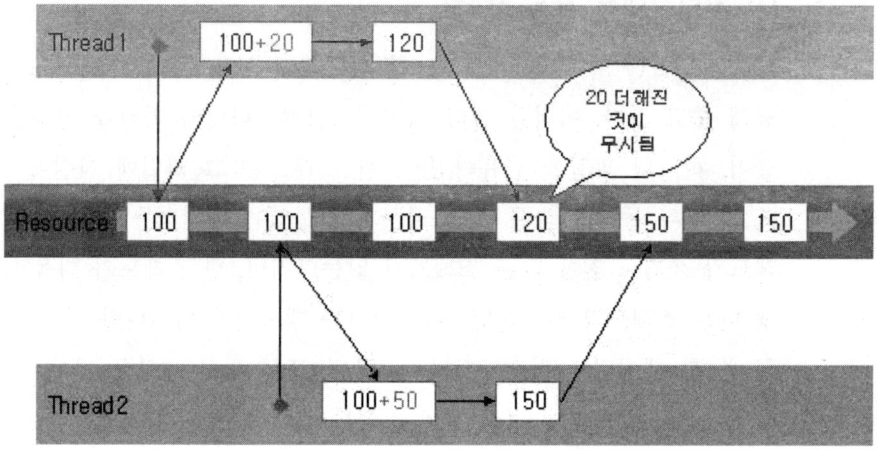

【그림 7.9】 두 스레드간에 동기화가 이루어지지 않은 경우

따라서, 위와 같은 경우 원하는 결과를 얻기 위해서는 다음과 같이 두 개의 스레드간에 서로 동기화가 필요한다.

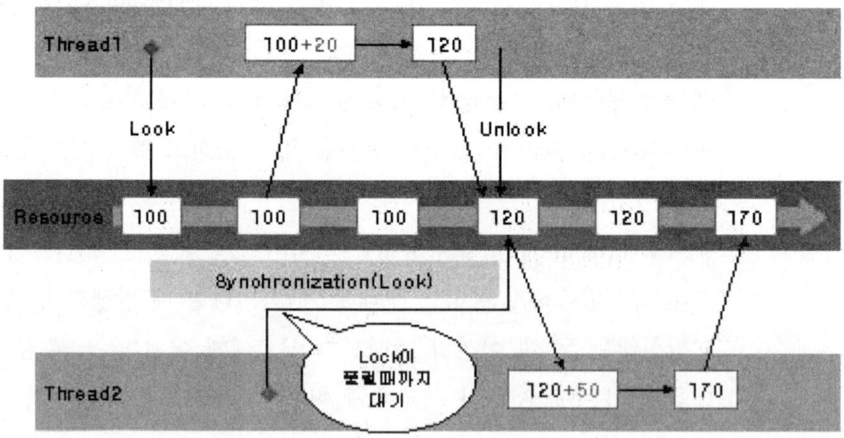

【그림 7.10】 두 스레드간에 동기화가 이루어진 경우

(2) 생성자/요청자 문제(Generator/Requester Problem)

컴퓨터분야를 전공했던 사용자들이라면, 많이 들어봤던 문제 중의 하나가 생성자/요청자 문제일 것이다. 운영체제 공부한다고 할 때, 많이 나오던 문제 중의 하나이다. 생성자/요청자 문제에서 생성자는 항상 어떤 것을 생성하고, 요청자는 생성자가

생성한 것을 요청하여 가져다 사용하는 형태를 취하지요. 다른 말로 생산자(producer)/소비자(consumer) 문제라 할 수도 있다. 이번에 살펴 볼 생성자/요청자 문제에서는 위의 그림에서와 같이 생성자와 소비자가 정수값을 공유하도록 한다. 이 때, 생성자는 정수값을 생성하여 공유 저장 공간에 저장한다. 또한, 동기화 문제를 테스트 하기 위해, 생성자는 무작위로 시간 동안 sleep하게 되고 이러한 과정을 계속적으로 반복한다. 반대로, 요청자는 생성자에 의해 공유 저장 공간에 저장되어 있는 정수값을 가능한 빨리 가져다 사용한다. 생성자와 마찬가지로 이러한 과정을 계속적으로 반복한다. 이 때, 생성자와 요청자는 SharedData 객체를 이용하여 정수 데이터를 공유하도록 되어 있기 때문에 다음과 같은 문제가 발생할 수 있다. 하나는 생성자가 요청자보다 더 빠를 경우: 요청자가 가져가기도 전에 다른 정수를 생성하므로 전에 생성된 정수는 전혀 요청자에 의해 사용될 수 없다. 그러므로, 요청자는 수행 속도 차에 의해 하나 또는 그 이상의 수들을 다음과 같이 놓치게 된다.

```
…
Requester #1 got: 3
Generator #1 put: 4
Generator #1 put: 5
Requester #1 got: 5
…
```

생성자가 요청자보다 빠를 경우: 요청자는 같은 값을 두 번 이상 가져가 사용할 수 있다. 다시 말해서, 가져다 쓴 값을 또 가져다 쓸 수 있다는 것이다. 따라서, 요청자는 다음과 같이 같은 값을 두 번 이상 출력하게 된다.

```
…
Generator #1 put: 4
Requester #1 got: 4
Requester #1 got: 4
Generator #1 put: 5
…
```

이 두 경우 모두 의도하는 결과를 얻을 수가 없다. 이러한 경우를 경주 상태(race condition)라 하고, 이러한 문제는 다중스레드 프로그램에서 비동기적으로 실행되는 여러 스레드가 동시에 같은 객체에 접근하려 할 때 자주 발생하게 된다. 이러한 경주 상태를 해결하기 위해 생성자가 SharedData 자원에 정수값을 쓰는 것과 요청자가 SharedData 자원에 있는 값을 참조하는 것이 반드시 동기화 될 수 있도록 해 주어야 한다. 이렇게 함으로써 요청자는 생성자가 생성한 정수를 정확히 한 번 가져다 사용할 수 있게 된다. 이러한 생성자/요청자 문제에서 생성자 스레드와 요청자 스레드를 동기화하기 위해 자바에서는 다음과 같은 두 가지 기법을 제공해 주고 있다.

- 모니터(Monitors)
- notifyAll and wait 메소드

(3) 스레드의 동기화

각 스레드가 자신이 실행될 때 필요로 하는 모든 데이터와 메소드를 포함하고, 다른 외부 자원이나 메소드를 전혀 필요로 하지 않을 때, 이를 비동기(asynchronous) 스레드라고 한다. 게다가, 이러한 스레드는 동시에 수행되고 있는 다른 스레드가 어떤 상태가 되고 실행되는지 상관없이 오직 자신의 길을 가는 스레드이다. 그러나, 이러한 스레드만이 존재하는 것이 아니고, 서로 독립적으로 실행되더라도 서로 데이터를 공유한다거나 다른 스레드의 상태 또는 행동들을 고려해서 수행되는 스레드도 있다. 이러한 경우를 가장 잘 보여주는 예가 위에서 언급한 바와 같이, 데이터를 계속 생성하는 생성자와 이 데이터를 계속 요청하여 가져가는 요청자의 관계를 나타내는 생성자/요청자 문제(Generator/Requester Problem)이다.

예를 들어, 자바 애플리케이션을 작성하였는데, 거기에 포함된 두 개의 스레드 중 하나는 파일에 데이터를 쓰고, 이와 동시에 다른 하나의 스레드는 같은 파일에서 그 데이터를 읽는 작업을 수행한다거나, 또는 여러분이 키보드에 키를 계속 입력할 때 생성자 스레드는 이벤트 큐에 키 이벤트를 추가시키고, 요청자 스레드는 같은 큐로부터 그 이벤트를 읽어 들일 수 있다. 위의 예에 나타난 두 가지 경우 모두 해당 스레드들은 파일 또는 이벤트 큐를 공유하는 것과 같이 같은 자원을 공유하고 있다. 따라서, 이러한 경우에 해당하는 스레드들은 반드시 하나의 같은 자원을 공유하여 원하는 결과를 얻기 위해서 반드시 동기화 될 필요가 있다.

- 모니터(Monitors): 두 개의 스레드에 의해 공유되고 그 값이 참조될 때 반드시 동기화되어야 하는 SharedData와 같은 객체를 상태 변수(condition variable)라

고 한다. 자바 언어에서는 상태 변수에 대한 모니터를 사용할 수 있도록 함으로써 스레드를 동기화 할 수 있도록 해 주고 있다. 모니터는 두 개의 스레드가 동시에 같은 변수에 접근하는 것을 방지해 준다.

- notifyAll 메소드와 wait 메소드: 모니터보다 더 고수준 기법으로서 Object 객체의 notifyAll 메소드와 wait 메소드를 사용하여 생성자 스레드와 요청자 스레드의 행동을 중재해 준다. SharedData 객체는 생성자 스레드에 의해 자신 내에 위치한 각 값이 요청자 스레드에 의해 단지 한 번만 쓰여질 수 있도록 하기 위해 notifyAll 메소드와 wait 메소드를 사용한다.

(4) 모니터

자바 언어와 자바 런타임 시스템은 모니터의 사용을 통해 스레드를 동기화 할 수 있도록 해 주고 있다. 모니터란 상태 변수(condition variable)라는 특별한 데이터 아이템과 데이터에 대해 lock을 걸도록 작동되는 기능(function)과 관련되어 있다. 스레드가 어떤 데이터 아이템에 대한 모니터를 갖게 되었을 때, 다른 스레드는 lock 되어 그 데이터를 참조하거나 변경할 수 없도록 되어 있다. 이렇게 서로 별개이면서 동시에 실행되고 있는 스레드들에 의해 같은 데이터가 참조될 수 있는 코드 세그먼트를 임계영역(critical section)이라 한다. 자바 언어에서는 프로그램 내에 이러한 임계영역을 만들기 위하여 synchronized 키워드를 사용할 수 있다. synchronized 키워드를 사용할 수 있는 방법은 다음과 같이 세 가지가 있다.

- synchronized 클래스 메소드

```
synchronized static int getID() {
…
}
```

- synchronized 인스턴스 메소드

```
synchronized int get() {
…
}
```

- synchronized 메소드 내의 블록문

```
synchronized int get() {
```

```
…
synchronized(this) {
// synchronized code
}
…
}
```

자바에서는 일반적으로 메소드를 임계영역으로 설정하기를 권장하고 있다. 그리고, 메소드 레벨에서만 synchronized 키워드를 사용하도록 권장하고 있다. 이렇게 함으로써, 아주 작은 코드 세그먼트까지 동기화 되도록 할 수 있다. 자바 언어에서는 synchronized 메소드를 갖는 모든 객체는 하나의 고유한 모니터를 갖도록 하고 있다. 앞에서 살펴본 생성자/요청자 문제에서 사용하던 SharedData 클래스는 다음과 같은 두 개의 synchronized 메소드를 갖는다.

- put(): SharedData 내에 있는 값을 변경하기 위해 사용
- get():SharedData 내에 있는 값을 참조하기 위해 사용

그러므로 시스템은 SharedData 클래스의 모든 인스턴스에 대하여 하나의 고유한 모니터를 연관시키게 된다. 이 때, 자바 모니터는 재진입이 가능한다. 같은 스레드는 이미 잡고있는 모니터를 synchronized 메소드를 호출할 수 있으므로 모니터를 재획득이 가능한다. 생성자 스레드가 SharedData의 put 메소드를 호출할 때마다, 생성자 스레드는 그 SharedData을 위한 모니터를 획득할 수 있고, 이 때 요청자 스레드는 get 메소드를 호출할 수 없게 된다. 다음에 나오는 그림은 SharedData 클래스의 put 메소드를 보여주고 있다.

```
public synchronized void put(int value) {
// Generator 스레드는 모니터를 할당 받습니다.
while (available == true) {
try {
wait();
} catch (InterruptedException e) {
}
}
contents = value;
available = true;
notifyAll();
// Generator 스레드는 모니터를 해제한다.
}
```

【그림 7.11】 SharedData 객체의 put 메소드 내에서의 모니터의 할당과 해제

put 메소드가 리턴할 때, 생성자 스레드는 SharedData 객체를 unlocking 하기 때문에 모니터를 해제하게 된다. 반대로, 요청자 스레드가 SharedData 객체의 get 메소드를 호출할 때마다, 요청자 스레드는 SharedData 객체를 위한 모니터를 획득하게 되고, 이 때 생성자 스레드는 put 메소드를 호출할 수 없도록 된다. 다음에 나오는 그림은 SharedData 클래스의 put 메소드를 보여주고 있다.

```
public synchronized int get() {
// Requester 스레드는 모니터를 할당 받습니다.
while (available == false) {
try {
wait();
} catch (InterruptedException e) {
}
}
available = false;
notifyAll();
return contents;
// Requester 스레드는 모니터를 해제한다.
}
```

【그림 7.12】 SharedData 객체의 get 메소드 내에서의 모니터의 할당과 해제

모니터의 획득과 해제는 자바 런타임 시스템에 의해 자동으로 하나의 명령으로 이루어진다. 이렇게 함으로써 스레드 구현을 보다 효율적으로 할 수 있고 경주 상태가 발생하지 않도록 할 수 있다. 자바 모니터는 재진입(reentrant)이 가능하기 때문에, 자바 런타임 시스템은 이미 다른 스레드에 의해 잡혀있는 모니터라도 다른 스레드가 재획득 할 수 있도록 해 주고 있다. 이렇게 재진입 가능한 모니터는 하나의 단일 스레드가 이미 잡고 있는 모니터에 대해 요청함으로써 자신에게 deadlock 될 가능성을 제거해 준다.

(5) 효율적인 동기화 기법 - wait 및 notify 메소드

SharedData 객체 내에 있는 get 메소드와 put 메소드는 둘 다 SharedData 객체 내에 값을 위치시키고 얻는 것을 중재하기 위하여 notifyAll 메소드와 wait 메소드를 사용하고 있다. 이 때, notifyAll 메소드와 wait 메소드는 모두 java.lang.Object 클래스의 메소드이다. 그리고 한 가지 주의할 점은 notifyAll 메소드와 wait 메소드는 모두 lock을 잡고 있는 스레드에 의해서만 호출될 수 있다는 것이다.

get 메소드는 리턴하기 전에 마지막 작업으로 notifyAll 메소드를 호출하고 있다. notifyAll 메소드는 현재 스레드에 잡혀있는 모니터 상에서 기다리고 있는 모든 스레드에게 통보하여 깨워주는(wake-up) 역할을 한다. 일반적으로, 기다리고 있는 스레드 중 하나가 모니터를 잡고 자신의 일을 처리할 수 있다.

생성자/요청자 예에서는 요청자 스레드가 get 메소드를 호출하고, 그러므로 요청자 스레드는 get 메소드를 실행하는 동안 SharedData 객체를 위한 모니터를 잡고 있게 된다. get 메소드의 끝에서 notifyAll 메소드를 호출함으로써 SharedData 객체의 모니터를 얻기 위해 기다리고 있는 생성자 스레드를 깨우게 된다. 이제, 생성자 스레드는 SharedData 모니터를 얻을 수 있고 자신의 작업을 계속할 수 있게 되는 것이지요.

```
public synchronized int get() {
while (available == false) {
try {
wait();
} catch (InterruptedException e) {
}
}
available = false;
notifyAll();                    // notifies Generator
return contents;
}
```

【그림 7.13】 SharedData 객체의 get 메소드 내에서의 notifyAll

여러 개의 스레드들이 하나의 모니터를 기다리고 있다면, 자바 런타임 머신은 실행하기 위해 기다리고 있는 스레드 중 하나를 선택해 준다. 이 때 어떤 스레드가 선택될 지는 보장할 수 없다.

Object 클래스는 notify 메소드를 갖고 있는데, 이 notify 메소드는 해당 모니터를 기다리고 있는 스레드들 중 하나를 마음대로 깨우게 된다. 이러한 상황에서, 기다리고 있는 스레드들 중 선택되지 않고 남아있는 나머지 스레드들은 모니터를 획득할 때까지 계속 기다리게 된다. notify 메소드를 사용하는 것은 다소 위험할 수 있으므로, 보다 안정적인 프로그램을 작성하기 위해서는 notify 메소드 보다는 notifyAll 메소드를 사용하는 것이 바람직하다.

wait 메소드는 현재 스레드가 다른 스레드가 상태 변화에 대해 통보(notify)할 때까지 기다리도록 한다. 따라서, 같은 자원을 여러 개의 스레드가 사용할 때, 이의 중재를 위해 notify 또는 notifyAll 메소드와 결합하여 wait 메소드를 사용할 수 있다.

get 메소드는 available이 참이 될 때까지 반복하는 while 문을 포함하고 있다. 만약 available이 거짓이면 생성자 스레드가 새로운 값을 아직 생성하지 않았으므로 요청자 스레드는 기다려야 한다는 것을 나타내는 것이므로 get 메소드는 wait 메소드를 호출하게 된다. 따라서, wait 메소드는 생성자 스레드가 통보할 때까지 무한정 기다리게 될 것이다. put 메소드에서 notifyAll 메소드를 호출하게 되면, 요청자 스레드는 wait 상태에서 깨어나 while 루프를 계속 반복하게 된다. 아마도, 생성자 스레드가 새로운 값을 생성하고 available을 참으로 변경하였을 것이기 때문에 get 메소드는 while 루프를 빠져나가 계속 수행되겠지요. 만약 생성자 스레드가 새로운 값을 생성하지 못했다면, available이 거짓이 되기 때문에 while 루프를 다시 반복하게 되고 생성자 스레드가 새로운 값을 생산하고 notifyAll 메소드를 호출할 때까지 계속 기다리게 된다.

```
public synchronized int get() {
while (available == false) {
try {
wait();
// waits for notifyAll() call from Generator
} catch (InterruptedException e) {
}
}
available = false;
notifyAll();
return contents;
}
```

【그림 7.14】 SharedData 객체의 get 메소드 내에서의 notifyAll

put 메소드 역시 get 메소드와 같은 방식으로 동작하게 된다. 요청자 스레드가 현재 값을 소비할 때까지 기다리고, 요청자 스레드가 현재 값을 소비하게 되면, 생성자 스레드는 다시 새로운 값을 생성하게 되는 것이다.

생성자/요청자 문제에서는 무한정 기다리는 wait 메소드를 사용하였지만, 실제로 Object 클래스는 다음과 같은 세 가지의 wait 메소드를 제공해 주고 있다.

- wait() throws InterruptedException,
- wait(long timeout) throws InterruptedException,
- wait(long timeout, int nanos) throws InterruptedException: 객체 내에서의 변화를 다른 스레드에 의해 알려지기(notify)를 기다립니다.
  timeout - 최대 대기 시간(milliseconds)
  nanos - 추가 시간(nanoseconds, 범위 0-999999)

다음에 나오는 자바 프로그램은 위에서 살펴본, 생성자/요청자 문제를 위한 프로그램이다.

예제

GeneratorRequesterTest.java

```
class SharedData {
   private int data;
   private boolean available = false;
   public synchronized int get() {
      while (available == false) {
         try {
            wait();
         } catch (InterruptedException e) {
         }
      }
      available = false;
      notifyAll();
      return data;
   }
   public synchronized void put(int value) {
      while (available == true) {
         try {
            wait();
         } catch (InterruptedException e) {
         }
      }
      data = value;
      available = true;
      notifyAll();
   }
}
class Generator extends Thread {
   private SharedData sharedData;
   public Generator(SharedData data, int id) {
      sharedData = data;
      setName("Generator-"+id);
   }
   public void run() {
      int i;
      while(true) {
         i = (int)(Math.random() * 100);
         System.out.println(getName()+" put: "+i);
         sharedData.put(i);
         try {
            sleep((int)(Math.random() * 200));
         } catch (InterruptedException e) {
```

```
            }
        }
    }
}
class Requester extends Thread {
    private SharedData sharedData;
    public Requester(SharedData c, int id) {
        sharedData = c;
        setName("Requester-"+id);
    }
    public void run() {
        while(true) {
            System.out.println(getName()+" get: "+sharedData.get());
        }
    }
}
class GeneratorRequesterTest {
    public static void main(String[] args) {
        SharedData c = new SharedData();
        Generator gen = new Generator(c, 1);
        Requester req = new Requester(c, 1);
        gen.start();
        req.start();
        try {
            Thread.sleep(3000);
        } catch (InterruptedException e) {
        }
        gen.stop();
        req.stop();
    }
}
```

실행결과

```
...
Generator-1 put: 47
Requester-1 get: 47
Generator-1 put: 25
Requester-1 get: 25
Generator-1 put: 99
Requester-1 get: 99
Generator-1 put: 5
Requester-1 get: 5
```

CHAPTER 08

예외처리

8.1 예외와 예외처리 방법

프로그램 작성 경험이 있는 사람이라면 프로그램이 실행되는 동안 예기치 못한 여러 가지 에러들이 발생하게 되는 것을 흔히 볼 수있다. 파일을 열려고 하는데 파일이 없다거나 A 드라이브에 있는 파일들의 리스트를 보려고 하는데 A 드라이브에 디스켓이 없다거나 또는 프로그램을 잘못 작성하여 0으로 나누게 되어 'Divide by 0'라는 에러가 발생하면서 프로그램이 정지된다거나 하는 등의 프로그램을 정지시키거나 시스템을 정지시킬 수 있는 에러들이 흔히 발생하게 된다. 이러한 에러들에 대해서 자바에서는 예외(exception)라고 한다. 그리고 이러한 예외가 발생했을 경우 프로그램 개발자가 처리할 수 있도록 하기 위해 예외의 종류를 정의하고 언어 수준에서 예외를 처리할 수 있는 구문들을 제공해 주고 있다. 이렇게 예외가 발생했더라도 프로그램이 비정상적으로 종료되지 않고 예외를 처리하게 함으로서 좀 더 안정적이고 신뢰성 있는 프로그램을 작성할 수 있도록 해 주는 것이다.

자바에서 제공되는 예외처리에는 두 가지 방법이 있다.

① try/catch/finally 구문을 사용하여 예외가 발생한 곳에서 직접 처리

② throw 구문을 사용하여 발생한 예외를 자신을 호출한 곳으로 넘기고 간접 처리

(1) try/catch 문

예외처리를 위한 기본적인 구문에는 try/catch 구문이 있다. try/catch 구문의 예외 처리 방법은 아주 간단하다. 먼저 예외가 발생할 여지가 있는 문장들을 try 블록 내에 위치시키고 예외가 발생했을 경우 이를 처리하기 위한 문장들을 catch 블록 내에 위치시킨다. try 블록과 catch 블록의 기본 구조는 다음과 같다.

```
try {
…
// 예외를 발생시키는 문장
…
}
catch(ExceptionType-1   exceptionName-n) {
…
// 예외를 처리하는 문장
…
}
…  // 다른 catch 문들
catch(ExceptionType-n   exceptionName-n) {
…
// 예외를 처리하는 문장
…
}
```

① **try 블록**

try 블록 내에는 예외를 발생시킬 수 있는 문장들을 넣게된다. 이러한 try 블록 내의 문장을 수행하다가 예외가 발생하면 catch 블록이나 바로 다음에서 소개할 finally 블록으로 그 수행을 넘겨 예외를 처리할 수 있도록 한다. 그러나 try 블록 내의 문장을 수행할 때 아무런 예외도 발생하지 않는다면 이 try 블록과 연결된 catch 블록이나 finally 블록을 건너띄게 된다. 왜냐하면 catch 블록이나 finally 블록의 목적은 예외가 발생했을 경우 이 예외를 처리하기 위한 것이기 때문이다. 이 때 try 블록 내에 위치한 문장들은 하나의 예외를 발생시킬 수도 있고 아니면 여러 개의 예외를 발생시킬 수도 있다. 따라서 catch 블록은 이러한 모든 예외를 처리할 수 있도록 해 주어야 하며, 중첩된 try 블록 구조를 이용하여 예외를 처리할 수도 있다.

② **catch 블록**

try 블록은 항상 catch 블록이나 finally 블록과 함께 사용되어야 한다. catch 블록은 try 블록 내에서 발생된 예외를 받아 처리하는 부분이다. catch 블록은 try 블록 다음에 위치해야 하며 그 사이에는 다른 어떠한 문장도 쓸 수 없다. 하나의 try 블록은 여러 개의 catch 블록과 같이 사용될 수 있고 이렇게 함으로써 try 블록 내에서 발생할 수 있는 모든 예외를 처리할 수 있도록 하고 있다. 이 때 각 catch 블록은 매개변수를 통해서 처리할 예외의 형식을 지정하게 된다. 다시 말해서 catch 블록은 매개변수를 통해서 처리할 예외를 넘겨받게 되는데 이 때 catch 블록을 사용할 때 주의해야 할 사항이 있는데 예외처리 블록인 catch 블록을 위치시킬 때 상위자료형과 하위자료형의 관계를 따져 하위자료형인 예외를 처리하는 catch 블록을 앞에 위치시켜야 한다. 다음의 예제를 먼저 살펴보도록 하자.

예제

ExceptionTest1.java

```
class ExceptionTest1 {
   public static void main(String args[]) {
      int x=10, y=0, z;
      try {
         System.out.print("Try ");
         z = x / y;
      }
      catch(Exception e) {
         System.out.println("Exception: " + e);
      }
      catch(ArithmeticException e) {
         System.out.println("ArithmeticException: " + e);
      }
   }
}
```

실행결과

```
ExceptionTest.java:11: catch not reached.
        catch(ArithmeticException e) {
        ^
1 error
```

예외의 상속 관계에 대해 뒤에서 설명하겠지만 먼저 간단하게 소개하면 모든 예외의 최상위 클래스는 Exception 클래스다. 따라서 위의 자바 예제 프로그램에서는 Exception 클래스가 ArithmeticException 클래스보다 더 상위클래스이므로 상위자료형이 된다. 앞에서 살펴보았듯이 상위자료형의 객체는 하위자료형의 객체를 가리킬 수 있도록 되어 있습니다. 따라서 위와 같은 컴파일 에러가 발생하게 된다. 어떤 예외가 발생하더라도 첫 번째 catch 블록에서 예외를 처리하기 때문에 만약 다른 catch 블록이 있더라도 첫 번째 이후의 다른 catch 블록에는 그 기회가 주어지지 않게 된다. 그러므로 위의 예제에서는 하위자료형인 ArithmeticException 예외를 처리하기 위한 catch 블록을 상위자료형인 Exception 예외를 처리하기 위한 catch 블록 앞에 두어야 한다.

다음에 나오는 예제는 위의 자바 프로그램을 수정하여 다시 작성한 프로그램이다. 다음의 실행 결과를 확인하여 보자.

예제

ExceptionTest2.java

```
class ExceptionTest2 {
   public static void main(String args[]) {
      int x=10, y0=0, y1=2, z=10;
       System.out.println("main: z="+z);
      try {
         System.out.println("try: before 'divide by 0'");
           z = x / y0;    // (A)
//         z = x / y1;    // (B)
         System.out.println("try: after 'divide by 0'");
      }
      catch(ArithmeticException e) {
         System.out.println("catch(ArithmeticException): " + e);
      }
      catch(Exception e) {
         System.out.println("catch(Exception): " + e);
      }
      System.out.println("main: z="+z);
   }
}
```

실행결과

```
(A) 부분을 수행한 경우, (B) 부분을 주석처리
main: z=10
try: before 'divide by 0'
catch(ArithmeticException): java.lang.ArithmeticException: / by zero
main: z=10

(B) 부분을 수행한 경우, (A) 부분을 주석처리
main: z=10
try: before 'divide by 0'
try: after 'divide by 0'
main: z=5
```

위의 자바 프로그램은 다음과 같이 두 가지 방법으로 실행해 보았고 실행 순서를 살펴보면 다음과 같다.

㉮ try 블록 내에서 (A) 부분을 실행한 경우 :

정상적으로 try 블록 이전까지의 문장들을 실행하고, '/' 연산에서는 0으로 나눌 경우 ArithmeticException 예외가 발생할 수 있으므로 이 문장을 try 블록 내에 위치시켜 실행 시켰는데, y0(=0)로 나눔으로써 ArithmeticException 예외가 발생하여 그 다음 문장을 실행시키지 않고 try 블록과 연결된 catch 블록 중 ArithmeticException 예외를 받아 처리하는 catch 블록이 있으므로 수행은 그 블록으로 옮겨지게 되어 블록 내에서 예외를 처리하고 예외가 처리되었으므로 try/catch 구문 다음으로 수행을 옮겨 나머지 문장들을 실행하게 된다.

㉯ try 블록 내에서 (B) 부분을 실행 한 경우 :

정상적으로 try 블록 이전까지의 문장들을 실행하고, '/' 연산에서는 0으로 나눌 경우 ArithmeticException 예외가 발생할 수 있으므로 이 문장을 try 블록 내에 위치시켜 실행 시켰는데, y1(=2)으로 나눔으로써 아무런 예외도 발생하지 않았으므로 그 다음 출력하기 위한 문장을 실행시키고 try 블록과 연결된 catch 블록 중 어느 블록도 실행하지 않고 try/catch 구문 다음으로 수행을 옮겨 나머지 문장들을 실행하게 된다.

(2) finally 문

try/catch 구문과 함께 선택적으로 사용될 수 있는 구문으로 finally 블록이 있다. try/catch 구문에서 예외가 발생하거나 발생하지 않더라도 반드시 실행해야 하는 문장들이 있을 때 바로 finally 블록 내에 위치시키면 된다. finally 블록은 try/catch 구문의 제어가 끝난 후에 반드시 처리해야 할 마무리 작업들을 처리하는 구문이므로 try 블록이나 catch 블록 바로 뒤에 위치해야 하며 그 사이에는 어떠한 것도 올 수 없다. finally 블록은 예외 발생시 반환되지 않고 종료되어버린 시스템 자원(resources)을 반드시 반환하도록 해야 한다는 필요성 때문에 만들어진 것으로써 주로 자료구조 및 시스템 자원을 반환하는 코드가 위치하게 된다. 이러한 try 블록, catch 블록, 그리고 finally 블록의 기본 구조는 다음과 같다.

```
try {
…
// 예외를 발생시키는 문장
…
}
catch(ExceptionType-1   exceptionName-n) {
…
// 예외를 처리하는 문장
…
}
…
// 다른 catch 문들
catch(ExceptionType-n   exceptionName-n) {
…
// 예외를 처리하는 문장
…
}
finally {
…
// 예외처리 마무리 문장
…
}
```

예외가 발생하거나 발생하지 않았든 간에 finally 블록은 항상 실행된다는 것을 다음의 자바 프로그램을 살펴보면 알 수 있다.

예제

ExceptionTest3.java

```
class ExceptionTest3 {
   public static void main(String args[]) {
      int x=10, y0=0, y1=2, z=10;
      System.out.println("main: z="+z);
      try {
         System.out.println("try: before 'divide by 0'");
         z = x / y0;    // (A)
//       z = x / y1;    // (B)
         System.out.println("try: after 'divide by 0'");
      }
      catch(ArithmeticException e) {
         System.out.println("catch(ArithmeticException): " + e);
      }
      catch(Exception e) {
         System.out.println("catch(Exception): " + e);
      }
      finally {
         System.out.println("finally: z="+z);
      }
      System.out.println("main: z="+z);
   }
}
```

실행결과

(A) 부분을 수행한 경우, (B) 부분을 주석처리

```
main: z=10
try: before 'divide by 0'
catch(ArithmeticException): java.lang.ArithmeticException: / by zero
finally: z=10
main: z=10
```

(B) 부분을 수행한 경우, (A) 부분을 주석처리

```
main: z=10
try: before 'divide by 0'
try: after 'divide by 0'
finally: z=5
main: z=5
```

8.2 예외의 분류

자바에서는 try/catch/finally 구문을 자바 언어 수준에서 제공하므로써 자바 언어 수준에서 예외를 처리할 수 있도록 해 주고 있다. 이러한 예외에 대해 자바에서는 미리 정의해 놓고 있다. 다음에 나오는 그림은 이러한 자바에서 정의하고 있는 예외 클래스 계층도를 자세히 보여주고 있다.

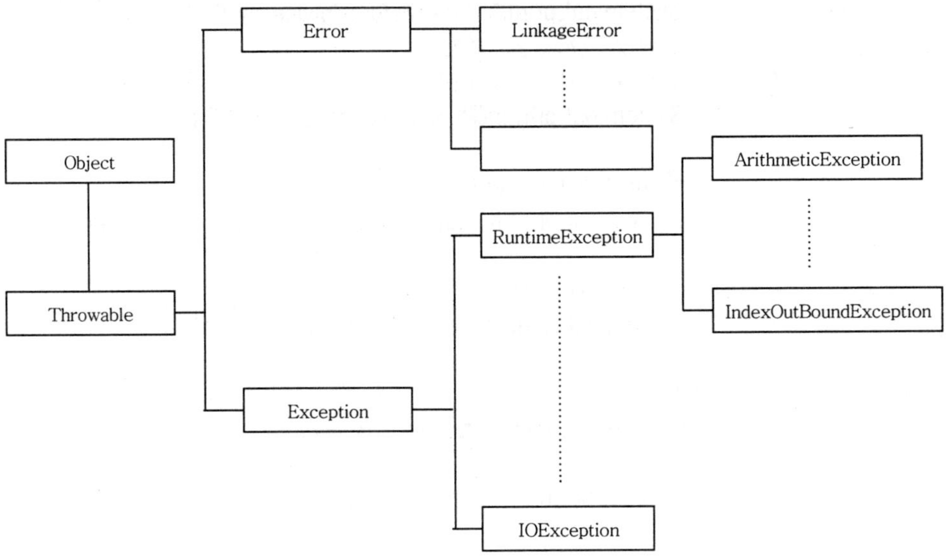

【그림 8.1】 예외 클래스 계층구조

자바에서는 기본적으로 프로그램 내에서 try/catch 구문을 이용하여 예외처리를 하지 못하는 Error와 try/catch 구문을 이용하여 예외처리 가능한 Exception 등 두 가지로 나누어 예외를 정의하고 있다. 이때 Exception은 다시 RuntimeException과 그 외의 다른 Exception으로 구분된다. 따라서 자바에서는 Error, Exception을 상속하는 RuntimeException 그리고 이외의 예외들 등 크게 세가지로 예외를 분류하고 있다.

▶표 8.1 Exception 클래스의 하위클래스

클래스	설 명
NoSuchMethodException	메소드가 존재하지 않을 때
ClassNotFoundException	클래스가 존재하지 않을 때
CloneNotSupportedException	객체의 복제가 지원되지 않는 상황에서의 복제 시도
IllegalAccessException	클래스에 대한 부정 접근
InstantiationException	추상클래스나 인터페이스로부터 객체 생성하려 할 때
InterruptedException	스레드가 인터럽트 되었을 때
RuntimeException	실행시간 예외가 발생할 때

Error는 AWTError, LinkageError, ThreadDeath, VirtualMachineError 등과 같이 비정상적인 상태를 나타내지만 자바 프로그램에서는 try/catch 구문을 이용하여 잡지 못하기 때문에 정상적인 상태로 인식하게 된다. 따라서 ThreadDeath와 같은 에러가 발생했더라도 자바 프로그램에서는 이 에러를 잡을 방법이 없으므로 정상적인 상태로 인식하게 된다는 것이다. 또 이러한 에러는 자바 컴파일러를 통해서도 검사하지 못한다.

▶표 8.2 RuntimeException 클래스의 하위클래스

클래스	설 명
ArithmeticException	0으로 나누는 등의 산술적인 예외
NegativeArraySizeException	배열의 크기를 지정할 때 음수의 사용
NullPointerException	null 객체의 메소드나 멤버 변수에 접근할 때
IndexOutOfBoundException	배열이나 스트링의 범위를 벗어난 접근. 하위 클래스로 ArrayIndexOutOfBoundsException 클래스와 StringIndexOutOfBoundsException 클래스를 제공
SecurityException	보안을 이유로 메소드를 수행할 수 없을때

RuntimException은 프로그램 수행 중에 발생하는 에러들에 대해 정의하고 있으므로 물론 컴파일러에서 검사하지 못한다. 마지막으로 RuntimeException을 제외한 Exception을 상속하는 나머지 예외들은 컴파일러에 의해 검사 가능한 예외다. 그러므로 이러한 예외가 발생가능한 문장들은 반드시 try/catch 구문을 이용하여 예외처리 하는 형식을 취해주어야 한다. 이렇게 컴파일러에 의해 검사되지 않는 Error와 RuntimeException 등을 'UnChecked Exception'이라 하고, 그렇지 않고 컴파일러에

의해 검사되어지는 예외들을 'Checked Exception'이라 한다.

다음에 나오는 자바 프로그램은 'UnChecked Exception'와 'Checked Exception' 예외에 대한 컴파일러의 반응을 자세히 보여준다.

예제

CheckedUncheckedExceptionTest1.java

```
class CheckedUncheckedExceptionTest1 {
   public static void main(String args[]) {
      int a[]=null;
      int i;
      i = a[0];
      System.out.println("i="+i);
      i = System.in.read();        // (A)
      System.out.println("i="+i);
   }
}
```

실행결과

```
CheckedUncheckedExceptionTest.java:9: Exception java.io.IOException must be
caught, or it must be declared in the throws clause of this method.
        i = System.in.read();          //(A)
                            ^
1 error
```

위의 자바 프로그램의 (A) 부분에서 발생시키는 java.io.IOException과 같은 예외의 경우 자바 컴파일러에 의해 검사가능하고 이러한 예외는 프로그래머가 처리하는 것이 바람직하기 때문에 자바 컴파일러가 점검하게 된다. 이러한 이유로 이러한 예외를 'Checked Exception'이라고 부른다.

다음에 나오는 자바 프로그램은 위의 자바 프로그램 중 컴파일러에 의해 검사된 예외를 try/catch 구문을 이용하여 처리하도록 수정한 프로그램이다.

예제

CheckedUncheckedExceptionTest2.java

```
class CheckedUncheckedExceptionTest2 {
   public static void main(String args[]) {
      int a[]=null;
      int i;
      i = a[0];  //  (A)
      System.out.println("i="+i);
      try {
         i = System.in.read();
      }
      catch(java.io.IOException e) {
      }
      System.out.println("i="+i);
   }
}
```

실행결과

```
Exception in thread "main" java.lang.NullPointerException at
CheckedUncheckedExceptionTest2.main(CheckedUncheckedExceptionTest2.java:6)
```

위의 프로그램을 실행하던 중에 (A) 부분에서 null인 배열 객체를 참조한 것을 알게 되었다. 이렇게 컴파일 시에는 검사하지 않고 프로그램의 수행 중에 발생하는 예외들은 RuntimeException을 상속하고 있다. 위의 자바 프로그램 수행 중 발생한 java.lang.NullPointerException 역시 RuntimeException을 상속하고 있다. 마찬가지로 메모리 부족이나 스레드를 새로 호출하지 못하는 등의 심각한 오류를 나타내는 Error 역시 컴파일 시에는 검사하지 못하기 때문에 'UnChecked Exception'으로 분류된다.

RuntimeException은 Exception의 하위클래스(subclass)이므로 예외 처리가 가능하지만 컴파일러는 이들을 검사하지 않는다. 컴파일러가 컴파일 시에 이러한 예외를 일일이 검사할 경우 많은 필요 이상의 손실(overhead)이 발생하기 때문이다.

8.3 예외 발생 및 처리

자바에서는 프로그래머가 원하면 예외를 강제로 발생시킬 수도 있다. 자바의 모든 예외는 Throwable 클래스 또는 Throwable 클래스를 상속하는 서브클래스의 인스턴스로 표현된다. 또한, 자바에서 제공해 주지 않는 예외에 대해서는 자바 프로그램의 개발자가 새롭게 정의하여 사용할 수 있고 필요에 따라 이 예외를 발생시킬 수 있다.

자바에서 발생하는 모든 예외(Checked Exception)들에 대해 발생한 곳에서 직접 처리하거나 처리할 곳을 지정하여 그 예외를 던져주어야 한다. 메소드 내에서 발생한 예외를 해당 메소드가 처리하지 않는다면 예외가 발생되었다는 것을 이 메소드를 호출한 메소드에게 알려서 처리할 수 있도록 해 주어야 하는데 이러한 과정을 "예외를 던진다"라고 한다.

이렇게 예외가 발생할 가능성이 있는 메소드에서 예외를 직접 처리하지 않고 이 메소드를 호출한 쪽으로 예외를 던지기 위해서는 메소드의 선언 다음에 throws 문을 사용하여 던지고자 하는 예외들을 나열해 주면 된다. 이때 한 개 이상의 예외를 던질 수 있고 던지고자 하는 예외들은 ','를 이용하여 구분해 주면 된다.

```
메소드선언 throws ExceptionType-1, …, ExceptionType-n {

    …

}
public void method() throws IOException {

    …

}
```

메소드에서 자신이 예외를 처리하지 않고 '예외를 던진다'고 throws 문을 이용하여 메소드를 선언했을 경우 실제로 메소드 내에서 던지는 부분이 있어야 한다. 이를 위해 throws 문을 사용한다. 그리고 이렇게 예외를 강제로 발생시키기 위해 자바 프로그램 개발자가 해 주어야 할 일들이 몇 가지가 있다.

① throws 문 다음에는 java.lang.Throwable 클래스를 상속 받는 클래스의 인스턴스가 나타나야 한다.

② throws 문은 try/catch문 안에서 사용되어야 한다.

③ 메소드 선언 시 던져질 예외가 throws 문 다음에 선언되어 있어야 한다.

예제

ThrowExceptionTest1.java

```
class MyException extends Exception {
   public String toString() {
      return("Divide by zero");
   }
}

class ThrowExceptionTest1 {
   public static void main(String args[]) {
      int a = 10, b = 0, c;

      try {
         c = myDivide(a, b);
      }
      catch(MyException e) {
         System.out.println(e);
      }
   }

   public static int myDivide(int a, int b)
   throws MyException {
      if(b == 0) {
         throw new Exception();              // 에러
      }

      return(a/b);
   }
}
```

실행결과

```
ThrowExceptionTest1.java:22: Exception java.lang.Exception must be caught,
or it must be declared in the throws clause of this method.
        throw new Exception();              // 에러
        ^
1 error
```

위의 자바 프로그램을 살펴보면 divide 메소드를 선언할 때 throws 문에 MyException 예외만을 던진다고 선언해 놓고, 실제로 '// 에러' 표시된 부분의 throw 문에서는 Exceptioin 객체를 생성하여 던지기 때문에 에러가 발생한다. Exception이 MyException보다 상위클래스이므로 상위자료형인 Exception 객체는 하위자료형인 MyException 객체가 될 수 없다. 따라서 'Exception'을 'MyException'으로 바꾸어 주어야 한다.

그리고 메소드가 throws 문을 가진 메소드를 호출하였다면 다음 중 하나의 작업을 반드시 해 주어야 하며 그렇지 않을 경우 컴파일 에러가 발생한다.

① try/catch 문을 사용하여 예외를 처리한다.
② 메소드를 throws로 선언하여 호출한 메소드에게 예외를 던진다.
③ catch 문과 throws 문을 사용하여 예외를 처리하고 다음 메소드에게도 예외를 던진다.

다음에 나와 있는 자바 프로그램은 메소드에 대해 throws 선언을 하고 throws 문을 이용하여 실제로 예외 객체를 던지기 위한 예를 보여주는 프로그램이다.

예제

ThrowExceptionTest2.java

```
class ThrowExceptionTest2 {
   public static void main(String args[]) {
      int a = 10, b = 0, c;

      System.out.println("main: begin");
      try {
         System.out.println("main: before divide(a, b)");
         c = divide(a, b);
         System.out.println("main: after divide(a, b)");
      }
      catch(ArithmeticException e) {
         System.out.println("main: catch");
      }
      System.out.println("main: end");
   }

   public static int divide(int a, int b)
   throws ArithmeticException {
      int c;
```

```
        try {
          System.out.println("divide: before a / b");
          return(a / b);
        }
        catch(ArithmeticException e) {
          System.out.println("divide: before throw(e)");
          throw(e);
        }
    }
}
```

실행결과

```
main: begin
main: before divide(a, b)
divide: before a / b
divide: before throw(e)
main: catch
main: end
```

메소드를 재정의할 때 throws 부분은 상속되지 않으므로 throws 문을 포함한 메소드를 재정의할 때는 특별한 규칙이 있다.

① 하위메소드는 상위메소드에서 던지는 예외나 그 하위 클래스의 예외만을 던질 수 있다.

② 예외를 throws하는 메소드가 재정의 될 때 하위메소드는 throws되는 Exception 그대로나 Exception의 하위클래스 Exception만을 throws 할 수 있다.

③ 아무 것도 throws 하지 않을 수도 있다.

예제

ThrowExceptionTest3.java

```
class BaseClass {
   public void myMethod1()
      throws java.io.IOException {
      throw new java.io.IOException();
   }
   public void myMethod2()
      throws java.io.IOException {
      throw new java.io.IOException();
```

```
    }
    public void myMethod3()
        throws java.io.IOException {
        throw new java.io.IOException();
    }
}
class SubClass extends BaseClass {
    public void myMethod1() {
    }
    public void myMethod2()
        throws Exception {    // (A)
        throw new Exception();
    }
    public void myMethod3()
        throws java.io.IOException {
        throw new java.io.IOException();
    }
}
class ThrowExceptionTest3 {
    public static void main(String args[]) {
        SubClass sub = new SubClass();
        sub.myMethod1();
        try {
            sub.myMethod2();
            sub.myMethod3();
        } catch(java.io.IOException e) {
            System.out.println(e);
        } catch(Exception e) {
            System.out.println(e);
        } finally {
            System.out.println("Finally");
        }
    }
}
```

실행결과

```
ThrowExceptionTest3.java:19: The method void myMethod2() declared in class
SubClass cannot override the method of the same signature declared in class
BaseClass.  Their throws clauses are incompatible.
    public void myMethod2()
                ^
1 error
```

예외를 발생하는 메소드의 재정의는 반드시 상위 클래스에서 throws 하는 예외클래스와 같거나 또는 구 클래스를 상속하는 하위 클래스만을 throws 하거나 아니면 어떠한 예외도 throws 해서는 안 된다. 따라서 (A) 부분에서 'throws Exception' 문을 없애거나 또는 'throws java.io.IOException'과 같은 문으로 바꾸어 주어야 한다.

예외처리는 실행 중에 많은 시간을 사용하므로 간단한 테스트 등을 통하여 프로그램을 점검하는 것이 더욱 빠르고 효율적이다. 예를 들어 정수형을 입력 받는 메소드라면 예외처리를 하는 것 보다는 숫자가 정수인지 미리 확인한 후 입력을 하면 예외가 발생하는 것을 막을 수 있을 것이다. 예외처리는 문자 그대로 예상 밖의 일을 다루기 위해서 사용하는 것이 우선이다. 막을 수 있는 예외나 에러 부분에 대해서는 예외처리 보다는 다른 방법을 사용하시는 것이 더욱 빠르고 효율적인 수행을 보장하게 된다. 또한 아무런 예외처리를 지정하지 않을 경우 기본 예외처리기가 이를 처리하여 주므로 신뢰성은 감소하지만 더욱 빠른 수행 속도를 얻을 수 있다.

예제

ExceptionError1.java

```
class ExceptionError1 {
  public static void main(String args[]) {

    try {
      System.out.println("매개변수로 받은 두 개의 값");
      int a = Integer.parseInt(args[0]);     // 문자열 값을 정수로 변환
      int b = Integer.parseInt(args[1]);
      System.out.println(" a = " + a + " b = " + b );
      System.out.println(" a를 b로 나눈 몫 = " + (a/b) );
      System.out.println("나눗셈이 원할히 수행되었습니다.");
    }
    catch(ArithmeticException e) {

System.out.println("====================================
===");
      System.out.println("ArithmeticException 처리 루틴 : ");
      System.out.println(e + " 예외 발생");
    }
    catch(ArrayIndexOutOfBoundsException e) {

System.out.println("====================================
===");
```

```
        System.out.println("ArrayIndexOutOfBoundsException 처리 루틴");
        System.out.println(e + " 예외 발생");
      }
      catch(NumberFormatException e) {

System.out.println("==================================
===");
        System.out.println("NumberFormatException 처리 루틴");
        System.out.println(e + " 예외 발생");
      }
      finally {

System.out.println("==================================
===");
        System.out.println("예외 처리를 끝내고 finally 블럭을 수행합니다");
      }
    }
  }
```

Quiz 위 예제를 실행하고 결과를 확인해 보자.

예제

ExceptionGen.java

```
  class ExceptionGen {

    public static void main(String args[]) {
      try {
        a();
      } catch(ArrayIndexOutOfBoundsException e) {

System.out.println("==================================
===");
        System.out.println("ArrayIndexOutOfBoundsException 처리 루틴");
        System.out.println(e + " 발생");
      }
    }

    static void a() {
      try {
        throw new NullPointerException("널 포인터 예외");  // 예외의 인위적 발생
      } catch(NullPointerException e) {
```

```
System.out.println("=====================================
===");
        System.out.println("NullPointerException 처리 루틴");
        System.out.println(e + " 발생");
        throw new ArrayIndexOutOfBoundsException("배열 첨자 예외");
        // 예외 처리 루틴에서 인위적으로 예외를 발생 시켜 호출한 메소드로 반환
      }
    }
  }
```

Quiz 위 예제를 실행하고 결과를 확인해 보자.

예제

ExceptionUser.java

```
import java.util.*;

class ExceptionUser {

    public static void main(String args[]) {
    try {
      int a = Integer.parseInt(args[0]);
      if(a % 2 == 0) {
        throw new UserException1("사용자 정의 예외 1");
      }
        else {
        throw new UserException2("사용자 정의 예외 2");
      }
    }
    catch(UserException1 e) {
      System.out.println("UserException1 처리 루틴 : ");
      System.out.println(e + " 발생");
    }
    catch(UserException2 e) {
      System.out.println("UserException2 처리 루틴 : ");
      System.out.println(e + " 발생");
    }
    catch(Exception e) {
      System.out.println("모든 예외 처리 루틴 : ");
      System.out.println(e + " 발생");
    }
```

```
  }
}

class UserException1 extends Exception {
  // 사용자 정의 예외는 Exception 클래스로부터 상속
  public UserException1(String message) {
    super(message);
  }
}

class UserException2 extends Exception {
  public UserException2(String message) {
   super(message);
  }
}
```

Quiz 위 예제를 실행하고 결과를 확인해 보자.

CHAPTER 09

애플릿(Applet)

9.1 자바 애플릿

자바 애플릿이란 HTML 페이지에 포함되어 자바 호환(compatible) 웹 브라우저에 의해 실행될 수 있는 자바 프로그램을 말한다. 자바 호환 웹 브라우저가 자바 애플릿이 포함된 HTML 페이지를 보여줄 때 웹 서버쪽에 있는 자바 애플릿 코드를 다운로드 한 후 브라우저 내의 특정 영역에서 실행하게 된다. 이렇게 자바 애플릿을 HTML 페이지에 삽입하기 위해서는 <APPLET> 태그를 사용해야 한다. 다음은 애플릿을 포함하고 있는 HTML 페이지에 대한 가장 간단한 예제이다.

예제

HelloWorld.html

```
<HTML>
<HEAD><TITLE>Hello World!</TITLE></HEAD>
<BODY>
<APPLET CODE="HelloWorld.class" WIDTH=120 HEIGHT=80>
Can't load the applet
</APPLET>
</BODY>
</HTML>
```

위의 HTML 페이지에서 포함하고 있는 “HelloWorld.class” 애플릿은 물론 애플릿을 작성하기 위해 지켜야 할 규약에 의해 작성되었을 것이며 이러한 애플릿 클래스의 가장 간단한 예제 프로그램인 “HelloWorld.java”는 다음에 나오는 것과 같다.

예제

HelloWorld.java

```
import java.applet.Applet;
import java.awt.Graphics;
  public class HelloWorld extends Applet {
    public void paint(Graphics g) {
      g.drawString(“Hello World!”, 50, 20); // Display the string
    }
}
```

실행결과

Appletviewer를 이용한 실행>

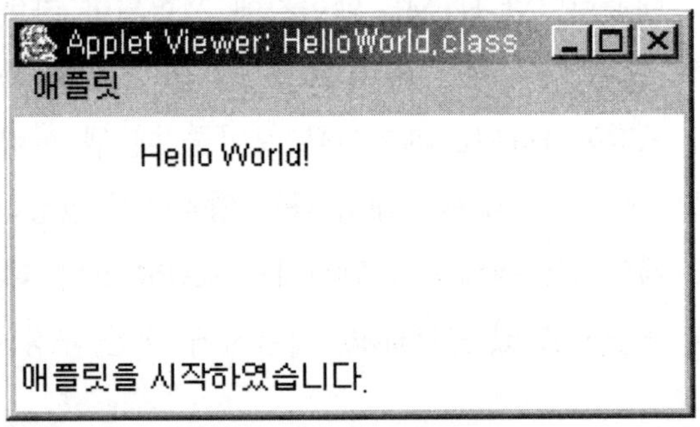

웹브라우저를 이용한 실행>

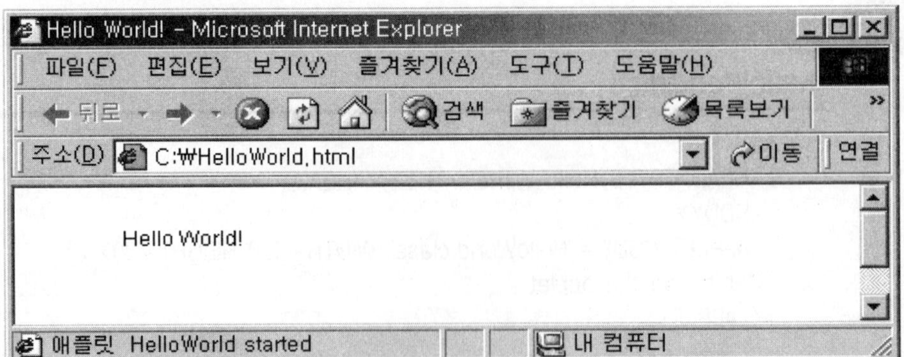

위의 애플릿은 실제로 HTML 페이지 내에서 실행되므로 해당 HTML 페이지를 자바 호환 웹 브라우저를 이용하여 보여주거나 또는 자바 개발 키트와 함께 제공되는 도구 중의 하나인 AppletViewer을 이용하여 해당 HTML 페이지를 보여주면 된다.

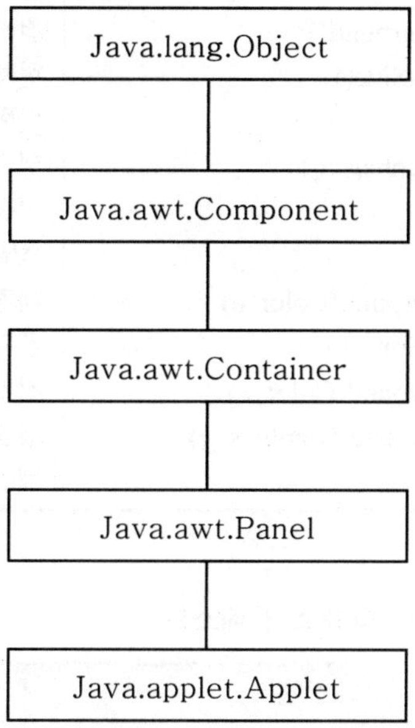

【그림 9.1】 클래스 계층도

이러한 자바 애플릿은 기본적으로 java.applet.Applet 클래스를 상속하는 하위클래스를 생성함으로써 작성가능한데 java.applet.Applet 클래스는 java.awt.Panel 클래스를 상속하는 하위클래스이다. 다음에 나오는 그림은 이러한 상속관계를 보여주는 클래스 계층도이다.

자바 클래스는 하나의 패널 컴포넌트가 가지는 모든 기능을 그대로 사용가능하다. 자바 애플리케이션은 자바 가상머신에서 독립적인 프로그램으로 실행되고 자바 애플릿은 자바 호환 웹 브라우저에 의해 웹 서버에서 다운로드되어 실행되는 것처럼 실행 환경의 차이에서 오는 약간의 제약은 있다.

다음은 컴포넌트 클래스와 애플릿 클래스의 주요 메소드들 이다.

▶표 9.1 컴포넌트 클래스의 메소드

메소드	설 명
Image createImage(int *width*, int *height*)	width, height 크기의 Image 객체를 생성하여 반환
Font getFont()	현재 설정된 폰트를 폰트 객체로 반환
FontMetrics getFontMetrics(Font *font*)	font 폰트에 관한 FontMetrics 객체를 반환
Color getForeground()	전경색(foreground)을 Color 객체로 반환
Dimension getSize()	현재 컴포넌트의 크기를 Dimension 객체로 반환
void paint(Graphics *g*)	현재의 컴포넌트에 Graphics 객체 g를 이용하여 그림을 그리는 메소드
void repaint()	JVM에게 update() 메소드 호출을 요청한다
void setBackground(Color *c*)	배경색을 c로 설정
void setFont(Font *f*)	폰트를 f로 설정
void setForeground(Color *c*)	전경색을 c로 설정
public void update(Graphics *g*)	컴포넌트를 배경색으로 채우고 paint() 메소드를 호출한다

▶표 9.2 애플릿 클래스의 메소드

메소드	설 명
void init()	애플릿을 초기화한다
void start()	애플릿을 시작시킨다
void stop()	애플릿을 중단한다
void destory()	애플릿을 끝낸다
URL getCodeBase()	애플릿 코드가 있는 URL 객체를 반환
URL getDocumentBase()	HTML 문서가 있는 URL 객체를 반환
Image getImage(URL *url*)	*url*(파일이름 포함)이 지정하는 곳에서 이미지를 가져와 Image 객체로 반환
Image getImage(URL *url*, String *imgName*)	*url*(파일이름 불 포함)이 지정하는 곳에서 *imgName*으로 지정된 이미지 파일을 가져와 Image 객체로 반환
String getParameter(String *pName*)	애플릿 호출시 사용한 매개변수 중에서 *pName* 매개변수의 값을 반환
void showStatus(String *str*)	검색기의 상태 라인에 *str*을 나타낸다

먼저, 애플릿이 보안상 가지는 단점에 대하여 살펴보면 다음과 같다.

① 애플릿은 라이브러리를 로딩하거나 네이티브 메소드를 정의할 수 없다.
② 애플릿이 실행되고 있는 클라이언트 컴퓨터 상의 파일을 읽거나 쓸 수 없다
③ 애플릿을 다운로드 받은 서버를 제외한 다른 컴퓨터와의 네트워크는 불가능하다.
④ 애플릿이 실행되고 있는 클라이언트 컴퓨터 상의 어떤 프로그램도 실행할 수 없다.
⑤ 몇 가지 시스템 속성을 읽을 수 없다.
⑥ 애플릿과 애플리케이션이 사용하는 윈도우는 약간의 차이가 있다.

다음으로, 애플릿이 가지는 몇 가지 특징에 대하여 살펴보면 다음과 같다.

① 애플릿은 다운로드 된 호스트와 네트워크 연결을 설정할 수 있다.
② 애플릿은 자신이 실행되고 있는 웹브라우저에게 HTML 도큐먼트를 디스플레이 하도록 할 수 있다.
③ 애플릿은 같은 HTML 페이지에 있는 다른 애플릿의 public 메소드를 호출할 수 있다.
④ 로컬 파일 시스템에서 로드된 애플릿은 네트워크를 통하여 로드된 애플릿이 갖는 제약을 갖지 않는다.
⑤ 애플릿은 브라우저가 다른 페이지로 떠날 때 멈추어야 하고 다시 되돌아 올 때 다시 시작되게 된다.

9.2 자바 애플릿의 실행

자바 애플릿은 기본적으로 각각의 경우에 호출되는 몇 가지 대표적인 메소드를 정의하고 구현할 수 있다. 이때 자바 호환 웹 브라우저에 내장된 자바 가상 머신은 규약에 정해진데로 이러한 메소드를 해당 경우에 호출함으로써 애플릿을 수행하게 된다. 이는 자바 가상머신이 자바 애플리케이션을 로딩하여 실행시키기 위해 가장 먼저 애플리케이션에 정의되어 있는 "public static void main(String[] args)" 메소드를 호출하는 것과 같은 규약이라 할 수 있다. 이렇게 자바 호환 웹 브라우저에 내장된 자바 가상 머신이 애플릿 작성 규약에 의해 호출하는 메소드와 각 메소드가 호출되는 시점을 살펴보면 다음과 같으며 이러한 메소드는 기본적으로 Applet 클래스에 의해 제공된다.

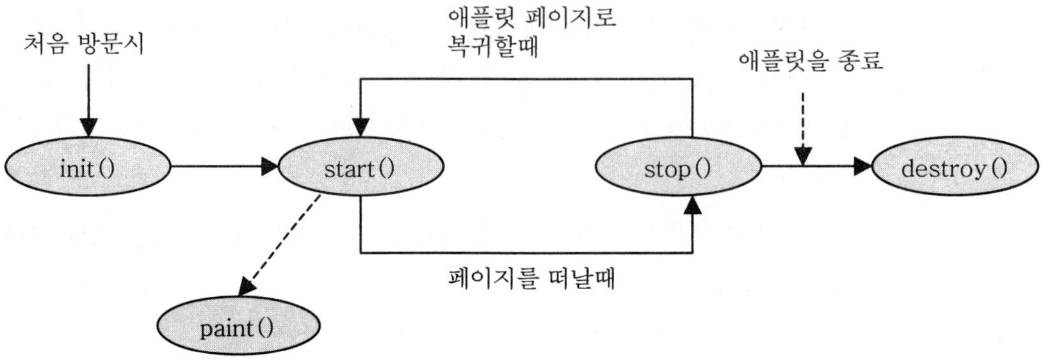

【그림 9.2】 애플릿의 동작

① **public void init() :**

애플릿이 처음 로딩될 때 애플릿이 초기화 하도록 하기 위해 호출되는 메소드이다. 초기화 작업은 필요한 객체의 생성, 초기 상태 설정, 이미지 또는 폰트 등의 로딩 등이다.

② **public void start() :**

애플릿이 시작 또는 재시작 되도록 하기 위해 호출되는 메소드이다. 애플릿이 처음 로딩될 때 init 메소드가 호출된 후 호출되고 또는 브라우저를 이용하여 다른 HTML 페이지로 갔다가 현재 애플릿이 포함된 HTML 페이지로 다시 되돌아 왔을 때 호출된다. 이 메소드는 일반적으로 stop 메소드와 함께 사용될 수 있으며 애플릿에 선언되어 있는 스레드의 시작 또는 재시작을 주로 담당한다.

③ **public void stop() :**

애플릿이 정지되도록 하기 위해 호출되는 메소드이다. 애플릿이 포함된 HTML 페이지를 보고 있는 웹 브라우저를 닫을때 destroy 메소드가 호출되기 전에 먼저 호출되고 또는 브라우저를 이용하여 다른 HTML 페이지로 옮겨 갈 때 현재 HTML 페이지에 포함되어 있는 스레드를 멈추게 하는 등의 작업을 하기 위해 호출된다. 이 메소드는 일반적으로 public start 메소드와 함께 사용될 수 있으며 애플릿에 선언되어 있는 스레드를 멈추게 하기 위해 주로 사용된다.

④ **public void destroy() :**

현재 애플릿이 포함되어 있는 HTML 페이지를 보고 있는 웹 브라우저를 닫을 때 가장 마지막으로 호출된다.

⑤ public void paint(Graphics g) :

현재 애플릿의 영역에 그리기 작업을 하도록 호출된다. 일반적으로 이 애플릿이 포함되어 있는 HTML 페이지를 보고 있는 웹 브라우저의 위치 또는 크기가 변경되었을 경우에 호출된다. 이 메소드는 AWT 컴포넌트가 가지고 있는 paint 메소드와 같은 역할을 하며 그래픽스 객체를 이용하여 그리기 작업을 수행할 수 있다.

사용자가 직접 작성한 애플릿의 경우 위와 같은 각 경우에 처리해야 할 작업이 있다면 Applet 클래스에서 재공해 주는 해당 메소드를 재정의 해주어야 하며 이렇게 정의된 메소드는 자신이 의도한 각 경우에 자바 호환 웹 브라우저에 내장된 자바 가상 머신에 의해 내부적으로 호출된다. 다음에 나오는 자바 프로그램은 위의 각 메소드들이 호출되는 시점을 정확히 보여 주기 위한 예제 프로그램이다.

예제

AppletMethodTest.html

```
<HTML>
<HEAD><TITLE>Applet Test</TITLE></HEAD>
<BODY>
<APPLET CODE="AppletMethodTest.class" WIDTH=150 HEIGHT=100>
Can't load the applet
</APPLET>
</BODY>
</HTML>
```

예제

AppletMethodTest.java

```
import java.awt.*;
import java.applet.Applet;
public class AppletMethodTest extends Applet {
   TextArea ta;
   int count;
   public AppletMethodTest() {
      ta = new TextArea(4, 20);
      add(ta);
      count=0;
   }
   public void init() {
```

```
        ta.append("init"+(count++)+"\n");
    }
    public void start() {
        ta.append("start"+(count++)+"\n");
    }
    public void stop() {
        ta.append("stop"+(count++)+"\n");
    }
    public void destroy() {
        ta.append("destroy"+(count++)+"\n");
    }
    public void paint(Graphics g) {
        ta.append("paint"+(count++)+"\n");
        g.drawString("Hello World!", 8, 32); // Display the string
    }
}
```

실행결과

처음 실행 모습>

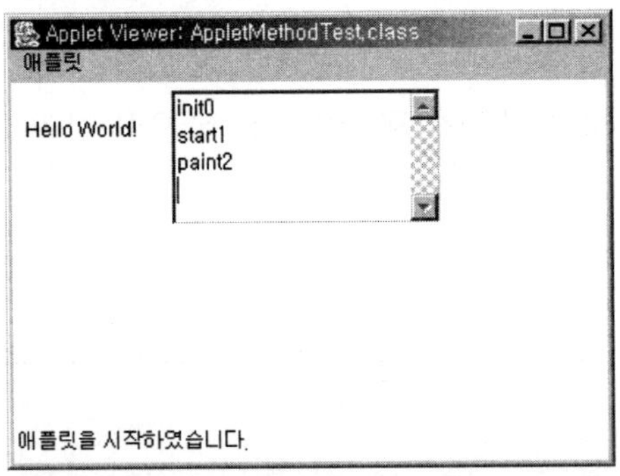

애플릿 창을 최소화했다가 다시 띄웠을때>

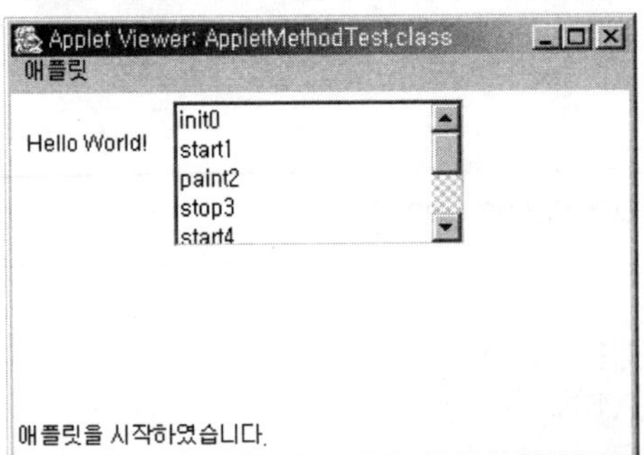

9.3 애플릿의 보안

만일 애플릿 프로그램이 응용프로그램처럼 작성되었다면 심각한 문제가 발생할 수 있다. 인터넷을 통하여 다운된 애플릿 프로그램이 사용자 컴퓨터의 디스크에서 정보를 읽거나, 파일에 새로운 내용을 쓴다면 심각한 문제가 아닐 수 없다. 이러한 문제점 때문에 애플릿 프로그램들은 다음과 같은 제한을 둔다.

① 애플릿들은 다운로드된 컴퓨터의 지역 프로그램을 실행시킬 수 없다.
② 애플릿들은 다운로드되는 서버가 아닌 다른 컴퓨터와의 통신은 허용하지 않는다.
③ 애플릿들은 다운로드된 컴퓨터의 파일 시스템에 접근할 수 없다
④ 애플릿들은 다운로드된 컴퓨터의 정보를 알 수 없다
(예외 : 검색기의 버전, 운영체제의 이름과 버전, 경로 등은 알 수 있다.)

JVM은 애플릿 프로그램이 클라이언트 컴퓨터의 디스크를 읽거나 쓰는 동작을 시도하면 보안(security)관련 예외를 발생시킨다.

9.4 애플릿에서 이미지와 사운드 출력

이미지 객체를 다루는 방법에 대해서는 AWT 부분에서 자세히 다루게된다. 또한 애플릿은 패널 컴포넌트와 같이 일종의 컴포넌트로 취급할 수 있으므로 이미지를 다루는 방법은 AWT에서와 같다. 단지 애플릿이 웹을 기반으로 하여 동작하므로 다음과 같은 몇 개의 이미지 관련 메소드가 Applet 클래스에 의해 제공되고 있다.

① URL getCodeBase() :
애플릿의 기본 URL을 얻는다.
② URL getDocumentBase() :
애플릿을 포함하고 있는 HTML 도큐먼트의 URL을 얻는다.
③ Image getImage(URL url) :
주어진 URL에 해당하는 이미지 객체를 얻는다.
④ Image getImage(URL url, String name) :
주어진 URL에 해당하는 이미지 객체를 얻는다.

⑤ void resize(Dimension d) :
애플릿의 크기를 주어진 크기로 변경하기를 요청한다.
⑥ void resize(int width, int height) :
애플릿의 크기를 주어진 크기로 변경하기를 요청한다.

자바는 애플릿은 물론 애플리케이션에서 오디오를 지원하기 위한 새로운 사운드 엔진을 탑재했다. 이 사운드 엔진은 다음과 같은 다양한 오디오 형식을 지원해 준다.

- 일반 형식: AIFF, AU, WAV
- 미디 형식: MIDI TYPE 0, MIDI TYPE 1, RMF.

자바 사운드는 8kHz에서 48kHz까지의 샘플률(sample rate)를 갖는 8비트와 16비트 오디오 데이터에 대해 모노(mono)와 스테레오(stereo) 형식을 모두 지원해 준다. 만약 클라이언트 시스템에 의해 지원되지 않는 사운드일 경우 자동으로 8비트 모노 출력으로 조정해 준다.

이렇게 이미지와 사운드를 지원해 주기 위해 Applet 클래스에서 제공해 주는 주요 메소드를 살펴보면 다음과 같다.

① AudioClip getAudioClip(URL url) :
주어진 URL에 해당하는 오디오 클립을 얻는다.
② AudioClip getAudioClip(URL url, String name) :
주어진 URL에 해당하는 오디오 클립을 얻는다.
③ static AudioClip newAudioClip(URL url) :
주어진 URL에 해당하는 오디오 클립을 얻는다.
④ void play(URL url) :
주어진 URL에 해당하는 오디오 클립을 플레이한다.
⑤ void play(URL url, String name) :
주어진 URL에 해당하는 오디오 클립을 플레이한다.

AudioClip 인터페이스는 오디오 클립을 연주하거나 멈추기 위한 간단한 몇 개의 기능을 정의하고 있는 인터페이스이다. 여러 개의 AudioClip 아이템이 동시에 플레이 될 수 있으며 이 때 오디오 출력 결과는 플레이되는 오디오 클립의 소리가 믹스되어 나타난다. 다음은 AudioClip 인터페이스가 정의하고 있는 메소드들이다.

① void loop() : 오디오 클립을 반복 모드로 플레이를 시작한다.

② void play() : 오디오 클립을 플레이한다.

③ void stop() : 오디오 클립에 대한 플레이를 정지한다.

다음은 6개의 선을 그리는 예제이다.

예제

GraphicsLine.html

```
<HTML>
<HEAD><TITLE>GraphicsLine</TITLE></HEAD>
<BODY>
<APPLET CODE="GraphicsLine.class" WIDTH=350 HEIGHT=300>
Can't load the applet
</APPLET>
</BODY>
</HTML>
```

예제

GraphicsLine.java

```
import java.awt.*;
import java.applet.*;

public class GraphicsLine extends Applet {
  public void paint(Graphics g) {
    g.drawLine(10, 10, 100, 10);
    g.drawLine(100, 10, 100, 100);
    g.drawLine(100, 100, 10, 100);
    g.drawLine(10, 100, 10, 10);
    g.drawLine(10, 10, 100, 100);
    g.drawLine(10, 100, 100, 10);
  }
}
```

실행결과

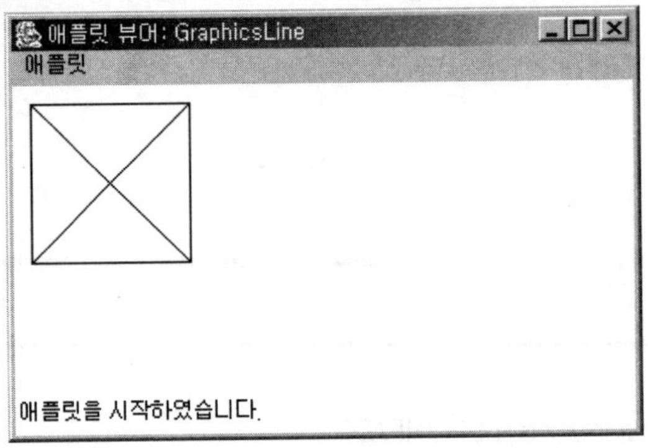

예제

DynamicRectangle.html

```
<HEAD><TITLE>DynamicRectangle</TITLE></HEAD>
<BODY>
<APPLET CODE="DynamicRectangle.class" WIDTH=350 HEIGHT=300>
Can't load the applet
</APPLET>
</BODY>
</HTML>
```

예제

DynamicRectangle.java

```
import java.applet.*;
import java.awt.*;

public class DynamicRectangle extends Applet {
  public void paint(Graphics g) {
    Dimension d = getSize();
    int v = d.width/2;
    int h = d.height/2;
    int radius = (int)((d.width < d.height) ?
            0.4 * d.width : 0.4 * d.height);
    g.drawRect(v - radius, h - radius, 2 * radius, 2 * radius);
    }
}
```

Quiz 위 예제를 실행하고 결과를 확인해 보자.

다음에 나오는 자바 프로그램은 애플릿에서 이미지와 오디오 클립을 출력하는 간단한 예를 보여주는 프로그램이다.

예제

ImageTest.html

```
<HTML>
<HEAD><TITLE>ImageTest</TITLE></HEAD>
<BODY>
<APPLET CODE="ImageTest.class" WIDTH=400 HEIGHT=300>
Can't load the applet
</APPLET>
</BODY>
</HTML>
```

예제

ImageTest.java

```
import java.net.URL;
import java.awt.*;
import java.applet.*;
public class ImageSoundTest extends Applet {
   Image image;
   public void init() {
      MediaTracker tracker;
      tracker = new MediaTracker(this);
      image = getImage(getDocumentBase(), "jisoo.jpg");
      tracker.addImage(image, 0);
      try {
         tracker.waitForAll();
      } catch(InterruptedException e) {
         System.out.println(e);
         return;
```

```
        }
        resize(image.getWidth(this), image.getHeight(this));
    }
    public void paint(Graphics g) {
         g.drawImage(image, 0, 0, this);
    }
}
```

실행결과

Appletviewer를 이용해서 볼때>

웹 브라우저를 이용해서 볼때>

애플릿을 포함하고 있는 HTML 페이지를 익스플로러를 이용하여 볼때 애플릿 크기의 재설정이 제대로 동작하지 않지만 AppletViewer을 이용하여 보게되면 애플릿의 크기가 재설정되게 된다.

9.5 애니메이션 애플릿의 작성

(1) 기교 없는 애니메이션

애니메이션이란, 기본적으로 여러 장의 이미지를 같은 위치에서 빠른 속도로 보여주는 것으로서 시각적인 착각을 이용하는 것이다. 우리가 만화를 본다거나 또는 영화를 볼 때 이러한 효과가 사용된다. 이때 애니메이션을 위해 여러 장의 정지 영상이 필요하고 이러한 정지 영상들을 이미지 프레임이라 한다. 이처럼 애니메이션을 자바에서 제공해 주기 위해 다음과 같은 두 가지가 필요하다.

① 이미지 프레임 : 애니메이션에 사용할 정지 영상(이미지)들의 묶음을 나타낸다.

② 스레드 : 프레임 이미지를 한 장씩 돌아가면서 보여주기 위해 사용된다.

여러 장의 프레임으로 구성된 이미지 프레임을 애니메이션 하려는 경우 이미지 소스를 생각해 보아야 한다. 애니메이션 하기 위한 여러 프레임을 구성할 때 여러 장의 같은 크기 이미지를 읽어 들여 각 프레임을 구성하려는 경우 또는 호수 효과 애플릿에서와 같이 각 프레임의 이미지를 이미지 프로세싱을 통하여 직접 만드는 경우 등을 고려해 볼 수 있다.

첫 번째 경우, 상대적으로 I/O 속도가 낮은 디스크로부터 각 프레임에 해당하는 이미지를 읽어 들이기 위해 기다려 준 후 모든 프레임 영상이 메모리에 적재된 후 애니메이션을 시작해 주어야 한다. 이런 경우 모든 이미지가 메모리에 적재 되었는가를 확인하기 위해 자바에서는 MediaTracker 객체를 사용한다. 각 이미지를 메모리에 적재하고 이를 MediaTracker 객체에 등록한다. 그리고 MediaTracker 객체의 waitForID 메소드 또는 waitForAll 메소드를 이용하여 모든 이미지가 메모리에 적재될 때까지 기다린다. 이러한 MediaTracker 객체는 자바 프로그램에서 화면 구성을 하기 위해 비트맵 이미지를 많이 사용하는 경우에도 유용하게 사용할 수 있다. 비트맵 이미지가 로딩되는데 걸리는 시간이 paint 메소드를 호출하기 전까지 끝난다면 문제가 없겠지만 paint 메소드가 호출될 때까지도 비트맵 이미지를 로딩하는 작업이 끝나지 않는다면 첫 화면에서 그 이미지를 볼 수 없다. 따라서 모든 이미지가 로딩될 때까지 기다릴 수 있도록 하기 위해 MediaTracker 객체를 사용하게 된다.

다음에 나오는 자바 프로그램은 자바 애플릿에서 아무런 기교도 부리지 않은 기본적인 애니메이션을 수행하기 위한 간단한 예제 프로그램이다.

예제

AnimationAppletTest.html

```
<HTML>
<HEAD><TITLE>AnimationAppletTest</TITLE></HEAD>
<BODY>
<APPLET CODE="AnimationAppletTest.class" WIDTH=300 HEIGHT=200>
Can't load the applet
</APPLET>
</BODY>
</HTML>
```

예제

AnimationAppletTest.java

```
import java.awt.*;
import java.applet.Applet;
  public class AnimationAppletTest extends Applet implements Runnable {
     int index=0;
   Image frames[];
   Thread animator;
   public void init() {
      int i;
      MediaTracker tracker;
      frames = new Image[8];
      tracker = new MediaTracker(this);
      for(i=0;i<4;i++) {
         frames[i] = getImage(getDocumentBase(), "a"+(i+1)+".jpg");
         tracker.addImage(frames[i], 0);
      }
      for(i=0;i<4;i++) {
         frames[i+4] = getImage(getDocumentBase(), "b"+(i+1)+".jpg");
         tracker.addImage(frames[i+4], 0);
      }
      try {
         tracker.waitForAll();
      } catch(InterruptedException e) {
         return;
     }
   }
   public void start() {
      if(animator == null) {
         animator = new Thread(this);
         animator.start();
      }
   }
   public void stop() {
      if(animator != null) {
         animator.stop();
         animator = null;
      }
   }
  public void run() {
      while(animator == Thread.currentThread()) {
         try {
```

```
                Thread.sleep(100);
            } catch(InterruptedException e) {
                break;
            }
            synchronized(this) {
                index++;
                if(index >= frames.length) {
                    index = 0;
                }
            }
            repaint();
        }
    }
/*
 * 애니메이션 시에 깜빡임을 방지하기 위해서는 이 주석문을 풀어줍니다.
    public void update(Graphics g) {
        paint(g);
    }
*/
    public void paint(Graphics g) {
        g.setColor(Color.red);
        g.drawImage(frames[index], 20, 20, 200, 200, this);
    }
}
```

실행결과

(2) 애니메이션의 깜빡임 제거

위에서 살펴본 애플릿에서 수행하는 애니메이션은 애플릿 화면이 깜빡임을 느낄 수 있다. 이러한 이유는 다음과 같다. 자바에서 제공되는 Component 클래스에서는 세 가지 종류의 그리기 메소드들을 제공해 주고 있다. 이때 자바 프로그램에서는 컴포넌트의 영역을 다시 그리고자 할 때 repaint 메소드를 호출하면 되고, 또는 컴포넌트의 크기가 사용자에 의해 변경되거나 아이콘 상태에서 정상적인 윈도우 상태로 변하게 될 때 컴포넌트 내부를 다시 그려주어야 되는데, 이를 위해 repaint 메소드가 내부적으로 호출된다. 이 때 내부적으로 이루어지는 페인팅 작업의 순서를 살펴보면 다음과 같다.

① repaint 메소드 호출 : update(Graphics g) 메소드를 시스템 내부적으로 호출.
② update 메소드 호출 : 디폴트 update 메소드는 해당 컴포넌트의 바탕색으로 컴포넌트의 영역을 지움. 그리고 paint(Graphics g) 메소드를 호출.
③ paint(Graphics g) 호출 : 그리기 작업을 수행.

따라서, 자바 프로그래머는 자신이 어떤 컴포넌트에 그려야 할 작업이 있으면 이를 해당 컴포넌트의 paint 메소드 내에 위치시키면 되고, 컴포넌트가 다시 그려지기를 원한다면 해당 컴포넌트의 rapaint 메소드 중 하나를 호출하면 된다. 그리고 디폴트 update 메소드는 컴포넌트의 바탕색으로 먼저 그리기 영역을 지우고 paint 메소드를 호출하게 되므로 그리기를 반복하는 애니메이션의 경우 지우고 그리기를 반복하므로 깜박거리는 현상이 발생하게 된다. 따라서 애니메이션을 수행할 때 깜빡거림을 없애기 위해서는 바탕색으로 화면을 지우는 작업을 없애주면 된다. 이는 해당 컴포넌트의 update 메소드를 다음으로 같이 재정의함으로써 바로 paint 메소드가 호출되도록 하는 것이다.

```
public void update(Graphics g) {
    paint(g);
}
```

이와 같이 앞에서 살펴본 애플릿 프로그램의 주석 부분을 해제하고 다시 컴파일한 다음 애플릿을 실행시켜 보면 훨씬 부드럽게 깜빡임 현상이 없이 애니메이션을 수행한다는 것을 알 수 있다.

9.6 애플릿과 브라우저 사이의 통신

애플릿은 웹 브라우저에 내장된 자바 가상 머신에 의해 수행되는 자바 바이트 코드다. 이러한 애플릿이 브라우저에게 하도록 할 수 있는 일은 크게 두 가지가 있다. 먼저 브라우저의 상태 창에 메시지를 출력하는 것이고, 두 번째는 브라우저가 현재 보여주고 있는 문서를 애플릿이 요청할 수 있다.

먼저, 첫 번째 작업은 Applet 클래스에서 제공해 주고 있는 다음과 같은 메소드를 이용하여 할 수 있다.

- void showStatus(String msg) : 주어진 문자열을 웹 브라우저의 상태창에 디스플레이 한다.

두 번째 작업을 하기 위해 먼저 getAppletContext() 메소드를 이용하여 AppletContext 객체를 얻고 이렇게 얻어진 AppletContext 객체에서 제공해 주는 메소드를 이용하여 해당 작업을 수행한다.

먼저 Applet 클래스에서 AppletContext 객체를 얻기 위해 사용하는 메소드는 다음과 같다.

- AppletContext getAppletContext() : 애플릿과 애플릿을 실행시켜주고 있는 플랫폼과의 통신을 위한 애플릿 컨텍스트 객체를 얻는다.

이렇게 얻어진 애플릿 컨텍스트 객체를 이용해야 하는데 이를 위해 AppletContext 인터페이스 제공해주는 메소드를 살펴보면 다음과 같다.

- void showStatus(String status) : 주어진 문자열을 웹 브라우저의 상태창에 디스플레이 한다.
- void showDocument(URL url) : 주어진 URL에 해당하는 HTML 문서를 브라우저 창에 보여준다.
- void showDocument(URL url, String target) : 주어진 URL에 해당하는 HTML 문서를 브라우저 창의 주어진 타겟 윈도우에 보여준다. 이때 사용가능한 타겟 윈도우를 살펴보면 다음과 같다.

  "_self" : 현재 프레임을 나타낸다.
  "_parent" : 부모 프레임을 나타낸다.
  "_top" : 최상위 프레임을 나타낸다.

"_blank" : 새로운 프레임을 나타낸다.

name : 주어진 이름의 프레임을 나타낸다.

다음에 나오는 자바 프로그램은 자바 애플릿을 이용하여 북마크를 관리할 수 있도록 해주는 예제 프로그램이다. 이때 자바 애플릿과 브라우저에 사이에 어떻게 정보를 주고 받고 애플릿이 브라우저의 어떤 자원에까지 접근 가능한 지를 자세히 보여주고 있다.

예제

AppletBrowserCommTest.html

```
<HTML>
<HEAD><TITLE>AppletBrowserCommTest</TITLE></HEAD>
<BODY>
<APPLET CODE="AppletBrowserCommTest.class" WIDTH=190 HEIGHT=90>
Can't load the applet
</APPLET>
</BODY>
</HTML>
```

예제

AppletBrowserCommTest.java

```
import java.io.*;
import java.awt.*;
import java.awt.event.*;
import java.net.*;
import java.applet.*;
public class AppletBrowserCommTest extends Applet {
   private List urls = new List(4, false);
   private Choice target = new Choice();
   private AppletContext appletContext=null;
   public void init() {
      setLayout(new BorderLayout());
      urls.addItem("http://www.act.ac.kr");
      urls.addItem("http://www.ibm.com");
      urls.addItem("http://www.korea.com");
      urls.addItem("http://www.sun.com");
      urls.addActionListener(new ActionListener() {
```

```
            public void actionPerformed(ActionEvent e) {
               appletContext = getAppletContext();
               System.out.println(e.getActionCommand());
               appletContext.showStatus("My status: "+e.getActionCommand()
      +", "+target.getSelectedItem());
               try {
                  appletContext.showDocument(new URL(e.getActionCommand()),
                                             target.getSelectedItem());
               } catch(MalformedURLException ee) {
                  appletContext.showStatus("URL Exception: " + ee);
               }
            }
         });
         add("Center", urls);
         target = new Choice();
         target.add("__self");
         target.add("__parent");
         target.add("__top");
         target.add("__blank");
         target.add("new");
         add("North", target);
      }
   }
```

실행결과

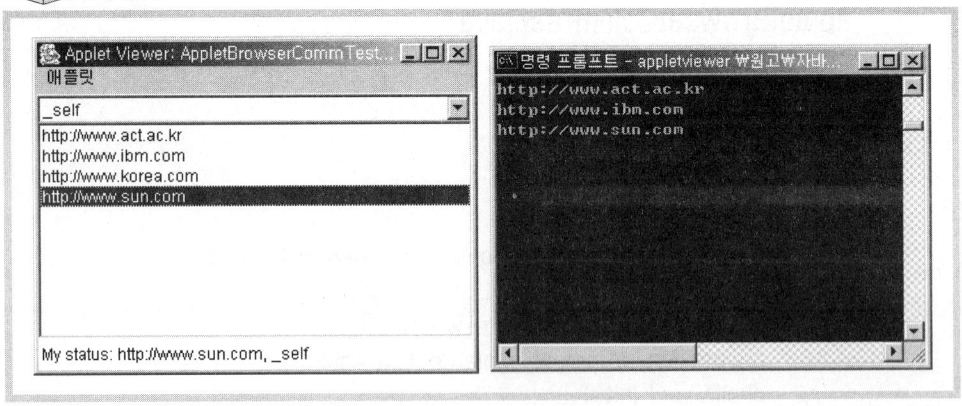

9.7 애플릿에서 스레드의 사용

애플릿 프로그램은 이미 Applet 클래스로부터 상속을 받고 있으므로 Runnable 인터페이스를 이용하여 스레드를 사용 할 수 있다. 일반적으로 애플릿 스레드는 애플릿에 동적으로 그래픽을 출력하기 위해 paint() 메소드를 호출한다.

paint() 메소드는 애플릿이 처음에 검색기나 애플릿 뷰어에 로드되거나, 또는 사용자에 의해 재로딩(reloading)이 요청되면 검색기에 의해 자동으로 호출되어 수행되는 메소드이다.

애플릿에 그래픽을 출력하는 메소드를 이해하기 위해서는 Component 클래스에서 제공되는 paint(), repaint(), update() 메소드의 기능을 이해해야 한다.([표 9.1]참조).

① repaint() 메소드 : 스레드에서 애플릿이 다시 그려져야 할 필요가 있을 때는 프로그램에서 명시적으로 호출한다. repaint() 메소드는 JVM에게 애플릿을 다시 그릴 것을 요청하는 메소드이다. JVM은 스케줄에 따라 애플릿을 다시 그릴 것인지를 결정한 다음 update() 메소드를 호출한다.

② update() 메소드 : 현재의 애플릿을 지우고 애플릿을 배경색으로 나타낸 다음 paint() 메소드를 호출한다.

③ paint() 메소드 : 그래픽 객체를 애플릿에 나타내는 일을 한다.

예제

ThreadinApplet.html

```
<HTML>
<HEAD><TITLE>ThreadinApplet</TITLE></HEAD>
<BODY>
<APPLET CODE="ThreadinApplet.class" WIDTH=500 HEIGHT=100>
Can't load the applet
</APPLET>
</BODY>
</HTML>
```

예제

ThreadinApplet.java

```
import java.applet.*;
import java.awt.*;

public class ThreadinApplet extends Applet implements Runnable {
  Thread th; // 스레드 선언
  public int a;
public void init() {
  th= new Thread(this);
  th.start();
  // 스레드를 생성하고 시작시키기 위해 run() 메소드 호출
}

public void run() {
    try {
    for(a=0 ; a<20 ; a++) {
      repaint();
      Thread.sleep(700);
      // 700 밀리초 간격으로 repaint() 20번 호출
      // repaint()는 JVM에게 애플릿을 다시 그릴것을 요청
      // JVM은 스케쥴에 따라 애플릿을 그릴것인지를 결정한 다음
      // update() 호출
      // update()는 애플릿의 배경색을 칠하고 paint() 호출
       }
    }
    catch(Exception e) {
    }
}

public void paint(Graphics g) {
   Dimension d = getSize();
   Font font = new Font("Serif",Font.BOLD,40);
   g.setFont(font);
   String st = "대 한 민 국";
   g.drawString(st, 25*a , d.height/2);
   // "대 한 민 국" 문자열을 그린다
   }
}
```

실행결과

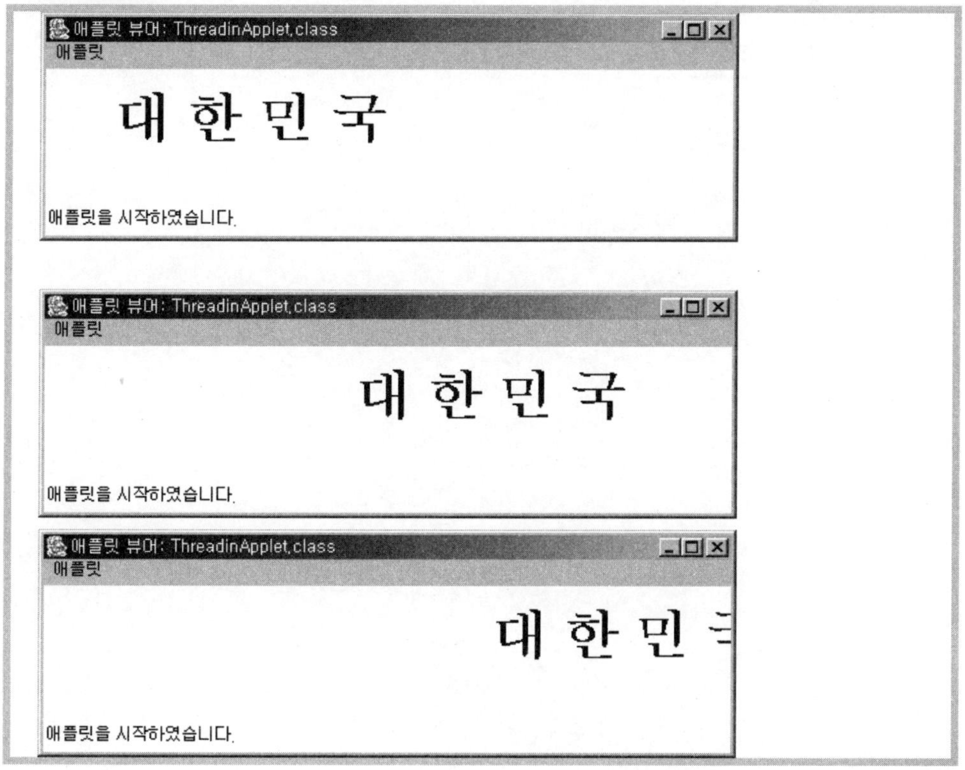
애플릿 뷰어: ThreadinApplet.class
애플릿
대 한 민 국
애플릿을 시작하였습니다.
애플릿 뷰어: ThreadinApplet.class
애플릿
대 한 민 국
애플릿을 시작하였습니다.
애플릿 뷰어: ThreadinApplet.class
애플릿
대 한 민
애플릿을 시작하였습니다.

CHAPTER 10

입출력

10.1 자바 입출력

자바의 입출력은 모든 하드웨어에 독립적으로 설계되어 있다. 또한, 자바는 입출력을 스트림(stream)으로 처리한다. 스트림이란? 순서가 있는 일련의 데이터를 의미하는 추상적인 개념이다. 사용자는 스트림을 이용하여 입출력을 수행한다. 스트림을 이용하여 실제 다양한 하드웨어와 입출력을 수행하는 일은 JVM에 의해 실행되며, 자바는 입출력을 위한 클래스들을 java.io 패키지로 제공한다.

10.2 파일과 디렉토리

(1) 추상 경로명(abstract pathname)

UNIX 플랫폼 또는 Win32 플랫폼 등과 같은 각 운영체제는 파일과 디렉토리 이름에 시스템 의존적인 경로명(system-dependent pathname)의 문자열을 사용한다. 이는 프로그램 개발자로 하여금 시스템에 일일이 신경쓰도록 해야 하고 프로그램의 이식성 또는 상호호환성을 어렵게 하는 원인 중의 하나가 된다. 이러한 문제를 해결하기 위해 플랫폼 독립적인 파일 또는 디렉토리 관리 기능을 제공하기 위해 자바에서는 File 클래스를 제공해 주고 있으며 이 클래스는 추상적이고 시스템(플랫폼) 독립적인 관점의 계층적인 경로명을 제공하고 있다. 이러한 추상 경로명은 다음과 같은 두 가지 요소로 구성되어 있다.

① 플랫폼 의존적인 prefix 문자열 :

UNIX 플랫폼 상에서의 루트 디렉토리를 나타내는 "/", 그리고 Win32 플랫폼 상에서는 디스크 드라이브명(disk-drive specifier) 또는 UNC 경로명을 사용할 경우에 사용하는 "\\" 등이 있다.

② 파일 또는 디렉토리를 나타내는 경로명 :

이름을 나타내는 0개 이상의 문자열.

Prefix 개념은 UNIX 플랫폼상에서의 루트 디렉토리와 Win32 플랫폼 상에서의 드라이브명(drive specifiers), 루트 디렉토리, 그리고 UNC 경로명을 다루기 위해 사용된다. 예를 들면 다음과 같습니다.

- UNIX 플랫폼 : 절대 경로명의 prefix는 항상 "/"이고, 상대 경로명은 prefix를 갖지 않는다. 이때, 루트 디렉토리에 대한 자바의 추상 경로명은 prefix "/"와 빈 이름열(name sequence)을 갖는다.

  "/"

  "/home/test/"

- Win32 플랫폼 : 경로명의 prefix는 드라이브 문자와 ":"로 구성된 드라이브명(drive specifier)과 절대 경로명일 경우 "\" 등을 포함한다. UNC 경로명의 prefix는 "\\"이고 호스트 이름과 공유 이름은 이름열의 처음에 나타나는 두 개의 이름이다. 드라이브를 갖지 않는 상대 경로명은 prefix가 없다.

  "\\C:\ "

  "\\Java\temp"

추상 경로명 내의 마지막 이름을 제외한 각 이름은 디렉토리를 의미하고, 마지막 이름은 디렉토리 이름일 수도 있고 파일 이름일 수도 있다. 경로명 문자열을 추상 경로명으로 변환하거나 또는 추상 경로명으로부터 경로명 문자열로 변환하는 것은 시스템에 의존적이다.

추상 경로명 또는 문자열 형태의 경로명은 절대 경로일 수도 있고 상대 경로일 수도 있다. 절대 경로명은 파일의 완전한 위치를 나타내므로 더 이상의 정보가 필요 없다. 반면, 상대 경로명이 가리키고 있는 파일은 다른 경로명에서 얻은 정보를 이용하여 그 위치를 얻을 수 있다. 일반적으로 java.io 패키지 내에 있는 클래스들은 항상 시스템 속성인 user.dir이 가지고 있는 현재 사용자 디렉토리(current user directory)로부터 상대 경로명을 얻는다. 현재 사용자 디렉토리는 자바 가상 머신이 시작된(invoked) 디렉토리이다.

추상 경로명이 경로명 문자열로 변환될 때 각 이름은 디폴트 구분자 문자를 이용하여 서로 구분된다. 디폴트 이름 구분자 문자(name-separator character)는 시스템 속성으로 file.separator에 정의되어 있다. 반면, 경로명 문자열이 추상 경로명으로 변환될 때 경로명 내의 이름들은 디폴트 이름 구분자 문자 또는 시스템에 의해 지원되는 다른 이름 구분자 문자 등에 의해 구분되어 있다.

(2) File 클래스

File 클래스는 파일 및 디렉토리를 관리할 수 있도록 기능을 제공해 주는 클래스다. File 클래스는 파일의 복사 또는 이름 변경 등의 조작을 할 경우에 사용될 뿐 파일의 내용을 입출력 하기 위한 메소드를 제공해 주지는 않는다. 자바에서는 모든 데이터의 입출력을 스트림에 기반하여 수행하므로 File 클래스 내부적으로 이러한 메소드를 구현할 필요가 없기 때문이다. 입출력 스트림과 관련된 내용은 뒤에서 자세히 살펴보도록 하자. 그런데 이러한 File 클래스의 인스턴스는 변경 불가능하다. 다시 말해서 한 번 생성되면 File 객체에 의해 표현되는 추상 경로명은 절대로 변하지 않는다. File 클래스에는 다음과 같은 종류의 경로 구분자와 이름 구분자를 제공해 주고 있다.

① static char separatorChar : 시스템에 해당하는 디폴트 이름 구분 문자로서 시스템 속성인 file.separator의 값을 갖는다.

UNIX 시스템: '/'
Win32 시스템: '\'

② public static final String separator : 시스템에 해당하는 디폴트 이름 구분 문자(name-separator character)로서 편의상 문자열로 표현되어 있다.

UNIX 시스템: "/"
Win32 시스템: "\"

③ public static final char pathSeparatorChar : 시스템에 해당하는 경로 구분 문자로서 시스템 속성인 path.separator의 값을 갖는다.

UNIX 시스템: ‘:’
Win32 시스템: ‘;’

④ public static final String pathSeparator : 시스템에 해당하는 경로 구분 문자(path-separator character)로서 편의상 문자열로 표현되어 있다.

UNIX 시스템: “:”
Win32 시스템: “;”

File 클래스에는 다음과 같은 세 종류의 생성자가 있다. 각각에 대하여 간단히 살펴보도록 하자.

① public File(String pathname) : 주어진 경로명을 추상 경로명으로 변환하여 새로운 File 객체를 생성한다. 만약, 주어진 문자열이 빈 문자열이라면 빈 추상 경로명이 된다.
② public File(String parent, String child) : 두 개의 문자열에 주어진 경로명을 이용하여 새로운 File 객체를 생성한다. parent 문자열이 null이면 child 문자열을 경로명으로 하는 객체를 생성하고 그렇지 않을 경우 parent 문자열은 디렉토리를 나타내고 child 문자열은 디렉토리 또는 파일일 수 있다.
③ public File(File parent, String child) : 주어진 File 객체와 문자열을 이용하여 새로운 File 객체를 생성한다. parent 객체가 null이면 child 문자열을 경로명으로 하는 객체를 생성하고 그렇지 않을 경우 parent 객체는 디렉토리를 나타내고 child 문자열은 디렉토리 또는 파일일 수 있다.

File 클래스에서 제공해주는 주요 메소드를 살펴보면 다음과 같다.

- public String getName() : 추상 경로명이 나타내는 파일 또는 디렉토리의 이름을 얻는다. 이 이름은 경로명 이름에 있는 마지막 이름이다.
- public String getParent() : 추상 경로명의 부모 경로에 대한 경로명을 문자열로 얻는다. 이때, 부모 경로명은 추상 경로명이 갖는 prefix와 경로명에 있는 마지막 이름을 제외한 나머지 이름들을 포함하고 있다.
- public File getParentFile() : 추상 경로명의 부모 경로에 대한 추상 경로명(File 객체)을 얻는다. 이때, 부모 경로명은 추상 경로명이 갖는 prefix와 경로명에 있

는 마지막 이름을 제외한 나머지 이름들을 포함하고 있다.

- public String getPath() : 추상 경로명을 경로명 문자열로 변환하여 얻는다. 이때, 디폴트 이름 구분 문자가 적용된다.
- public boolean isAbsolute() : 절대 경로명인지를 얻는다. UNIX 시스템 상에서는 prefix가 "/"를 포함하고 있을 경우, Win32 시스템 상에서는 prefix가 "\\"와 드라이브 문자 또는 "\\"를 포함하고 있을 경우 절대 경로명이다.
- public String getAbsolutePath() : 추상 경로명에 대한 절대 경로명을 문자열로 얻는다. UNIX 시스템 상에서 상대 경로명일 경우, 현재 사용자 디렉토리와 결합하여 절대 경로명을 얻는다. Win32 시스템 상에서의 상대 경로명은 드라이브 문자를 포함하여 UNIX 시스템과 마찬가지로 현재 사용자 디렉토리와 결합하여 얻는다.
- public File getAbsoluteFile() : "new File(this.getAbsolutePath()())"와 같다.
- public String getCanonicalPath() throws IOException : 추상 경로명에 대한 유일한 정규 표현 경로명을 얻는다.
- public File getCanonicalFile() throws IOException :
  "new File(this.getCanonicalPath()())"와 같은 효과를 얻는다.
- public URL toURL() throws MalformedURLException : 추상 경로명을 URL로 변환하여 얻는다.
- public boolean canRead() : 파일이 읽기 가능한지를 얻는다.
- public boolean canWrite() : 파일이 쓰기 가능한지를 얻는다.
- public boolean exists() : 파일이 존재하는지를 얻는다.
- public boolean isDirectory() : 디렉토리인지를 얻는다.
- public boolean isFile() : 파일인지를 얻는다.
- public boolean isHidden() : 숨겨진(hidden) 파일인지를 얻는다.
- public long lastModified() : 파일이 마지막으로 갱신된 시간을 얻는다. 시간은 epoch (00:00:00 GMT, January 1, 1970)로부터 경과된 밀리초를 나타내며 값이 0L이면 파일이 존재하지 않거나 I/O 에러가 발생했음을 나타낸다.
- public long length() : 파일의 크기를 얻는다.
- public boolean createNewFile() throws IOException : 추상 경로명에 해당하는 파일이 존재하지 않는 경우 비어있는 새로운 파일을 생성한다.
- public boolean delete() : 추상 경로명이 가리키는 파일이나 디렉토리를 삭제한

다. 이때, 비어있지 않은 디렉토리는 삭제할 수 없다.

- public void deleteOnExit() : 가상 머신이 종료될 때 이 추상 경로명이 나타내는 파일을 삭제되도록 요청한다. 이 메소드에 의해 파일이 지워지도록 요청되면 이 요청은 취소될 수 없으므로 주의를 기울여서 사용해야 한다.
- public String[] list() : 추상 경로명이 나타내는 디렉토리 내의 파일과 디렉토리의 이름에 대한 문자열 배열을 얻는다.
- public File[] listFiles() : 추상 경로명이 나타내는 디렉토리 내의 파일과 디렉토리의 이름에 대한 File 객체 배열을 얻는다.
- public boolean mkdir() : 이 추상 경로명에 해당하는 디렉토리를 생성한다.
- public boolean mkdirs() : 이 추상 경로명에 해당하는 디렉토리를 생성 가능한지를 얻는다. 만약, 경로명의 부모 경로명이 존재하지 않을 경우도 고려된다.
- public boolean renameTo(File dest) : 파일의 이름을 변경한다.
- public boolean setLastModified(long time) : 파일의 마지막 변경된 시간을 설정한다.
- public boolean setReadOnly() : 파일 또는 디렉토리에 대한 read-only 속성을 설정한다.
- public static File[] listRoots() : 사용가능한 파일시스템의 루트를 얻는다.
- public int compareTo(File pathname) : 두 개의 추상 경로명이 같은지를 검사한다. UNIX 시스템 상에서는 대소문자를 구분하고, Win32 시스템 상에서는 대소문자 구분이 없다. 자신이 크면 양수값, 같으면 0, 작으면 음수값을 각각 얻는다.
- public int compareTo(Object o) : 두 개의 추상 경로명이 같은지를 검사한다. UNIX 시스템 상에서는 대소문자를 구분하고 Win32 시스템 상에서는 대소문자 구분이 없다. 자신이 크면 양수값, 같으면 0, 작으면 음수값을 각각 얻는다. 이때, o는 File 객체이어야 한다.
- public boolean equals(Object obj) : 두 개의 추상 경로명이 같은지를 검사한다. UNIX 시스템 상에서는 대소문자를 구분하고, Win32 시스템 상에서는 대소문자 구분이 없다.

이와 같은 메소드들을 사용함으로써 시스템 의존적인 파일 관리작업을 쉽게 수행할 수 있다. 또한, delete 메소드가 파일과 디렉토리에 모두 적용가능하므로 디렉토리만 삭제할 때 사용되는 rmdir 메소드는 지원되지 않는다.

예제

FileDirDemo1.java

```
import java.io.File;
class FileDirDemo1 {
  public static void main(String args[]) {
    String directory = "c:/j2sdk1.5.0_03";       //해당 디렉토리 정보를 가져온다.
    File f1 = new File(directory);
    if (f1.isDirectory()) {
      System.out.println("검색 디렉토리 " + directory);
      System.out.println("-----------------------------");
    String s[] = f1.list();
      for (int i=0; i < s.length; i++) {
        File f = new File(directory + "/" + s[i]);
        if (f.isDirectory()) {
          System.out.println(s[i] + " : 디렉토리");
        } else {
          System.out.println(s[i] + " : 파일");
        }
      }
    } else {
      System.out.println("지정한 " + directory + " 는 디렉토리가 아님");
    }
  }
}
```

실행결과

```
검색 디렉토리 c:/j2sdk1.5.0_03
-----------------------------
bin : 디렉토리
jre : 디렉토리
README.txt : 파일
LICENSE : 파일
COPYRIGHT : 파일
readme.html : 파일
lib : 디렉토리
include : 디렉토리
demo : 디렉토리
```

예제

FileDirDemo2.java

```
import java.io.File;

class FileDirDemo2 {
  static void p(String s) {
    System.out.println(s);
  }

  public static void main(String args[]) {
    File f1 = new File("c:/j2sdk1.5.0_03/README");
    p("파일 이름 : " + f1.getName());
    p("파일 경로 : " + f1.getPath());
    p("절대 경로 : " + f1.getAbsolutePath());
    p(f1.exists() ? "파일 존재" : "파일 없음");
    p(f1.canWrite() ? "수정가능" : "수정 불가능");
    p(f1.canRead() ? "읽기가능" : "읽기 불가능");
    p(f1.isDirectory() ? "디렉토리:" : "디렉토리아님");
    p(f1.isFile() ? "파일" : "파일 아님");
    p(f1.isAbsolute() ? "절대 경로" : "상대 경로");
    p("1988년 1월 1일부터 파일이 마지막 수정된 날짜까지의 밀리초 : "
                                        + f1.lastModified());
    p("파일의 크기 : " + f1.length() + " Bytes");
  }
}
```

Quiz 위 예제를 실행하고 결과를 확인해 보자.

(3) 현재 작업 디렉토리 얻기와 변경

현재 작업 디렉토리를 알고자 할 때는 현재 디렉토리를 나타내는 "."을 이용하여 File 을 생성 한 후 이 객체를 이용하여 절대경로를 얻을 수 있다. 또는, 현재 사용자 디렉토리를 나타내고 있는 시스템 속성인 "user.dir" 속성을 이용하여 현재 작업 디렉토리를 얻을 수 있다.

자바에서는 기본적으로 디렉토리 변경을 위한 메소드를 제공하지 않고 있으며 자바 프로그램 내에서 디렉토리를 변경하지 못하도록 하고 있다. 자바 프로그램 내에서 작업 디렉토리를 변경함으로써 개발자에게 상당한 혼란을 야기시킬 수 있고 그렇게 함으로써 안정적이지 못한 프로그램을 작성할 가능성이 있기 때문이다. 그러나 아주 방법이 없는 것은 아니다. 자바에서 제공해 주는 정통이 아닌 비정통적인 방법을 이용하면 가능하다. 이때, 사용가능한 몇 가지 주요 메소드를 살펴보면 다음과 같다.

- **public static String getProperty(String key) : System 클래스가 제공해 주는 메소드로서 주어진 키(key)에 해당하는 시스템 속성값(System Property)에 해당하는 문자열을 리턴한다. 만약, 해당하는 시스템 속성값이 없다면 null을 리턴하게 된다.**
- **public static String setProperty(String key, String value)** : System 클래스가 제공해 주는 메소드로서 주어진 키(key)에 해당하는 시스템 속성값을 주어진 값(value)으로 설정한다.
- **public String getAbsolutePath()** : File 클래스가 제공해 주는 메소드로서 파일의 절대 경로를 문자열로 리턴한다.

다음에 나오는 예제는 위와 같은 방법을 이용하여 디렉토리를 얻거나 변경하기 위한 자바 프로그램이다.

예제

ChangeDirTest.java

```
import java.io.File;
  public class ChangeDirTest {
   public static String chdir(String newDir) {
      return(System.setProperty(“user.dir”, newDir));
   }
   public static String pwd() {
      return(System.getProperty(“user.dir”));
   }
   public static void main(String[] args) {
      System.out.println(“ Current Dir: ” + pwd());
      File file1 = new File(“.”);
      System.out.println(“Absolute Dir: ” + file1.getAbsolutePath());
      chdir(“c:\\temp”);
      System.out.println(“ Current Dir: ” + pwd());
      File file2 = new File(“.”);
      System.out.println(“Absolute Dir: ” + file2.getAbsolutePath());
      chdir(“c:\\temp2”);       // c:\\temp2 디렉토리는 존재하지 않는 디렉토리임
```

```
        System.out.println(" Current Dir: " + pwd());
        File file3 = new File(".");
        System.out.println("Absolute Dir: " + file3.getAbsolutePath());
    }
}
```

실행결과

```
 Current Dir: C:\Java\work
Absolute Dir: C:\Java\work\.
 Current Dir: c:\temp
Absolute Dir: c:\temp\.
 Current Dir: c:\temp2
Absolute Dir: c:\temp2\.
```

위와 같이 현재 디렉토리를 변경할 경우 한 가지 주의할 것은 존재하는 디렉토리에 대해 디렉토리 변경을 해야한다. 위의 실행 결과를 보면 알겠지만 존재하지 않는 디렉토리에 대해서 위와 같은 방법으로 디렉토리 변경을 했을 경우 "c:\\temp2" 디렉토리는 존재하지 않는 디렉토리인데도 불구하고 실제 존재하는 것처럼 디렉토리 변경을 하기 때문이다. 따라서, 먼저 exists 메소드를 이용하여 해당 디렉토리가 존재하는지 여부를 확인한 후 디렉토리가 존재할 경우에만 위와 같은 방법으로 디렉토리 변경을 해야 한다.

10.3 자바 입출력 스트림 모델

(1) 입출력 스트림 모델

자바에서의 모든 데이터의 입출력은 스트림이라는 개념에 의해 이루어집니다. 스트림이란 단어의 뜻이 '흐르는 물'을 의미하듯이 연속된 일련의 데이터를 일컫는 말이다. 데이터 입출력시 모든 데이터를 형태와는 관계 없이 일련된 흐름으로 전송을 하는 것이 스트림 입출력 모델의 기본 개념이다. 기본적으로 스트림은 다음과 같은 두 가지 종류가 있다.

① 바이트 스트림 : 바이트, 바이트 배열, 정수, 데이터 등의 흐름
② 문자 스트림 : 문자, 문자 배열, 문자열의 흐름

이러한 두 가지 종류의 스트림에 기반하여, 자바에서의 입출력은 기본적으로 두 가지 형태로 이루어지며, 그 두 가지 방식은 다음과 같습니다.

- 바이트 스트림(byte-stream) 입출력 : InputStream 클래스와 OutputStream 클래스, 그리고 이들의 하위 클래스를 통해서 제공되는 바이트 스트림(byte streams)을 위한 표준 입출력이다. 이때, 8비트 크기를 갖는 바이트들의 스트림이 입출력된다.
- 문자 스트림(character-stream) 입출력 : Reader 클래스와 Writer 클래스 그리고 그들의 하위 클래스에 의해 구현되었으며 8비트 크기를 갖는 바이트들의 스트림이 아닌 16비트 크기를 갖는 유니코드 문자들의 스트림이라는 점에서 차이가 있다.

Reader 클래스와 Writer 클래스는 기본적으로 InputStream 클래스와 OutputStream 클래스와 같은 기능을 제공해 주고 있지만, 바이트 스트림 메소드(byte-stream method)는 바이트 또는 바이트 배열에 대해 동작하고, 문자 스트림 메소드(character-stream method)는 문자, 문자 배열, 또는 문자열에 대해서 동작하도록 되어 있다.

따라서 바이트 스트림을 위해 사용 가능한 대부분의 기능은 문자 스트림에 대해서도 사용 가능하다. 이때, 같은 기능을 제공해 주고 있는 문자 스트림 클래스(character-stream class)와 바이트 스트림 클래스(byte-stream class)의 이름 앞부분이 같다는 것을 볼 수 있다. 예를 들어, 문자 스트림을 위한 PushbackReader 클래스는 바이트 스트림을 위한 PushbackInputStream 클래스와 같은 기능을 제공해 주고 있다.

(2) 문자 스트림의 장점

문자 스트림을 사용하는 가장 큰 장점은 특별한 문자 인코딩(specific character encoding)에 독립적인 프로그램을 작성할 수 있고 이는 국제화(internationalize)를 쉽게 해 준다는 것이다. 자바는 문자열을 국제 표준 문자 인코딩 방식으로 전세계 국가 대부분의 언어를 쓸 수 있도록 해 주는 유니코드로 저장하고 있다. 그러나 사용자가 읽을 수 있는 전형적인 텍스트 파일들은 유니코드와 관련된 필요가 없는 심

지어 ASCII 코드와도 관련될 필요가 없는 인코딩을 사용하고 있고 또한 수 많은 이러한 인코딩이 존재한다.

문자 스트림은 바이트 스트림과 문자 스트림 간의 브릿지(bridge) 역할을 하는 두 가지 클래스들은 제공함으로써 이러한 인코딩을 다루는데 있어서의 복잡성을 없애 주고 있다. InputStreamReader 클래스는 바이트 입력 스트림(byte-input stream)으로부터 바이트를 읽어들여 그 바이트들을 주어진 인코딩에 해당하는 문자들로 변환해 주는데 이는 문자 입력 스트림(character-input stream)을 구현하고 있다. 마찬가지로 OutputStreamWriter 클래스는 인코딩에 따라 문자들을 바이트들로 변환하고 이를 바이트 출력 스트림(byte-output stream)에 쓰는 문자 출력 스트림(character-output stream)을 구현하고 있다.

문자 스트림이 제공해 주는 두 번째 장점은 잠재적으로 바이트 스트림보다 훨씬 더 효율적이라는 것이다. 자바에서 제공해 주고 있는 많은 바이트 스트림 클래스들은 한 번에 한 바이트 단위의 읽기 및 쓰기 동작에 기초하고 있습니다. 반면, 문자 스트림 클래스들은 한 번에 버퍼 단위의 읽기 및 쓰기 동작에 기초하고 있고 이러한 방식은 문자 스트림 클래스들이 인코딩의 변환시에 발생하는 오버헤드를 가지고 있음에도 불구하고 바이트 스트림보다 훨씬 더 효율적으로 만들어 준다.

(3) 문자 스트림과 바이트 스트림

각 문자 스트림 클래스의 이름은 Reader 또는 Writer로 끝나고 반면 이름의 앞부분은 관련 바이트 스트림이 있을 경우 바이트 스트림의 이름 앞 부분과 같다.

다음에 나오는 표는 바이트 스트림 클래스와 문자 스트림 클래스의 관계를 보여 주고 있다.

▶표 10.1 바이트 스트림 클래스와 문자 스트림 클래스의 관계(1)

바이트 스트림 클래스	설명	문자 스트림 클래스
OutputStream	기본 출력 스트림 클래스	Writer
FileOutputStream	문자/바이트 스트림을 바이트 파일로 변환	FileWriter
FilterOutputStream	필터적용(filtered) 문자/바이트 출력을 위한 추상클래스	FilterWriter

바이트 스트림 클래스	설명	문자 스트림 클래스
BufeferedOutputStream	문자/바이트 스트림에 버퍼 출력, BufferedWriter는 플랫폼에서 사용하는 라인 구분자(line separator) 사용	BufferedWriter
DataOutputStream	자바 기본형 데이터를 출력하는데 편리	없음
PrintStream	Writer/Stream에 값과 객체를 프린트	PrintWriter

▶표 10.2 바이트 스트림 클래스와 문자 스트림 클래스의 관계(2)

바이트 스트림 클래스	설명	문자 스트림 클래스
InputStream	기본 입력 스트림 클래스	Reader
FileInputStream	파일에서 바이트를 읽어들여 문자/바이트 스트림으로 변환	FileReader
FileInputStream	필터적용(filtered) 문자/바이트 입력을 위한 추상클래스	FilterReader
BufeferedInputStream	문자/바이트 버퍼입력, 라인해석	BufferedReader
DataInputStream	자바 기본형 데이터를 읽는데 편리	없음

예제

FileWriterDemo.java

```
import java.io.*;
class FileWriterDemo {
  public static void main(String args[]) throws Exception {
    String source = "우리들은 모두 무엇이 되고 싶다.\n"
                  + "너는 나에게 나는 너에게\n"
                  + "잊혀지지 않는 하나의 눈짓이 되고 싶다.\n";

    char intxt[] = new char[source.length()];
    source.getChars(0, source.length(), intxt, 0);
    // 입력 문자열을 intxt 문자 배열에 저장

    FileWriter fw = new FileWriter(args[0]);
    fw.write(intxt);
    // 문자 배열의 내용을 파일에 출력

    fw.close();
```

```
  }
}
```

Quiz 위 예제를 실행하고 결과를 확인해 보자.

예제

FileReaderDemo.java

```
import java.io.*;

class FileReaderDemo {
  public static void main(String args[]) throws Exception {
    FileReader fr = new FileReader(args[0]);

    int i;
    while((i = fr.read()) != -1 ) {
      System.out.print((char)i);
    }
    fr.close();
  }
}
```

Quiz 위 예제를 실행하고 결과를 확인해 보자.

예제

PrintWriterDemo.java

```
import java.io.*;

class PrintWriterDemo {

  public static void main(String args[]) throws IOException {

    PrintWriter pw = new PrintWriter(System.out);
    // 표준 출력(모니터 출력)을 의미하는
    // System.out(PrintWriter 객체)을 이용하여
    // 객체 pw를 생성
    pw.print("Hello Java! ");
    pw.println('A');
```

```
        pw.println(500 + 500);
        pw.println(40000L);
        pw.println(12.34f);
        pw.println(12.34);
        pw.println(new Integer("2003"));
        pw.close();
    }
}
```

실행결과

```
Hello Java! A
1000
40000
12.34
12.34
2003
```

10.4 기본 입출력 스트림

10.4.1 기본 입출력 스트림

(1) 바이트 입력 스트림(InputStream 클래스)

InputStream 클래스는 추상 바이트 입력 스트림 클래스로서 입력 장소를 기억하고 이 장치로부터 바이트를 읽어 들이고 제어하는 메소드를 제공하는 바이트 입력 스트림 클래스의 최상위 클래스이다. InputStream 클래스는 다음과 같이 스트림을 읽어 들이기 위한 메소드들과 스트림상의 현재 위치를 표시하거나 데이터를 건너뛰고 현재의 위치를 재설정하기 위한 메소드들을 제공한다.

- abstract int read() throws IOException : 한 바이트를 읽어 들인다.
- int read(byte b[]) throws IOException : 바이트 배열을 읽어 들인다.
- int read(byte b[],int off, int len) throws IOException : 바이트 배열의 주어진 위치에 주어진 길이만큼 읽어 들인다.
- int available() throws IOException : 읽어 들일 수 있는 바이트 수를 얻는다.

- long skip(long n) throws IOException : 주어진 개수만큼 건너 뛴다.
- synchronized void mark(int readlimit) : 현재 위치를 표시한다. readlimit는 나중에 호출될 reset 메소드에 의해서 읽혀지지 않을 바이트의 수를 나타낸다.
- synchronized void reset() throws IOException : 표시(mark)된 위치로 되돌린다.
- void close() throws IOException : 바이트 입력 스트림을 닫고 그것이 사용하고 있던 시스템 자원들을 모두 반환한다.

다음에 나오는 자바 프로그램은 추상 바이트 입력 스트림 클래스를 사용하는 예를 보여 주고 있다.

예제

InputStreamTest.java

```
import java.io.*;
class InputStreamTest {
   public static void main(String args[]) {
      int ch;
      InputStream in = System.in;
      try {
         while((ch=in.read()) != -1) {
            if(ch == ‘S’) {
               in.skip(2);
            }
            System.out.println(“Char: ”+(char)ch+“, Available: ”+in.available());
         }
      } catch(IOException e) {
         System.out.println(e);
      }
   }
}
```

실행결과

```
123S1234567789^Z

Char: 1, Available: 13
Char: 2, Available: 12
Char: 3, Available: 11
Char: S, Available: 8
Char: 3, Available: 7
Char: 4, Available: 6
```

```
Char: 5, Available: 5
Char: 6, Available: 4
Char: 7, Available: 3
Char: 7, Available: 2
Char: 8, Available: 1
Char: 9, Available: 0
```

(2) 바이트 출력 스트림(OutputStream 클래스)

OutputStream 클래스는 추상 바이트 출력 스트림 클래스로서 출력 목적지를 기억하고 이 장치에 바이트를 출력하고 제어하는 메소드를 제공하는 바이트 출력 스트림 클래스의 최상위 클래스이다. OutputStream은 통신 채널로 문자를 쓰기 위해 다음과 같은 메소드를 제공한다.

- abstract void write(int b) throws IOException : int 형 b 값이 갖는 하위 한 바이트를 출력한다.
- void write(byte b[]) throws IOException : byte형 배열 b를 출력한다.
- void write(byte b[], int off, int len) throws IOException : byte 형 배열 b의 주어진 위치에서 주어진 길이 만큼을 출력한다.
- void flush() throws IOException : 바이트 출력 스트림이 갖고 있는 버퍼의 내용을 모두 출력 스트림으로 내보낸다.
- void close() throws IOException : 바이트 출력 스트림을 닫고 그것이 사용하고 있던 시스템 자원들을 모두 반환한다.

다음에 나오는 자바 프로그램은 바이트 입력 스트림 클래스를 사용하는 예를 보여 주고 있다.

예제

OutputStreamTest.java

```
import java.io.*;
class OutputStreamTest {
   public static void main(String args[]) {
      OutputStream out = System.out;
      int ch=0x0fffff00 + 'A';
      try {
```

```
            out.write(ch);
//          out.flush();    // (a)
//          out.close();    // (b)
        } catch(IOException e) {
            System.out.println(e);
        }
    }
}
```

실행결과

(a)와 (b) 부분을 모두 주석 처리한 경우와 (a) 부분 또는 (b) 부분의 주석을 해제한 경우를 비교해 보자

자바에서 write 메소드를 이용하여 바이트 스트림에 출력하게 되면 출력 속도를 향상시키기 위해 먼저 버퍼에 출력하게 된다. 따라서 출력을 제대로 하기 위해서는 항상 flush 메소드 또는 close 메소드를 호출해 버퍼의 내용을 실제로 써 주어야 한다.

(3) 추상 문자 입력 스트림(Reader 클래스)

Reader 클래스는 추상 문자 입력 스트림 클래스로서 입력 장소를 기억하고 이 장치로부터 유니코드 문자 자료를 읽어 들이고 제어하는 메소드를 제공하는 문자 입력 스트림 클래스의 최상위 클래스다. 입력되는 소스 자료가 바이트 스트림인 경우에는 바이트 자료로부터 유니코드 문자 자료로 변환을 함으로써 유니코드 문자를 입력받을 수 있게 해 준다. Reader 클래스는 InputStream과 사용법이 거의 유사하며 다음과 같은 메소드들을 제공한다.

- boolean ready() : 문자 입력 스트림이 준비되었는지를 얻는다.
- int read() : 문자 입력 스트림으로부터 단일 문자를 읽는다. 더 이상 읽을 문자가 없으면 _1을 리턴한다.
- int read(char[] cbuf) : 문자 입력 스트림으로부터 문자들을 읽어 문자 배열에 저장한다. 더 이상 읽을 문자가 없으면 _1을 리턴하고 그렇지 않으면 읽은 문자의 개수를 리턴한다.
- abstract int read(char[] cbuf, int off, int len) : 문자 입력 스트림으로부터 문자

들을 읽어 문자 배열의 주어진 위치에 저장한다. 더 이상 읽을 문자가 없으면 _1을 리턴하고 그렇지 않으면 읽은 문자의 개수를 리턴한다.

- boolean markSupported() : mark 가능한지를 얻는다.
- void mark(int readAheadLimit) : 문자 입력 스트림의 현재 위치를 표시(mark) 한다.
- void reset() : 문자 입력 스트림을 mark 된 위치로 되돌린다.
- long skip(long n) : 주어진 개수만큰 문자를 건너 뛴다.
- abstract void close() : 문자 입력 스트림을 닫는다.

(4) 추상 문자 출력 스트림(Writer 클래스)

Writer 클래스는 추상 문자 출력 스트림 클래스로서 출력 목적지를 기억하고 이 장치에 유니코드 형의 문자를 출력하고 제어하는 메소드를 제공하는 문자 출력 스트림 클래스의 최상위 클래스이다. 출력 목적지가 바이트 스트림인 경우에는 유니코드 문자 자료로부터 바이트 자료로 변환함으로써 유니코드 문자를 출력할 수 있게 해 준다. Writer 클래스 역시 OutputStream 클래스와 상당히 유사하며 다음과 같은 메소드들을 지원한다.

- void write(int c) : 주어진 한 문자를 출력한다.
- void write(char[] cbuf) : 문자 배열에 있는 문자들을 출력한다.
- abstract void write(char[] cbuf, int off, int len) : 문자 배열의 주어진 위치에 있는 문자들을 출력한다.
- void write(String str) : 주어진 문자열을 출력한다.
- void write(String str, int off, int len) : 문자열의 주어진 위치에 있는 문자들을 출력한다.
- abstract void flush() : 문자 출력 스트림을 flush 한다.
- abstract void close() : 문자 출력 스트림을 닫는다.

10.4.2 파일 입출력 스트림

(1) 파일 바이트 입력 스트림(FileInputStream 클래스)

자바에서는 파일에 대한 바이트 단위의 입출력을 행할 수 있도록 하기 위해 FileInputStream 클래스와 FileOutputStream 클래스를 제공해 주고 있다. FileInputStream 클래스는 시스템의 파일로부터 데이터를 바이트 스트림으로 읽어 들이기 위해 사용되고, FileInputStream을 이용하여 데이터를 읽어 들일 때는 데이터의 소스인 파일과 직접 연결하여 사용한다. 이때, 지정한 파일이 존재하지 않는 경우에는 IOException을 발생시킨다. FileInputStream 클래스는 InputStream 클래스의 하위클래스이므로 InputStream 클래스의 기본적인 메소드들을 상속받거나 재정의하여 사용하고 있다. 그리고, 이러한 FileInputStream 클래스의 객체 생성자는 다음과 같다.

- FileInputStream(File file): 주어진 File 객체가 가리키는 파일을 바이트 스트림으로 읽기 위한 FileInputStream 객체를 생성한다.
- FileInputStream(FileDescriptor fdObj): 주어진 FileDescriptor 객체가 가리키는 파일을 바이트 스트림으로 읽기 위한 FileInputStream 객체를 생성한다.
- FileInputStream(String name): 주어진 이름이 가리키는 파일을 바이트 스트림으로 읽기 위한 FileInputStream 객체를 생성한다.

(2) 파일 바이트 출력 스트림(FileOutputStream 클래스)

FileOuputStream 클래스는 데이터를 파일에 바이트 스트림으로 저장하기 위해 사용된다. 파일명이나 File 클래스의 객체를 인수로 넘겨줌으로써 시스템에 파일을 직접 생성할 수 있다. 기본적으로 파일이 이미 존재한다면 그 파일에 덮어쓰게 되므로 기존의 내용은 사라지게 된다. FileOutputStream 클래스는 OutputStream 클래스의 하위클래스로서 OutputStream 클래스의 기본적인 메소드들을 상속받거나 재정의하여 사용하고 있다. 그리고 이러한 FileOutputStream 클래스의 객체 생성자는 다음과 같다.

- FileOutputStream(File file) : 주어진 File 객체가 가리키는 파일을 바이트 스트림으로 쓰기 위한 FileOutputStream 객체를 생성한다. 기존의 파일이 존재할 때는 디폴트로 그 내용을 지우고 새로운 파일을 생성한다.

- FileOutputStream(FileDscriptor fdObj) : 주어진 FileDescriptor 객체가 가리키는 파일을 바이트 스트림으로 쓰기 위한 FileOutputStream 객체를 생성한다. 기존의 파일이 존재할 때는 디폴트로 그 내용을 지우고 새로운 파일을 생성한다.
- FileOutputStream(String name) : 주어진 이름이 가리키는 파일을 바이트 스트림으로 쓰기 위한 FileOutputStream 객체를 생성한다. 기존의 파일이 존재할 때는 디폴트로 그 내용을 지우고 새로운 파일을 생성한다.
- FileOutputStream(String name, boolean append) : 주어진 이름이 가리키는 파일을 바이트 스트림으로 쓰기 위한 FileOutputStream 객체를 생성한다. 기존의 파일이 존재할 때는 주어진 append 값에 따라 새로운 파일을 생성하거나 또는 기존의 내용에 추가한다.

다음은 명령행 인자로서 두 개의 파일 이름을 입력받아, 파일을 복사하기 위한 자바 프로그램이다.

예제

FileInputOutputStreamTest.java

```
import java.io.*;
import java.lang.Boolean;
class FileInputOutputStreamTest {
   public static void main(String[] args) {
      boolean append = false;
      int i, len=0;
      InputStream in=null;
      OutputStream out=null;
      if(args.length < 2) {
         System.out.println(“USAGE: FileInputOutputStreamTest Source_file
Destination_file”);
         System.exit(-1);
      } else if(args.length > 2) {
         append = new Boolean(args[2]).booleanValue();
      }
      System.out.println(“args[0]: ”+args[0]);
      System.out.println(“args[1]: ”+args[1]);
      System.out.println(“ append: ”+append);
      try {
         in = new FileInputStream(new File(args[0]));
         out = new FileOutputStream(args[1], append);
      } catch(FileNotFoundException e) {
```

```
                System.out.println(e);
            }
            try {
                while((i=in.read()) != -1) {
                    out.write(i);
                    len++;
                }
                in.close();
                out.close();
                System.out.println(len+" bytes are copied...");
            } catch(IOException e) {
                System.out.println(e);
            }
        }
    }
```

실행결과

```
 Test.java FileInputOutputStreamTest.txt
args[0]: Test.java
args[1]: FileInputOutputStreamTest.txt
 append: false
630 bytes are copied...

 Test.java FileInputOutputStreamTest1.txt
args[0]: Test.java
args[1]: FileInputOutputStreamTest1.txt
 append: false
630 bytes are copied...

 Test.java FileInputOutputStreamTest1.txt true
args[0]: Test.java
args[1]: FileInputOutputStreamTest1.txt
 append: true
630 bytes are copied...
```

위의 자바 프로그램을 살펴보면 FileInputStream 객체를 이용하여 원본 파일에서 바이트 스트림으로 읽어들이고 FileOutputStream 객체를 이용하여 대상 파일에 바이트 스트림으로 쓰도록 하고 있다.

(3) 입력 스트림(FileReader 클래스)

FileReader 클래스는 파일에 저장된 바이트를 유니코드 문자로 변환하여 읽어 들이고 파일 쓰기 클래스인 FileWriter 클래스는 출력할 유니코드 문자열을 시스템에 맞는 디폴트 문자 인코딩의 바이트로 변환하여 파일에 저장하는 역할을 한다.

FileReader 클래스는 파일에 저장된 문자열을 읽어 들이는데 사용된다. 이 클래스는 InputStreamReader 클래스를 상속한 것으로 바이트 스트림을 읽어 그 바이트를 유니코드 문자를 나타내는 정수 타입의 값으로 변환하여 준다. FileReader 클래스 역시 데이터를 읽어 들일 소스인 파일과 직접 연결하여 사용한다. 이때, 지정한 파일이 존재하지 않는 경우에는 FileNotFoundException을 발생시킨다. FileReader 클래스의 생성자는 다음과 같다.

- FileReader(File file) : 주어진 File 객체를 이용하여 FileReader 객체를 생성한다.
- FileReader(FileDescriptor fd) : 주어진 FileDescriptor객체를 이용하여 FileReader 객체를 생성한다.
- FileReader(String fileName) : 주어진 파일을 열어 FileReader 객체를 생성한다.

(4) 파일 문자 출력 스트림(FileWriter 클래스)

FileWriter 클래스는 출력할 유니코드 문자를 디폴트 문자 인코딩의 바이트로 변환하여 파일에 저장하고자 할 경우에 사용한다. 이 클래스는 OutputStreamWriter 클래스의 서브 클래스로 유니코드를 바이트로 변환하는 기능을 한다. FileOutputStream 클래스와 마찬가지로 파일명이나 File 클래스의 객체를 인수로 넘겨줌으로 시스템에 파일을 직접 생성하게 된다. 기본적으로 파일이 이미 존재한다면 그 파일을 덮어쓰게 된다. FileWriter 클래스의 생성자는 다음과 같다.

- FileWriter (File file) : 주어진 File 객체를 이용하여 FileWriter 객체를 생성한다.
- FileWriter (FileDescriptor fd) : 주어진 FileDescriptor객체를 이용하여 FileWriter 객체를 생성한다.
- FileWriter (String fileName) : 주어진 파일을 열어 FileWriter 객체를 생성한다.
- FileWriter(String fileName, boolean append) : 주어진 파일을 append 값에 따라 읽기/추가 모드로 열어 FileWriter 객체를 생성한다.

다음은 명령행 인자로서 두 개의 파일 이름을 입력받아 FileReader 객체와 FileWriter 객체를 이용하여 파일을 복사하기 위한 자바 프로그램이다.

예제

FileReaderWriterTest.java

```
import java.io.*;
import java.lang.Boolean;
class FileReaderWriterTest {
   public static void main(String[] args) {
      boolean append = false;
      int i, len=0;
      FileReader in=null;
      FileWriter out=null;
      if(args.length < 2) {
         System.out.println("USAGE: FileReaderWriterTest
 Source__file Destination__file");
         System.exit(-1);
      } else if(args.length > 2) {
         append = new Boolean(args[2]).booleanValue();
      }
      System.out.println("args[0]: "+args[0]);
      System.out.println("args[1]: "+args[1]);
      System.out.println(" append: "+append);
      try {
         in = new FileReader(new File(args[0]));
         out = new FileWriter(args[1], append);
      } catch(FileNotFoundException e) {
         System.out.println(e);
      } catch(IOException e) {
         System.out.println(e);
      }
      try {
         while((i=in.read()) != -1) {
            out.write(i);
            len++;
         }
         in.close();
         out.close();
         System.out.println(len+" bytes are copied...");
      } catch(IOException e) {
         System.out.println(e);
      }
   }
}
```

실행결과

```
Test.java FileReaderWriterTest.txt
 args[0]: Test.java
 args[1]: FileReaderWriterTest.txt
  append: false
 630 bytes are copied...
Test.java FileReaderWriterTest1.txt
 args[0]: Test.java
 args[1]: FileReaderWriterTest1.txt
  append: false
 630 bytes are copied...

Test.java FileReaderWriterTest1.txt true
 args[0]: Test.java
 args[1]: FileReaderWriterTest1.txt
  append: true
 630 bytes are copied...
```

10.5 메모리 입출력 스트림

10.5.1 메모리 입출력 스트림

메모리 입출력 스트림이란 파일이나 네트워크를 입출력 스트림으로 사용하는 것이 아니라 메모리 자체를 입출력 스트림으로 사용하는 입출력 스트림을 말한다. 따라서 메모리 바이트 입출력 스트림은 바이트 배열을 입출력 스트림으로 사용하고 메모리 문자 입출력 스트림은 문자 배열(입출력용)와 문자열(입력용) 또는 문자열 버퍼(출력용)를 입출력 스트림으로 사용한다. 이때, 메모리 출력 스트림은 크기가 자동으로 증가하는 출력 버퍼를 운영한다. 즉, 출력 스트림에 출력시 출력 버퍼로 사용되는 내부 배열의 크기가 자동으로 증가된다는 것이다. 이러한 메모리 입출력 스트림은 흔히 사용되지는 않는 입출력 스트림이지만 경우에 따라서는 매우 효율적인 입출력을 수행하는데 큰 역할을 할 수 있다. 자바에서는 메모리 입출력 스트림을 위해 다음과 같은 클래스들을 제공해 주고 있다.

- ByteArrayInputStream 클래스와 ByteArrayOutputStream 클래스 : 바이트 배열(byte [])을 입출력 스트림으로 사용하는 바이트 입출력 스트림.
- CharArrayReader 클래스와 CharArrayWriter 클래스 : 문자 배열(char [])을 입출력 스트림으로 사용하는 문자 입출력 스트림.
- StringBufferInputStream 클래스 : 문자열을 입력 스트림으로 사용하는 바이트 입력 스트림.
- StringReader 클래스와 StringWriter 클래스 : 문자열(String)을 입력 스트림으로 문자열 버퍼(StringBuffer)를 출력 스트림으로 각각 사용하는 문자 입출력 스트림.

10.5.2 배열 입출력 스트림

(1) ByteArrayInputStream 클래스(바이트배열 바이트 입력 스트림)

ByteArrayInputStream 클래스는 입력 스트림으로 사용할 바이트 배열(protected byte[] buf)을 포함하고 있는 내부 버퍼를 가지고 있습니다. 또한, read 메소드에서 다음 읽을 바이트를 나타내기 위해 사용할 수 있는 내부 카운터(protected int count , protected int pos)를 가지고 있다. 이러한 ByteArrayInputStream 클래스의 객체 생성자는 다음과 같고 메소드는 InputStream 클래스의 메소드들을 그대로 재정의하여 제공해 주고 있다.

- ByteArrayInputStream(byte[] buf) : 주어진 바이트 배열을 입력 버퍼로 사용하는 ByteArrayInputStream 객체를 생성한다.
- ByteArrayInputStream(byte[] buf, int offset, int length) : 주어진 바이트 배열의 주어진 부분을 입력 버퍼로 사용하는 ByteArrayInputStream 객체를 생성한다.

(2) ByteArrayOutputStream 클래스(바이트배열 바이트 출력 스트림)

ByteArrayOutputStream 클래스는 출력 스트림으로 사용하기 위해 내부적으로 바이트 배열(protected byte[] buf, 출력 버퍼)을 포함하고 있다. 이 출력 버퍼는 데이터가 버퍼에 쓰여질 때 자동으로 증가(protected int count)하도록 되어 있다. 이러한 ByteArrayOutputStream 클래스에서 제공해 주는 객체 생성자와 주요 메소드를 살펴보면 다음과 같다.

- ByteArrayOutputStream() : 디폴트 크기의 바이트 배열을 출력 버퍼로 사용하는

ByteArrayOutputStream 객체를 생성한다.

- ByteArrayOutputStream(int size) : 주어진 크기의 바이트 배열을 출력 버퍼로 사용하는 ByteArrayOutputStream 객체를 생성한다.
- void close() : 출력 스트림을 닫고 시스템 자원들을 반환한다.
- void reset() : 지금까지 출력된 내용을 무시하고, 출력 카운트를 0으로 초기화 한다.
- int size() : 출력 버퍼의 현재 크기를 얻는다.
- byte[] toByteArray() : 출력 스트림에 출력된 내용을 새로운 바이트 배열을 생성하여 거기에 저장하여 얻는다.
- String toString() : 출력 스트림에 출력된 내용을 플랫폼에서 사용하는 디폴트 문자 인코딩을 이용하여 문자열로 변환하여 얻는다.
- String toString(int hibyte) : toString(String enc) 메소드로 바꾸었다.
- String toString(String enc) : 출력 스트림에 출력된 내용을 주어진 문자 인코딩을 이용하여 문자열로 변환하여 얻는다.
- void writeTo(OutputStream out) : 출력 스트림에 출력된 내용을 주어진 출력 스트림에 출력한다. 주어진 출력 스트림의 out.write(buf, 0, count) 메소드를 호출한 것과 같은 효과다.

다음에 나오는 자바 프로그램은 자바에서 문자 배열을 입출력 스트림으로 사용하는 ByteArrayInputStream 클래스와 ByteArrayOutputStream 클래스의 사용 방법을 보여주는 간단한 예제이다.

예제

ByteArrayInputOutputTest.java

```
import java.io.*;
class ByteArrayInputOutputTest {
   public static void main(String[] args) throws IOException {
      int ch;
      byte arr[] = { (byte)‘J’,(byte)‘a’,(byte)‘v’,(byte)‘a’,(byte)‘!’ } ;
      ByteArrayInputStream in = new ByteArrayInputStream(arr);
      ByteArrayOutputStream out = new ByteArrayOutputStream();
      FileOutputStream outFile =
 new FileOutputStream(“ByteArrayInputOutputTest.txt”);  //Java!
      while((ch=in.read()) != -1) {
```

```
            out.write(ch);
            System.out.println("  read: ["+(char)ch+"]" +", write: ["+out.toString()
                        +"]"+out.size());
        }
        System.out.println("String: "+out.toString());
        out.writeTo(outFile);
    }
}
```

실행결과

```
    read: [J], write: [J]1
    read: [a], write: [Ja]2
    read: [v], write: [Jav]3
    read: [a], write: [Java]4
    read: [!], write: [Java!]5
String: Java!
```

(3) CharArrayReader 클래스(문자배열 문자 입력 스트림)

파일 입출력 스트림을 위해 FileInputStream 클래스와 FileOutputStream 클래스 FileReader 클래스와 FileWriter 클래스가 파일에 대한 바이트 입출력과 문자 입출력을 위해 각각 제공되듯이 메모리 입출력 스트림을 위해서 ByteArrayInputStream 클래스와 ByteArrayOutputStream 클래스 CharArrayReader 클래스와 CharArrayWriter 클래스가 메모리에 대한 바이트 입출력과 문자 입출력을 위해 각각 제공된다.

CharArrayReader 클래스는 입력 스트림으로 사용할 내부 버퍼로서 문자 배열 (protected char[] buf)을 가지고 있다. 또한, read 메소드에서 다음 읽을 바이트를 나타내기 위해 사용할 수 있는 내부 카운터(protected int count , protected int pos)를 가지고 있다. 이러한 CharArrayReader 클래스의 객체 생성자는 다음과 같고 메소드는 Reader 클래스의 메소드들을 그대로 재정의하여 제공해 주고 있다.

- CharArrayReader(char[] buf) : 주어진 문자 배열을 입력 버퍼로 사용하는 CharArrayReader 객체를 생성한다.
- CharArrayReader(char[] buf, int offset, int length) : 주어진 문자 배열의 주어진 부분을 입력 버퍼로 사용하는 CharArrayReader 객체를 생성한다.

(4) CharArrayWriter 클래스(문자배열 문자 출력 스트림)

CharArrayWriter 클래스는 출력 스트림으로 사용하기 위해 내부적으로 문자 배열(protected char[] buf, 출력 버퍼)을 포함하고 있다. 이 출력 버퍼는 데이터가 버퍼에 쓰여질 때 자동으로 증가(protected int count)하도록 되어 있다. 이러한 CharArrayWriter 클래스에서 제공해 주는 객체 생성자와 주요 메소드를 살펴보면 다음과 같다.

- CharArrayWriter() : 디폴트 크기의 문자 배열을 출력 버퍼로 사용하는 ByteArrayOutputStream 객체를 생성한다.
- CharArrayWriter(int initialSize) : 주어진 크기의 문자 배열을 출력 버퍼로 사용하는 ByteArrayOutputStream 객체를 생성한다.
- int size(): 출력 버퍼의 현재 크기를 얻는다.
- char[] toCharArray() : 출력 스트림에 출력된 내용을 새로운 문자 배열을 생성하여 거기에 저장하여 얻는다.
- String toString() : 출력 스트림에 출력된 내용을 문자열로 변환하여 얻는다.
- void writeTo(Writer out) : 출력 스트림에 출력된 내용을 주어진 출력 스트림에 출력한다.

다음에 나오는 자바 프로그램은 자바에서 문자 배열을 입출력 스트림으로 사용하는 CharArrayReader 클래스와 CharArrayWriter 클래스의 사용 방법을 보여주는 간단한 예제이다.

예제

CharArrayReaderWriterTest.java

```
import java.io.*;
class CharArrayReaderWriterTest {
   public static void main(String[] args) throws IOException {
      int ch;
      char arr[] = { 'H','e','l','l','o',',',' ','J','a','v','a','!' } ;
      CharArrayReader in;
      CharArrayWriter out;
      in = new CharArrayReader(arr, 7, 5);
      out = new CharArrayWriter();
      while((ch=in.read()) != -1) {
```

```
            out.write(ch);
            System.out.println("read:["+(char)ch+"]"+",write:
["+out.toString()+"]"+out.size());
        }
        System.out.println(" String: "+out.toString());
    }
}
```

실행결과

```
read: [J], write: [J]1
read: [a], write: [Ja]2
read: [v], write: [Jav]3
read: [a], write: [Java]4
read: [!], write: [Java!]5
 String: Java!
```

10.5.3 문자열 입출력 스트림

(1) StringBufferInputStream 클래스(문자열버퍼 바이트 입력 스트림)

StringBufferInputStream 클래스는 문자열에 있는 내용을 바이트 입력 스트림으로 사용할 수 있도록 해 준다. 이때, 문자열 내에 있는 각각의 문자들에 대해 하위 1바이트만을 읽는다. 물론, ByteArrayInputStream 클래스를 이용하여 바이트 배열로을 바이트 입력 스트림으로 사용할 수도 있다. 이러한 StringBufferInputStream 클래스의 객체 생성자는 다음과 같고 메소드는 InputStream 클래스의 메소드들을 그대로 재정의하여 제공해 주고 있다.

- StringBufferInputStream(String s) : 주어진 문자열을 바이트 입력 스트림으로 사용하는 StringBufferInputStream 객체를 생성한다.

다음에 나오는 자바 프로그램은 자바에서 문자열을 바이트 입력 스트림으로 사용할 수 있도록 해 주는 StringBufferInputStream 클래스의 사용 방법을 보여주는 간단한 예제이다.

예제

StringBufferInputTest.java

```
import java.io.*;
class StringBufferInputTest {
   public static void main(String[] args) throws IOException {
      int ch;
      String s = "Hi~";
      StringBufferInputStream in = new StringBufferInputStream(s);
      while((ch=in.read()) != -1) {
         System.out.println("read: ["+(char)ch+","+ch+"]"+in.available());
      }
   }
}
```

실행결과

```
read: [H,72]2
read: [i,105]1
read: [~,126]0
```

(2) StringReader 클래스(문자열 문자 입력 스트림)

StringReader 클래스는 문자열()을 입력 스트림으로 사용한다. 또한, read 메소드에서 다음 읽을 문자를 나타내기 위해 사용할 수 있는 내부 카운터를 가지고 있다. 이러한 StringReader 클래스의 객체 생성자는 다음과 같고 메소드는 Reader 클래스의 메소드들을 그대로 재정의하여 제공해 주고 있다.

- StringReader(String s) : 주어진 문자열을 입력 스트림으로 사용하는 새로운 StringReader 객체를 생성한다.

(3) StringWriter 클래스(문자열버퍼 문자 출력 스트림)

StringWriter 클래스는 출력 스트림으로 사용하기 위해 내부적으로 문자열 버퍼(StringBuffer)를 포함하고 있다. 이러한 StringWriter 클래스에서 제공해 주는 객체 생성자와 주요 메소드를 살펴보면 다음과 같다.

- StringWriter() : 디폴트 크기의 문자열 버퍼(StringBuffer) 출력 버퍼로 사용하는 StringWriter 객체를 생성한다.

- StringWriter(int initialSize) : 주어진 크기의 문자열 버퍼(StringBuffer) 출력 버퍼로 사용하는 StringWriter 객체를 생성한다.
- StringBuffer getBuffer() : 출력 버퍼로 사용되는 문자열 버퍼(StringBuffer)를 얻는다.
- String toString() : 출력 버퍼의 내용을 문자열로 변환하여 얻는다.

다음에 나오는 자바 프로그램은 자바에서 문자열(String)을 입력 스트림으로 사용하고 문자열 버퍼(StringBuffer)를 출력 스트림으로 사용하는 StringReader 클래스와 StringWriter 클래스를 사용하는 방법을 보여주는 간단한 예제이다.

예제

StringReaderWriterTest.java

```
import java.io.*;
class StringReaderWriterTest {
   public static void main(String[] args) throws IOException {
      int ch;
      String s = "Hello, Java!";
      StringReader in = new StringReader(s);
      StringWriter out = new StringWriter(s.length()/2);
      in.skip(7);
      while((ch=in.read()) != -1) {
         out.write(ch);
         System.out.println("read: ["+(char)ch+"]"+", write: ["+out.toString()+"]"
                          +out.getBuffer().length());
      }
      System.out.println(" out: "+out.toString());
      System.out.println(" out: "+out.getBuffer().reverse());
      in = new StringReader(out.toString());
      CharArrayWriter out2 = new CharArrayWriter();
      while((ch=in.read()) != -1) {
         out2.write(ch);
         System.out.println("read:["+(char)ch+"]"+",
 write: ["+out2.toString()+"]"+out2.size());
      }
      out2.writeTo(out);
      System.out.println(" out: "+out.toString());
      System.out.println("out2: "+out2.toString());
   }
}
```

실행결과

```
read: [J], write: [J]1
read: [a], write: [Ja]2
read: [v], write: [Jav]3
read: [a], write: [Java]4
read: [!], write: [Java!]5
 out: Java!
 out: !avaJ
read: [!], write: [!]1
read: [a], write: [!a]2
read: [v], write: [!av]3
read: [a], write: [!ava]4
read: [J], write: [!avaJ]5
 out: !avaJ!avaJ
out2: !avaJ
```

CHAPTER 11

AWT(Abstract Window Toolkit)

11.1 AWT

자바에서는 GUI(Graphical User Interface) 구축을 위해 java.awt 패키지를 제공하고 있다. 사용자는 java.awt 패키지의 컴포넌트(Component)들을 이용하여 응용 프로그램이나 애플릿 프로그램의 GUI를 구축할 수 있다.

java.awt패키지에는 GUI 구축을 위한 컴포넌트 클래스 뿐만아니라 그래픽 관련 클래스외에 다른 클래스들도 많이 제공하고 있다.

다음은 자바 컴포넌트들이다. 모든 컴포넌트는 Componet 클래스를 상속하고 있다.

① 기본 컴포넌트 : Button, Label, Choice, CheckBox, List, Canvas, ScrollBar
② 컨테이너 컴포넌트 : Container, Panel, Window, Frame, Dialog, FileDialog
③ 텍스트 컴포넌트 : TextComponent, TextArea, TextField

11.2 레이블(Label) 클래스

Label 클래스는 프로그램의 GUI에 선택되지 않는 텍스트를 넣기 쉽도록 해 준다. 레이블 컴포넌트는 기본적으로 왼쪽 정렬한다. 물론, 사용자가 정렬 방식을 결정할 수 있는데 다음과 같은 세 가지의 정렬 방식을 Label 클래스의 객체 생성자 또는 setAlignment 메소드를 이용하여 설정해 주면 된다.

- 왼쪽 정렬 : Label.LEFT
- 가운데 정렬 : Label.CENTER
- 오른쪽 정렬 : Label.RIGHT

모든 다른 컴포넌트에서처럼 레이블의 색깔과 폰트를 바꿀 수 있다. 다음에 나오는 자바 프로그램은 레이블을 사용하는 방법에 대하여 간단하게 보여주는 예제이다.

예제

LabelTest.java

```
import java.awt.*;
class LabelTest extends Frame {
   public LabelTest() {
      setLayout(new FlowLayout());
      Label label1 = new Label();
      label1.setText("Left");
      label1.setSize(50, 25);
      label1.setBackground(Color.cyan);
      Label label2 = new Label("Center");
      label2.setAlignment(Label.CENTER);
      label2.setSize(50, 25);
      label2.setBackground(Color.yellow);
      Label label3 = new Label("Right", Label.RIGHT);
      label3.setSize(50, 25);
      label3.setBackground(Color.green);
      add(label1);
      add(label2);
      add(label3);
   }
   public static void main(String args[]) {
      LabelTest f = new LabelTest();
      f.setSize(200, 60);  // pack();
      f.setVisible(true);
   }
}
```

실행결과

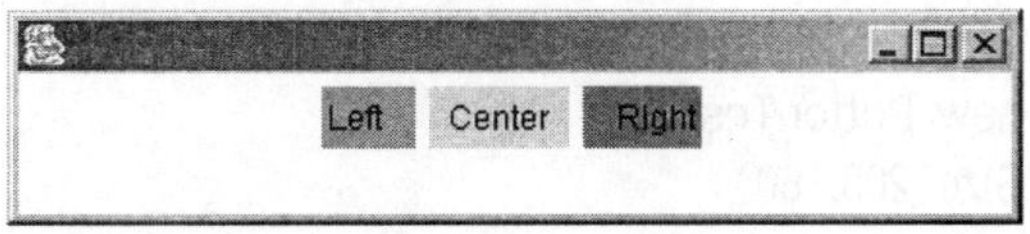

11.3 버튼(Button) 클래스

Button 클래스는 디폴트 버튼을 구현하도록 해 주고 있다. 버튼은 사용자가 버튼을 클릭할 때 action 이벤트를 생성하는 간단한 컨트롤이다. 버튼은 다음과 같은 속성을 갖고 있다.

- 폰트(font)
- 텍스트(text)
- 전경색(foreground)
- 배경색(background)
- 버튼의 상태(활성-enabled/비활성-disabled)

다음에 나오는 예제는 자바에서 버튼을 보여주기 위한 간단한 예제이다.

예제

ButtonTest.java

```
import java.awt.*;
class ButtonTest extends Frame {
   Button b1, b2, b3;
     public ButtonTest() {
      setLayout(new FlowLayout());
      b1 = new Button();
      b1.setLabel("Button");
      b1.setBackground(Color.blue);
      b1.setForeground(Color.yellow);
      b2 = new Button("Button");
      b3 = new Button("Button");
      b3.setEnabled(false);
      add(b1);
```

```
        add(b2);
        add(b3);
    }
    public static void main(String args[]) {
        ButtonTest f = new ButtonTest();
        f.pack(); // setSize(200, 60);
        f.setVisible(true);
    }
}
```

실행결과

11.4 체크박스(Checkbox) 클래스

Checkbox 클래스는 "on" 또는 "off" 둘 중의 하나의 상태를 가지는 두 상태(two-state) 버튼이라 할 수 있는 체크박스를 가능하도록 해 준다. 사용자가 체크박스를 클릭하면 체크박스의 상태는 변하게 되고 이 때 action 이벤트를 발생시킨다. 체크박스와 마찬가지로 사용자가 아이템을 선택할 수 있도록 하는 컴포넌트는 선택 컴포넌트, 리스트 컴포넌트, 그리고 메뉴 컴포넌트 등이 있다.

만약, 여러 개의 체크박스들 중 하나만 선택("on")될 수 있도록 체크박스들을 그룹으로 관리하고자 한다면 체크박스의 상태를 체크하여 하나만 선택될 수 있도록 체크박스 그룹(CheckboxGroup 객체)에 추가해 주면 된다. 이때 체크박스는 라디오 버튼(radio button)과 같은 역할을 하게 된다.

다음에 나오는 예제 프로그램은 위에서 설명한 두 가지 형태의 체크박스를 테스트 할 수 있도록 해 주는 자바 프로그램이다.

예제

CheckboxTest.java

```
import java.awt.*;
class CheckboxTest extends Frame {
   public CheckboxTest() {
      Panel p1, p2;
      Checkbox cb1, cb2, cb3;
      Checkbox cb4, cb5, cb6;
      CheckboxGroup cbg;
      setLayout(new FlowLayout());
      cb1 = new Checkbox();
      cb1.setLabel("Checkbox 1");
      cb2 = new Checkbox("Checkbox 2");
      cb3 = new Checkbox("Checkbox 3");
      cb3.setState(true);
      add(cb1); add(cb2); add(cb3);
      cbg = new CheckboxGroup();
      add(new Checkbox("Checkbox 4", cbg, false));
      add(new Checkbox("Checkbox 5", cbg, false));
      add(new Checkbox("Checkbox 6", cbg, false));
   }
   public static void main(String args[]) {
      CheckboxTest f = new CheckboxTest();
      f.setSize(350, 90);
      f.setVisible(true);
   }
}
```

실행결과

11.5 선택(Choice) 클래스

Choice 클래스는 메뉴와 비슷한 선택(choice) 리스트이고 서로 구별된 버튼에 의해서 참조된다. 사용자는 메뉴를 나타내는 버튼을 누른 후 아이템 중 하나를 선택한다. 사용자가 하나의 아이템을 선택하면 선택 컴포넌트는 action 이벤트를 발생시킨다. 선택 컴포넌트는 제한된 공간에 몇 개의 아이템들을 디스플레이 하기를 원하면서도 그 아이템 모두를 동시에 보여줄 필요가 없을 경우 유용하다. 이러한 선택 컴포넌트를 팝업 리스트(pop-up list)라 부르기도 한다. 선택 컴포넌트는 체크박스 컴포넌트, 리스트 컴포넌트, 메뉴 컴포넌트 등과 같이 여러 개의 메뉴를 제공해 준다.

다음에 나오는 예제는 선택 컴포넌트를 사용하는 간단한 예를 보여주고 있다.

예제

ChoiceTest.java

```
import java.awt.*;
class ChoiceTest extends Frame {
    public ChoiceTest() {
        Choice choice;
        setLayout(new FlowLayout());
        choice = new Choice();
        choice.addItem("서울");
        choice.addItem("경기");
        choice.addItem("대전");
        choice.addItem("대구");
        choice.addItem("부산");
        add(choice);
    }
    public static void main(String args[]) {
        ChoiceTest f = new ChoiceTest();
        f.setSize(100, 150);
        f.setVisible(true);
    }
}
```

실행결과

11.6 리스트(List) 클래스

List 클래스는 선택가능한 텍스트 아이템들을 각 라인에 하나씩 보여주는 스크롤 가능한 공간을 제공해 준다. 일반적으로 사용자는 하나의 아이템을 클릭함으로써 선택하고 아이템을 더블 클릭하거나 리턴하면 action 이벤트가 발생한다. 또한, 리스트 컴포넌트는 동시에 여러 개를 선택하거나 또는 단지 하나를 선택할 수 있도록 한다. 앞에서도 살펴본 것과 같이 여러 개를 선택할 수 있도록 하는 컴포넌트에는 체크박스 컴포넌트, 선택 컴포넌트, 메뉴 컴포넌트 등의 컴포넌트들이 있다.

다음은 리스트 컴포넌트를 사용하는 예를 보여주는 자바 프로그램이다.

예제

ListTest.java

```
import java.awt.*;
class ListTest extends Frame {
   public ListTest() {
      setLayout(new FlowLayout());
      List os, unix;
      os = new List(3, true);
      os.add(“Winodws 98”);
      os.add(“Winodws 2000”);
      os.add(“Winodws NT”);
      os.add(“Solaris”);
      os.add(“Machintosh”);
      unix = new List();
      unix.add(“Solaris”);
      unix.add(“Linux”);
      unix.add(“BSD”);
      unix.add(“Mach”);
      unix.add(“System V”);
      unix.add(“Multics”);
      unix.add(“OS/390”);
      add(os);
      add(unix);
   }
   public static void main(String args[]) {
      ListTest f = new ListTest();
      f.pack();  // f.setSize(200, 60);
      f.setVisible(true);
```

```
        }
    }
```

실행결과

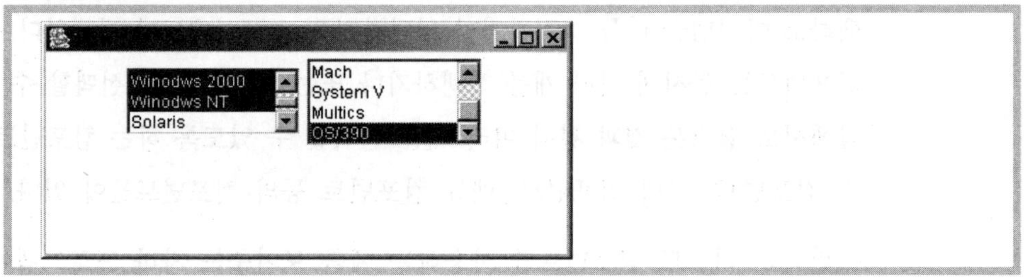

위의 자바 프로그램에서는 두 개의 리스트 컴포넌트를 보여주고 있다. 왼쪽에 보이는 리스트 컴포넌트는 각 아이템을 선택함으로써 여러 개의 아이템을 선택할 수 있지만, 오른쪽에 보이는 리스트 컴포넌트는 단 하나의 아이템만 선택하도록 설정되어 있기 때문에 하나의 아이템만을 선택할 수 있다.

11.7 스크롤바(Scrollbar) 클래스

스크롤바는 다음과 같이 두 가지 목적으로 사용할 수 있다.

① 스크롤바는 사용자가 값을 설정하기 위해 조작하는 슬라이더처럼 사용될 수 있다.

② 일반적으로 사용하는 수평 또는 수직 스크롤바와 같은 목적으로 사용할 수 있다.

이러한 스크롤바는 실제 보여지는 영역을 설정할 수 있도록 해 준다. 예를 들어, 이미지 뷰를 통해 이미지를 볼 때 스크롤바를 움직여 보이는 부분을 조정한다거나 또는 텍스트 편집기를 이용하여 문서를 편집할 때 현재 보이는 문서의 부분을 조정한다거나 하는 등의 작업을 할 수 있다.

스크롤바 컴포넌트를 사용하기 위해서 Scrollbar 객체를 생성하면 되는데 객체 생성자를 이용하여 또는 setValues 메소드를 이용하여 다음과 같은 스크롤바 속성값을 설정할 수 있다.

다음에 나오는 자바 프로그램은 스크롤바를 사용하기 위한 간단한 예를 보여주고 있다.

예제

ScrollbarTest.java

```
import java.awt.*;
class ScrollbarTest extends Frame {
   public ScrollbarTest() {
      Panel p;
      Scrollbar vSlider, hSlider, slider;
      vSlider = new Scrollbar(Scrollbar.VERTICAL, 0, 1, 0, 255);
      add("East", vSlider);
      hSlider = new Scrollbar(Scrollbar.HORIZONTAL, 0, 4, 0, 100);
      add("South", hSlider);
      slider = new Scrollbar(Scrollbar.HORIZONTAL, 0, 10, 0, 100);
      add(slider);
   }
   public static void main(String args[]) {
      ScrollbarTest f = new ScrollbarTest();
      f.pack();
      f.setVisible(true);
   }
}
```

실행결과

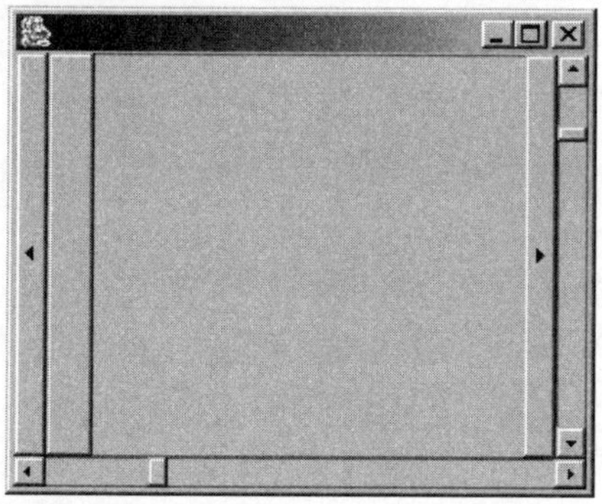

11.8 캔버스(Canvas) 클래스

Canvas 클래스는 하위클래스에 의해 상속되어야 하며 사용자 컴포넌트를 구현할 수 있는 방법을 제공해 준다. 예를 들어 캔버스 컴포넌트에는 그래픽을 그린다거나 이미지를 그리는 등의 작업을 하는데 유용하고 이를 위해 Canvas 클래스를 상속하여 하나의 새로운 하위클래스를 정의할 수 있다. 또한, 캔버스 컴포넌트를 이용하여 원형 버튼과 같은 새로운 형태의 버튼과 같은 컨트롤을 만드는데 유용하게 쓰일 수 있다.

다음에 나오는 자바 프로그램은 캔버스 컴포넌트를 사용하기 위한 간단한 예를 보여주고 있다.

예제

CanvasGen.html

```
<HTML>
<HEAD><TITLE>Canvas 객체의 생성</TITLE></HEAD>
<BODY>
  <APPLET CODE="CanvasGen" WIDTH=300 HEIGHT=300>
  </APPLET>
</BODY>
</HTML>
```

예제

CanvasGen.java

```
import java.applet.*;
import java.awt.*;
class MyCanvas1 extends Canvas {
  public void paint(Graphics g) {
    g.drawLine(10, 10, 100, 10);
    g.drawLine(100, 10, 100, 100);
    g.drawLine(100, 100, 10, 100);
    g.drawLine(10, 100, 10, 10);
    g.drawLine(10, 10, 100, 100);
    g.drawLine(10, 100, 100, 10);
  }
}
class MyCanvas2 extends Canvas {
  public void paint(Graphics g) {
    g.setColor(Color.green);
    g.drawRect(10, 10, 100, 100);
    g.fillRect(120, 10, 100, 100);
  }
}
```

```
public class CanvasGen extends Applet {
  public void init() {
    MyCanvas1 myCanvas1 = new MyCanvas1();
    myCanvas1.setSize(250, 120);
    add(myCanvas1);
    MyCanvas2 myCanvas2 = new MyCanvas2();
    myCanvas2.setSize(250, 120);
    add(myCanvas2);
  }
}
```

실행결과

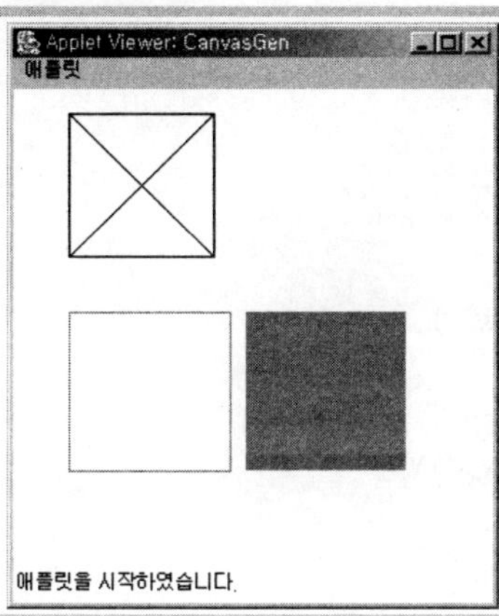

11.9 윈도우(Window) 클래스

Window 클래스는 윈도우 컴포넌트가 갖아야 할 기본적인 기능을 제공해 주기 위한 클래스로서 Dialog 클래스와 Frame 클래스가 이 Window 클래스를 상속하여 하위클래스를 정의함으로써 하나의 독립된 윈도우로 동작할 수 있도록 해 준다. 또한 부모 윈도우와 자식 윈도우 간에 존재하는 종속관계를 유지하기 위해 필요로 하는 여러 가지 기능들도 제공해 주고 있다. 하나의 기본 윈도우(기본적으로 프레임의 형태로 나타나지만)에서 작업을 하다가 파일을 열기 위해 파일 대화 상자를 연다거나 또는 경고 메시지를 보여주거나 또는 작업의 진행을 계속할 것인지의 여부를 묻기 위한 대화상자를 나타낼 때 이러한 대화상자는 하나의 윈도우로 나타나게 된다. 이 때, 원래부터 작업을 하던 윈도우는 부모(parent 또는 owner) 윈도우로서 대화상자 윈도우는 자식(child) 윈도우로서 동작하게 된다.

다음에 나오는 자바 프로그램은 윈도우 컴포넌트를 사용하기 위한 간단한 예를 보여주고 있다.

예제

WindowTest.java

```
import java.awt.*;
class WindowTest extends Frame {
   FileDialog fileDialog;
   Window w1, w2;
   public WindowTest() {
      MenuBar menuBar;
      Menu fileMenu;
      menuBar = new MenuBar();
      setMenuBar(menuBar);
      fileMenu = new Menu(“File”);
      menuBar.add(fileMenu);
      fileMenu.add(new MenuItem(“New”));
      fileMenu.addSeparator();
      fileMenu.add(new MenuItem(“Open”));
      fileMenu.add(new MenuItem(“Close”));
      menuBar.add(new Menu(“Edit”));
      menuBar.add(new Menu(“View”));
      menuBar.setHelpMenu(new Menu(“Help”));
      w1 = new Window(this);
      w1.setLayout(new FlowLayout());
      w1.add(new Button(“Button 1”));
      w1.add(new Button(“Button 2”));
      w1.add(new Button(“Button 3”));
      w2 = new Window(this);
      Panel p = new Panel();
      w2.add(p);
      p.add(new Button(“Button 4”));
      p.add(new Button(“Button 5”));
      p.add(new Button(“Button 6”));
   }
   public static void main(String args[]) {
      WindowTest f = new WindowTest();
      f.setLocation(80, 70);              // pack();
      f.setSize(200, 60);                 // pack();
      f.setVisible(true);
      f.w2.toFront();
```

```
        Window w[] = f.getOwnedWindows();
    for(int i=0;i<w.length;i++) {
            System.out.println("Window["+i+"]: " + w[i]);
        }
        f.w1.setLocation(100,100);
        f.w1.setBackground(Color.cyan);
        f.w1.pack();
        f.w1.show();
        f.w2.setLocation(100,140);
        f.w2.setBackground(Color.green);
        f.w2.pack();
        f.w2.show();
        for(int i=0;i<w.length;i++) {
            System.out.println("Window["+i+"]: " + w[i]);
        }
    }
}
```

실행결과

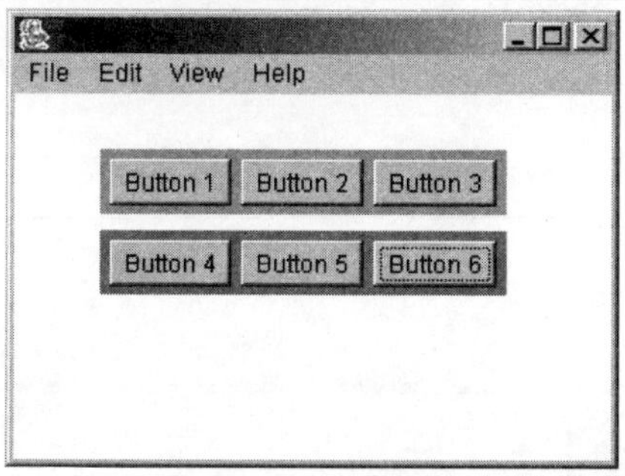

위의 프로그램을 실행한 결과와 같이 윈도우 컴포넌트는 보더(border)와 메뉴바(menubar)를 전혀 갖지 않는 최상위(top-level) 윈도우를 나타낸다. 그러므로 윈도우는 생성될 때 자신을 소유하는 부모 윈도우로서 프레임 대화상자 또는 다른 윈도우 중 하나를 항상 지정해 주어야 한다.

11.10 프레임(Frame) 클래스

Frame 클래스는 애플릿과 애플리케이션에서 윈도우를 사용할 수 있도록 해 준다. 앞에서 살펴 본 모든 자바 프로그램들에서도 프레임을 상속하여 각 컴포넌트들을 보여주도록 했듯이 모든 애플리케이션은 적어도 하나의 프레임을 필요로 한다. 만약 애플리케이션이 다른 윈도우에 종속적인 윈도우를 가지고 있다면 두 윈도우는 부모 윈도우와 자식 윈도우의 관계를 갖게 된다. 자식 윈도우는 부모 윈도우의 상태에 영향을 받게 되는데 부모 윈도우가 최소화되어 아이콘 상태가 되었다면 자식 윈도우는 마찬가지로 화면상에서 사라지게 될 것이고 부모 윈도우가 닫히게 된다면 자식 윈도우 역시 부모 윈도우와 운명을 같이 하게 된다.

다음에 나오는 자바 프로그램은 가장 단순한 형태의 프레임을 보여주는 예제이다.

예제

FrameTest.java

```
import java.awt.*;
public class FrameTest extends Frame {
   public static void main(String args[]) {
      FrameTest f = new FrameTest();
      f.setTitle("Frame Test");
      f.setSize(200, 100);  // f.pack();
      f.setVisible(true);
   }
}
```

실행결과

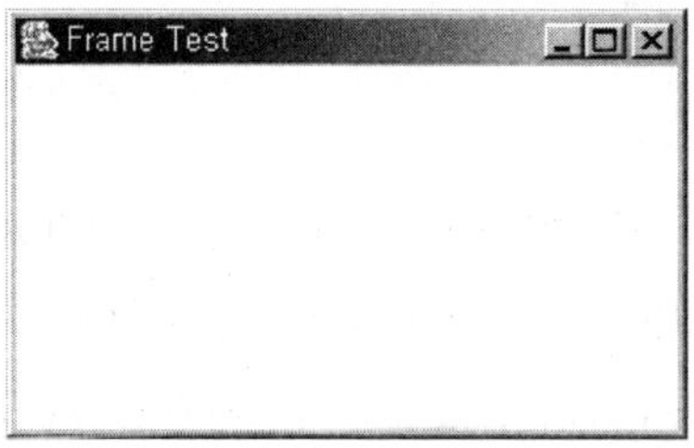

11.11 대화상자(Dialog) 클래스

자바에서는 대화상자(dialog box)를 위한 Dialog 컴포넌트를 제공해 주고 있다. 대화상자는 사용자들이 파일을 선택하여 오픈하는 등의 작업을 쉽게 할 수 있도록 하는 FileDialog 컴포넌트와 같은 유용한 하위클래스를 만들 수 있도록 해 준다. 같은 Frame 클래스를 상속하는 대화상자와 윈도우의 차이점을 살펴보면, 대화상자는 윈도우에 종속적이기 때문에 그 윈도우가 닫히게 되면 대화상자도 같이 닫히게 되고 윈도우가 최소화되어 아이콘으로 변하게 되면 대화상자는 사라지게 된다는 것이다. 그런데, 자바 애플릿의 경우에는 이러한 대화상자를 일반적으로 사용할 수 없다. 애플릿은 Frame 클래스 또는 Window 클래스를 상속하는 것이 아니라 Panel 클래스를 상속하므로 윈도우를 가질 수 없기 때문이다.

그러나 애플릿이 자신의 윈도우(또는 프레임)을 가진다면 그 윈도우에 종속된 대화상자를 가질 수 있다. 이러한 이유로 다음에 나오는 애플릿은 대와상자를 갖는 윈도우를 갖는 버튼들로 구성되어 있다.

예제

DialogTest.java

```
import java.awt.*;
class TitleBox extends Dialog {
   TextField field;
   Button setButton;
   Frame parent;
   TitleBox(Frame dw, String title) {
      super(dw, title, false);
      parent = dw;
      setLayout(new FlowLayout());
      field = new TextField(20);
      setButton = new Button("SET");
      add(field);
      add(setButton);
      pack();
   }
   public boolean action(Event event, Object arg) {
      if ( (event.target = = setButton)
          | (event.target instanceof TextField)) {
           parent.setTitle(field.getText());
      }
      field.selectAll();
      setVisible(false);
      return true;
   }
}
```

```
class DialogTest extends Frame {
   public DialogTest() {
      TitleBox titleBox = new TitleBox(this, "Input you title...");
      setLayout(new FlowLayout());
      titleBox.show();
   }
   public static void main(String args[]) {
      DialogTest f = new DialogTest();
      f.setSize(250, 100);
      f.setVisible(true);
   }
}
```

실행결과

위의 자바 프로그램에서는 하나의 대화상자를 열어 문자열을 입력받은 후 "SET" 버튼을 누르면 대화상자가 종속된 윈도우의 타이틀 바(title bar)의 제목을 입려된 문자열로 바꾸고 대화상자를 닫는 작업을 한다. 위의 실행화면을 살펴보면 대화상자를 종료하기 전에는 윈도우의 타이틀 바에 아무 제목도 없지만 대화상자가 닫힌 후에는 타이틀 바의 내용이 바뀌게 된 것을 볼 수 있다.

11.12 파일 대화상자(File Dialog) 클래스

FileDialog 클래스는 Dialog 클래스를 상속하는 하위클래스이다. 파일 대화상자 컴포넌트의 역할은 읽기 또는 쓰기를 위한 파일을 선택하는 작업을 사용자들이 보다 쉽게 할 수 있도록 해 준다는 것이다. 대부분의 윈도우 응용프로그램에서 파일을 읽거나 쓰려고 할 때 나타나는 대화상자와 같은 역할을 하는 것이다.

다음에 나오는 자바 프로그램은 파일 대화상자를 사용하는 간단한 예를 보여주는 프로그램이다.

예제

FileDialogTest.java

```
import java.io.*;
import java.awt.*;
class FileDialogTest extends Frame {
 FileDialog fromDialog, toDialog;
 public FileDialogTest() {
    super("File copy");
    fromDialog = new FileDialog(this, "Copy from", FileDialog.LOAD);
    toDialog = new FileDialog(this, "Copy to", FileDialog.SAVE);
 }
 public void copyFile() {
    FileInputStream in;
    FileOutputStream out;
    int count;
    byte buf[] = new byte[128];
    fromDialog.setDirectory("");
    fromDialog.setFile("Test.java");
    fromDialog.show();
    if(fromDialog.getFile() == = null) {
       System.out.println("Source file i'snt selected...");
       return;
    }
    toDialog.setDirectory("");
    toDialog.setFile("Noname.txt");
    toDialog.show();
    if(toDialog.getFile() = = null) {
       System.out.println("Destination file i'snt selected...");
       return;
    }
```

```
        System.out.println("copy " + fromDialog.getFile() + " to " + toDialog.getFile());
    try {
            in = new FileInputStream(fromDialog.getFile());
            out = new FileOutputStream(toDialog.getFile());
            do {
                count = in.read(buf);
                if(count > 0) {
                    out.write(buf, 0, count);
                }
            } while(count > 0);
            in.close();
            out.close();
        } catch(IOException e) {
            System.out.println("IOException");
        }
    }
    public static void main(String args[]) {
        FileDialogTest f = new FileDialogTest();
        f.pack();
        f.setVisible(true);
        f.copyFile();
        System.exit(0);
    }
}
```

실행결과

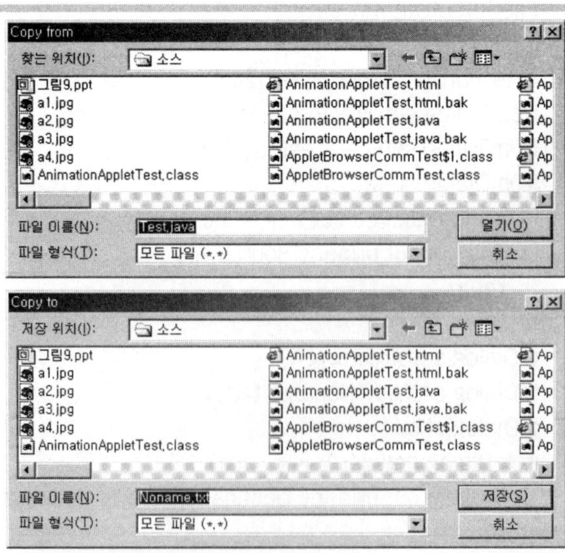

위의 예에서는 두 개의 파일 대화상자를 생성하여 사용하고 있다. 파일을 복사하기 위하여 원본 파일의 이름을 읽기용으로 선택하기 위한 파일 대화상자와 복사하여 새로 생성할 파일의 이름을 쓰기용으로 선택하기 위한 파일 대화상자이다. 두 개의 파일을 각각의 목적에 맞게 선택하였을 경우 파일이 제대로 선택되었는지를 확인하기 위하여 getFile 메소드의 결과가 null 인지 여부를 검사한다. 만약 그 결과가 null일 경우 파일이 제대로 선택된 것이 아니기 때문이다.

11.13 메뉴의 사용

자바 애플릿과 애플리케이션에서 원하는 형태의 메뉴를 사용할 수 있도록 해 준다. 윈도우는 몇 개의 메뉴를 갖고 각 메뉴는 다시 하나 또는 그 이상의 메뉴, 메뉴 아이템, 메뉴 분리자 등을 갖게 할 수 있다. 이 때, 메뉴는 항상 메뉴바 내에서만 사용될 수 있고 메뉴바는 윈도우(또는 프레임)에만 연결될 수 있다.

다음에 나오는 자바 프로그램은 메뉴를 사용하는 예를 보여주고 있다.

예제

MenuTest.java

```
import java.awt.*;
class MenuTest extends Frame {
 public MenuTest() {
    setLayout(new FlowLayout());
    MenuBar menuBar;
    Menu fileMenu, editMenu, viewMenu, zoomMenu, helpMenu;
    MenuItem undoItem, redoItem, cutItem, copyItem, pasteItem;
    menuBar = new MenuBar();
    setMenuBar(menuBar);
    fileMenu = new Menu("File", true);
    menuBar.add(fileMenu);
    fileMenu.add(new MenuItem("New"));
    fileMenu.add(new MenuItem("Open"));
    fileMenu.add(new MenuItem("Close"));
    fileMenu.addSeparator();
    fileMenu.add(new MenuItem("Save"));
    fileMenu.add(new MenuItem("Save As"));
```

```
        fileMenu.add(new MenuItem("Save All"));
        editMenu = new Menu("Edit", false);
        menuBar.add(editMenu);
        undoItem = new MenuItem("Undo");
        editMenu.add(undoItem);
        redoItem = new MenuItem("Redo");
        redoItem.setEnabled(false);
        editMenu.add(redoItem);
        editMenu.addSeparator();
        cutItem = new MenuItem("Cut");
        cutItem.setEnabled(false);
        editMenu.add(cutItem);
        copyItem = new MenuItem("Copy");
        copyItem.setEnabled(false);
        editMenu.add(copyItem);
        pasteItem = new MenuItem("Paste");
        pasteItem.setEnabled(false);
        editMenu.add(pasteItem);
        zoomMenu = new Menu("Zoom");
        zoomMenu.add(new CheckboxMenuItem("4:1"));
        zoomMenu.add(new CheckboxMenuItem("2:1"));
        zoomMenu.add(new CheckboxMenuItem("1:1"));
        zoomMenu.add(new CheckboxMenuItem("1:2"));
        zoomMenu.add(new CheckboxMenuItem("1:4"));
        viewMenu = new Menu("View");
        menuBar.add(viewMenu);
        viewMenu.add(zoomMenu);
        viewMenu.addSeparator();
        viewMenu.add(new CheckboxMenuItem("Toolbar"));
        viewMenu.add(new CheckboxMenuItem("StatusBar"));
        helpMenu = new Menu("Help");
        menuBar.setHelpMenu(helpMenu);
        helpMenu.add(new MenuItem("Help"));
        helpMenu.add(new MenuItem("About"));
    }
    public static void main(String args[]) {
        MenuTest f = new MenuTest();
        f.setSize(200, 60);  // pack();
        f.setVisible(true);
    }
}
```

실행결과

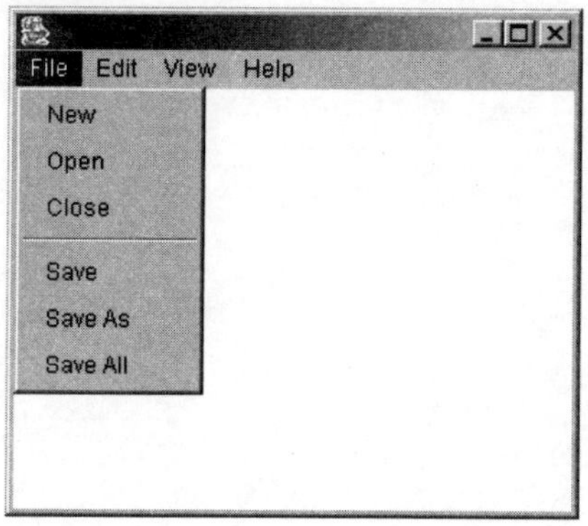

CHAPTER 12

네트워크(Network)

12.1 네트워크 개요

자바는 편리하고 다양한 네트워크 기능을 제공한다. 인터넷으로 연결된 컴퓨터와 관련된 정보를 알아내고, www 문서 정보를 알아내고, 다른 컴퓨터와 연동되어 정보를 주고받는 등의 다양한 기능들을 제공하고 있다.

이러한 기능들을 제공하기 위해 자바는 네트워크의 복잡한 구조를 잘 이해하지 못하고도 네트워크관련 프로그램을 작성할 수 있는 편리한 클래스들을 java.net 패키지로 제공하고 있다. 사용자는 이 패키지에서 제공되는 클래스들을 이용해 간단하게 네트워크 관련 프로그램들을 작성할 수 있다.

12.2 InetAddress 클래스

InetAddress 클래스는 자바에서 IP(Internet Protocol) 주소를 사용할 수 있는 기능을 제공해 주고 있다. 이러한 InetAddress 클래스에서 제공해 주고 있는 메소드를 살펴보면 다음과 같다.

▶표 12.1 java.net 패키지의 클래스

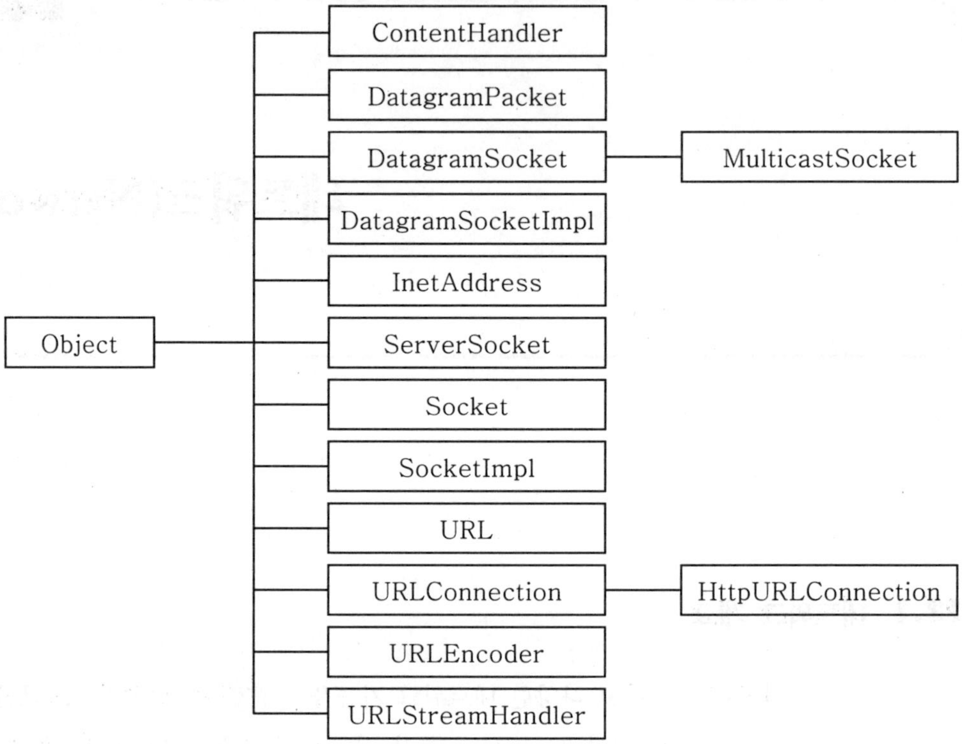

- byte[] getAddress() :

  InetAddress 객체가 가지고 있는 IP 주소의 바이트 배열을 얻는다. 자바에서의 byte형 값은 -128～127의 값을 가지게 되므로 IP 주소를 나타내기 위해서는 0～255 사이의 값으로 다음과 같이 변환 시켜주어야 한다.

  int unsignedByte = myByte < 0 ? myByte + 256: myByte;
- String getHostAddress() : IP 주소를 "%d.%d.%d.%d"와 같은 형식의 문자열로 표현하여 얻는다.
- String getHostName() : 객체가 가지는 호스트 이름을 문자열로 얻는다.
- String toString() : IP 주소를 문자열로 얻는다.
- boolean isMulticastAddress() : InetAddress이 IP 멀티캐스트 주소인지를 얻는다.
- static InetAddress[] getAllByName(String host) : 주어진 이름을 갖는 호스트의 모든 IP 주소를 얻는다.
- static InetAddress getByName(String host) : 주어진 이름을 갖는 호스트의 IP

주소를 얻는다.

- static InetAddress getLocalHost() : 로컬 호스트의 IP 주소를 얻는다.

다음에 나오는 자바 프로그램은 InetAddress 클래스에서 제공해 주는 기능을 이용하여 IP 주소를 관리하기 위한 간단한 예를 보여주고 있다.

예제

InetAddressTest.java

```
import java.net.*;
class InetAddressTest {
  public static void main(String args[]) {
    InetAddress myIp=null, myIps[]=null;
    try {
      myIp = InetAddress.getByName("211.221.248.33");
      System.out.println("getHostName: " + myIp.getHostName());
      System.out.println("getHostAddr: " + myIp.getHostAddress());
      System.out.println("toString: " + myIp.toString());
    } catch(UnknownHostException e) {
      System.out.println(e);
    }
    try {
      myIp = InetAddress.getByName("www.act.ac.kr");
      System.out.println("getHostName: " + myIp.getHostName());
      System.out.println("getHostAddr: " + myIp.getHostAddress());
      System.out.println("toString: " + myIp);
    } catch(UnknownHostException e) {
      System.out.println(e);
    }
    try {
      myIp = InetAddress.getLocalHost();
      System.out.println("getHostName: " + myIp.getHostName());
      System.out.println("getHostAddr: " + myIp.getHostAddress());
    } catch(UnknownHostException e) {
      System.out.println(e);
    }
    byte inet[] = myIp.getAddress();
    System.out.print("getHostAddr: ");
    for(int i=0;i<inet.length;i++) {
      System.out.print(inet[i]+".");
    }
    System.out.println();
```

```
        System.out.print("getHostAddr: ");
        for(int i=0;i<inet.length;i++) {
            System.out.print(((inet[i]<0) ? (inet[i]+256): inet[i])+".");
        }
        System.out.println();
        try {
            myIps = InetAddress.getAllByName("www.act.ac.kr");
            for(int i=0;i<myIps.length;i++) {
                System.out.println("getHostName: " + myIps[i].getHostName());
                System.out.println("getHostAddr: " + myIps[i].getHostAddress());
            }
        } catch(UnknownHostException e) {
            System.out.println(e);
        }
    }
}
```

실행결과

```
getHostName: www.act.ac.kr
getHostAddr: 211.221.248.33
toString: cyber.ansantc.ac.kr/211.221.248.33
getHostName: www.act.ac.kr
getHostAddr: 211.221.248.33
toString: www.act.ac.kr/211.221.248.33
getHostName: James
getHostAddr: 211.221.250.9
getHostAddr: -45.-35.-6.9.
getHostAddr: 211.221.250.9.
getHostName: www.act.ac.kr
getHostAddr: 203.252.134.126
```

12.3 URL(Uniform Resource Location)

(1) URL 클래스

URL 클래스는 웹(World Wide Web) 상에 존재하는 자원(resource)에 접근하기 위해 자원의 유일한 주소를 나타내기 위한 기능을 제공해 주는 클래스다. 이때 자원이란 파일 또는 디렉토리와 같은 간단한 것에서부터 데이터베이스 또는 검색 엔진에 대한 쿼리(query)와 같은 복잡한 형태의 객체일 수도 있다.

일반적으로, URL은 다음과 같이 몇 개의 부분으로 나눌 수 있다.

① 프로토콜(protocol) : 자원에 접근하기 위해 사용하고자 하는 프로토콜을 나타낸다.

② 호스트(host) : 접근하려는 자원이 저장되어 있는 호스트를 나타낸다.

③ 포트(port) : URL은 원격 호스트(remote host machine) 상에서 생성된 TCP 연결에 대한 포트 번호를 지정할 수 있다. 만약, 포트 번호가 생략되어 있다면 각 프로토콜에 따라 디폴트 값을 사용하게 된다. 예를 들어, HTTP 프로토콜의 경우에는 80번 이다.

URL에서 포트를 명시하기 위해 다음과 같이 할 수 있다.

① 경로명(path) : 접근하려는 자원이 저장되어 있는 호스트 상의 경로를 나타낸다. 이 부분은 프로토콜 또는 호스트에 따라 다르게 표현될 수 있고 파일 또는 디렉토리일 수 있다.

② 참조(anchor) : URL에서는 참조("ref", or "reference")를 나타낼 수 있다. 이 때, 참조는 '#'문자를 이용하여 나타낼 수 있다.

URL 클래스는 자바에서 URL을 사용할 수 있는 기능을 제공해 주고 있는데 이러한 URL 클래스에서 제공해 주고 있는 주요 메소드를 살펴보면 다음과 같다.

- URL(String spec) : 주어진 문자열에 해당하는 URL 객체를 생성한다.
- URL(String protocol, String host, int port, String file) : 주어진 조건에 해당하는 URL 객체를 생성한다. port 값이 -1일 경우 디폴트 포트 번호를 나타낸다.
- URL(String protocol, String host, int port, String file, URLStreamHandler handler) : 주어진 조건에 해당하는 URL 객체를 생성한다.
- URL(String protocol, String host, String file) : 주어진 조건에 해당하는 URL 객체를 생성한다.
- URL(URL context, String spec) : 주어진 조건에 해당하는 URL 객체를 생성한다.
- URL(URL context, String spec, URLStreamHandler handler) : 주어진 조건에 해당하는 URL 객체를 생성한다.
- String getFile() : 이 URL이 표현하고 있는 파일 부분을 얻는다.

- String getHost() : 이 URL이 표현하고 있는 호스트 부분을 얻는다.
- int getPort() : 이 URL이 표현하고 있는 포트 번호를 얻는다.
- String getProtocol() : 이 URL이 표현하고 있는 프로토콜 부분을 얻는다.
- String getRef() : 이 URL이 표현하고 있는 참조 부분을 얻는다.
- Object getContent() : 이 URL의 내용을 얻는다.
- URLConnection openConnection() : 이 URL이 가리키고 있는 원격 객체에 대한 연결을 나타내는 URLConnection 객체를 얻는다.
- InputStream openStream() : 이 URL에 대한 연결을 설정하고 입력 스트림을 위한 InputStream 객체를 얻는다.
- String toExternalForm() : 이 URL에 대한 문자열 객체를 생성한다.
- String toString() : 이 URL에 대한 문자열 객체를 생성한다.
- boolean sameFile(URL other) : 두 개의 URL을 비교하여 같은지를 얻는다. 이때, 참조에 대해서는 비교하지 않는다.
- static void setURLStreamHandlerFactory(URLStreamHandlerFactory fac) : 애플리케이션의 URLStreamHandlerFactory 객체를 설정한다.

(2) URLEncoder 클래스

URLEncoder 클래스는 문자열을 "x-www-form-urlencoded"이라 불리는 MIME 형식으로 변환하기 위한 기능을 제공해 주는 클래스이다. 문자열을 검사하여 각 문자를 차례대로 변환하며 변환 규칙은 다음과 같다.

- 아스키 문자('a'～'z', 'A'～'Z', '0'～'9') : 그대로 사용된다.
- 공백 문자(' ') : '+' 기호로 변환된다.
- 기타 문자 : "%xy"와 같이 세 개의 문자로 변환된다. 이때, xy는 문자의 하위 8비트에 대한 16진수 두 자리를 나타낸다.

위와 같이, 문자열을 변환하기 위해 URLEncoder 클래스에서 제공해 주고 있는 주요 메소드를 살펴보면 다음과 같다.

- static String encode(String s) : 주어진 문자열을 "x-www-form-urlencoded" 형식의 MIME 형식으로 변환하여 생성된 문자열을 얻는다.

이렇게 URLEncoder 클래스에서 제공해 주는 기능을 이용하여 웹 서버에 쿼리

문자열을 보내야 할 경우에 보다 쉽게 문자열을 변환할 수 있다.

(3) URLDecoder 클래스

URLDecoder 클래스는 URLEncoder 클래스와는 반대의 기능을 제공해 준다. 웹 서버로부터 전달받은 문자열을 해석하거나 또는 웹 클라이언트로부터 전달된 쿼리 문자열을 해석하기 위해 사용할 수 있다. 다음과 같은 변환 규칙을 이용하여 변환이 이루어진다.

- 아스키 문자('a'~'z', 'A'~'Z', '0'~'9') : 그대로 사용된다.
- '+' : 공백 문자(' ')로 변환된다.
- "%xy" : "xy"를 16진수 두 자리로 갖는 문자로 변환된다.

이러한 URLDecoder 클래스는 "x-www-form-urlencoded"라 불리는 MIME 형식을 문자열로 변환해 주는 기능을 제공해 주며 이를 위해 URLDecoder 클래스에서 제공해 주는 메소드를 살펴보면 다음과 같다.

- static String decode(String s) : "x-www-form-urlencoded" 형식의 주어진 문자열을 위에서 설명한 방식을 적용하여 변환한 결과를 문자열로 얻는다.

(4) URLConnection 클래스

URLConnection 클래스는 추상 클래스로서 애플리케이션과 URL 간의 통신 링크를 위한 모든 클래스들에 대한 상위클래스이다. URLConnection 객체는 URL을 이용하여 참조된 자원에 대해 읽고 쓰는 작업을 할 수 있도록 해 준다.

12.4 TCP 소켓(Transmission Control Protocol Socket)

(1) 포트(Port)

인터넷은 IP 기반의 네트워크이다. IP 주소는 150.2.6.200과 같이 1바이트 4자리의 주소로 이루어지며 DNS(Domain Name Server)에 의해 사용자가 기억하기 쉬운 형태인 이름 주소(name address)로 서비스되기도 한다. 하나의 주소에서는 여러 가지 작업을 동시에 할 수 있어야 하는데 이때 포트를 사용하여 여러 서비스를 이용할 수 있다. 이때 0부터 1023 사이의 포트는 시스템에 예약되어 있으며, 1024부터 65535 까지의 포트는 사용자가 임의로 사용할 수 있다. 일반적으로 포트를 사용하여 통신을 하는 방법에는 두 가지가 있다. 먼저, 두 프로그램간의 통신이 처음 시작될 때부터 끝날 때까지 계속 연결을 유지하는 연결지향(Connection-oriented) 방식이 있는데, 이 방식은 TCP에서 사용하는 방식으로서 데이터를 신뢰성있게 전송할 수 있다. 다음으로 연결을 설정하지 않고 데이터를 보내고 그 데이터가 제대로 갔는지 여부에 대해 전혀 신경쓰지 않는 비연결(Connectionless) 방식이 있는데, 이러한 방식은 UDP에서 데이터를 전송하기 위해 사용하는 방식이다.

(2) 소켓(Socket) 클래스

소켓이란 통신을 하기 위해 사용되는 TCP 포트를 나타내는 말이다. 소켓 또는 포트는 두 개의 프로그램이 하부 네트워크에 신경쓰지 않고 통신하기 위한 소프트웨어적인 메카니즘(mechanism)이다. 데이터를 주고 받기 위해 통신하려는 두 개의 프로그램 사이에 채널이 형성되고 이 채널을 통해서 양방향 통신이 이루어진다. 이러한 채널이 존재하도록 하기 위해 서버 프로그램은 자신의 포트 번호를 통해 들어오는 요청을 계속 듣게(listen)되며 요청이 이 포트 번호로 들어왔을 때 이를 받아 해당 서비스를 수행하게 된다. 서버 프로그램과 클라이언트 프로그램은 각각이 사용하는 포트(소켓)을 연결함으로써 하나의 논리적인 채널을 생성하게 된다. Socket 클래스는 단지 소켓(socket)이라 불리는 클라이언트 소켓을 구현할 수 있도록 해 준다. 소켓은 네트워크로 연결된 두 대의 호스트 간에 통신을 위한 한쪽 끝(클라이언트)을 말한다. 소켓의 실제 작업은 SocketImple 클래스의 인스턴스에 의해 수행된다. 소켓을 구현하고 있는 소켓 팩토리(socket factory)를 바꾸어 줌으로써 애플리케이션은 자신의 로컬 방화벽에 적당하도록 소켓을 생성할 수 있도록 해 준다.

다음에 나오는 자바 프로그램은 Socket 클래스를 이용하여 서버의 Echo 포트인 7번에 메시지를 보내고 Echo 서버가 다시 되돌려 주는(echo) 메시지를 출력하는 예를 보여준다. 이 방식은 ping을 구현하기 위해 쓰이는 방식이기도 하다.

예제

EchoPortTest.java

```
import java.io.*;
import java.net.*;
public class EchoPortTest {
  final static int ECHO_PORT=7;
  public static void main(String[] args) {
     Socket socket = null;
     PrintWriter socketOut = null;
     BufferedReader socketIn = null;
     if(args.length < 1) {
        System.out.println("[USAGE] java EchoPortTest EchoServer");
        System.exit(1);
     }
     try {
        String inputLine;
        BufferedReader stdin = new BufferedReader(new InputStreamReader(System.in));
        socket = new Socket(args[0], EchoPortTest.ECHO_PORT);
        socketIn = new BufferedReader(new InputStreamReader(socket.getInputStream()));
        socketOut = new PrintWriter(socket.getOutputStream(), true);
          while((inputLine = stdin.readLine()) != null) {
          socketOut.println(inputLine);
           System.out.println("echo: " + socketIn.readLine());
          }
        socketIn.close();
        socketOut.close();
        socket.close();
     } catch(Exception e){
        System.out.println("Failure: "+e);
     }
  }
}
```

실행결과

```
Hi
echo: Hi
It's sunny day.
echo: It's sunny day.
Good bye!
echo: Good bye!
```

다음에 나오는 자바 프로그램은 Socket 클래스를 이용하여 DayTime 서버에서 오늘의 날짜와 지금 현재 시각을 읽어와 화면상에 뿌려주는 예를 보여주기 위한 프로그램이다.

예제

DayTimePortTest.java

```
import java.io.*;
import java.net.*;
 public class DayTimePortTest {
  final static int DAYTIME_PORT=13;
   public static void main(String[] args) {
     Socket socket = null;
     BufferedReader socketIn = null;
     if(args.length < 1) {
        System.out.println("[USAGE] java DayTimePortTest DayTimeServer");
        System.exit(1);
     }
     try {
        socket = new Socket(args[0], DayTimePortTest.DAYTIME_PORT);
        socketIn =
     new BufferedReader(new InputStreamReader(socket.getInputStream()));
        System.out.println("Day Time: " + socketIn.readLine());
        socketIn.close();
        socket.close();
     } catch (Exception e){
        System.out.println("Failure: "+e);
     }
   }
}
```

실행결과

```
Day Time: Tue Jul 1 13:12:14 2006
```

(3) SocketPermission 클래스

SocketPermission 클래스는 소켓을 이용한 네트워크 접근을 할 수 있도록 해 준다. SocketPermission 객체는 호스트에 대한 명세(host specification)와 그 호스트에 대한 접속 방법을 명시하는 액션 집합(set of "actions")으로 구성되어 있다. 호스트에 대한 명시는 다음과 같다.

host = (hostname | IPaddress)[:portrange]
portrange = portnumber | -portnumber | portnumber-[portnumber]

먼저, 호스트 이름은 DNS 이름, 번호 IP 주소, 또는 "localhost" 등으로 표현된다. 와일드카드("*")는 DNS 이름을 이용하여 호스트를 명시할 때 단 한번 나타날 수 있다. 만약 와일드 카드가 나타났다면 "*.act.ac.kr"과 같이 DNS 이름의 가장 왼쪽에 나타나야 한다. 포트 번호 또는 포트 범위는 옵션이다. "N-"와 같이 포트 번호를 명시했을때 N은 포트 번호를 나타내고 "-"는 N 보다 큰 모든 포트를 나타냅니다. 따라서 "N-"는 N보다 크거나 같은 모든 포트 번호를 나타낸다. 반면 "-N"은 N보다 작거나 같은 모든 포트 번호를 나타낸다. 다시 말해서, "N-"은 "N～65535"와 같은 의미를 나타내고 "-N"은 "0～N"과 같은 의미를 나타낸다. 호스트에 연결하기 위해 가능한 방법은 다음과 같다.

- accept : accept 액션을 지정한다.
- connect : connect 액션을 지정한다.
- listen : "localhost"와 같이 사용될 때만 그 의미가 있다.
- resolve : host/ip 이름 서비스를 이용가능한지를 알아본다. 이 액션은 다른 서비스가 존재하는 경우에만 의미가 있다.

(4) ServerSocket 클래스

ServerSocket 클래스는 서버 소켓(server socket)을 위한 기능을 제공해주고 있다. 서버 소켓은 네트워크 상에서 자신에게 오는 요청을 계속 기다린다. 그리고 요청이 오면 그 요청에 해당하는 적당한 서비스를 수행하고 나서 요청한 쪽에 해당 결과를 되돌려 준다. 서버 소켓의 실제 작업은 SocketImpl 클래스의 객체를 이용하여 수행할 수 있다. 애플리케이션은 지역 방화벽(local firewall)에 적당하게 소켓을 생성할 수 있도록 애플리케이션 자체를 구성하기 위한 소켓 구현을 생성하는 소켓 팩토리를 바꿀 수 있다.

다음에 나오는 두 개의 자바 프로그램은 Socket 클래스와 ServerSocket 클래스를 이용하여 클라이언트/서버 프로그램을 작성한 것으로서 클라이언트가 서버에게 메시지를 보내면 서버는 그 메시지를 다시 되돌려 주는(echo) 기능을 갖도록 되어 있다.

12.5 UDP(User Datagram Protocol)

TCP/IP 프로토콜 중에서 사용자 데이터그램 프로토콜(User Datagram Protocol)은 응용 프로그램들이 다른 응용 프로그램에게 데이터그램을 송신하기 위해 사용하는 주요 메카니즘을 제공해 준다. UDP는 한 기계에서 수행되는 여러 프로그램들을 구별하기 위해 프로토콜 포트를 제공한다. 즉, 데이터를 송신할 때 각 UDP 메시지는 목적지 포트 번호와 근원지 포트 번호를 포함하기 때문에 그 목적지에 있는 UDP 소프트웨어가 올바른 수신자에게 메시지를 전달하고 그 수신자가 응답을 보낼 수 있다. UDP는 한 기계에서 다른 기계로 메시지를 전송하기 위해 하부 인터넷 프로토콜을 사용하고 IP에서 처럼 비신뢰적이고 비연결형 데이터그램 전달 방법을 제공한다. UDP는 메시지가 제대로 도착했는지 확인하는 확인 응답을 사용하지 않고 수신된 메시지의 순서를 맞추지 않으며 기계간의 정보 흐름 속도를 제어하기 위한 피드백을 제공하지 않기 때문에 UDP 메시지는 손실되거나 중복되거나 비순서적으로 도착될 수 있다. 또한, 패킷들이 수신자가 처리할 수 있는 속도보다 더 빨리 도착할 수 있다. 따라서 사용자 데이터그램 프로토콜은 기계들간의 메시지들을 전송하기 위해 IP를 이용하여 비신뢰적 비연결형 전달 서비스를 제공한다.

(1) DatagramPacket 클래스

DatagramPacket 클래스는 데이터그램을 사용할 수 있도록 기능을 제공해 준다. 데이터그램 패킷은 비연결 패킷 전송 서비스(connectionless packet delivery service)를 구현하기 위해 사용된다. 메시지는 패킷 내에 포함되어 있는 정보에 기반하여 하나의 호스트에서 다른 호스트로 라우팅(routed) 된다. 한 호스트에서 다른 호스트로 전송된 여러 개의 패킷(multiple packet)은 서로 다르게 라우팅될 것이며 임의의 순서로 도착하게 된다.

(2) DatagramSocket 클래스

DatagramSocket 클래스는 데이터그램 패킷을 보내거나 받기 위한 데이터그램 소켓 기능을 제공해 주는 클래스이다. 데이터그램 소켓은 패킷 전송 서비스를 위한 송신과 수신을 위한 포인트이다. 데이터그램 소켓에 보내지거나 또는 데이터그램 소켓에서 받아들인 각 패킷은 각각 보내지거나 라우트 된다. UDP 브로드캐스트 송신

(UDP broadcasts sends)과 UDP 브로드캐스트 수신(UDP broadcasts receives)은 항상 데이터그램 소켓을 활성화시킨다.

다음에 나오는 두 개의 자바 프로그램은 DatagramPacket 클래스와 DatagramSocket 클래스를 이용하여 클라이언트/서버 프로그램을 작성한 것으로서 DayTime 클라이언트가 DayTime 서버에게서 현재의 날자와 시간을 얻어와 출력하는 간단한 예를 보여주는 프로그램이다.

예제

UdpDayTimeServerTest.java

```
import java.io.*;
import java.net.*;
import java.util.Date;
public class UdpDayTimeServerTest {
 public static void main(String[] args) {
    DatagramSocket socket=null;
    DatagramPacket packetOut=null;
    DatagramPacket packetIn=null;
    byte packetBuf[] = new byte[1024];
    String dateString=null;
    try {
       socket = new DatagramSocket(13);
       for(;;) {
          packetIn = new DatagramPacket(packetBuf, 1024);
          socket.receive(packetIn);
          dateString = new String(new Date().toGMTString()+"\r\n");
          int len = dateString.length();
          int port = packetIn.getPort();
          InetAddress inet = packetIn.getAddress();
          packetOut = new DatagramPacket(dateString.getBytes(), len, inet, port);
          socket.send(packetOut);
          System.out.println(" Sending: " + dateString);
        }
     } catch(IOException e){
        System.out.println("Failure: "+e);
     }
   }
}
```

실행결과

```
Sending: 02 Jul 2003 11:35:59 GMT
Sending: 02 Jul 2003 17:35:59 GMT
```

예제

UdpDayTimeClientTest.java

```
import java.io.*;
import java.net.*;
public class UdpDayTimeClientTest {
 public static void main(String[] args) {
    DatagramSocket socket=null;
    DatagramPacket packetOut=null;
    DatagramPacket packetIn=null;
    byte packetBuf[] = new byte[1024];
    InetAddress serverInet;
     if(args.length < 1) {
       System.out.println("[USAGE] java UdpClockTest DayTimeServer");
       System.exit(1);
    }
      try {
        socket = new DatagramSocket();
        serverInet = InetAddress.getByName(args[0]);
        packetOut = new DatagramPacket(packetBuf, 2, serverInet, 13);
        packetIn = new DatagramPacket(packetBuf, 1024);
        socket.send(packetOut);
        socket.receive(packetIn);
        String dayTime = new String(packetIn.getData(), 0, packetIn.getLength());
        System.out.println("Day Time: " + dayTime);
        socket.close();
     } catch(IOException e){
        System.out.println("Failure: "+e);
     }
   }
}
```

실행결과

```
>java UdpDayTimeClientTest localhost

 Day Time: 02 Jul 2003 11:42:13 GMT

>java UdpDayTimeClientTest www.act.ac.kr

 Day Time: 02 Jul 2003 11:42:27 GMT
```

(3) MulticastSocket 클래스

MulticastSocket 클래스는 멀티캐스트 데이터그램 소켓을 위한 클래스로서 IP 멀티캐스트 패킷을 송신 또는 수신하기 위한 기능을 제공해 주는 클래스이다. MulticastSocket 객체는 인터넷 상에서 멀티캐스트 그룹 내에 있는 모든 호스트에게 송수신 하기 위한 기능을 추가적으로 제공해 주기 위한 DatagramSocket 객체라 할 수 있다. 멀티캐스트 그룹이란 IP 주소 클래스 중 D 클래스 224.0.0.0에서 239.255.255.255 까지의 IP 주소 범위 그리고 표준 UDP 포트 번호를 이용하여 나타낼 수 있다. 이때, 요구된 포트를 갖는 MulticastSocket 객체를 생성하고 그리고 나서 joinGroup(InetAddress groupAddr) 메소드를 호출함으로써 멀티캐스트 그룹에 연결할 수 있다. 그런데 IP 멀티캐스트 주소 중 224.0.0.0은 예약되어 있고 224.0.01은 IP 멀티캐스트에 참여하는 모든 호스트와 라우터를 포함하는 모든 호스트 그룹에 영구히 할당되어 있으므로 사용할 수 없다.

12.6 클라이언트(Client)/서버(Server) 프로그래밍

(1) SMTP(Send Mail Transfer Protocol) 클라이언트

일반적으로, 전자 우편을 이용하여 메일을 보내려 할 때, 메일 서버와 메일 클라이언트는 SMTP(Simple Mail Transfer Protocol)에서 정의하고 있는 다음과 같은 규약을 이용하여 통신을 한다.

프 로 토 콜	설 명
HELO localhost	SMTP 서버와 통신을 초기화 한다.
MAIL FROM: 보내는 사람 주소	보내는 사람의 전자우편 주소를 지정한다.
RCPT TO: 받는 사람 주소	받는 사람의 전자우편 주소를 지정한다.
DATA	내용이 송신될 것을 알린다.
SUBJECT: 제목	제목을 지정한다.
>내용	내용을 보낸다.
.	내용의 끝을 나타낸다.
QUIT	연결을 종료한다.

【그림 12.1】 SMTP 프로토콜

먼저, SMTP 서버에게 클라이언트가 있는 호스트에 대한 정보를 알려주고, 송신자와 수신자에 대한 전자우편 주소를 알려주며, 데이터를 보냅니다. 이 때, 데이터는 제목(SUBJECT)과 내용으로 나뉘며, 내용의 끝은 마침표('.')만 있는 한 라인으로 나타냅니다. 다음은 자바 애플리케이션을 이용하여, SMTP 서버, 송신 및 수신자의 전자우편 주소, 제목, 그리고 내용을 입력 받아 이를 메일로 보내는 예제이다.

예제

SmtpTest.java

```
import java.io.*;
import java.net.*;
import java.awt.*;
import java.applet.*;
public class SmtpTest extends Frame {
   TextField smtpServer = new TextField(30);
   TextField mailFrom = new TextField(30);
   TextField rcptTo = new TextField(30);
   TextField subject = new TextField(30);
   TextArea body = new TextArea(5, 30);
   Button   send = new Button("보내기");
   public SmtpTest() {
      Panel p = new Panel();
      p.add(send);
      add("Center", inputBoard());
      add("South", p);
```

```
}
private Panel inputBoard() {
   Panel p = new Panel();
   GridBagLayout gbl = new GridBagLayout();
   p.setLayout(gbl);
   GridBagConstraints gbc = new GridBagConstraints();
   gbc.fill = GridBagConstraints.BOTH;
   gbc.weightx = 100;
   gbc.weighty = 100;
   add(p, new Label("메일서버: ", Label.RIGHT), gbl, gbc, 0, 0, 1, 1);
   add(p, smtpServer, gbl, gbc, 1, 0, 3, 1);
   add(p, new Label("From: ", Label.RIGHT), gbl, gbc, 0, 1, 1, 1);
   add(p, mailFrom, gbl, gbc, 1, 1, 3, 1);
   add(p, new Label("To: ", Label.RIGHT), gbl, gbc, 0, 2, 1, 1);
   add(p, rcptTo, gbl, gbc, 1, 2, 3, 1);
   add(p, new Label("제 목: ", Label.RIGHT), gbl, gbc, 0, 3, 1, 1);
   add(p, subject, gbl, gbc, 1, 3, 3, 1);
   add(p, new Label("내 용: ", Label.RIGHT), gbl, gbc, 0, 4, 1, 1);
   add(p, body, gbl, gbc, 1, 4, 1, 1);
   return(p);
}
private void add(Container p, Component c,
            GridBagLayout gbl, GridBagConstraints gbc,
            int x, int y, int w, int h) {
   gbc.gridx = x;
   gbc.gridy = y;
   gbc.gridwidth  = w;
   gbc.gridheight = h;
   gbl.setConstraints(c, gbc);
   p.add(c);
}
public boolean action(Event evt, Object arg) {
   if(evt.target != send) {
      return(false);
   }
   String EOF = "\r\n.\r\n";
   Socket smtp = null;
   try {
      smtp = new Socket(smtpServer.getText(), 25);
      OutputStream os = smtp.getOutputStream();
      ps = new PrintStream(os);
      InputStream is = smtp.getInputStream();
      dis = new DataInputStream(is);
   } catch(IOException e) {
```

```
        System.out.println("Error connecting: " + e);
      }
      try {
        String local = InetAddress.getLocalHost().getHostName();
        send("HELO " + local); receive();
        send("MAIL FROM: " + mailFrom.getText()); receive();
        send("RCPT TO: " + rcptTo.getText()); receive();
        send("DATA"); receive();
        send("SUBJECT: " + subject.getText()); receive();
        send(body.getText()+EOF); receive();
        send("QUIT"); receive();
        smtp.close();
      } catch(IOException e) {
        System.out.println("Error sending: " + e);
      }
      System.out.println("Mail sent!");
      return(true);
    }
    static PrintStream ps = null;
    static DataInputStream dis = null;
    public static void send(String s) throws IOException {
      ps.println(s);
      ps.flush();
      System.out.println("Java sent: " + s);
    }
    public static void receive() throws IOException {
      String readstr = dis.readLine();

      System.out.println("SMTP response: " + readstr);
    }
    public static void main(String[] args) {
       Frame f = new SmtpTest();
       f.setTitle("Smtp");
       f.pack();
       f.setVisible(true);
     }
  }
```

실행결과

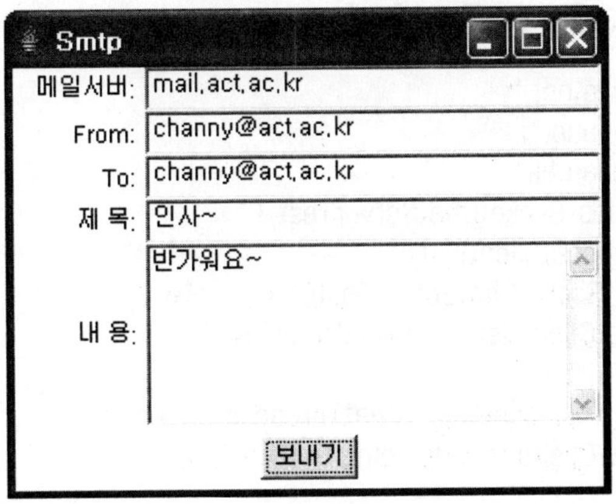


```
Java sent: HELO dbviolet
SMTP response: 220 mail.act.ac.kr ESMTP Sendmail 8.8.8+Sun/8.8.8; Wed, 5 Jul 2006 15:00:37 +0900 (KST)
Java sent: MAIL FROM: channy@act.ac.kr
SMTP response: 250 mail.act.ac.kr Hello [163.239.24.199]
Java sent: RCPT TO: channy@act.ac.kr
SMTP response: 250 channy@act.ac.kr... Sender ok
Java sent: DATA
SMTP response: 250 channy@act.ac.kr... Recipient ok
Java sent: SUBJECT: 인사~
SMTP response: 354 Enter mail, end with "." on a line by itself
Java sent: 반가워요~
SMTP response: BAA28634 Message accepted for delivery
Java sent: QUIT
SMTP response: 221 mail.act.ac.kr closing connection
Mail sent!
```

(2) 소켓을 이용한 채팅 클라이언트/서버 애플리케이션 구현

다음에 나오는 두 개의 자바 프로그램은 Socket 클래스와 ServerSocket 클래스를 이용하여, 채팅 클라이언트/서버 프로그램을 작성하기 위한 간단한 예를 보여주는 프로그램이다.

예제

SocketChatServerTest.java

```
import java.net.*;
import java.io.*;
import java.util.*;
public class SocketChatServerTest {
   Vector chatClientList;
   public SocketChatServerTest() {
      chatClientList = new Vector();
   }
   public void addClient(ChatThread client) {
      chatClientList.addElement(client);
   }
   public void removeClient(ChatThread client) {
      chatClientList.removeElement(client);
   }
   public void sendUserList(ChatThread client) throws IOException {
      if(client.chatState < 3) return;
      client.sendMessage("#사용자 리스트");
      for(int i=0;i<chatClientList.size();i++) {
         ChatThread thd = ((ChatThread)chatClientList.elementAt(i));
         client.sendMessage(thd.charUserName);
      }
   }
   public void broadcast(String msg) throws IOException {
      for(int i=0; i<chatClientList.size(); i++) {
         ChatThread thd =((ChatThread)chatClientList.elementAt(i));
         if(thd.chatState >= 3) thd.sendMessage(msg);
      }
   }
   public static void main(String[] args) {
      SocketChatServerTest server;
      ServerSocket serverSocket = null;
      int port = 5555;
      boolean listening = true;
      server = new SocketChatServerTest();
      try {
         serverSocket = new ServerSocket(port);
      } catch(IOException e) {
         System.err.println("연결 실패입니다.");
         System.exit(-1);
      }
      System.out.println("서버 ["+serverSocket.getInetAddress()+"]에서 연결을 기다립
니다.");
```

```
        try {
            while(listening) {
                ChatThread thread;
                thread = new ChatThread(server, serverSocket.accept());
                thread.start();
                server.addClient(thread);
            }
            serverSocket.close();
        } catch(IOException e) {
        }
        System.out.println("서버를 종료합니다.");
    }
}
class ChatThread extends Thread {
    private SocketChatServerTest chatServer;
    private Socket chatSocket;
    int chatState;
    String charUserName;
    PrintWriter streamOut;
    BufferedReader streamIn;
    public ChatThread(SocketChatServerTest server, Socket socket) {
        super("Echo Service Thread");
        chatServer = server;
        chatSocket = socket;
        chatState = 0;
        streamOut = null;
        streamIn = null;
    }
    public void sendMessage(String msg) throws IOException {
        if(streamOut != null) {
            streamOut.println(msg);
        }
    }
    public void run() {
        try {
            System.out.println("["+chatSocket.getInetAddress()+"]에서 접속하였습니다.");
            streamOut = new PrintWriter(chatSocket.getOutputStream(), true);
            streamIn = new BufferedReader(new
InputStreamReader(chatSocket.getInputStream()));
            String inputLine, outputLine;
            chatState = 1;
            streamOut.println("Terminal");
            if("JChat__01".equals(streamIn.readLine())) {
                chatState = 2;
                streamOut.println("UserName:");
                charUserName = streamIn.readLine();
```

```
            chatState = 3;
            sendMessage(charUserName);
            chatServer.broadcast("# " + charUserName + " 님이  들어오셨습니다");
        } else {
            sendMessage("지원하지 않는 터미널입니다.");
            charUserName = "몰라요";
            chatState = 3;
        }
        while((inputLine = streamIn.readLine()) != null) {
            if(inputLine.equals("/h")) {
                sendMessage("#도움말\n"
                        + "/h : 도움말\n"
                        + "/u : 전체 사용자\n"
                        + "/k [사용자이름] : 사용자 이름 바꾸기\n");
            } else if(inputLine.equals("/u")) {
                chatServer.sendUserList(ChatThread.this);
            } else if(inputLine.regionMatches(0, "/k", 0, 2)) {
                String new__name = inputLine.substring(2).trim();
                chatServer.broadcast("# 사용자 "
                        + charUserName
                        +" 님의 이름이 ["+ new__name+"](으)로 바뀌었습니다.");
                charUserName = new__name;
            } else {
                chatServer.broadcast("["+ charUserName + "] " + inputLine);
            }
        }
        streamOut.close();
        streamIn.close();
        chatSocket.close();
    } catch(IOException e) {
        chatServer.removeClient(this);
        System.out.println("["+ chatSocket.getInetAddress() + "]의 접속이 끊겼습니
다.");
    }
  }
}
```

실행결과

서버 [0.0.0.0/0.0.0.0]에서 연결을 기다립니다.
[/163.239.24.199]에서 접속하였습니다.
[/163.239.24.199]에서 접속하였습니다.
[/163.239.24.199]의 접속이 끊겼습니다.
[/163.239.24.199]의 접속이 끊겼습니다.

예제

SocketChatClientTest.java

```
import java.io.*;
import java.net.*;
import java.awt.*;
import java.awt.event.*;
public class SocketChatClientTest extends Frame implements Runnable {
   int chatState=0;
   Socket chatSocket=null;
   PrintWriter streamOut=null;
   BufferedReader streamIn=null;
   TextArea chatArea=null;
   TextField chatField=null;
   public SocketChatClientTest(String[] args) {
      setLayout(new BorderLayout()) ;
      chatArea = new TextArea();
      chatArea.setEditable(false);
      add(chatArea, BorderLayout.CENTER);
      add((chatField = new TextField()), BorderLayout.SOUTH);
      addWindowListener(new WindowAdapter() {
         public void windowClosing(WindowEvent e) {
            System.exit(0);
         }
      });
      FocusListener fl = new FocusAdapter() {
         public void focusGained(FocusEvent e) {
            chatField.requestFocus();
         }
      };
      chatArea.addFocusListener(fl);
      chatField.addFocusListener(fl);
      chatField.addActionListener(new  ActionListener() {
         public void actionPerformed(ActionEvent e) {
            if(chatState < 2) return;
            String charLine = chatField.getText();
            chatField.setText("");
            try {
               streamOut.println(charLine);
            } catch(Exception ee) {
               System.out.println(ee);
            }
         }
```

```
        });
        chatField.requestFocus();
        setTitle("Chatting on "+ args[0]);
        connect(args[0], Integer.parseInt(args[1]));
    }
    public void connect(String host, int port) {
        try {
            chatSocket = new Socket(host, port);
            streamOut = new PrintWriter(chatSocket.getOutputStream(), true);
            streamIn = new BufferedReader(new InputStreamReader
            (chatSocket.getInputStream()));
            chatState = 1;
            if("Terminal".equals(streamIn.readLine())) {
                streamOut.println("JChat__01");
                chatState = 2;
            }
        } catch(UnknownHostException e) {
            System.out.println(e);
            System.exit(1);
        } catch(IOException e) {
            System.out.println(e);
            System.exit(1);
        }
        new Thread(this).start();
    }
    public void disconnect() {
        try {
            streamOut.close();
            streamIn.close();
            chatSocket.close();
            chatState = 0;
        } catch(IOException e) {
            System.out.println(e);
        }
    }
    public void run() {
        try {
            while(true) {
                if(chatState >=2) {
                    chatArea.append(streamIn.readLine()+"\n");
                }
                try {
                    wait(100);
                } catch(Exception e) {
```

```
                }
            }
        } catch(IOException e) {
            System.out.println(e);
            disconnect();
        }
    }
    public static void main(String args[]) {
        SocketChatClientTest f;
        if(args.length < 2) {
            System.out.println("[USAGE] java SocketChatClientTest ChatServer PortNo");
            System.exit(1);
        }
        f = new SocketChatClientTest(args);
        f.setLocation(100, 100);
        f.setSize(200, 150);
        f.setVisible(true);
    }
}
```

실행결과

>java SocketChatClientTest dbviolet 5555

>java SocketChatClientTest dbviolet 5555 (다른 창에서 실행하기)

(3) 소켓을 이용한 채팅 애플릿의 구현

다음은 자바 애플릿을 이용하여 채팅 클라이언트를 작성하여 위에서 작성한 소켓을 이용한 채팅 서버와 서로 연동하는 예를 보여주고 있습니다.

예제

SocketChatAppletTest.html

```
<HTML>
<HEAD><TITLE>SocketChatAppletTest</TITLE></HEAD>
<BODY>
<APPLET CODE="SocketChatAppletTest.class" WIDTH=350 HEIGHT=200>
Can't load the applet
</APPLET>
</BODY>
</HTML>
```

예제

SocketChatAppletTest.java

```
import java.io.*;
import java.net.*;
import java.awt.*;
import java.applet.*;
import java.awt.event.*;
public class SocketChatAppletTest extends Applet implements Runnable {
   int chatState=0;
   int chatPort=5555;
   Socket chatSocket=null;
   PrintWriter streamOut=null;
   BufferedReader streamIn=null;
   Button connButton=null;
   Button disconnButton=null;
   TextField userField=null;
   TextArea chatArea=null;
   TextField chatField=null;
   Button sendButton=null;
   Thread chatClient=null;
   public void init() {
      setLayout(new BorderLayout()) ;
      connButton = new Button("Connect");
      disconnButton = new Button("Disconnect");
      disconnButton.setEnabled(false);;
      userField = new TextField("No connection");
      Panel connPanel = new Panel();
      connPanel.add(userField);
```

```
connPanel.add(connButton);
connPanel.add(disconnButton);
chatArea = new TextArea();
chatField = new TextField();
chatArea.setEditable(false);
add("North", connPanel);
add("Center", chatArea);
add("South", chatField);
FocusListener fl = new FocusAdapter() {
   public void focusGained(FocusEvent e) {
      chatField.requestFocus();
   }
};
chatArea.addFocusListener(fl);
chatField.addFocusListener(fl);
ActionListener al = new ActionListener() {
   public void actionPerformed(ActionEvent e) {
      if(e.getSource() == connButton) {
         connect();
         userField.setEnabled(false);
         connButton.setEnabled(false);
         disconnButton.setEnabled(true);
         chatField.setEnabled(true);
         chatArea.setEnabled(true);
         chatField.requestFocus();

         return;
      } else if(e.getSource() == disconnButton) {
         disconnect();
         userField.setEnabled(true);
         userField.setText("No connection");
         userField.selectAll();
         connButton.setEnabled(true);
         disconnButton.setEnabled(false);
         chatField.setEnabled(false);
         chatArea.setEnabled(false);
         return;
      }
      if(chatState < 2) return;
      String charLine = chatField.getText();
      chatField.setText("");
      try {
         streamOut.println(charLine);
      } catch(Exception ee) {
```

```
                System.out.println(ee);
            }
        }
    };
    chatField.addActionListener(al);
    userField.addActionListener(al);
    connButton.addActionListener(al);
    disconnButton.addActionListener(al);
    chatField.setEnabled(false);
    chatArea.setEnabled(false);

    userField.requestFocus();
    userField.selectAll();
}
public void connect() {
    try {
        chatSocket = new Socket(getCodeBase().getHost(), chatPort);
        streamOut = new PrintWriter(chatSocket.getOutputStream(), true);
        streamIn = new BufferedReader(new InputStreamReader
        (chatSocket.getInputStream()));
        chatState = 1;
        if("Terminal".equals(streamIn.readLine())) {
            streamOut.println("JChat__01");
        }
        if("UserName:".equals(streamIn.readLine())) {
            streamOut.println(userField.getText());
            chatState = 2;
        }
    } catch(UnknownHostException e) {
        System.out.println(e);
        stop();
        return;
    } catch(IOException e) {
        System.out.println(e);
        stop();
        return;
    }
    start();
}

public void disconnect() {
    try {
        streamOut.close();
        streamIn.close();
```

```
            chatSocket.close();
            chatState = 0;
        } catch(IOException e) {
            System.out.println(e);
        }
        stop();
    }
    public void start() {
        if(chatClient == null) {
            chatClient = new Thread(this);
            chatClient.start();
        }
    }
    public void stop() {
        if(chatClient != null) {
            chatClient.stop();
            chatClient = null;
        }
    }
    public void run() {
        try {
            while(true) {
                if(chatState >=2) {
                    chatArea.append(streamIn.readLine()+"\n");
                }
                try {
                    wait(100);
                } catch(Exception e) {
                }
            }
        } catch(IOException e) {
            System.out.println(e);
            disconnect();
        }
    }
}
```

실행결과

>AppletViewer SocketChatAppletTest.html
>AppletViewer SocketChatAppletTest.html (다른 창에서 실행시킴)
>java SocketChatClientTest dbviolet 5555 (다른 창에서 실행시킴)

CHAPTER 13

이벤트 처리

13.1 이벤트

이벤트(event)란? 사용자의 입력, 키보드, 마우스 등의 장치로부터 발생하는 모든 사건을 의미한다. 최근에 많은 프로그래밍 언어들은 GUI(Graphical User Interface) 구축 기능과 이벤트 처리 기능을 제공하고 있다. GUI는 사용자와 상호작용을 위한 그래피컬 사용자 인터페이스 화면이다. 일반적으로 GUI는 버튼, 스크롤바, 텍스트 필드, 리스트, 선택박스, 메뉴 등 많은 컴포넌트들을 사용하여 작성된다. 응용프로그램은 이러한 컴포넌트로부터 발생하는 모든 사용자의 동작(마우스 클릭, 키보드 입력, 마우스 움직임 등), 즉 이벤트를 처리할 수 있어야 한다.

이벤트는 반드시 사용자로부터만 발생하는 것은 아니며 프로그램에서 타이머가 종료되거나, 카운터 값이 지정된 범위를 벗어났을 때 등 소프트웨어적으로도 발생할 수 있다.

이벤트 중심의 전형적인 프로그램들은 대부분 무한루프(infinite loop)를 사용한다. 즉 프로그램은 무한루프를 돌면서 사용자의 이벤트가 발생하기를 기다린다. 사용자의 이벤트가 발생하면 그 이벤트를 처리하고 다시 무한루프에 빠지게 된다. 이러한 동작을 반복하는 프로그램들을 이벤트 지향(event driven) 프로그램이라 한다.

13.2 자바 이벤트 모델

자바 1.0 버전 이하에서 이벤트 처리 모델은 클래스 상속에 기반한 이벤트 모델로서 부모의 이벤트 핸들러를 상속 받는 것이 주된 골격이었다. 그러나 달라진 이벤트 처리 모델에서는 간단하고 배우기 쉬우며 어플리케이션 흐름과 GUI 처리 코드와의 보다 명확한 분리를 통해서 보다 안정된 이벤트 핸들링 코드를 제공하게 되는데 이러한 자바 1.1.x 이벤트 처리 모델을 위임형(delegation) 이벤트 모델이라고 한다.

각 이벤트 종류는 java.util.EventObject 클래스를 상속한 서브 클래스로 캡슐화되어 있으며 이러한 위임형 모델에서는 이벤트를 발생시키는 이벤트 소스(event source) 객체가 있고 이벤트가 발생했을 경우 이 이벤트 객체를 이벤트 리스너(event listener)로 전달하게 된다. 이 때, 이벤트 리스너는 전달되어 오는 이벤트를 기다렸다가 적당한 처리를 하게 된다.

이벤트 소스는 버튼(Button)이나 스크롤바(Scrollbar)와 같이 이벤트가 발생한 컴포넌트 객체를 말한다. 각 컴포넌트에서 이벤트를 처리하기 위해 다음과 같은 순서로 한다.

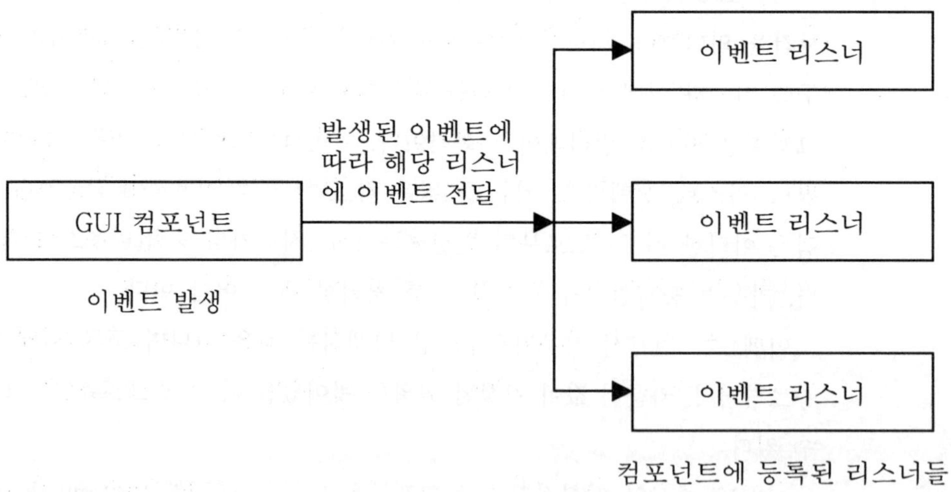

【그림 13.1】 자바 이벤트 모델

① 처리할 이벤트에 대한 이벤트 리스너를 작성한다.

② 이벤트 리스너를 해당 컴포넌트에 등록한다.

이 때, 하나의 이벤트 리스너는 두 개 이상의 컴포넌트에 등록될 수 있다. 예를 들어, “OK”와 “CANCEL” 두 개의 버튼이 있을 경우 마우스 커서가 버튼 내로 들어오면 글씨의 색이 바뀌게 할 수 있다. 이러한 작업은 마우스 이벤트 리스너를 이용하여 가능하고 두 버튼에 대해 같은 작업을 하게 되므로 같은 리스너를 두 버튼 모두에 등록하면 된다.

③ 컴포넌트 객체에서 이벤트가 발생할 때 해당 컴포넌트는 이벤트 소스가 되고 이 이벤트는 연결된 이벤트 리스너가 처리하도록 이벤트 리스너에게 전달된다.

④ 이벤트 리스너는 전달받은 이벤트를 처리하게 된다.

13.3 이벤트의 종류

모든 이벤트는 이벤트가 발생한 곳을 나타내는 컴포넌트 소스에 대한 참조값을 갖는다. 그리고 EventObject 클래스에 의해 다음과 같은 기능이 제공된다.

- Object getSource(): 이벤트가 발생한 이벤트 소스 컴포넌트를 얻는다.

AWTEvent 클래스는 모든 AWT 이벤트 클래스들에 대한 최상위 클래스라 할 수 있다. 그리고 AWTEvent 클래스와 AWTEvent 클래스의 하위클래스들은 java.awt.Event 클래스를 대신한다. 그리고 AWTEvent 클래스에 정의되어 있는 이벤트 마스크는 등록된 리스너에 의해 선택되지 않은 이벤트 종류를 선택하기 위해 Component 클래스의 enableEvents 메소드를 사용하는 컴포넌트 클래스들에 의해 필요하게 된다. 만약 리스너가 컴포넌트에 등록된다면 컴포넌트에 의해 적당한 이벤트 마스크가 내부적으로 설정된다. AWTEvent 클래스에서는 다음과 같은 이벤트 마스크와 주요 메소드를 제공해 주고 있다.

- static long ACTION_EVENT_MASK
- static long ADJUSTMENT_EVENT_MASK
- static long COMPONENT_EVENT_MASK
- static long CONTAINER_EVENT_MASK
- static long FOCUS_EVENT_MASK
- static long INPUT_METHOD_EVENT_MASK

- static long ITEM_EVENT_MASK
- static long KEY_EVENT_MASK
- static long MOUSE_EVENT_MASK
- static long MOUSE_MOTION_EVENT_MASK
- static long TEXT_EVENT_MASK
- static long WINDOW_EVENT_MASK
- static int RESERVED_ID_MAX: 예약된(reserved) AWT 이벤트 ID의 최대값
- int getID() : 이벤트의 종류를 얻는다.
- String paramString() : 이벤트의 상태를 표현하는 문자열을 얻는다.

13.4 액션 이벤트(Action Event)

(1) ActionEvent 클래스

컴포넌트가 정의하고 있는 액션이 발생했다는 것을 가리키는 이벤트로서 실제 이벤트가 아닌 의미상의 이벤트이다. 예를 들어, 버튼 컴포넌트에서 버튼이 눌렸을 때 이러한 고수준의 액션 이벤트가 발생한다. 이러한 액션 이벤트는 컴포넌트에 따라 각각 정의되어 있다. 컴포넌트의 addActionListener 메소드를 이용하여 액션 이벤트를 처리할 ActionListener 객체를 등록할 수 있고 이렇게 등록된 모든 ActionListener 객체에 액션 이벤트가 전달되어 처리되도록 한다. 이 때, ActionListener 객체는 ActionListener 인터페이스를 구현한 것이다.

(2) ActionListener 인터페이스

ActionListener 인터페이스는 액션 이벤트를 받아서 처리할 리스너가 구현해야할 기능을 정의하고 있는 인터페이스이다. 따라서, 액션 이베트를 처리할 클래스는 이 인터페이스를 구현해야 하고 객체를 생성한 후 액션 이벤트를 처리할 컴포넌트의 addActionListener 메소드를 이용하여 컴포넌트에 등록하게 된다.

다음에 나오는 자바 프로그램은 ActionEvent를 사용하는 예를 보여주는 프로그램이다.

예제

ActionEventTest.java

```
import java.awt.*;
import java.awt.event.*;
class ActionEventTest extends Frame {
 Button b1, b2, b3;
 public ActionEventTest() {
    setLayout(new FlowLayout());
    addWindowListener(new WindowAdapter() {
       public void windowClosing(WindowEvent we) {
          System.exit(0);
       }
    });
    ActionListener wa = new ActionListener() {
       public void actionPerformed(ActionEvent e) {
          if(e.getSource() == b1) {
             b1.setEnabled(false);
             b2.setEnabled(true);
             b3.setForeground(Color.blue);
          } else if(e.getActionCommand().equals("Disable")) {
             b1.setEnabled(true);
             b2.setEnabled(false);
             b3.setForeground(Color.black);
          }
       }
    };
    b1 = new Button("Enable");
    b2 = new Button("Disable");
    b2.setEnabled(false);
    b3 = new Button("Tester");
    b1.addActionListener(wa);
    b2.addActionListener(wa);
    add(b1);
    add(b2);
    add(b3);
 }
 public static void main(String args[]) {
    ActionEventTest f = new ActionEventTest();
    f.pack(); // setSize(200, 60);
    f.setVisible(true);
 }
}
```

실행결과

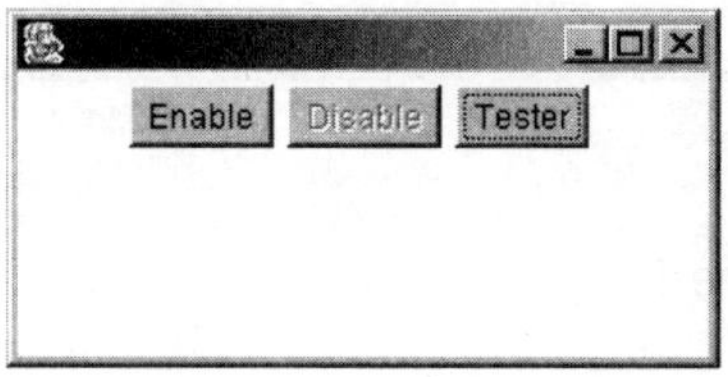

13.5 조정 이벤트(Adjustment Event)

(1) AdjustmentEvent 클래스

조정 이벤트(AdjustmentEvent)는 Adjustable 인터페이스를 구현하는 컴포넌트에서 값을 변경하려고 시도할 때 발생하는 이벤트이다. Adjustable 인터페이스를 구현하는 대표적인 컴포넌트는 스크롤바(Scrollbar) 컴포넌트이다. 사용자가 스크롤바 컴포넌트의 값을 변경할 때 스크롤바 컴포넌트는 AdjustmentEvent 객체를 받는다. 이 때, 스크롤바 컴포넌트가 먼저 이 이벤트를 처리하고 등록된 리스너에게 해당 이벤트를 전달한다. 예를 들어, 사용자가 마우스를 이용하여 스크롤바 컴포넌트의 값을 바꾸거나 키보드에서 PGUP, PGDN 등의 키를 치면 조정 이벤트가 발생한다.

(2) AdjustmentListener 인터페이스

AdjustmentListener 인터페이스는 조정 이벤트(adjustment event)를 받아서 처리할 리스너가 구현해야할 기능을 정의하고 있는 인터페이스이다. 따라서, 조정 이베트를 처리할 클래스는 이 인터페이스를 구현해야 한다.

다음에 나오는 자바 프로그램은 AdjustmentEvent를 사용하는 예를 보여주는 프로그램이다.

예제

AdjustmentEventTest.java

```
import java.awt.*;
import java.awt.event.*;
class AdjustmentEventTest extends Frame {
 Scrollbar slider;
 public AdjustmentEventTest() {
    setLayout(new FlowLayout());
    slider = new Scrollbar(Scrollbar.HORIZONTAL, 0, 10, 0, 100);
    slider.setSize(200, 40);
    add(slider);
    addWindowListener(new WindowAdapter() {
       public void windowClosing(WindowEvent e) {
          System.exit(0);
       }
    });
    slider.addAdjustmentListener(new AdjustmentListener() {
       public void adjustmentValueChanged(AdjustmentEvent e) {
          System.out.println(e.paramString()+", "+e.getAdjustmentType()+",
"+e.getValue());
       }
    });
 }
 public static void main(String args[]) {
    AdjustmentEventTest f = new AdjustmentEventTest();
    f.pack();
    f.setVisible(true);
    f.setTitle("AdjustmentEvent");
 }
}
```

실행결과

도스창>

```
ADJUSTMENT_VALUE_CHANGED,adjType=UNIT_INCREMENT,value=1,isAdjusti
ng=false, 1, 1
ADJUSTMENT_VALUE_CHANGED,adjType=UNIT_INCREMENT,value=2,isAdjusti
ng=false, 1, 2
ADJUSTMENT_VALUE_CHANGED,adjType=UNIT_INCREMENT,value=3,isAdjusti
ng=false, 1, 3
ADJUSTMENT_VALUE_CHANGED,adjType=UNIT_DECREMENT,value=2,isAdjusti
ng=false, 2, 2
ADJUSTMENT_VALUE_CHANGED,adjType=UNIT_DECREMENT,value=1,isAdjusti
ng=false, 2, 1
ADJUSTMENT_VALUE_CHANGED,adjType=BLOCK_INCREMENT,value=11,isAdj
usting=false, 4,
11
ADJUSTMENT_VALUE_CHANGED,adjType=BLOCK_INCREMENT,value=21,isAdj
usting=false, 4, 21
ADJUSTMENT_VALUE_CHANGED,adjType=BLOCK_DECREMENT,value=11,isAdj
usting=false, 3, 11
ADJUSTMENT_VALUE_CHANGED,adjType=BLOCK_DECREMENT,value=1,isAdju
sting=false, 3, 1
ADJUSTMENT_VALUE_CHANGED,adjType=TRACK,value=9,isAdjusting=true, 5, 9
ADJUSTMENT_VALUE_CHANGED,adjType=TRACK,value=27,isAdjusting=true, 5,
27
ADJUSTMENT_VALUE_CHANGED,adjType=TRACK,value=18,isAdjusting=true, 5,
18
ADJUSTMENT_VALUE_CHANGED,adjType=TRACK,value=9,isAdjusting=true, 5, 9
ADJUSTMENT_VALUE_CHANGED,adjType=TRACK,value=0,isAdjusting=true, 5, 0
```

13.6 컴포넌트 이벤트(Component Event)

(1) ComponentEvent 클래스

컴포넌트가 이동되었거나 크기가 변경되었나 또는 보이고 안보이도록 설정될 때 발생하는 저수준 이벤트이다. 컴포넌트 이벤트는 단지 알려주기 위한 목적으로 사용되고 AWT에서는 컴포넌트의 크기 변경 및 이동에 대해 내부적으로 자동으로 처리하고 프로그램에서 이 이벤트를 처리하든 안하던 상관없이 레이아웃을 수행하도록 하기 위해 사용된다. 또한, InputEvent, FocusEvent, WindowEvent, ContainerEvent 등과 같은 컴포넌트 관련 이벤트의 상위클래스로 사용된다. 컴포넌트 이벤트는 컴포넌트에 등록된 모든 컴포넌트 리스너에게 전달되어 처리되고 이 때 컴포넌트 리스너는 Component 클래스의 addComponentListener 메소드에 의해 컴포넌트에 등록할 수 있다.

(2) ComponentListener 인터페이스

ComponentListener 인터페이스는 컴포넌트 이벤트를 처리할 수 있는 기능을 정의하고 있는 인터페이스이다. 컴포넌트 이벤트를 처리하고자 하는 클래스는 이러한 ComponentListener 인터페이스가 정의하고 있는 모든 메소드를 구현하거나 또는 추상 클래스인 ComponentAdapter 클래스의 관련 메소드를 재정의하여 확장해야 한다.

(3) ComponentAdapter 클래스

컴포넌트 이벤트를 받아서 처리하기 위한 추상 어댑터 클래스(abstract adapter class)를 제공해 주고 있다. ComponentAdapter 클래스는 ComponentListener 인터페이스가 정의하고 있는 메소드를 구현하고 있지만 실제 메소드의 몸체 부분은 비어 있다. 따라서 자바 프로그램 개발자는 ComponentAdapter 클래스의 메소드 중 자신이 처리하고자 하는 이벤트를 위한 메소드를 재정의 해주면 된다.

다음에 나오는 자바 프로그램은 ComponentEvent 를 사용하는 예를 보여주는 프로그램이다.

예제

ComponentEventTest.java

```
import java.awt.*;
import java.awt.event.*;
public class ComponentEventTest extends Frame {
 public ComponentEventTest() {
    super("ComponentEvent");
    ComponentListener cl = new ComponentAdapter() {
       public void componentHidden(ComponentEvent e) {
          System.out.println(e);
       }
       public void componentMoved(ComponentEvent e) {
          System.out.println(e);
       }
       public void componentResized(ComponentEvent e) {
          System.out.println(e);
       }
       public void componentShown(ComponentEvent e) {
          System.out.println(e);
       }
    };
    addComponentListener(cl);
    Button b = new Button("Button");
    add(b);
    b.addComponentListener(cl);
    b.setSize(100, 50);
    b.setName("OK");
    b.addActionListener(new ActionListener() {
       public void actionPerformed(ActionEvent e) {
          System.exit(0);
       }
    });
 }
 public static void main(String[] args) {
    ComponentEventTest f = new ComponentEventTest();
    f.setSize(200, 100);
    f.setVisible(true);
 }
}
```

실행결과

도스창>

```
java.awt.event.ComponentEvent[COMPONENT_RESIZED (0,0 100x50)] on OK
java.awt.event.ComponentEvent[COMPONENT_RESIZED (0,0 200x100)] on frame0
java.awt.event.ComponentEvent[COMPONENT_RESIZED (4,23 192x73)] on OK
java.awt.event.ComponentEvent[COMPONENT_MOVED (4,23 192x73)] on OK
java.awt.event.ComponentEvent[COMPONENT_SHOWN] on frame0
java.awt.event.ComponentEvent[COMPONENT_RESIZED (0,0 304x193)] on frame0
java.awt.event.ComponentEvent[COMPONENT_RESIZED (4,23 296x166)] on OK
```

위의 자바 프로그램을 실행시킨 후, 윈도우의 위치를 변화시키거나 크기를 변경시키면 해당 프레임 컴포넌트와 버튼 컴포넌트에 컴포넌트 이벤트가 발생한다. 물론 두 개의 컴포넌트는 같은 행동을 하는 컴포넌트 리스너를 가지고 있다. 이 때, 윈도우(프레임)의 크기를 변화시킬 때는 두 개의 컴포넌트 모두 COMPONENT_RESIZED 이벤트가 발생하고, 크기를 변경시킬 때는 프레임 컴포넌트에 대해서는 COMPONENT_MOVED 이벤트가 발생하는 것에 주의해야 한다. 다시 말해서, 버튼 컴포넌트의 위치는 프레임 컴포넌트 내에서 그대로이기 때문이다. 물론, 크기는 프레임 컴포넌트의 크기 변화에 따라 버튼 컴포넌트도 변한다.

13.7 입력 이벤트(Input Event)

(1) InputEvent 클래스

InputEvent 클래스는 모든 컴포넌트 수준 입력 이벤트를 위한 최상위 이벤트 클래스이다. 입력 이벤트는 이벤트가 발생한 이벤트 소스 컴포넌트에 의해 처리되기 전에 리스너에 전달된다. 이러한 방식은 리스너와 컴포넌트의 하위클래스들이 이 이벤트를 사용하도록 하고, 이벤트 소스 컴포넌트의 디폴트 방법으로 처리하지 않도록 한다. 예를 들어, mousePressed 이벤트가 발생했을 경우 버튼 컴포넌트에서 mousePressed 이벤트를 사용해버린다면 버튼 컴포넌트가 활성화 되지 못하게 된다. 따라서, 이벤트 소스 컴포넌트에 의해 해당 이벤트가 처리되기 전에 이벤트 리스너에게 전달된다.

13.8 키 이벤트(Key Event)

(1) KeyEvent 클래스

KeyEvent 클래스는 InputEvent 클래스의 하위클래스로서 컴포넌트 내에서 발생한 키의 입력을 위한 기능을 제공해 주는 이벤트 클래스이다. 이 이벤트는 텍스트 필드 컴포넌트와 같은 컴포넌트에서 발생할 수 있는 저수준 이벤트로서 키가 눌리거나(pressed), 다시 놓이거나(released) 또는 타이프(pressed and released) 되었을 때 각각 이벤트가 발생한다. 이 이벤트는 Component 클래스의 addKeyListener 메소드에 의해 키 이벤트를 처리하기 위해 등록된 KeyListener 또는 KeyAdapter 객체에 전달된다.

(2) KeyListener 인터페이스

KeyListener 인터페이스는 키 이벤트를 처리할 수 있는 기능을 정의하고 있는 인터페이스이다. 키 이벤트를 처리하고자 하는 클래스는 이러한 KeyListener 인터페이스가 정의하고 있는 모든 메소드를 구현하거나, 또는 추상 클래스인 KeyAdapter 클래스의 관련 메소드를 재정의하여 확장해야 한다.

(3) KeyAdapter 클래스

키 이벤트를 받아서 처리하기 위한 추상 어댑터 클래스(abstract adapter class)를 제공해 주고 있다. KeyAdapter 클래스는 KeyListener 인터페이스가 정의하고 있는 메소드를 구현하고 있지만 실제 메소드의 몸체 부분은 비어 있다. 따라서, 자바 프로그램 개발자는 KeyAdapter 클래스의 메소드 중 자신이 처리하고자 하는 이벤트를 위한 메소드를 재정의 해주면 된다.

다음에 나오는 자바 프로그램은 KeyEvent 를 사용하는 예를 보여주는 프로그램이다.

예제

KeyEventTest.java

```
import java.awt.*;
import java.awt.event.*;
import java.awt.event.KeyEvent;
class KeyEventTest extends Frame{
 int posX = 0, posY = 0;
 String inputString = "";
 KeyEventTest() {
    final TextField input = new TextField() {
       public Dimension getPreferredSize() {
          return new Dimension(0,0);
       }
    };
    final Canvas display = new Canvas() {
       public void update(Graphics g) {
          paint(g);
       }
       public void paint(Graphics g) {
          g.drawString(inputString, posX, posY );
       }
    };
    display.addMouseListener(new MouseAdapter() {
       public void mousePressed(MouseEvent e) {
          inputString = "";
          posX = e.getX();
          posY = e.getY();
          input.requestFocus();        // 포커스를 TextField로 전송
       }
    });
    display.addFocusListener(new FocusAdapter() {
       public void focusGained(FocusEvent e) {
          input.requestFocus();        // 포커스를 TextField로 전송
       }
    });
    input.addKeyListener(new KeyAdapter() {
       public void keyTyped(KeyEvent e) {
          inputString += e.getKeyChar(); // 네이티브 입력기로부터의 한글이 전달된다.
          display.repaint();
       }
    });
    add(display, "Center" );
    add(input, "West" );
 }
 public static void main(String[] args) {
```

```
        KeyEventTest f = new KeyEventTest();
        f.setSize(160, 100);
        f.setVisible(true);
    }
}
```

실행결과

자바에서는 키보드, 마우스 등의 입력장치로부터 발생하는 입력 등과 같은 각 이벤트에 대해서 클래스로 정의하고 있고 이러한 이벤트가 발생했을 경우 이를 처리하기 위한 각 이벤트 리스너(listener)를 인터페이스로 정의하고 있다. 이 중 키가 눌리고 놓이거나 또는 키가 타이프 되는 등의 키보드 이벤트를 처리하기 위한 메소드를 정의하고 있는 KeyListener 인터페이스와 이 KeyListener 인터페이스를 구현해 놓은 KeyAdapter 클래스가 있다. 따라서 자바 프로그래머는 이러한 Adapter가 제공해 주는 메소드를 재정의함으로써 이벤트 처리를 할 수 있다. 키보드에서 엔터 키가 눌렸을 때 특정 버튼이 수행되도록 하려면 KeyAdapter 클래스 객체의 해당 메소드를 재정의하고 이 KeyAdapter 객체를 해당 버튼의 키 리스너로 등록하면 된다. 다음은 간단한 자바 예제 프로그램이다.

예제

KeyEventTest2.java

```
import java.awt.*;
import java.awt.event.*;
class KeyEventTest2 extends Frame {
 public KeyEventTest2() {
    Button b = new Button("EnterButton");
    addWindowListener(new WindowAdapter() {
```

```
            public void windowClosing(WindowEvent e) {
                System.exit(0);
            }
        });
        b.addKeyListener(new KeyAdapter() {
            public void keyPressed(KeyEvent e) {
                System.out.println("keyChar: " + e.getKeyChar()
                                   + ", keyCode: " + e.getKeyCode() + "("
                                   + KeyEvent.getKeyText(e.getKeyCode())
                                   + "), modifiers: " + e.getModifiers() + "("
                                   + KeyEvent.getKeyModifiersText(e.getModifiers())
                                   + "), actionKey: " + e.isActionKey());
            }
        });
        add(b);
    }
    public static void main(String[] args) {
        KeyEventTest2 f = new KeyEventTest2();
        f.setSize(150, 60);
        f.setVisible(true);
    }
}
```

실행결과

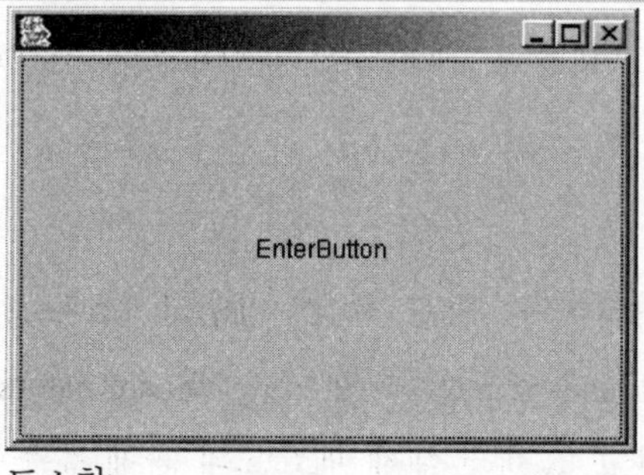

도스창>

```
keyChar: l, keyCode: 76(L), modifiers: 0(), actionKey: false
keyChar: k, keyCode: 75(K), modifiers: 0(), actionKey: false
keyChar: ?, keyCode: 16(Shift), modifiers: 1(Shift), actionKey: false
keyChar: A, keyCode: 65(A), modifiers: 1(Shift), actionKey: false
keyChar: a, keyCode: 65(A), modifiers: 0(), actionKey: false
keyChar: ?, keyCode: 120(F9), modifiers: 0(), actionKey: true
keyChar: ?, keyCode: 121(F10), modifiers: 0(), actionKey: true
keyChar: 3, keyCode: 51(3), modifiers: 0(), actionKey: false
```

13.9 마우스 이벤트(Mouse Event)

(1) MouseEvent 클래스

마우스 이벤트는 두 가지로 나뉜다. 먼저 click, enter, 그리고 exit 등과 같은 이벤트를 갖는 마우스 이벤트(mouse event)와 move와 drag 등을 갖는 마우스 동작 이벤트(mouse motion event)가 있다.

MouseEvent 객체는 Component 클래스의 addMouseListener 메소드를 이용하여 마우스 이벤트를 처리하기 위해 등록된 MouseListener 또는 MouseAdapter 객체에게 전달된다. 또한, MouseEvent 객체는 Component 클래스의 addMouseMotionListener 메소드를 이용하여 마우스 동작 이벤트를 처리하기 위해 등록된 MouseMotionListener 또는 MouseMotionAdapter 객체에게 전달된다. 마우스 버튼이 클릭되었을 때, 이벤트가 생성되고, modifier 필드에 버튼 마스크가 저장되어 등록되어 있는 MouseListener 객체에 보내진다.

(2) MouseListener 인터페이스

MouseListener 인터페이스는 마우스 이벤트를 처리할 수 있는 기능을 정의하고 있는 인터페이스이다. 마우스 이벤트를 처리하고자 하는 클래스는 이러한 MouseListener 인터페이스가 정의하고 있는 모든 메소드를 구현하거나, 또는 추상 클래스인 MouseAdapter 클래스의 관련 메소드를 재정의하여 확장해야 한다.

(3) MouseAdapter 클래스

마우스 이벤트를 받아서 처리하기 위한 추상 어댑터 클래스(abstract adapter class)를 제공해 주고 있다. MouseAdapter 클래스는 MouseListener 인터페이스가 정의하고 있는 메소드를 구현하고 있지만 실제 메소드의 몸체 부분은 비어 있다. 따라서, 자바 프로그램 개발자는 MouseAdapter 클래스의 메소드 중 자신이 처리하고자 하는 이벤트를 위한 메소드를 재정의 해주면 된다.

(4) MouseMotionListener 인터페이스

MouseMotionListener 인터페이스는 마우스 동작 이벤트를 처리할 수 있는 기능을 정의하고 있는 인터페이스이다. 마우스 동작 이벤트를 처리하고자 하는 클래스는 이러한 MouseMotionListener 인터페이스가 정의하고 있는 모든 메소드를 구현하거나 또는 추상 클래스인 MouseMotionAdapter 클래스의 관련 메소드를 재정의하여 확장해야 한다.

(5) MouseMotionAdapter 클래스

마우스 동작 이벤트를 받아서 처리하기 위한 추상 어댑터 클래스(abstract adapter class)를 제공해 주고 있다. MouseMotionAdapter 클래스는 MouseMotionListener 인터페이스가 정의하고 있는 메소드를 구현하고 있지만 실제 메소드의 몸체 부분은 비어 있다. 따라서 자바 프로그램 개발자는 MouseMotionAdapter 클래스의 메소드 중 자신이 처리하고자 하는 이벤트를 위한 메소드를 재정의 해주면 된다.

(6) Pop-up 메뉴 만들기

자바 AWT 프로그램을 작성하다보면 마우스의 오른쪽 버튼을 눌렀을 때 현재 마우스의 커서 위치에 팝업 메뉴를 나타내주는 기능을 추가하고자 하는 경우가 많다. 자바 프로그램에서 마우스의 버튼이 눌렸을 때 눌린 버튼이 왼쪽, 가운데, 또는 오른쪽 버튼인지를 알아내기 위해서는 AWT에서 제공해 주고 있는 이벤트 중에서 InputEvent 및 MouseEvent 클래스의 객체 정보를 이용해야 한다.

13.10 아이템 이벤트(Item Event)

(1) ItemEvent 클래스

아이템이 선택되고 선택 해제된 것을 나타내는 의미적인 이벤트이다. List 컴포넌트와 같은 ItemSelectable 객체에 의해 생성되는 고수준 이벤트로서 ItemSelectable 객체가 포함하고 있는 아이템이 선택되거나 선택해제되었을 경우 발생한다. 이 이벤트는 Component 클래스의 addItemListener 메소드를 이용하여 아이템 이벤트를 처리하기 위하여 등록된 모든 ItemListener 객체에 전달된다. 이 때, 리스너는 마우스가 움직이고 클릭되는 등과 같은 개개의 이벤트에 대해 알 필요는 없고 단지 아이템이 선택되고 선택해제되는 등의 의미있는 이벤트만 가지면 된다.

(2) ItemListener 인터페이스

ItemListener 인터페이스는 아이템 이벤트를 처리할 수 있는 기능을 정의하고 있는 인터페이스이다. 아이템 이벤트를 처리하고자 하는 클래스는 이러한 ItemListener 인터페이스가 정의하고 있는 모든 메소드를 구현해야 한다.

13.11 텍스트 이벤트(Component Event)

(1) TextEvent 클래스

객체의 텍스트가 변한 것을 나타내는 의미적인 이벤트이다. TextComponent 컴포넌트와 같은 객체에 의해 생성되는 고수준 이벤트로서 객체가 포함하고 있는 텍스트 변경되었을 경우 발생한다. 이 이벤트는 TextComponent 클래스의 addTextListener 메소드를 이용하여 텍스트 이벤트를 처리하기 위하여 등록된 모든 TextListener 객체에 전달된다. 이 때, 리스너는 마우스가 움직이고 키가 눌리는 등과 같은 개개의 이벤트에 대해 알 필요는 없고 단지 텍스트가 변했다는 의미있는 이벤트만 가지면 된다.

(2) TextListener 인터페이스

TextListener 인터페이스는 텍스트 이벤트를 처리할 수 있는 기능을 정의하고 있는 인터페이스이다. 텍스트 이벤트를 처리하고자 하는 클래스는 이러한 TextListener 인터페이스가 정의하고 있는 모든 메소드를 구현해야 한다.

13.12 윈도우 이벤트(Window Event)

(1) WindowEvent 클래스

윈도우의 상태가 변한 것을 나타내는 저수준 이벤트이다. 윈도우가 열리거나, 닫히거나, 닫히는 중이거나, 활성화/비활성화 되었거나, 아이콘화/정상화 되었을 경우 Window 객체에 의해 발생되는 저수준 이벤트이다. 이 이벤트는 Window 클래스의 addWindowListener 메소드를 이용하여 텍스트 이벤트를 처리하기 위하여 등록된 모든 WindowListener 또는 WindowAdapter 객체에 전달된다. 이 때, 리스너는 마우스가 움직이고 키가 눌리는 등과 같은 개개의 이벤트에 대해 알 필요는 없고, 단지 텍스트가 변했다는 의미있는 이벤트만 가지면 된다.

(2) WindowListener 인터페이스

WindowListener 인터페이스는 윈도우 이벤트를 처리할 수 있는 기능을 정의하고 있는 인터페이스이다. 윈도우 이벤트를 처리하고자 하는 클래스는 이러한 WindowListener 인터페이스가 정의하고 있는 모든 메소드를 구현하거나, 또는 추상 클래스인 WindowAdapter 클래스의 관련 메소드를 재정의하여 확장해야 한다.

(3) WindowAdapter 클래스

윈도우 이벤트를 받아서 처리하기 위한 추상 어댑터 클래스(abstract adapter class)를 제공해 주고 있다. WindowAdapter 클래스는 WindowListener 인터페이스가 정의하고 있는 메소드를 구현하고 있지만, 실제 메소드의 몸체 부분은 비어 있다. 따라서, 자바 프로그램 개발자는 WindowAdapter 클래스의 메소드 중 자신이 처리하고자 하는 이벤트를 위한 메소드를 재정의 해주면 된다.

CHAPTER 14

자바 패키지

패키지의 종류와 사용에 대해서는 앞에서 다룬적이 있다. 이 장에서는 자바의 패키지에 대하여 좀 더 구체적으로 살펴보자.

14.1 패키지

(1) 패키지란?

패키지(Package)는 서로 관련이 있는 클래스 또는 인터페이스들을 묶어 놓은 묶음이다. 패키지를 사용함으로써 클래스들이 필요한 경우에만 사용될 수 있도록 하고, 클래스를 패키지 이름과 함께 계층적인 형태로 사용함으로써 다른 그룹에 속한 클래스와 발생할 수 있는 클래스 이름간의 충돌을 사전에 막아준다. 간단한 프로그램을 제작할 경우 패키지를 사용하지 않아도 되지만, 복잡한 프로그램을 작성한다거나 프로그램의 재사용을 고려한다면 패키지를 사용함으로써 더욱 편리하고 효율적으로 프로그램을 작성하고 관리할 수 있다. 무엇보다 소프트웨어 재사용을 위한 메커니즘을 제공한다는 것이 패키지의 큰 매력이라고 할 수 있다. 자바에서 자주 사용되는 API(Application Programming Interface)는 대부분 패키지화되어 라이브러리 형태로 제공되고 있다. 사용자는 이러한 패키지를 쉽게 제작할 수 있고, 반대로 다른 사람들이 이미 만들어 놓은 패키지를 불러들여(Import) 쉽게 사용할 수 있다. 다음은, 패키지를 사용함으로써 얻을 수 있는 장점이다.

- ◆ 클래스들을 하나의 묶음(그룹) 단위로 구성한다.
- ◆ 클래스들을 묶음 단위로 제공하여, 필요할 경우 사용할 수 있게 한다.
- ◆ 클래스 이름의 혼란을 막아서 충돌을 방지한다.
- ◆ 패키지 이름과 함께 클래스 이름을 사용함으로써 클래스를 효율적으로 관리할 수 있다.
- ◆ 클래스를 관련이 있는 것끼리 묶어 놓음으로써, 필요한 클래스의 식별이 용이하다.
- ◆ 패키지 단위의 접근 권한을 지정할 수 있고, 이를 통하여 클래스만 있는 경우보다 더욱 다양한 접근 권한을 제어할 수 있다.

(2) 패키지사용법 - import

자바 프로그램에서는 어떤 클래스를 사용하기 위해 import 문을 사용하여 현재 프로그램에 포함해 주어야 한다. 클래스를 포함하기 위해 import 문 다음에 패키지 이름과 클래스 이름을 기술해 주어야 하는데, 이 때 다음과 같이 두 가지 방법을 사용할 수 있다.

① 특정 클래스 포함하기

import 패키지이름.클래스이름;

예)

```
import java.applet.Applet;
import java.util.Vector;
```

② 패키지 내의 모든 클래스 포함하기

import 패키지이름.*;

예)

```
import java.awt.*;
import java.io.*;
```

위와 같이, 어떤 패키지내의 특정 클래스를 사용하기 위해 포함할 경우에는 패키지의 이름과 클래스의 이름을 모두 지정해 주면 되고, 어떤 패키지내의 모든 클래스를 사용하고자 할 경우에는 클래스의 이름 부분에 와일드카드 '*'를 사용하여 지정해 주면 된다. 이 때, "import java.awt.*;"와 같이 사용했을 경우 java.awt 패키지에 속한 모든 클래스들은 포함하지만, java.awt 패키지의 하위패키지에 있는 클래스들은 포함하지 못한다. 예를 들어, java.awt 패키지에 속한 하위패키지인 java.awt.event 패키지 내의 모든 클래스들을 사용하기 위해서는, 다음과 같이 해 주어야 한다.

① 패키지(java.awt)의 하위패키지(java.awt.event)를 포함할 경우

```
import java.awt.*;
import java.awt.event.*;
```

만약, 사용하고자 하는 클래스를 포함하였을 경우에는 그 클래스를 사용하기 위해 그 클래스의 이름만을 지정해 주면 되고, 그렇지 않고 클래스를 포함하지 않았을 경우에는, 사용할 때마다 패키지 이름과 클래스 이름을 모두 지정해 주어야 하는 번거로움이 있다.

② 특정 클래스(Applet 클래스)를 포함한 경우

```
import java.applet.Applet;
class TestApplet extends Applet {
    …
}
```

③ 특정 클래스(Applet 클래스)를 포함하지 않은 경우

```
class TestApplet extends java.applet.Applet {
    …
}
```

다음 예제는 패키지를 사용하는 예를 보여주고 있다.

예제

PackageTest.java

```
import java.lang.Thread;
import java.awt.*;
import java.awt.event.KeyEvent;                                    // (a)
class PackageTest {
```

```
    public static void main(String args[]) {
        System.out.println(new java.io.File("C:\\BOOT.INI"));
        System.out.println(new java.lang.Thread());
        System.out.println(new Thread());
        System.out.println(KeyEvent.VK_A);                // (b)
     // System.out.println(java.awt.event.KeyEvent.VK_A);  // (c)
    }
}
```

실행결과

```
C:\BOOT.INI
Thread[Thread-0,5,main]
Thread[Thread-1,5,main]
65
```

(c)부분의 주석처리를 풀고, (a),(b)를 주석처리해도 같은 결과를 얻을 수 있다.

위의 자바프로그램에서 "import java.awt.*;"와 같이 사용하였을 경우, java.awt 패키지 내의 모든 public 클래스들을 사용할 수 있지만, java.awt 패키지에 속한 하위패키지의 클래스들은 불러들이지 못한다. 따라서, 위에서와 같이 "import java.awt.event.*;" 문 또는 "import java.awt.event.KeyEvent;" 문을 이용하여 하위 패키지의 클래스를 직접 포함해 주거나 또는 "KeyEvent.VK_A"를 "java.awt.event.KeyEvent.VK_A"와 같이 바꾸어주면 된다.

(3) 자바 표준 패키지 - 자바 API

자바는 JDK에서 정의된 많은 연관된 클래스들을 패키지로 묶어 제공하여, 필요에 따라 사용자가 불러들여 사용할 수 있게 하고 있다. 이러한 패키지들을 자바 API(Java Application Programming Interface)라 한다. 자바가 갖고 있는 장점 중의 하나는 프로그래머가 새로운 클래스를 정의하여 사용하는 것 보다 자바 API에서 제공하는 수많은 클래스들을 재사용하여 쉽게 프로그램을 작성할 수 있다는 것이다. 그러면 자주 사용되는 자바 API 패키지에 대하여 자세히 살펴보도록 하자.

◆ java.applet

Java Applet Package. 애플릿 제작 및 브라우저와 애플릿의 상호작용 등을 제공하는 애플릿 클래스와 인터페이스를 포함하고 있다.

◆ java.awt

Java Abstract Windowing Toolkit Package. 그래픽 사용자 인터페이스의 제작과 관리에 필요한 모든 클래스와 인터페이스를 포함하고 있다.

◆ java.awt.event

Java AWT Event Package. 이벤트 처리를 해 주는 클래스와 인터페이스 포함하고 있다.

◆ java.awt.image

Java AWT Image Package. 이미지를 저장하고 관리하는 클래스와 인터페이스 포함하고 있다.

◆ java.beans

Java Beans Package. 자바의 소프트웨어 컴포넌트 모델인 자바빈즈(JavaBeans)와 관련된 클래스와 인터페이스 포함하고 있다.

◆ java.io

Java Input/Output Package. 데이터를 입력 받고 출력할 수 있도록 하는 클래스 포함하고 있다.

◆ java.lang

Java Language Package. 이 패키지는 특별히 지정하지 않아도 자동으로 import된다. 자바 프로그램들이 기본적인 언어차원에서 필요로 하는 클래스와 인터페이스를 포함하고 있다.

◆ java.net

Java Networking Package. 프로그램이 인터넷/인트라넷을 통하여 통신할 수 있도록 해 준다.

◆ java.rmi

Java Remote Method Invocation Package. 원격 객체의 메소드를 호출하는 분산 자바 프로그램의 제작을 지원한다.

◆ java.security

Java Security Package. 보안을 위해 데이터를 암호화하거나 접근 권한 등을 통제하도록 한다.

◆ java.sql

Java Structured Query Language Package. 프로그램이 데이터베이스와 정보를 교환하기 위한 클래스와 인터페이스를 포함하고 있다.

◆ java.text

Java Text Package. 수, 날짜, 문자 등의 관리에 사용되는 클래스 및 인터페이스를 포함하고, 국제화 기능을 제공해 준다.

◆ java.util

Java Utilities Package. 날짜/시간 조작, 난수 발생, 문자열의 토큰화 등과 관련된 각종 유틸리티 클래스와 인터페이스를 포함하고 있다.

◆ java.util.zip

Java Utilities Zip Package. 클래스 파일과 리소스 파일들을 JAR 파일로 결합하고 읽는데 사용되는 클래스와 인터페이스 포함하고 있다.

(4) 새로운 패키지 생성

자바에서 패키지가 무엇이고, 기본적으로 제공되는 패키지들에 대하여 살펴보았는데, 자바에서 제공해 주지 않는 기능들에 대해서는 새로운 클래스들을 만들어야 하고, 이 때 자신이 만들어 놓은 클래스들을 패키지로 만들 수 있다. 그렇다면, 지금부터 자신이 제작한 클래스들을 모아서 패키지를 만드는 방법에 대하여 살펴보도록 하자. 패키지를 직접 제작하고자 할 경우에는 다음과 같은 단계를 따른다.

◆ 패키지의 이름과 계층구조(디렉토리 구조)를 결정한다.

◆ 패키지를 위치시킬 디렉토리에 패키지의 계층구조와 동일한 디렉토리 구조를

생성한다.

◆ 패키지에 추가할 클래스들을 생성하고, 해당 디렉토리로 이동한다.

◆ 새로 생성된 패키지가 위치한 디렉토리를 환경변수 CLASSPATH에 추가한다.

먼저, 자신이 사용할 패키지의 이름을 결정한다. 패키지의 이름은 주로 하는 역할과 관련지어 명명할 수 있는데, 회사명이나 자신의 이름을 사용할 수도 있다. 패키지 이름을 결정하는데 따르는 제약사항은 없지만, 썬(SUN)에서 권장하는 방법은 자신이 속한 인터넷 도메인을 역순으로 배열하여 패키지의 이름으로 사용하는 것이다. 예를 들어, 인터넷 도메인이 act.ac.kr일 경우 패키지의 이름은 kr.ac.act가 된다. 이때, 새로 glory라는 패키지를 만들었다면, kr.ac.act.glory와 같이 하위패키지의 이름을 명명할 수 있다. 이렇게 패키지의 이름으로 인터넷 도메인 이름을 사용할 때의 장점은 인터넷 도메인은 세계에서 유일한 것이므로, 유일한 패키지 이름을 지정할 수 있다는 것이다. 또한, 도메인을 이용하였으므로 어디서 제작된 패키지인지를 쉽게 구별할 수 있다. 패키지 명은 소문자로 시작하는 것을 원칙으로 하며, 클래스는 대문자로 시작하는 것을 원칙으로 한다.

① 패키지를 나타내는 경우

kr.ac.act.glory

② 클래스를 나타내는 경우

kr.ac.act.Glory

다음으로, 패키지를 위치할 디렉토리에 자신이 지정한 패키지 이름과 동일한 계층 구조가 되도록 디렉토리를 생성한다. 패키지 이름이 하나로 지정되어 있을 경우에는 단지 동일한 이름의 폴더를 하나 만들면 되며, kr.ac.act.glory와 같이 패키지 이름이 여러 단계로 되어 있을 경우에는 패키지 이름과 동일한 계층구조의 디렉토리를 생성해 주면 된다.

【그림 14.1】 패키지의 디렉토리 계층구조

다음으로, 패키지에 추가할 클래스를 만들 때, 자바 소스 코드의 제일 앞 부분에 package 문을 사용하여 해당 패키지 이름을 기술해 주어야 한다. 이 때, package 문은 import 문보다 앞에 와야 하는 것에 주의하기 바란다.

```
package kr.ac.act.korea;
import java.awt.*;
```

다음 예제는 패키지를 생성하기위한 예를 보여주고 있다.

예제

Glory.java

```
package kr.ac.act.korea;
public class Glory {
   public void hello(String name) {
      System.out.println("Hello, " + name);
   }
   public void goodMorning(String name) {
      System.out.println("Good morning, " + name);
   }
   public void goodAfternoon(String name) {
      System.out.println("Good afternoon, " + name);
   }
   public void goodEvening(String name) {
```

```
        System.out.println("Good evening, " + name);
    }
    public void hi(String name) {
        System.out.println("Hi, " + name);
    }
    public void yaho() {
        System.out.println("Yaho~");
    }
}
```

이렇게 생성한 클래스 파일을 컴파일 하여 '.class' 파일을 생성하고 이 클래스 파일을 해당 패키지의 디렉토리에 옮겨준다. 이를 위해, 컴파일 할 때, 다음 그림과 같이 생성되는 클래스 파일이 위치할 디렉토리를 지정해 줄 수 있다.

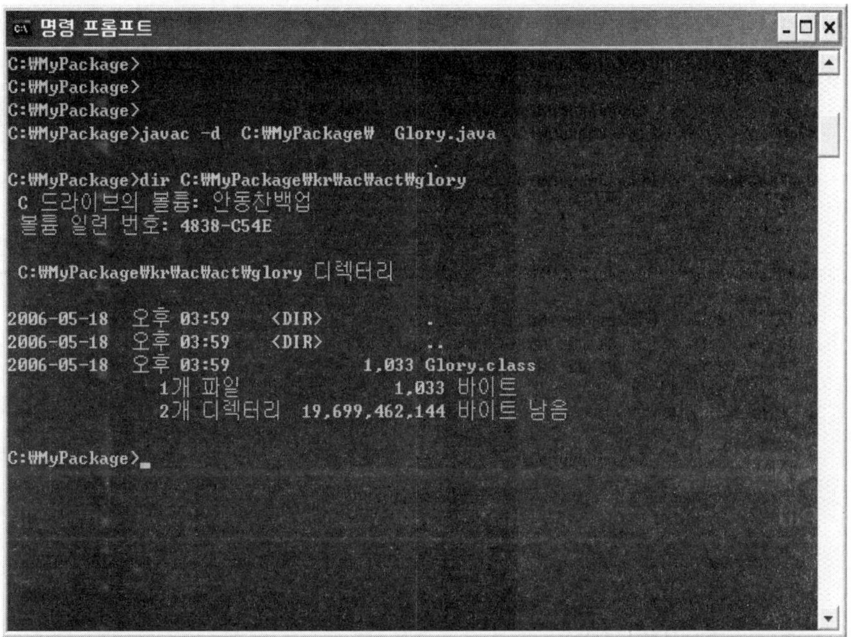

【그림 14.2】 클래스가 위치할 디렉토리를 지정하여 컴파일

마지막으로, 자신이 작성한 패키지가 위치한 패키지의 루트 디렉토리를 환경변수 CLASSPATH에 추가해 준다. 다음은 윈도우 XP에서 환경변수를 설정하기 위해 제어판의 시스템 아이콘을 실행한 화면이다.

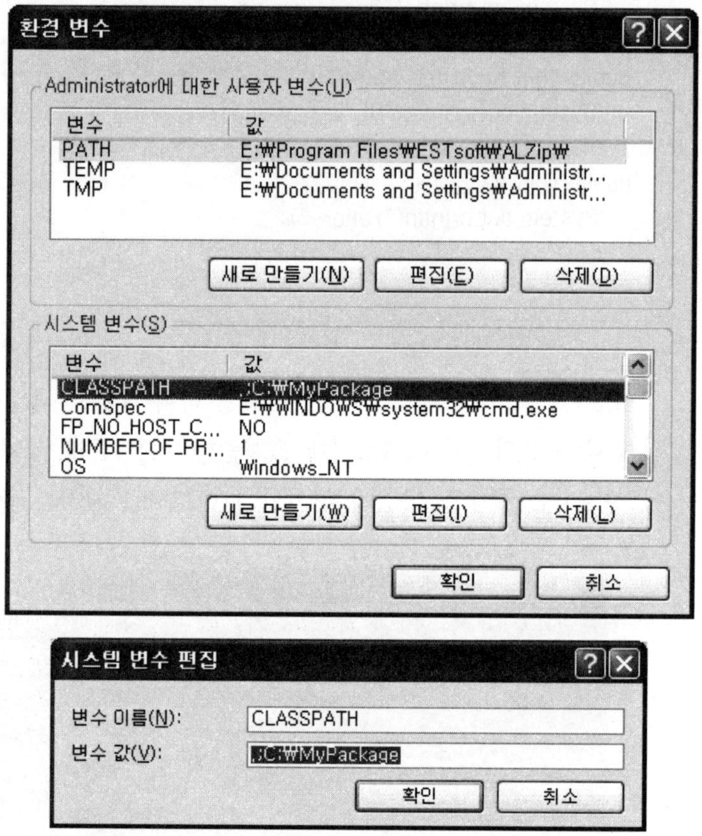

【그림 14.3】 윈도우 XP에서 환경변수 설정

윈도우 XP에서 환경변수 설정 변경을 반영 하려면 현재 사용하고 있는 도스창을 닫고 새로운 도스창을 열어 작업을 계속해야 한다. 환경변수 설정이 제대로 되었는지 확인하기 위해서는 도스창에서 다음과 확인해 볼 수 있다.

```
C:\>echo %CLASSPATH%
C:\MyPackage
```

다음은 위에서 생성하여 kr.ac.act.korea 패키지에 포함되어 있는 Glory 클래스를 사용하는 예를 보여주는 자바 프로그램이다.

예제

PackageMakeTest.java

```
import kr.ac.act.korea.*;
//import kr.ac.act.korea.Glory;
public class PackageMakeTest {
   public static void main(String args[]) {
      Glory g = new Glory();
      g.goodMorning("JAMES");
      g.goodAfternoon("JAMES");
      g.goodEvening("JAMES");
      g.yaho();
   }
}
```

실행결과

```
Good morning, JAMES
Good afternoon, JAMES
Good evening, JAMES
Yaho~
```

이때, 직접 작성한 패키지에 있는 클래스를 사용하려 할 때, 다음과 같은 에러가 발생할 수 있다.

- "PackageMakeTest.java:1: Package kr.ac.act.korea not found in import.": 디렉토리가 제대로 생성되지 않은 경우이다. 다시 말해서, 환경변수 CLASSPATH 에 설정된 디레토리들 중 하나가 kr\ac\act\korea 라는 디렉토리를 포함하고 있어야 한다.
- "PackageMakeTest.java:5: Class Glory not found.": 패키지의 디렉토리는 존재하지만, 해당 클래스 파일 'Glory.class'가 패키지 내에 없는 경우이다.
- "File .\Glory.class does not contain type Glory as expected, but type kr.ac.act.korea.Glory. Please remove the file, or make sure it appears in the correct subdirectory of the class path.": 패키지 내에 두 개 이상의 클래스가 있는 경우이다. 일반적으로, 환경변수 CLASSPATH 는 현재 디렉토리 '.'을 포함하고 있다. 다시 말해서, 현재 디렉토리에서 패키지에 포함할 클래스 파

일을 생성한 후, 해당 패키지 디렉토리에 복사하게 된다. 이 때, 환경변수 CLASSPATH에 설정되어있는 패키지 디렉토리에도 해당 클래스 파일이 존재할 것이고, 현재 디렉토리에도 클래스 파일이 존재할 경우이다. 따라서, 개발중인 클래스 파일을 해당 패키지 디렉토리에 복사한 후에는 반드시 현재 디렉토리의 '.class' 파일과 '.java' 파일을 지워야 한다.

(5) 클래스 접근제어

이전 장에서 public, protected, private 등의 접근 지정자를 사용하거나 또는 생략하는 방법을 사용하여 클래스, 메소드, 변수에 접근 권한을 지정할 수 있음을 살펴보았다. 접근 제어 키워드를 지정하지 않은 클래스는 기본 접근 제어를 사용하게 되는데, 이것은 그 클래스가 같은 패키지내의 클래스들에 의해서만 접근이 가능한 접근 제어를 말한다. 이럴 경우, 다른 패키지나 그 패키지의 하위패키지에서도 전혀 접근할 수 없게 된다. 결국 기본 접근 제어가 할당된 클래스는 패키지에 의해 보호받게 되는 것이다. 기본 접근 제어가 할당된 클래스를 import하거나 다른 패키지에서 접근하고자 한다면 그 클래스를 public으로 선언해 주어야 한다.

◆ 기본 접근 제어가 할당된 클래스(같은 패키지 내에서만 접근 가능)

```
class Glory {
…
}
```

◆ public으로 선언된 클래스(다른 패키지에서도 접근 가능)

```
public class Glory {
…
}
```

'*'를 사용하여 import할 때, 각 클래스의 포함 여부는 다음과 같다.

◆ private로 선언된 클래스 : 포함 불가능
◆ protected로 선언된 클래스 : 포함 불가능
◆ 접근 지정자를 생략한 클래스 : 포함 불가능
◆ public으로 선언된 클래스 : 포함 가능

이와 같이, public을 사용하지 않고 클래스를 선언함으로써, 그 클래스를 숨길 수 있다. 패키지를 생성하고자 할 때는 클래스 설계 단계에서 부터 패키지 전체를 고려하여 public으로 선언할지 여부를 결정해야 한다. 좋은 패키지를 만들려면, 숨겨진 클래스를 만들어 놓고 다른 클래스들이 사용할 수 있는 public 클래스를 구현한다. 그 public 클래스가 숨겨진 클래스를 사용하여 작업을 수행하도록 설계하면 프로그램 내부의 변화에 따른 외부의 영향을 최소화 시킬 수 있다.

다음 예제 프로그램은 패키지의 접근 권한에 대한 예를 보여주고 있다.

예제

HelloGreeting.java

```
package kr.ac.act.korea;
class HelloGreeting {                          // (a)
//public class HelloGreeting {                  // (b)
   public void greeting() {
      System.out.println("Hello, World!");
   }
   public void yaho() {
      System.out.println("Yaho~");
   }
}
```

HelloGreeting.java 파일을 컴파일 하여 HelloGreeting.class 파일을 생성하고, 이 클래스 파일과 소스 파일을 해당 패키지 디렉토리로 이동한다. (C:\MyPackage\kr\ac\act\korea\)

예제

PackageAccessTest.java

```
import kr.ac.act.korea.HelloGreeting;
public class PackageAccessTest {
   public static void main(String args[]) {
      HelloGreeting c = new HelloGreeting();
         c.greeting();
      c.yaho();
   }
}
```

PackageAccessTest.java 파일을 컴파일하면 아래와 같은 에러가 발생한다.

```
C:\MyPackage>javac PackageAccessTest.java
PackageAccessTest.java:1:Can't access class
kr.ac.act.korea.HelloGreeting.
Class or interface must be public, in same package, or an accessible member
class.
import kr.ac.act.korea.HelloGreeting;
          ^
1 error
```

위의 패키지 내에 포함되어 있는 클래스들 중 public으로 선언된 클래스만 import 하여 사용할 수 있다. 따라서, HelloGreeting.java 파일 내의 (a) 부분을 (b)와 같이 고쳐주어야 한다.

실행결과

```
Hello, World!
yaho~
```

(6) 클래스 파일 탐색

패키지는 파일 시스템 상에 저장되어 필요에 따라 검색되거나 사용된다. 즉, 특정 디렉토리 내에 저장되어 있는 패키지를 사용자가 필요에 따라 불러들여 사용하도록 되어 있는데, 주로 JDK를 설치할 때 CLASSPATH 환경변수에 해당 디렉토리를 지정하게 된다. 자바 컴파일러(javac)와 자바 인터프리터(java)는 이 CLASSPATH 환경변수의 값을 참조하여 필요한 패키지를 검색한다. 다음과 같이 CLASSPATH 환경변수를 지정해 줌으로써, 클래스를 찾는데 필요한 패키지의 경로를 설정해 줄 수 있는 것이다. 패키지에서 클래스를 찾는 경로는 CLASSPATH에 설정되어 있는 디렉토리에서부터 시작하는 상대경로를 말한다. 예를 들어, kr.ac.act.korea 라는 패키지를 만들고 이 패키지에 HelloGreeting.class와 Glory.class 등 두 개의 클래스 파일을 제공해 주고 있다고 할 때, 그 디렉토리 구조는 다음 그림과 같다.

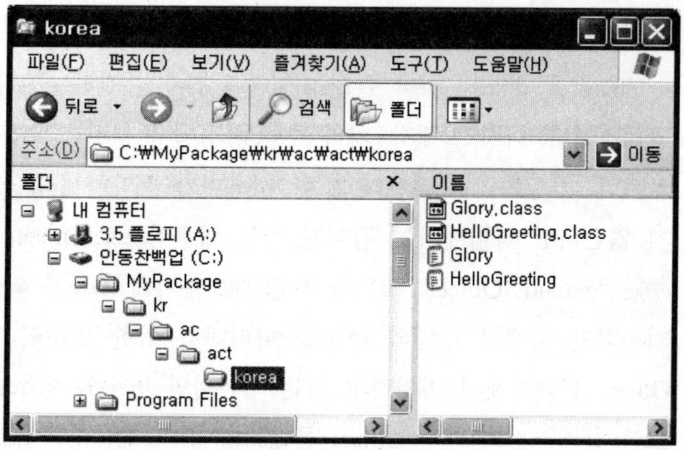

【그림 14.4】 패키지의 디렉토리 계층구조

14.2 java.lang 패키지

java.lang 패키지는 자바 프로그램의 기본이 되는 클래스들과 인터페이스를 포함하고, import문을 사용하지 않아도 자동적으로 포함되는 패키지이다. 또한, 자바 프로그램에서도 가장 많이 사용한다. 아래 그림은 java.lang 패키지가 포함하는 클래스 및 인터페이스 사이의 계층구조를 보여준다.

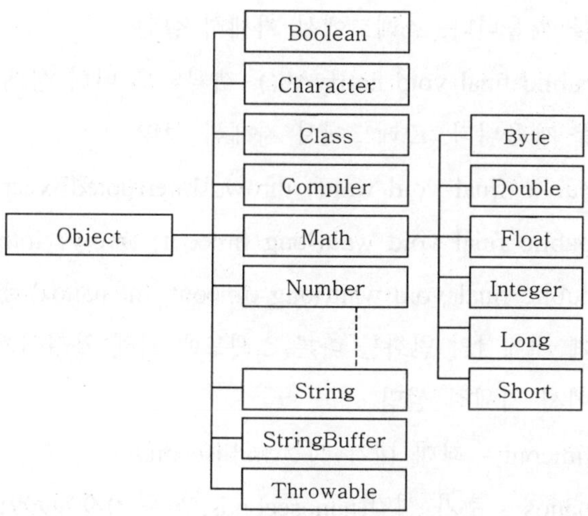

【그림 14.5】 java.lang 패키지 클래스

(1) Object 클래스

Object 클래스는 자바 클래스 계층구조에 존재하는 모든 클래스에 대한 최상위 클래스이다. 다시 말해서, 자바 개발 환경에 존재하는 모든 클래스는 Object 클래스로부터 그 상속이 시작된다. 또한, 사용자가 정의한 클래스가 어떤 클래스도 상속하지 않는다면 자바에서는 컴파일 시에 내부적으로 Object 클래스를 상속하도록 해주는 "extends Object" 코드를 자동으로 추가해 주도록 되어 있다. Object 클래스는 기본적인 객체의 상태와 행동을 나타내기 위한 변수와 메소드를 정의하고 있다. Object 클래스에서 정의하고 있는 기본적인 변수와 메소드는 다음과 같고, 자바의 모든 클래스는 이러한 Object 클래스의 메소드를 상속하고 있다.

- public final Class getClass(): 객체의 실제 자료형인 클래스를 얻는다.
- public int hashCode(): 객체를 위한 해쉬 코드 값을 얻는다.
- public boolean equals(Object obj): 주어진 객체와 같은 내용을 가지고 있는 지를 검사한다. 일반적으로, 하위클래스는 equals 메소드를 재정의한다.
- protected Object clone() throws CloneNotSupportedException: 객체 자신을 복제하여 똑같은 객체를 하나 더 생성한다.
- public String toString(): 객체에 대해 표현하고 있는 문자열을 얻는다. 일반적으로, 하위클래스는 toString 메소드를 재정의한다.
- public final void notify(): 객체의 모니터 상에서 기다리고 있는 하나의 스레드를 깨웁니다. 스레드에서 자세히 설명
- public final void notifyAll(): 객체의 모니터 상에서 기다리고 있는 모든 스레드를 깨웁니다. 스레드에서 자세히 설명
- public final void wait() throws InterruptedException,
- public final void wait(long timeout) throws InterruptedException,
- public final void wait(long timeout, int nanos) throws InterruptedException: 객체 내에서의 변화를 다른 스레드에 의해 알려지기(notify)를 기다립니다. 스레드에서 자세히 설명
- timeout - 최대 대기 시간(milliseconds)
- nanos - 추가 시간(nanoseconds, 범위 0-999999)
- protected void finalize() throws Throwable: 쓰레기 수집기가 이 객체에 대한 참조가 전혀 없다고 결정했을 경우, 쓰레기 수집기에 의해 내부적으로 호출되는 메

소드이다. 다시 말해서, 이 객체가 현재 전혀 사용되지 않고 있을 경우, 이 메소드가 호출되는데, 클래스 참조형 변수가 객체를 생성하여 사용하다가 그 변수에 null을 대입하거나 또는 변수의 유효 범위를 벗어났을 경우를 예로 들 수 있다.

(2) instanceof 연산자

Object 클래스는 모든 객체의 최상위 객체이므로 모든 자료형의 최상위 자료형이라 할 수 있다. 그리고, 자바에서는 배열도 하나의 객체이므로 배열의 상위클래스 역시 Object 클래스가 된다. 다시 말해서, 배열 객체에서 Object 클래스의 모든 변수와 메소드를 사용할 수 있다. 이 때, 주어진 객체가 어떤 클래스 또는 그 클래스 상속하는 하위클래스의 인스턴스인지를 검사하기 위해 'instanceof'라는 연산자를 사용한다. 또한, 'instanceof'라는 연산자를 사용하여 어떤 인터페이스를 구현하고 있는 객체 클래스인지 하위클래스인지를 검사할 수도 있다.

객체명 instanceof 클래스명

또는

객체명 instanceof 인터페이스명

다음에 나오는 자바 프로그램은 자바가 내부적으로 Object 클래스를 상속하는 것을 보여주기 위해 instanceof 연산자를 사용하여 작성한 간단한 예제이다.

예제

InstanceofTest.java

```
class A {
}
class InstanceofTest extends A {
   public static void main(String args[]) {
      InstanceofTest a = new InstanceofTest();
      if(a instanceof InstanceofTest) {
         System.out.println("InstanceofTest");
      }
      if(a instanceof A) {
         System.out.println("A");
      }
      if(a instanceof Object) {
         System.out.println("Object");
```

```
        }
    }
}
```

실행결과

```
InstanceofTest
A
Object
```

다음에 나오는 자바 프로그램은 instanceof 연산자를 이용하여 인터페이스를 구현하고 있는 하위 클래스인지를 알아보기 위한 예제이다.

예제

InstanceofTest2.java

```
interface A {
}
interface B extends A {
}
class InstanceofTest2 implements B {
    public static void main(String args[]) {
        InstanceofTest2 a = new InstanceofTest2();
        if(a instanceof InstanceofTest2) {
            System.out.println("InstanceofTest2");
        }
        if(a instanceof B) {
            System.out.println("B");
        }
        if(a instanceof A) {
            System.out.println("A");
        }
        if(a instanceof Object) {
            System.out.println("Object");
        }
    }
}
```

실행결과

```
InstanceofTest2
B
A
Object
```

(3) Object 클래스의 equals 메소드와 '==' 연산자

Object 클래스가 제공해 주는 equals 메소드는 비교되는 두 객체가 갖는 값이 같은지를 검사하기 위해 사용되고, '==' 연산자는 두 개의 객체가 같은 객체인지를 검사하기 위해 사용된다. 다시 말해서, "두 개의 객체 참조형 변수가 참조하는 객체가 포함하고 있는 항목들이 같은가?"를 검사하기 위해 equals 메소드를 사용하고, "두 개의 객체 참조형 변수가 가리키고 있는 객체가 같은 객체인가?"를 검사하기 위해 '==' 연산자를 사용하는 것이다.

만약, 비교되는 두 개의 객체가 같은 참조값을 갖고 있다면, 즉 두개의 객체 참조형 변수가 같은 객체를 참조하고 있다면, equals 메소드는 당연히 'true'를 리턴해 준다. 이런 경우에는 equals 메소드와 '==' 연산자는 같은 역할을 하겠지요. 또한, 자바에서는 모든 클래스가 Object 클래스를 상속하는 하위클래스가 되므로, 이 equals 메소드를 자신의 클래스에 맞도록 재정의하여 사용할 수 있다. 자바에서는 String 클래스, Wrapper 클래스, BitSet 클래스, Date 클래스, 그리고 File 클래스 등에서 다음과 같이 equals 메소드를 재정의하여 사용하고 있다.

- String 객체: 표현하고 있는 문자열이 같으면 참
- Wrapper 객체: Integer, Long, Float, Double, Character, Boolean 등의 각 Wrapper 객체가 가지고 있는 기본적인 데이터 형의 값이 같으면 참
- BitSet 객체: 표현하고 있는 비트열이 같으면 참
- Date 객체: 같은 날짜와 시간을 나타내고 있으면 참
- File 객체: 같은 경로명(PATH)를 표현하고 있으면 참인데, 한 가지 주의할 점은 상대 경로명으로 표현되어 있을 경우, 절대 경로명은 서로 다를 수 있지만, 참이 된다는 것이다.

다음에 나오는 예제는 Object 클래스의 equals 메소드와 '==' 연산자의 차이를 살펴보기 위한, 간단한 자바 프로그램이다.

예제

EqualsTest.java

```
class EqualsTest {
   public static void main(String args[]) {
      Integer int1 = new Integer(10);
      Integer int2 = new Integer(20);
      Integer int3 = new Integer(10);
      Float   float1 = new Float(10);
      System.out.println("int1.equals(int2): "+int1.equals(int2));
      System.out.println("int1.equals(int3): "+int1.equals(int3));
      System.out.println("int1.equals(float1): "+int1.equals(float1));
      System.out.println("float1.equals(int1): "+float1.equals(int1));
   }
}
```

실행결과

```
int1.equals(int2): false
int1.equals(int3): true
int1.equals(float1): false
float1.equals(int1): false
```

다음에 나오는 예제는 Object 클래스의 equals 메소드를 클래스 자신에 맞게 재정의하여 사용하는 방법을 보여주는 자바 프로그램이다.

예제

EqualsTest2.java

```
class Point3D {
   int x, y, z;
   Point3D() {
      this(0, 0, 0);
   }
   Point3D(int x, int y, int z) {
      this.x = x;
      this.y = y;
      this.z = z;
```

```
    }
    public boolean equals(Point3D p) {
        if(p != null) {
            return((x= =p.x)&&(y= =p.y));
        } else {
            return(super.equals(p));
        }
    }
}
class EqualsTest2 {
    public static void main(String args[]) {
        Point3D a1 = new Point3D(1, 1, 1);
        Point3D a2 = new Point3D(1, 1, 2);
        Point3D a3 = a1;
        Point3D a4 = null;
        System.out.println("a1.equals(a1): "+a1.equals(a1));
        System.out.println("a1.equals(a2): "+a1.equals(a2));
        System.out.println("a1.equals(a3): "+a1.equals(a3));
        System.out.println("a1.equals(a4): "+a1.equals(a4));
    }
}
```

실행결과

```
a1.equals(a1): true
a1.equals(a2): true
a1.equals(a3): true
a1.equals(a4): false
```

14.3 java.lang 패키지의 System 클래스

(1) 시스템 클래스 System

System 클래스는 여러 가지 유용한 클래스 항목(변수)들과 메소드들을 포함하고 있으며, 이 System 클래스에 대한 인스턴스의 생성은 불가능한다. 또한, System 클래스는 다음과 같이 파이널 클래스로 선언되어 있어 더 이상 상속될 수 없습니다.

public final class System extends Object

그리고, System 클래스의 변수들 역시 파이널 변수 즉 상수값을 갖고, System 클래스의 모든 메소드는 클래스 메소드로서 다음과 같이 클래스 이름과 함께 사용되어야 한다.

```
System.변수이름      ->  System.in
System.메소드이름   ->  System.exit();
```

System 클래스는 다음과 같이 여러 가지 클래스 변수와 클래스 메소드를 제공해준다.

표준 입력 스트림, 표준 출력 스트림, 표준 에러 출력 스트림

- public static final InputStream in: 표준 입력 스트림

사용예)
```
try {
    System.in.read();
} catch(java.io.IOException e) {
    /* Exception Handler */
}
```

- public static final PrintStream out: 표준 출력 스트림

사용예)
```
System.out.print("Hello, World!");
System.out.println("Hello, World!");
```

- public static final PrintStream err: 표준 에러 출력 스트림
- public static void setIn(InputStream in): 표준 입력 스트림을 재설정한다.
- public static void setOut(PrintStream out): 표준 출력 스트림을 재설정한다.
- public static void setErr(PrintStream err): 표준 에러 출력 스트림을 재설정한다.

외부적으로 정의된 "properties"에 대한 접근

- public static Properties getProperties(): 현재 시스템 속성을 결정한다.
- public static String getProperty(String key): 주어진 키에 대한 시스템 속성을 얻는다.
- public static String getProperty(String key, String def): 주어진 키에 대한 시스템 속성을 얻는다.
- public static void setProperties(Properties props): 주어진 Properties 매개변수로 시스템 속성을 설정한다.

◆ 파일과 라이브러리를 로딩하기 위한 방법

- public static void load(String filename): 주어진 파일을 동적 라이브러리로 적재(load)한다.
- public static void loadLibrary(String libname): libname 매개변수에 의해 주어진 시스템 라이브러리를 적재(load)한다.

◆ 배열을 빠르게 복사하기 위한 유용한 메소드

- public static native void arraycopy(Object src, int src_position, Object dst, int dst_position, int length): 주어진 원본 배열 객체의 시작 위치부터 대상 객체의 주어진 위치에 주어진 길이만큼 복사한다.

◆ 쓰레기 수집 기능

- public static void gc(): 쓰레기 수집기를 동작시킨다..
- public static void runFinalization(): 쓰레기 수집을 기다리고 있는 객체의 finalize 메소드를 실행시킨다..
- public static void runFinalizersOnExit(boolean value): 자바 프로그램의 실행이 끝나고 빠져나갈 때, 자바 런타임 머신이 finalize 메소드를 호출하는 것을 활성화/비활성화 시킨다.. 자바 런타임 머신은 디폴트로 빠져나가기 전에 finalize 메소드를 자동으로 호출하지 않도록 되어 있다.

◆ 기타 기능

- public static native long currentTimeMillis(): 밀리초 단위의 현재 시간을 얻는다.
- public static void exit(int status): 현재 실행 중인 자바 가상머신을 종료합니다.
- public static SecurityManager getSecurityManager(): 시스템 보안 인터페이스를 얻는다.
- public static native int identityHashCode(Object x): 주어진 객체를 위한 같은 해쉬 코드 값을 리턴한다.
- public static void setSecurityManager(SecurityManager s): 시스템 보안을 설정한다.

다음은 표준 입력에서 문자를 읽어들여, 입력받은 문자의 개수를 새는 프로그램이다.

예제

StandardIOTest.java

```
class StandardIOTest {
   public static void main(String args[])
   throws java.io.IOException {
      int count=0;
      while(System.in.read() != -1) {
         count++;
      }
      System.out.println();
      System.out.println(count + " chars are founded..");
   }
}
```

실행결과

```
Hello, World!^Z
13 chars are founded..
```

(2) 배열객체 복사하기

System 클래스는 arraycopy 메소드를 제공함으로써 배열 객체의 데이터를 다른 배열 객체로 빠르게 복사할 수 있도록 해 주고 있다. System 클래스가 제공해 주는 arraycopy 메소드는 다음과 같이 클래스 메소드로 선언되어 있으므로, System 클래스와 함께 사용해야 한다.

◆ 메소드 선언

```
public static native void arraycopy(
    Object src,            - 원본 배열 객체
    int src_position,      - 복사 시작 위치
    Object dst,            - 대상 배열 객체
    int dst_position,      - 대상 시작 위치
    int length             - 복사할 길이
)
```

◆ 메소드 사용

System.arraycopy(srcArray, 0, desArray, 0,srcArray.length);

이러한 arraycopy 메소드는 두 개의 배열 객체를 다루므로 여러 가지 배열과 관련된 예외가 발생할 수 있다. 다음과 같은 경우, ArrayStoreException 예외가 발생하며, 배열 객체의 복사는 실패하게 된다.

- src가 참조하는 객체가 배열이 아닐 경우,
- dst가 참조하는 객체가 배열이 아닐 경우,
- src와 dst가 각각 배열을 가리키고 있지만, 배열이 가지는 원소의 기본형이 다른 경우,
- src는 기본 자료형 배열이고, dst는 참조 자료형 배열일 경우,
- src는 참조 자료형 배열이고, dst는 기본 자료형 배열일 경우,

다음과 같은 경우, ArrayIndexOutOfBoundsException 예외가 발생하며, 배열 객체의 복사는 실패하게 된다.

- srcOffset 값이 음수인 경우,
- dstOffset 값이 음수인 경우,
- length 값이 음수인 경우,
- srcOffset+length 값이 src가 가리키는 배열 객체의 길이(src.length)보다 클 경우,
- dstOffset +length 값이 dst가 가리키는 배열 객체의 길이(dst.length)보다 클 경우

다음에 나오는 예제는 System 클래스의 arraycopy 메소드를 사용하기 위한 간단한 자바 프로그램을 보여주고 있다.

예제

ArrayCopyTest.java

```
class ArrayCopyTest {
   public static void main(String args[]) {
      char srcArray[] = { ‘H’, ‘e’, ‘l’, ‘l’, ‘o’, ‘,’, ‘ ’, ‘W’, ‘o’, ‘r’, ‘l’, ‘d’, ‘!’ };
      byte dstArray1[] = new byte[srcArray.length];
      char dstArray2[] = new char[srcArray.length];
//       System.arraycopy(srcArray, 0, dstArray1, 0, 5);        // (a)
      System.arraycopy(srcArray, 4, dstArray2, 0, 5);
      System.out.print(“ srcArray: [”);
```

```
        for(int i=0;i<srcArray.length;i++) {
            System.out.print(srcArray[i]);
        }
        System.out.println("]");
        System.out.print("dstArray2: [");
        for(int i=0;i<srcArray.length;i++) {
            System.out.print(dstArray2[i]);
        }
        System.out.println("]");
    }
}
```

실행결과

```
(a) 부분을 주석 처리하지 않은 경우
Exception in thread "main" java.lang.ArrayStoreException at ArrayCopyTest.main....

(b) 부분을 주석 처리한 경우
srcArray: [Hello, World!]
dstArray2: [o, Wo          ]
```

(3) 시스템 속성(System Property) 얻기 및 설정하기

System 클래스는 현재 작업 환경에 대한 속성에 대해 키(key)/값(value) 쌍으로 유지하고 있는 속성 테이블을 가지고 있다. 자바 런타임 시스템이 처음 시작할 때, 현재 사용자 정보, 현재 사용하고 있는 자바 런타임 버전, 그리고 파일이름의 경로를 구분하기 위한 경로 구분자, 여러 가지 환경변수 등과 같은 런타임 환경에 대한 정보를 포함하기 위해 시스템 속성이 초기화된다. 다음은 자바 런타임 시스템이 처음 시작할 때 초기화 하는 시스템 속성 리스트이다.

- "java.version": 자바 버전 번호
- "java.vendor": 자바 벤더 관련 문자열
- "java.vendor.url": 자바 벤더의 URL
- "java.home": 자바 설치 디렉토리
- "java.class.version": 자바 클래스 버전 번호
- "java.class.path": 자바 CLASSPATH
- "os.name": 운영체제 이름

- "os.arch": 운영체제 구조
- "os.version": 운영체제 버전 번호
- "file.separator": 파일 구분자 ("/" 또는 "\")
- "path.separater": PATH 설정시 경로 구분자 (":" 또는 ";")
- "line.separator": 라인 구분자 (CR+LF, CR, or LF)
- "user.name": 사용자 계정 이름
- "user.home": 사용자의 홈 디렉토리
- "user.dir": 사용자의 현재 사용 디렉토리

위에 나열된 시스템 속성을 자바 프로그램에서 읽거나 쓰기 위해 System 클래스에서 제공해 주는 몇 가지 메소드들을 사용할 수 있다. 이 때, 찾고자 하는 속성의 이름을 사용하여 해당 값을 얻어올 수 있고, 또는 모든 속성을 한꺼번에 다 얻을 수도 있다. 또한, 시스템 속성을 완전히 바꿀 수도 있다. 시스템 속성을 읽거나 쓰기 위해 사용할 수 있도록 System 클래스에서 제공해 주는 메소드는 다음과 같다.

- public static Properties getProperties(): 현재 시스템 속성을 모두 얻는다.
- public static String getProperty(String key): 주어진 키에 대한 시스템 속성을 얻는다.
- public static String getProperty(String key, String def): 주어진 키에 대한 시스템 속성을 얻고, 시스템 속성이 없으면 주어진 디폴트 값을 리턴한다.
- public static void setProperties(Properties props): 주어진 Properties 매개변수로 시스템 속성을 설정한다.

다음과 같이 시스템 속성을 얻을 수 있다.

```
System.getProperty("path.separator");
System.getProperty("java.hello", "Hello, Wolrd!");
System.getProperties();
```

다음과 같이 시스템 속성을 설정할 수 있다.

```
Properties p = new Properties(System.getProperties());
System.setProperties(p);
```

다음은 시스템 속성을 읽고 쓰는 예를 보여주고 있는 자바 프로그램이다.

예제

SystemPropertyTest.java

```
class SystemPropertyTest {
   public static void main(String args[]) {
      System.out.println(System.getProperty("user.home"));
      System.out.println(System.getProperty("user.dir"));
      System.out.println(System.getProperty("java.hello", "Hello, Wolrd!"));
      System.out.println(System.getProperty("java.hello"));
      System.setProperty("java.hello", "Hello, Java!");
      System.out.println(System.getProperty("java.hello"));
   }
}
```

실행결과

```
E:\Documents and Settings\Administrator
C:\자바프로그래밍\14장
Hello, Wolrd!
null
Hello, Java!
```

실제로 자바에서는 사용자가 정의한 시스템 속성을 설정할 수 있다. 이 때, 사용자는 시스템 속성을 정의하고 있는 파일을 사용하게 되는데, 다음은 시스템 속성을 정의하고 있는 텍스트 파일이다. (아래 내용을 myProperties.txt로 저장)

```
myproperty.message=Hello, Java!
myproperty.version=July Version, 2006
myproperty.maker=James An
myproperty.copyright=James An
```

다음은 위와 같은 시스템 속성 파일을 읽어들여, 시스템 속성을 설정하기 위한 자바 프로그램이다.

예제

SystemPropertyTest2.java

```
import java.io.FileInputStream;
import java.util.Properties;
class SystemPropertyTest2 {
   public static void main(String args[]) {
      try {
         FileInputStream propertyFile;
         propertyFile = new FileInputStream("myProperties.txt");
         Properties p = new Properties(System.getProperties());
         p.load(propertyFile);
         System.setProperties(p);
         System.getProperties().list(System.out);
      } catch(java.io.FileNotFoundException e) {
         System.err.println("java.io.FileNotFoundException");
      } catch(java.io.IOException e) {
         System.err.println("java.io.IOException");
      }
   }
}
```

실행결과

```
-- listing properties --
java.runtime.name=Java(TM) 2 Runtime Environment, Stand...
sun.boot.library.path=E:\Program Files\Java\jdk1.5.0_03\jre...
java.vm.version=1.5.0_03-b07
java.vm.vendor=Sun Microsystems Inc.
java.vendor.url=http://java.sun.com/
path.separator=;
myproperty.maker=James An
java.vm.name=Java HotSpot(TM) Client VM
file.encoding.pkg=sun.io
user.country=KR
sun.os.patch.level=Service Pack 2
java.vm.specification.name=Java Virtual Machine Specification
user.dir=C:\자바프로그래밍\14장
java.runtime.version=1.5.0_03-b07
```

```
java.awt.graphicsenv=sun.awt.Win32GraphicsEnvironment
java.endorsed.dirs=E:\Program Files\Java\jdk1.5.0_03\jre...
os.arch=x86
myproperty.version=July Version, 2006
java.io.tmpdir=E:\DOCUME~1\ADMINI~1\LOCALS~1\Temp\
line.separator=
java.vm.specification.vendor=Sun Microsystems Inc.
user.variant=
os.name=Windows XP
sun.jnu.encoding=MS949
java.library.path=E:\Program Files\Java\jdk1.5.0_03\bin...
java.specification.name=Java Platform API Specification
java.class.version=49.0
sun.management.compiler=HotSpot Client Compiler
os.version=5.1
user.home=E:\Documents and Settings\Administrator
user.timezone=
java.awt.printerjob=sun.awt.windows.WPrinterJob
file.encoding=MS949
java.specification.version=1.5
myproperty.message=Hello, Java!
user.name=Administrator
java.class.path=.;C:\MyPackage
myproperty.copyright=James An
java.vm.specification.version=1.0
sun.arch.data.model=32
java.home=E:\Program Files\Java\jdk1.5.0_03\jre
java.specification.vendor=Sun Microsystems Inc.
user.language=ko
awt.toolkit=sun.awt.windows.WToolkit
java.vm.info=mixed mode, sharing
java.version=1.5.0_03
java.ext.dirs=E:\Program Files\Java\jdk1.5.0_03\jre...
sun.boot.class.path=E:\Program Files\Java\jdk1.5.0_03\jre...
java.vendor=Sun Microsystems Inc.
file.separator=\
java.vendor.url.bug=http://java.sun.com/cgi-bin/bugreport...
sun.cpu.endian=little
sun.io.unicode.encoding=UnicodeLittle
sun.desktop=windows
sun.cpu.isalist=
```

(4) 프로그램의 종료상태를 시스템에 전달하기

C 또는 C++에서는 프로그램을 실행할 때, 가장 먼저 main 함수를 호출하도록 되어 있다. 또한, main 함수는 다음과 같이 리턴값을 가질 수도 있다.

```
#include<stdio.h>
int main() {
    return(0);
}
```

【그림 14.6】 C 프로그램에서 프로그램의 종료 코드 리턴

그러나, 자바에서 자바 애플리케이션을 실행할 때, 자바 가상머신은 가장 먼저 "public static void main(String args[])"라는 메소드를 호출하도록 되어 있다. 이 메소드가 없을 경우, "Exception in thread "main" java.lang.NoSuchMethodError: main"이라는 예외가 발생한다. 따라서, 자바에서는 항상 main 메소드를 다음과 같은 형태로 정의해 주어야 한다.

public static void main(String args[]) { … }

이러한 이유 때문에, 자바 프로그램에서 main 메소드를 이용하여 정상적으로 또는 비정상적으로 프로그램의 수행을 종료할 경우, 특정 값을 리턴 해 줄 수 없습니다. 따라서, 이러한 문제를 해결하기 위해서는 다음과 같이 System 클래스에서 제공해 주는 exit 메소드를 이용하여 프로그램의 수행을 종료할 수 있다.

예제

SystemExitTest.java

```
public class SystemExitTest {
    public static void main (String args[]) {
        int retCode = -1;
        System.out.println("Returning: " + retCode);
        System.exit(retCode);
    }
}
```

실행결과

```
Returning: -1
```

14.4 Wrapper 클래스

(1) Wrapper 클래스

자바에서는 모든 것을 클래스로 정의하여 객체 단위로 처리한다. 그런데, 유일하게 예외가 되는 것들이 있다. 이는 언어 수준에서 제공되는 기본형 데이터들이다. 따라서, 자바에서는 이러한 기본형 데이터를 객체 단위로 처리할 수 있도록 하기 위한 클래스들을 제공해 주고 있는데, 이를 Wrapper 클래스라 한다. 다음에 나와 있는 표는 byte, short, int, long, float, double, char, boolean 등과 같은 자바에서 제공해 주는 기본형을 위해 각각 Byte, Short, Integer, Long, Float, Double, Character, Boolean 등과 같은 Wrapper 클래스를 제공해 주고 있고, 이에 추가적으로 문자열을 다루기 위해 String과 StringBuffer 클래스, 큰 숫자를 다루기 위한 BigInteger와 BigDecimal 클래스를 제공해 주고 있다.

▶표 14.1 기본 데이터형과 Wrapper Class

기본 데이터형	Wrapper Class
boolean	Boolean
byte	Byte
char	Character
short	Short
int	Integer
long	Long
float	Float
double	Double

(2) Wrapper 클래스와 기본형간의 변환

Wrapper 클래스는 크게 다음과 같은 부류의 메소드들을 제공해 주고 있으며, 다음의 경우 Byte 클래스를 예로 든 것이다.

- public Byte(byte value): 자신이 표현하고 있는 기본형의 값을 매개변수로 받아, 이 값으로 Wrapper 클래스 객체를 생성한다.
- public Byte(String s) throws NumberFormatException: 자신이 표현하고 있는 기본형의 값을 문자열 매개변수로 받아, 이 값으로 Wrapper 클래스 객체를 생성한다. Number 클래스를 상속하는 Wrapper 클래스의 경우 만약, 자신이 표현하고 있는 기본형의 값으로 문자열을 변환하지 못할 경우, NumberFormatException 예외를 발생시킨다.
- Object 클래스의 메소드를 재정의하여 사용하는 메소드
- boolean equals(Object obj): 같은 클래스의 객체를 매개변수로 받아, 자신과 같은 값을 가지고 있는지를 판별한다.
- String toString(): 객체 자신을 표현하는 문자열을 리턴한다.
- int hashCode(): 객체 자신의 해쉬 코드 값을 리턴한다.
- Comparable 인스턴스의 메소드를 구현하여 사용하는 메소드
- int compareTo(Byte anotherByte): 같은 클래스의 객체를 매개변수로 받아, 자신과 크기 비교를 수행한다. 자신이 크면 양수를, 자신과 같으면 0을, 자신이 작으면 음수를 각각 리턴해 준다.
- int compareTo(Object o): 같은 클래스의 객체를 매개변수로 받아, 자신과 크기 비교를 수행한다. 자신이 크면 양수를, 자신과 같으면 0을, 자신이 작으면 음수를 각각 리턴해 준다. 만약 같은 클래스 객체가 아니면, 예외를 발생시킨다.
- Number 클래스를 상속하는 경우, 클래스 변수
- public static final byte MAX_VALUE: Wrapper 클래스 객체가 가질 수 있는 최대값
- public static final byte MIN_VALUE: Wrapper 클래스 객체가 가질 수 있는 최소값

◆ Number 클래스를 상속하는 경우, Number 클래스의 메소드를 재정의하여 사용하는 메소드

- byte byteValue(): Wrapper 클래스 객체가 가지고 있는 숫자 값을 byte 형 값으로 바꾸어 준다.
- short shortValue(): Wrapper 클래스 객체가 가지고 있는 숫자 값을 short 형 값으로 바꾸어 준다.

- int intValue(): Wrapper 클래스 객체가 가지고 있는 숫자 값을 int 형 값으로 바꾸어 준다.
- long longValue(): Wrapper 클래스 객체가 가지고 있는 숫자 값을 long 형 값으로 바꾸어 준다.
- float floatValue(): Wrapper 클래스 객체가 가지고 있는 숫자 값을 float 형 값으로 바꾸어 준다.
- double doubleValue(): Wrapper 클래스 객체가 가지고 있는 숫자 값을 double 형 값으로 바꾸어 준다.

◆ Wrapper 클래스의 자신이 정의하여 사용하는 클래스 메소드

- static byte parseByte(String s): 문자열을 읽어 자신이 표현하고 있는 기본형의 값으로 변환한다.
- static byte parseByte(String s, int radix): 문자열을 읽어 자신이 표현하고 있는 기본형의 값으로 진법에 따라 변환한다.
- static String toString(byte b): 자신이 표현하고 있는 기본형의 값을 매개변수로 받아 문자열로 변환한다.
- static Byte decode(String nm): 문자열을 읽어 자신의 클래스형 객체로 변환한다. 이 때, 문자열이 "[-]0x"로 시작하면 16진수로, "[-]0"으로 시작하면 8진수로, "[-]#" 또는 "[-]"와 같이 시작하면 10진수로 인식하게 된다.
- static Byte valueOf(String s): 문자열을 읽어 자신의 클래스형 객체로 변환한다.
- static Byte valueOf(String s, int radix): 문자열을 읽어 자신의 클래스형 객체로 변환한다. 이 때, radix는 숫자로서 해당 진법을 나타낸다.

(3) Integer 클래스와 Long 클래스

Integer 클래스와 Long 클래스는 앞에서 언급한 몇 가지의 메소드 외에 다음과 같은 추가적인 메소드들을 제공해 주고 있다.

- public static String toHexString(int i): int 형 i 값을 16진수 문자열로 표현하여 가지고 있는 문자열 객체를 생성하여 리턴한다. 만약, 결과가 16진수이고 이 16진수 문자열이 대문자가 되기를 원한다면, 다음과 같이 String 문자열의 toUpperCase 메소드를 이용해야 한다.

```
Integer.toString(n, 16).toUpperCase()
```

- public static String toOctalString(int i): int 형 i 값에 대한 8진수로 표현된 문자열 객체를 얻는다.
- public static String toBinaryString(int i): int 형 i 값에 대한 2진수로 표현된 문자열 객체를 얻는다.
- public static int parseInt(String s, int radix) throws NumberFormatException: 문자열 객체 s에 주어진 값을 주어진 진법에 따라 int형 값으로 변환한다. 만약, 문자열 s에 있는 값이 int 형 값으로 해석가능하지 못하면 NumberFormatException 예외를 발생시킨다.. 만약, radix의 값이 Character.MIN_RADIX 보다 작거나 Character.MAX_RADIX 보다 크면, radix는 10으로 간주된다. parseInt 메소드의 사용예를 살펴보면, 다음과 같다.

  parseInt("0", 10) returns 0
  parseInt("473", 10) returns 473
  parseInt("-0", 10) returns 0
  parseInt("-FF", 16) returns -255
  parseInt("1100110", 2) returns 102
  parseInt("2147483647", 10) returns 2147483647
  parseInt("-2147483648", 10) returns -2147483648
  parseInt("2147483648", 10) throws a NumberFormatException
  parseInt("99", 8) throws a NumberFormatException
  parseInt("Kona", 10) throws a NumberFormatException
  parseInt("Kona", 27) returns 411787
  parseLong("0", 10) returns 0L
  parseLong("473", 10) returns 473L
  parseLong("-0", 10) returns 0L
  parseLong("-FF", 16) returns -255L
  parseLong("1100110", 2) returns 102L
  parseLong("99", 8) throws a NumberFormatException
  parseLong("Hazelnut", 10) throws a NumberFormatException
  parseLong("Hazelnut", 36) returns 1356099454469L

(4) Character 클래스

Character 클래스는 다음과 같은 문자 변환 메소드를 제공해 주고 있다.

- public static boolean isLowerCase(char ch): 소문자인지 검사
- public static boolean isUpperCase(char ch): 대문자인지 검사
- public static boolean isDigit(char ch): 숫자인지 검사
- public static boolean isLetter(char ch): 문자인지 검사
- public static char toLowerCase(char ch): 소문자로 변환
- public static char toUpperCase(char ch): 대문자로 변환
- public static int digit(char ch, int radix): 진법에 따라 숫자로 변환
- public static boolean isSpace(char ch): 공백인지 검사
- public static boolean isWhitespace(char ch): 공백문자인지 검사

\u0009: HORIZONTAL TABULATION.
\u000A: LINE FEED.
\u000B: VERTICAL TABULATION.
\u000C: FORM FEED.
\u000D: CARRIAGE RETURN.
\u001C: FILE SEPARATOR.
\u001D: GROUP SEPARATOR.
\u001E: RECORD SEPARATOR.
\u001F: UNIT SEPARATOR.

(5) String 클래스

String 클래스는 문자열을 표현한다. 자바 프로그램 내에 존재하는 모든 문자열 상수는 이 String 클래스의 객체로 구현되고, String 객체는 문자열 상수를 의미한다. 다시 말해서, 이 값은 생성되어 한 번 초기화 된 후에는 변할 수 없다는 것이다. 다음에 나오는 두 가지 모두 같은 문자열을 나타낸다.

String str = “abc”;
또는
char data[] = {‘a’, ‘b’, ‘c’};

```
String str = new String(data);
```

다음은 문자열을 생성하기 위한 예제를 보여주고 있다.

```
System.out.println("abc");
String cde = "cde";
System.out.println("abc" + cde);
String c = "abc".substring(2,3);
String d = cde.substring(1, 2);
```

String 클래스에서 제공해 주는 메소드를 분류해 보면 다음과 같다.

- 문자열 비교
- 문자열 찾기
- 문자열 추출
- 문자열을 복사하여 새로운 문자열 생성 (대문자화와 소문자화도 가능)

또한, 자바에서는 언어 수준에서 두 개의 문자열을 합치(concatenation)거나 다른 객체들을 문자열로 만들어(conversion) 문자열과 합칠 수 있는 (+) 연산자를 제공해 주고 있는데, 이 때, 문자열의 결합(concatenation)은 StringBuffer 클래스를 이용하여 가능하고, 문자열로의 형변환(conversion)은 Object 클래스의 toString 메소드를 이용하여 가능하다.

- public int length(): 문자열의 길이를 얻는다. 이 길이는 문자열 내에 있는 16-비트 유니코드 문자의 수와 같다.
- public char charAt(int index): 문자열 내에서 주어진 index위치에 있는 문자를 얻는다. 이 때, index의 범위는 0에서(length()-1) 사이의 값으로, 첫 번째 문자의 index 값은 0이다. 만약, index 값이 범위를 벗어난 값이라면, IndexOutOfBoundsException 예외를 발생시키게 된다.
- public boolean equalsIgnoreCase(String anotherString): 이 문자열과 주어진 anotherString 객체에 있는 문자열과 대소문자 구별없이 비교하여 그 결과를 얻는다. 만약, 주어진 객체가 null이 아니고 이 객체와 같은 문자열을 표현하고 있으면 true를 리턴한다.
- public boolean startsWith(String prefix): 이 문자열이 주어진 문자열로 시작하는지 여부를 검사한다. 만약, prefix가 null이면, NullPointerException 예외를 발

생시킨다..

- public boolean endsWith(String suffix): 주어진 문자열로 끝나는지 여부를 검사한다. 만약, suffix가 null이면, NullPointerException 예외를 발생시킨다..
- public int indexOf(int ch): 주어진 문자 ch가 이 문자열 내에서 처음으로 나타나는 인덱스를 얻는다. 만약, 주어진 문자가 문자열 내에 존재하지 않으면 -1이 된다.
- public int indexOf(int ch, int fromIndex): 주어진 문자 ch가 이 문자열 내에서 fromIndex 이후 처음으로 나타나는 인덱스를 얻는다. 만약, 주어진 문자가 문자열 내에 존재하지 않으면 -1이 된다.
- public int lastIndexOf(int ch): 주어진 문자 ch가 이 문자열 내에서 마지막으로 나타나는 인덱스를 얻는다. 만약, 주어진 문자가 문자열 내에 존재하지 않으면 -1이 된다.
- public int lastIndexOf(int ch, int fromIndex): 주어진 문자 ch가 이 문자열 내에서 fromIndex 이 전 마지막으로 나타나는 인덱스를 얻는다. 만약, 주어진 문자가 문자열 내에 존재하지 않으면 -1이 된다.
- public int indexOf(String str): 주어진 문자열 str이 이 문자열 내에서 처음으로 나타나는 인덱스를 얻는다. 만약, 주어진 문자가 문자열 내에 존재하지 않으면 -1이 된다. 만약, str이 null이면, NullPointerException 예외가 발생한다.
- public int indexOf(String str, int fromIndex): 주어진 문자열 str이 이 문자열 내에서 fromIndex 이후 처음으로 나타나는 인덱스를 얻는다. 만약, 주어진 문자가 문자열 내에 존재하지 않으면 -1이 된다. 만약, str이 null이면, NullPointerException 예외가 발생한다.
- public int lastIndexOf(String str): 주어진 문자열 str이 이 문자열 내에서 마지막으로 나타나는 인덱스를 얻는다. 만약, 주어진 문자가 문자열 내에 존재하지 않으면 -1이 되고, str이 null이면, NullPointerException 예외가 발생한다.
- public int lastIndexOf(String str, int fromIndex): 주어진 문자열 str이 이 문자열 내에서 fromIndex 이전 마지막으로 나타나는 인덱스를 얻는다. 만약, 주어진 문자가 문자열 내에 존재하지 않으면 -1이 되고, str이 null이면, NullPointerException 예외가 발생한다.
- public String substring(int beginIndex): 주어진 인덱스부터 마지막까지의 문자열을 얻는다. 만약, 주어진 인덱스가 범위를 벗어나면, IndexOutOfBoundsException

예외를 발생시키는데, 예를 들면, 다음과 같다.

"unhappy".substring(2) returns "happy"

"Harbison".substring(3) returns "bison"

"emptiness".substring(9) returns "" (an empty string)

- public String substring(int beginIndex, int endIndex): 주어진 인덱스들에 해당하는 문자열을 얻는다. 만약, 주어진 인덱스가 범위를 벗어나면, IndexOutOfBounds Exception 예외를 발생시키는데, 예를 들면, 다음과 같다.

"hamburger".substring(4, 8) returns "urge"

"smiles".substring(1, 5) returns "mile"

- public String concat(String str): 이 객체가 가리키는 문자열의 끝에 주어진 문자열을 더한 후, 그 결과 생성된 문자열을 새로운 String 객체에 저장하여 얻는다. 만약, str이 null이면, NullPointerException 예외가 발생하고, 다음과 같은 예를 들 수 있다.

"cares".concat("s") returns "caress"

"to".concat("get").concat("her") returns "together"

- public String replace(char oldChar, char newChar): 문자열 내의 모든 oldChar 문자들을 newChar로 바꾸어, 새로운 문자열 객체를 생성하여 이 문자열을 얻는다. 다음과 같은 예를 들 수 있다.

"mesquite in your cellar".replace('e', 'o') returns "mosquito in your collar"

"the war of baronets".replace('r', 'y') returns "the way of bayonets"

"sparring with a purple porpoise".replace('p', 't') returns "starring with a turtle tortoise"

"JonL".replace('q', 'x') returns "JonL" (no change)

- public String toLowerCase(Locale locale): 이 문자열 내의 모든 문자들을 주어진 Locale에 따라 소문자로 바꾸어 생성된 새로운 문자열을 얻는다.
- public String toLowerCase(): 이 문자열 내의 모든 문자들을 디폴트 Locale에 따라 소문자로 바꾸어 생성된 새로운 문자열을 얻는다. 다음과 같은 예를 들 수 있다.

"French Fries".toLowerCase() returns "french fries"
"".toLowerCase() returns ""

- public String toUpperCase(Locale locale): 이 문자열 내의 모든 문자들을 주어진 Locale에 따라 대문자로 바꾸어 생성된 새로운 문자열을 얻는다.
- public String toUpperCase(): 이 문자열 내의 모든 문자들을 디폴트 Locale에 따라 소문자로 바꾸어 생성된 새로운 문자열을 얻는다. 다음과 같은 예를 들 수 있다.

"Fahrvergn?en".toUpperCase() returns "FAHRVERGN?EN"
"Visit Ljubinje!".toUpperCase() returns "VISIT LJUBINJE!"

- public String trim(): 문자열의 양 끝에 있는 공백문자들을 제거하여 생성된 새로운 문자열을 얻는다.

(6) StringBuffer 클래스

StringBuffer 클래스가 제공해 주는 주요 메소드를 살펴보면, 다음과 같다.

- public int length(): 스트링 버퍼에 저장되어 있는 문자열의 길이를 얻는다.
- void setLength(int newLength): 스트링 버퍼의 길이를 설정한다.
- public int capacity(): 스트링 버퍼에 저장될 수 있는 문자의 개수인 용량을 얻는다.
- public void ensureCapacity(int minimumCapacity): 주어진 최소 용량을 만족할 수 있도록 한다. public void setLength(int newLength): 스트링 버퍼의 새로운 크기를 설정한다.
- public char charAt(int index): 주어진 인덱스에 있는 문자를 얻는다.
- public void getChars(int srcBegin, int srcEnd, char[] dst, int dstBegin): 주어진 위치에 해당하는 문자들을 주어진 대상 문자 배열에 저장한다.
- public void setCharAt(int index, char ch): 주어진 인덱스에 있는 문자를 주어진 문자로 바꿉니다.
- public StringBuffer append(Object obj): String.valueOf 메소드를 이용하여 obj의 값을 문자열로 변환한 후, 이 문자열을 스트링 버퍼에 추가한다.
- public StringBuffer append(String str): 주어진 문자열을 스트링 버퍼에 추가한다.
- public StringBuffer append(char[] str): 주어진 문자 배열에 있는 문자열을 스트링 버퍼에 추가한다.

- public StringBuffer append(char[] str, int offset, int len): 주어진 문자 배열에서 주어진 조건에 해당하는 문자열을 스트링 버퍼에 추가한다.
- public StringBuffer append(boolean b): 주어진 값을 문자열 버퍼에 추가한다.
- public StringBuffer append(char c): 주어진 값을 문자열 버퍼에 추가한다.
- public StringBuffer append(int i): 주어진 값을 문자열 버퍼에 추가한다.
- public StringBuffer append(long l): 주어진 값을 문자열 버퍼에 추가한다.
- public StringBuffer append(float f): 주어진 값을 문자열 버퍼에 추가한다.
- public StringBuffer append(double d): 주어진 값을 문자열 버퍼에 추가한다.
- public StringBuffer delete(int start, int end): 주어진 위치의 문자열을 삭제한다.
- public StringBuffer deleteCharAt(int index): 주어진 인덱스의 문자를 삭제한다.
- public StringBuffer replace(int start, int end, String str): 주어진 위치의 문자열을 주어진 문자열로 대체한다.
- public String substring(int start): 주어진 위치부터 문자열을 얻는다.
- public String substring(int start, int end): 주어진 위치의 문자열을 얻는다.
- public StringBuffer insert(int index, char[] str, int offset, int len): 주어진 위치에 주어진 조건의 문자열을 삽입한다.
- public StringBuffer insert(int offset, Object obj): 주어진 위치에 문자열을 삽입한다.
- public StringBuffer insert(int offset, String str): 주어진 위치에 문자열을 삽입한다.
- public StringBuffer insert(int offset, char[] str): 주어진 위치에 문자열을 삽입한다.
- public StringBuffer insert(int offset, boolean b): 주어진 위치에 주어진 값을 삽입한다.
- public StringBuffer insert(int offset, char c): 주어진 위치에 주어진 값을 삽입한다.
- public StringBuffer insert(int offset, int i): 주어진 위치에 주어진 값을 삽입한다.
- public StringBuffer insert(int offset, long l): 주어진 위치에 주어진 값을 삽입한다.
- public StringBuffer insert(int offset, float f): 주어진 위치에 주어진 값을 삽입한다.

- public StringBuffer insert(int offset, double d): 주어진 위치에 주어진 값을 삽입한다.
- public StringBuffer reverse(): 문자열을 거꾸로 만듭니다.

다음에 나오는 자바 프로그램은 스트링 버퍼에 어떤 내용을 계속 추가시키다가 어느 시점에서 그 버퍼의 내용을 모두 비우고 다시 다른 내용을 추가하는 예를 보여주고 있다.

예제

SystemExitTest.java

```
class StringBufferTest {
   public static void main(String[] args) {
      StringBuffer s = new StringBuffer("");
      System.out.println("s.capacity(): " + s.capacity());
      System.out.println("s.append(\"0123456789\"): " + s.append("0123456789"));
      System.out.println("s.append(ture): " + s.append(true));
      System.out.println("s.append(Integer(10)): " + s.append(new Integer(100000)));
      System.out.println("s.length(): " + s.length());
      System.out.println("s.capacity(): " + s.capacity());
      s.ensureCapacity(256);
      System.out.println("s.ensureCapacity(256): " + s.capacity());
      System.out.println("s.charAt(0): " + s.charAt(0));
      System.out.println("s.charAt(1): " + s.charAt(1));
      System.out.println("s.delete(0,9): " + s.delete(0, 9));
      System.out.println("s.deleteCharAt(0): " + s.deleteCharAt(0));
      System.out.println("s.replace(0,8,\"XYZ\"): " + s.replace(0,8,"XYZ"));
      System.out.println("s.insert(2, 3.14f): " + s.insert(2, 3.14f));
      System.out.println("s.capacity(): " + s.capacity());
      s.setLength(0);
      System.out.println("s.setLength(0): "+s.length());
      System.out.println("s.capacity(): " + s.capacity());
      System.out.println("s.append(\"0123456789\"): " + s.append("0123456789"));
      s.reverse();
      System.out.println("s.reverse(): " + s);
   }
}
```

실행결과

```
s.capacity(): 16
s.append("0123456789"): 0123456789
s.append(ture): 0123456789true
s.append(Integer(10)): 0123456789true100000
s.length(): 20
s.capacity(): 34
s.ensureCapacity(256): 256
s.charAt(0): 0
s.charAt(1): 1
s.delete(0,9): 9true100000
s.deleteCharAt(0): true100000
s.replace(0,8,"XYZ"): XYZ00
s.insert(2, 3.14f): XY3.14Z00
s.capacity(): 256
s.setLength(0): 0
s.capacity(): 256
s.append("0123456789"): 0123456789
s.reverse(): 9876543210
```

14.5 java.util 패키지

(1) StringTokenizer 클래스

문자열에 "Text: 1000:int:Text Values"와 같은 데이터가 있을 때, "TEXT" 부분과 "1000" 부분을 나누어 각각 인식해야 할 경우가 있다. 이러한 경우에는, 자바 API 중 java.util 패키지의 StringTokenizer 클래스를 사용하여 해결할 수 있다. StringTokenizer 클래스는 다음과 같은 메소드를 제공해 주고 있다.

- StringTokenizer(String str): 주어진 문자열을 위한 StringTokenizer 객체를 생성한다.
- StringTokenizer(String str, String delim): 주어진 문자열을 위한 StringTokenizer 객체를 생성한다. 이 때, 각 토큰을 구분하기 위한 구분자(delimiter)를 같이 지정한다. 문자열 내에 포함되어 있는 모든 문자들이 구분자로 사용된다.
- StringTokenizer(String str, String delim, boolean returnTokens): 주어진 문자열

을 위한 StringTokenizer 객체를 생성한다. 이 때, 각 토큰을 구분하기 위한 구분자(delimiter)를 같이 지정한다. 문자열 내에 포함되어 있는 모든 문자들이 구분자로 사용된다. returnTokens가 true값을 가지면 구분자를 토큰에 포함하여 리턴하고, false 값을 가지면 구분자를 제거한 토큰을 리턴한다.

- int countTokens(): 문자열 내에 포함되어 있는 토큰의 개수를 얻는다.
- boolean hasMoreElements(): 토큰이 더 이상 존재하는지를 얻는다.
- boolean hasMoreTokens(): 토큰이 더 이상 존재하는지를 얻는다.
- Object nextElement(): 다음 토큰을 얻는다.
- String nextToken(): 다음 토큰을 얻는다.
- String nextToken(String delim): 주어진 구분자를 이용하여 다음 토큰을 얻는다.

따라서 다음과 같이 하면 문자열 내의 토큰들을 쉽게 나눌 수 있다.

예제

StringTokenizerTest.java

```
import java.util.StringTokenizer;
class StringTokenizerTest {
   public static void main(String[] args) {
      String str = “Text: 1000:int:Text Values”, delim=“ :”;
      StringTokenizer tokenizer1 = new StringTokenizer(str, delim);
      System.out.println(“Number of Tokens: ”+tokenizer1.countTokens());
      while(tokenizer1.hasMoreTokens()) {
         System.out.println(“[”+tokenizer1.nextToken()+“]”);
      }
      StringTokenizer tokenizer2 = new StringTokenizer(str, “:”, true);
      System.out.println(“Number of Tokens: ”+tokenizer2.countTokens());
      while(tokenizer2.hasMoreTokens()) {
         String s = tokenizer2.nextToken();
         System.out.println(“[”+s+“][”+s.trim()+“]”);
      }
   }
}
```

실행결과

```
Number of Tokens: 5
[Text]
[1000]
[int]
[Text]
[Values]
Number of Tokens: 7
[Text][Text]
[:][:]
[ 1000][1000]
[:][:]
[int][int]
[:][:]
[Text Values][Text Values]
```

(2) Enumeration 인터페이스와 Iterator 인터페이스

Enumeration 인터페이스는 여러 개의 원소들을 포함하는 객체에 대해 정의하고 있는 인터페이스이다. Enumeration 인터페이스는 다음과 같은 몇 가지 간단한 메소드를 구현함으로써, 여러 개의 다양한 객체를 하나의 객체가 쉽게 관리할 수 있도록 해 주고 있다.

- boolean hasMoreElements(): 더 이상의 원소가 존재하는지를 얻는다.
- Object nextElement(): 다음 원소를 얻는다.

Enumeration 인터페이스를 구현하는 객체의 모든 원소를 참조하기 위해 다음에 나오는 그림에서와 같이 하면 된다.

```
for (Enumeration e = v.elements() ; e.hasMoreElements() ;) {
    System.out.println(e.nextElement());
}
```

【그림 14.17】 Enumeration 객체가 포함하는 모든 원소의 참조

Iterator 인터페이스는 Enumeration 인터페이스를 대체하기 위한 것이다. 이러한 Iterator 인터페이스는 다음과 같은 두 가지 면에서 Enumeration 인터페이스와 차이를 보이다.

- 마지막 원소에 대한 제거 기능을 정의하고 있다.
- 메소드의 이름이 간단해 졌습니다.

Iterator 인터페이스에서 정의하고 있는 주요 메소드에 대해 살펴보면 다음과 같다.

- boolean hasNext(): 더 이상의 원소가 존재하는지를 얻는다.
- Object next():다음 원소를 얻는다.
- void remove(): 마지막 원소를 제거한다. (optional operation)

Iterator 인터페이스를 구현하는 객체의 모든 원소를 참조하기 위해 다음에 나오는 그림에서와 같이 하면 된다.

```
for (Iterator i = v.elements() ; i.hasNext() ;) {
    System.out.println(i.next());
}
```

【그림 14.18】 Enumeration 객체가 포함하는 모든 원소의 참조

다음에 나오는 자바 프로그램은 Enumeration 인터페이스와 Iterator 인터페이스를 모두 구현하고 있는 Vector 클래스를 이용하여 각 인터페이스를 테스트 하는 예를 보여주고 있다.

예제

EnumerationTest.java

```
import java.util.Vector;
import java.util.Iterator;
import java.util.Enumeration;
class EnumerationTest {
    public static void main(String[] args) {
        Vector v = new Vector();
        v.addElement(new Integer(100));
```

```
        v.addElement(new Integer(200));
        v.addElement(new Integer(300));
        for(Enumeration e=v.elements();e.hasMoreElements();) {
            System.out.println(e.nextElement());
        }
        for(Iterator i=v.iterator();i.hasNext();) {
            System.out.println(i.next());
        }
    }
}
```

실행결과

```
100
200
300
100
200
300
```

(3) 벡터(Vector) 클래스

자바에서 배열은 배열을 생성할 때, 그 길이가 정해지고 저장하려는 원소(element)의 크기가 일정한 반면, 벡터는 다양한 형의 원소를 저장가능하며, 그 길이 또한 가변적이다. 다시 말해서, 벡터에 저장되는 원소는 어떤 객체든지 가리킬 수 있는 최상위 객체인 "Object" 형이므로, 벡터는 모든 객체를 원소로써 가질 수 있다. 또한 벡터 클래스는 원소의 삽입, 제거, 그리고 탐색을 가능하게 하는 메소드를 제공해 준다. 다음의 간단한 벡터 사용 예제를 살펴보면, 보다 쉽게 벡터를 이해할 수 있을 것이다.

예제

VectorTest.java

```
import java.util.Vector;
class VectorTest {
    public static void main(String[] args) {
        Vector v = new Vector();
        System.out.println("size: " + v.size());
```

```
        v.addElement(new Character('A'));
        v.addElement(new String("James An"));
        v.addElement(new Integer(100));
        v.addElement(new Integer(200));
        v.insertElementAt(new Float(3.141592), 1);
        v.setElementAt(new String("Set"), 3);
        System.out.println("size: " + v.size());
        System.out.println(" [0]: " + ((Character)v.elementAt(0)));
        System.out.println(" [1]: " + ((Float)v.elementAt(1)));
        System.out.println(" [2]: " + (String)v.elementAt(2));
        System.out.println(" [3]: " + v.elementAt(3));
        System.out.println(" [4]: " + ((Integer)v.elementAt(4)).toString());
        if(v.contains("SET")) {
            Integer i = new Integer(v.indexOf("SET"));
            System.out.println("Index of String(\"SET\"): " + i);
        }
        if(v.contains("Set")) {
            Integer i = new Integer(v.indexOf("Set"));
            System.out.println("Index of String(\"Set\"): " + i.toString());
        }
    }
}
```

실행결과

```
size: 0
size: 5
 [0]: A
 [1]: 3.141592
 [2]: James An
 [3]: Set
 [4]: 200
Index of String("Set"): 3
```

Vector 클래스에서 제공해 주고 있는 주요 메소드에 대해 살펴보면 다음과 같다.

- void add(int index, Object element): 객체를 주어진 위치에 추가한다.
- boolean add(Object o): 객체를 추가한다.
- boolean addAll(Collection c): 주어진 콜렉션에 있는 모든 객체를 추가한다.
- boolean addAll(int index, Collection c): 주어진 콜렉션에 있는 모든 객체를 주어진 위치에 추가한다.

- void addElement(Object obj): 주어진 객체를 추가한다.
- int capacity(): 이객체의 용량을 얻는다.
- void clear(): 모든 객체를 제거한다.
- boolean contains(Object elem): 주어진 객체를 포함하고 있는지를 얻는다.
- boolean containsAll(Collection c): 주어진 콜렉션 내의 객체들을 포함하고 있는지를 얻는다.
- void copyInto(Object[] anArray):
- Object elementAt(int index): 주어진 위치에 있는 객체를 얻는다.
- Enumeration elements(): 이 벡터에 대한 Enumeration 객체를 얻는다.
- void ensureCapacity(int minCapacity): 용량을 재설정한다.
- Object firstElement(): 첫 번째 객체를 얻는다.
- Object get(int index): 주어진 위치에 있는 객체를 얻는다.
- int indexOf(Object elem): 주어진 객체의 위치를 얻는다.
- int indexOf(Object elem, int index): 주어진 위치에서부터 시작하여 주어진 객체가 처음 나오는 위치를 얻는다.
- void insertElementAt(Object obj, int index): 주어진 위치에 객체를 삽입한다.
- boolean isEmpty(): 비어있는지를 얻는다.
- Object lastElement(): 마지막 객체를 얻는다.
- int lastIndexOf(Object elem): 주어진 객체의 마지막 위치를 얻는다.
- int lastIndexOf(Object elem, int index): 주어진 위치부터 마지막으로 나오는 객체의 위치를 얻는다.
- Object remove(int index): 주어진 위치의 객체를 제거한다.
- boolean remove(Object o): 주어진 객체를 제거한다.
- boolean removeAll(Collection c): 콜렉션에 있는 모든 객체를 제거한다.
- void removeAllElements(): 모든 객체를 제거한다.
- boolean removeElement(Object obj): 주어진 객체를 제거한다.
- void removeElementAt(int index): 주어진 위치에 있는 객체를 제거한다.
- boolean retainAll(Collection c): 콜렌션에 있는 객체들을 보존한다.
- Object set(int index, Object element): 주어진 위치의 객체를 대체한다.
- void setElementAt(Object obj, int index): 주어진 위치의 객체를 설정한다.
- void setSize(int newSize): 벡터의 크기를 설정한다.

- int size(): 벡터의 크기를 얻는다.
- List subList(int fromIndex, int toIndex): 주어진 위치 사이의 리스트를 얻는다.
- Object[] toArray(): 벡터를 객체 배열로 얻는다.
- Object[] toArray(Object[] a): 벡터를 구어진 객체 배열에 저장한다.

(4) 스택(Stack) 클래스

스택은 LIFO(Last In First Out) 방식으로 객체를 추가 삭제하는 자료구조이다. Stack클래스는 Vector 클래스를 상속하는 클래스로서, Vector 클래스가 갖는 모든 기능과 스택의 고유 연산인 push, pop, top, empty 등과 같은 연산 기능을 제공해 준다. 이러한 Stack 클래스를 살펴보면, 다음과 같다.

- Stack(): 스택을 생성한다.
- boolean empty(): 스택이 비어 있는지를 검사한다.
- Object peek(): 스택의 top에 있는 원소를 얻는다.
- Object pop(): 스택의 top에 있는 원소를 얻는다.
- Object push(Object item): 스택에 원고를 저장한다.
- int search(Object o): 주어진 원소의 위치를 얻는다.

다음은 Stack 클래스를 이용하여 객체를 저장하고 다시 꺼내오는 작업을 수행하는 자바 프로그램이다.

예제

StackTest.java

```
import java.util.Stack;
class StackTest {
   public static void main(String[] args) {
      Stack s = new Stack();
      s.push(new Integer(100));
      s.push(new Integer(200));
      s.push(new Integer(300));
      System.out.println("top: "+s.peek());
      while(!s.empty()) {
         System.out.println("pop: "+s.pop());
      }
   }
}
```

실행결과

```
top: 300
pop: 300
pop: 200
pop: 100
```

(5) 링크드리스트(Linkedlist) 클래스

LinkedList 클래스는 Link 인터페이스를 구현한 클래스로서, 리스트의 시작 위치 또는 끝 위치에 원소를 삽입(insert), 삭제(remove), 또는 얻기(get) 등과 같은 메소드를 제공해 준다. 이러한 린크드 리스크를 이용하여 스택(stack), 큐(queue), 또는 데크(deque or double-ended queue) 등과 같은 자료구조를 제공해 줄 수 있다.

그런데, 링크드 리스트는 동기화를 제공해 주지 않고 있다. 따라서, 여러 개의 스레드가 동시에 이 링크드 리스트를 참조하려 할 때, 반드시 외부적으로 동기화가 되어야 한다. 이를 위해, 다음과 같이 링크드 리스트의 생성시에Collections.synchronizedList 메소드를 이용하여 링크드 리스트를 보호해("wrapped")주어야 한다.

List list = Collections.synchronizedList(new LinkedList(...));

- LinkedList(): 링크드 리스트를 생성한다.
- LinkedList(Collection c): 콜렉션이 포함하고 있는 원소들을 포함하는 리스트를 생성한다.
- void add(int index, Object element): 주어진 원소를 해당 위치에 추가한다.
- boolean add(Object o): 주어진 원소를 리스트의 끝에 추가한다.
- boolean addAll(Collection c): 콜렉션이 포함하고 있는 원소들을 리스트에 추가한다.
- boolean addAll(int index, Collection c): 콜렉션이 포함하고 있는 원소들을 리스트의 해당 위치에 추가한다.
- void addFirst(Object o): 원소를 리스트의 시작 위치에 추가한다.
- void addLast(Object o): 원소를 리스트의 마지막 위치에 추가한다.
- void clear(): 리스트의 모든 원소를 제거한다.
- boolean contains(Object o): 주어진 객체를 포함하고 있는지를 검사한다.
- Object get(int index): 주어진 위치의 원소를 얻는다.

- Object getFirst(): 가장 앞에 있는 원소를 얻는다.
- Object getLast(): 가장 뒤에 있는 원소를 얻는다.
- int indexOf(Object o): 주어진 객체의 위치를 얻는다.
- int lastIndexOf(Object o): 주어진 객체의 마지막 나타나는 위치를 얻는다.
- ListIterator listIterator(int index): 주어진 위치에서부터 list-iterator를 얻는다.
- Object remove(int index): 주어진 위치의 원소를 제거한다.
- boolean remove(Object o): 주어진 원소를 제거한다.
- Object removeFirst(): 제일 앞의 원소를 제거한다.
- Object removeLast(): 제일 뒤의 원소를 제거한다.
- Object set(int index, Object element): 주어진 위치의 원소를 주어진 원소로 대체한다.
- int size(): 리스트의 크기를 얻는다.
- Object[] toArray(): 리스트에 포함된 원소들을 배열로 얻는다.
- Object[] toArray(Object[] a): 리스트에 포함된 원소들을 주어진 배열에 얻는다.

다음에 나오는 자바 프로그램은 링크드 리스트를 이용하여 스택(stack)과 큐(queue)를 구현한 예제 이다.

예제

LinkedListTest.java

```
import java.util.LinkedList;
class MyStack extends LinkedList {
   public MyStack() {
      super();
   }
   public Object push(Object o) {
      addFirst(o);
      return(o);
   }
   public Object pop() {
      return(removeFirst());
   }
   public Object top() {
      return(getFirst());
   }
```

```
    public int search(Object o) {
        return(indexOf(o));
    }
    public boolean empty() {
        return(size() == 0);
    }
}
class MyQueue extends LinkedList {
    public MyQueue() {
        super();
    }
    public Object insert(Object o) {
        addLast(o);
        return(o);
    }
    public Object delete() {
        return(removeFirst());
    }
    public Object front() {
        return(getFirst());
    }
    public Object rear() {
        return(getLast());
    }
    public int search(Object o) {
        return(indexOf(o));
    }
    public boolean empty() {
        return(size() == 0);
    }
}
class LinkedListTest {
    public static void main(String[] args) {
        MyStack s = new MyStack();
        MyQueue q = new MyQueue();
        s.push(new Integer(100)); q.insert(new Integer(100));
        s.push(new Integer(200)); q.insert(new Integer(200));
        s.push(new Integer(300)); q.insert(new Integer(300));
        System.out.println("stack size: "+s.size());
        System.out.println("stack top: "+s.top());
        while(!s.empty()) {
            System.out.println("pop: "+s.pop());
        }
        System.out.println(" queue size: "+q.size());
```

```
        System.out.println("queue front: "+q.front()+", "+"rear: "+q.rear());
        while(!q.empty()) {
            System.out.println("delete: "+q.delete());
        }
    }
}
```

실행결과

```
stack size: 3
stack top: 300
pop: 300
pop: 200
pop: 100
 queue size: 3
queue front: 100, rear: 300
delete: 100
delete: 200
delete: 300
```

(6) 해시테이블(Hashtable) 클래스

Hashtable 클래스는 자바에서 해시테이블의 기능을 제공해 주기 위한 클래스이다. 해시테이블은 키와 값의 쌍으로 이루어진 자료구조이다. 다시 말해서, 어떤 값을 저장할 때, 그 값에 대한 키를 같이 저장한다. 그래서, 나중에 값을 찾기 위해 주어진 키를 이용하는 것이다. 다음의 그림은 해시테이블에 대한 간단한 예이다.

```
Hashtable numbers = new Hashtable();
numbers.put("one", new Integer(1));
numbers.put("two", new Integer(2));
numbers.put("three", new Integer(3));
Integer n = (Integer)numbers.get("two");
if (n != null) {
    System.out.println("two = " + n);
}
```

【그림 14.19】 해시테이블의 간단한 사용예

Hashtable 클래스에서 정의하고 있는 주요 메소드에 대해 살펴보면 다음과 같다.

Hashtable(),

- Hashtable(int initialCapacity): 해시테이블을 주어진 조건에 맞게 생성한다.
- void clear(): 해시테이블의 모든 원소를 제거한다.
- boolean contains(Object value): 주어진 값을 포함하고 있는지를 얻는다.
- boolean containsKey(Object key): 주어진 키를 포함하고 있는지를 얻는다.
- boolean containsValue(Object value): 주어진 값을 포함하고 있는지를 얻는다.
- Enumeration elements(): 원소에 대한 Enumeration 객체를 얻는다.
- Object get(Object key): 주어진 키에 해당하는 값을 얻는다.
- boolean isEmpty(): 해시테이블이 비어있는 지를 얻는다.
- Enumeration keys(): 키들에 대한 Enumeration 객체를 얻는다.
- Object put(Object key, Object value): 주어진 키를 이용하여 값을 저장한다.
- Object remove(Object key): 주어진 키에 해당하는 원소를 제거한다.
- int size(): 해시테이블의 크기를 얻는다.
- Collection values(): 해시테이블에 포함되어 있는 값들에 대한 콜렉션 객체를 얻는다.

예제

HashtableTest.java

```
import java.util.Hashtable;
import java.util.Iterator;
import java.util.Enumeration;
class HashtableTest {
   public static void main(String[] args) {
      Hashtable h = new Hashtable();
      h.put("Name", "James An");
      h.put("Age", new Integer(20));
      h.put("Tel", "031-490-8888");
      h.put("Cellphone", "011-770-8888");
      h.put("Etc", "I'm a boy");
      System.out.println("size: "+h.size());
      for(Enumeration e=h.elements();e.hasMoreElements();) {
         System.out.print("["+e.nextElement()+"]");
      }
```

```
        System.out.println();
        for(Iterator i=h.values().iterator();i.hasNext();) {
            System.out.print("["+i.next()+"]");
        }
        System.out.println();
        for(Enumeration e=h.keys();e.hasMoreElements();) {
            System.out.print("["+e.nextElement()+"]");
        }
        System.out.println();
        h.remove("Etc");
        System.out.println("size: "+h.size());
        for(Enumeration e=h.keys();e.hasMoreElements();) {
            Object key = e.nextElement();
            System.out.println(key + ": "+h.get(key));
        }
    }
}
```

실행결과

```
size: 5
[James An][011-770-8888][20][I'm a boy][031-490-8888]
[James An][011-770-8888][20][I'm a boy][031-490-8888]
[Name][Cellphone][Age][Etc][Tel]
size: 4
Name: James An
Cellphone: 011-770-8888
Age: 20
Tel: 031-490-8888
```

(7) Math 클래스

Math 틀래스는 수학적 계산을 하기위한 메소드의 집합이다. Math 클래스의 모든 메소드는 static 메소드이며, Math.메소드() 형식으로 호출된다. 또한, private 생성자이므로 객채 생성이 불가능하다. 즉, new Math() 생성할 수 없다.

Math 클래스는 다음과 같은 메소드들이 있다.

- 올림/버림/반올림

① ceil() : 인수로 들어온 숫자와 같거나 큰정수 중에서 가까운 정수를 구한다.

ceil(-2.5) e -2

② floor() : 인수로 들어온 숫자와 같거나 작은 정수 중에서 가까운 정수를 구한다.(버림)

floor(-2.5) e -3

③ round() : 인수로 들어온 숫자를 반올림한다.

round(-2.5) e -2

- 최대/최소

① max() : 인수 두 개를 받아 두 인수 중 큰 숫자를 구해준다.

② min() : 인수 두 개를 받아 두 인수 중 작은 숫자를 구해준다.

- 삼각 함수

① sin() : 인수의 사인값을 구해준다.

② cos() : 인수의 코사인값을 구해준다.

③ tan() : 인수의 탄젠트 값을 구해준다.

※ 인수는 라디안 단위, 따라서 각도(디그리)는 라디안으로 변환한 뒤 인수로 넘겨준다. → toRadians() 메소드 이용.

- 기타

① abs() : 인수의 절대값을 구해준다.

② sqrt() : 인수의 제곱근을 구해준다.

③ random() : 0과 같거나 크고 1보다 작은 난수를 발생한다.

예제

MathExam.java

```
class MathExam {
  public static void main(String args[]) {
    System.out.println("10 절대값 :  " + Math.abs(10));
    System.out.println("10.0의 절대값 :  " + Math.abs(10L));
    System.out.println("20.0f의 절대값 :  " + Math.abs(20.0f));
    System.out.println("20.0d의 절대값 :  " + Math.abs(20.0d));
    System.out.println("큰값을 반환한다. : " + Math.max(30, 60));
    System.out.println("작은값을 반환한다. : " + Math.min(10.0, 20.0));
  }
}
```

Quiz 위 예제를 실행하고 결과를 확인해 보자.

다음 예제들은 Integer, System 클래스에 대한 예제들이다.

예제

IntegerExam.java

```
class IntegerExam {
  public static void main(String args[]) {
    Integer num1 = new Integer(13);
    Integer num2 = new Integer(25);
    int hap = num1.intValue() + num2.intValue();
    System.out.println("num1이 포장하고 있는 정수는 : " + num1.intValue());
    System.out.println("num2가 포장하고 있는 정수는 : " + num2.intValue());
    System.out.println("두수의 합 = " + hap);
    System.out.println("합의 2진 표현 : " + Integer.toBinaryString(hap));
    System.out.println("합의 8진 표현 : " + Integer.toOctalString(hap));
    System.out.println("if(num1 == num2) 는 : " + num1.equals(num2));
    Integer num3 = new Integer("444");
    // 문자열을 이용하여 정수형 객체 생성
    System.out.println("문자열 '444'의 값은 : " + num3.intValue());
  }
}
```

Quiz 위 예제를 실행하고 결과를 확인해 보자.

예제

SystemExam.java

```
class SystemExam {
  public static void main(String args[]) {
    long start, end;
    start = System.currentTimeMillis();
    //1970년 1월 1일부터 현재까지의 시간을 밀리초로 반환
    System.out.println("현재 시간 : " + start);
    System.out.println("500,000회의 Loop를 반복 시작");
    for(int i=0; i < 500000; i++) ;
    System.out.println("500,000회의 Loop를 반복 종료");
    end = System.currentTimeMillis();
    System.out.println("반복 종료 시간 : " + end);
```

```
    System.out.println("반복에 소요된 시간 : " + ( end - start ));
  }
}
```

Quiz 위 예제를 실행하고 결과를 확인해 보자.

예제

ClassExam.java

```
class First {
  int a;
  float b;
}

class Second extends First {
  double c;
}

class ClassExam {
  public static void main(String args[]) {
    First x = new First();
    Second y = new Second();
    Class cyberclass;

    cyberclass = x.getClass();
    // Class 형의 객체를

    System.out.println("x의 클래스명 : " + cyberclass.getName());
    cyberclass =cyberclass.getSuperclass();
    System.out.println("x의 상위 클래스명 : " + cyberclass.getName());

    cyberclass = y.getClass();
    System.out.println("y의 클래스명 : " + cyberclass.getName());
    cyberclass =cyberclass.getSuperclass();
    System.out.println("y의 상위 클래스명 : " + cyberclass.getName());
  }
}
```

Quiz 위 예제를 실행하고 결과를 확인해 보자.

(8) Date 클래스

Date 클래스는 날짜와 시간에 관한 정보를 표현한다. Date 클래스의 주요 메소드는 다음과 같다.

▶표 14.2 Date 클래스 메소드

메소드	설 명
boolean after(Date *d*)	*d*로 지정된 날짜가 현재 날짜 이후이면 true, 아니면 false를 반환
boolean before(Date *d*)	*d*로 지정된 날짜가 현재 날짜 이전이면 true, 아니면 false를 반환
boolean equals(Date *d*)	*d*로 지정된 날짜가 현재의 날짜와 같으면 true, 아니면 false를 반환
long getTime()	1970년 이후로 현재까지의 시간을 밀리초로 반환
int getDate()	1-31 사이의 날짜를 반환
int getDay	요일을 해당되는 숫자로 반환. 0:일요일-6:토요일
int getHours()	0-23까지의 시간을 반환
int getMinutes	0-59 사이의 분을 반환
int getSeconds()	0-59 사이의 초를 반환
int getMonth()	해당되는 월을 반환. 0:1월-11:12월
int getYear()	1900년 이후부터의 년수를 반환
int getYear()	1900년 이후부터의 년수를 반환
void setTime(long *msec*)	현재 객체의 날짜와 시간을 1970년 이후의 *msec*로 설정
void setDate(int *day*)	날짜를 설정
void setHours(int *hours*)	시간을 설정(0-23)
void setMinutes(int *minutes*)	분을 설정
void setSeconds(int *seconds*)	초를 설정
void setYear(int *year*)	년을 설정 (1900년을 기준으로 숫자로 지정. 예 : 50이면 1950년을 의미)
String toString()	날짜와 동등한 문자열을 반환

예제

DateExam.java

```
import java.util.*;

class DateExam {
  public static void main(String args[]) {
```

```
    Date currentDate = new Date();
    // 현재 시스템의 날짜를 가진 객체 생성
    System.out.println("현재시스템 날짜는 " + currentDate + "이다.");

    Date mybirthday = new Date(99,5,27);
    System.out.println("나의 생일은 " + mybirthday + "입니다");

    System.out.println("오늘을 기준으로한 자료.");
    System.out.println("   년도 : " + currentDate.getYear());
    System.out.println("   날짜 : " + currentDate.getDate());
    System.out.println("   요일 : " + currentDate.getDay());
    }
}
```

Quiz 위 예제를 실행하고 결과를 확인해 보자.

(8) Calendar 클래스

Calendar 클래스는 날짜와 시간에 관한 정보를 제공하는 추상 클래스이다. 이 클래스에는 많은 int형의 상수가 정의되어 있다. 이러한 상수를 이용하여 날짜와 시간에 관한 다양한 정보를 얻을 수 있다.

▶표 14.3 Calendar 클래스 메소드

메소드	설 명
abstract boolean after(Object *calendarObj*)	현 객체의 날짜가 *calendarObj* 날짜 이후이면 true, 아니면 false를 반환
abstract boolean before(Ojbect *calendarObj*)	현 객체의 날짜가 *calendarObj* 날짜 이전이면 true, 아니면 false를 반환
abstract boolean equals(Ojbect *calendarObj*)	현 객체의 날짜와 *calendarObj* 날짜가 같으면 true, 아니면 false를 반환
final int get(int *calendarField*)	현 객체의 *calendarField*에 해당되는 값을 반환. *calendarField*는 Calendar.YEAR, Calendar.MONTH 등과 같이 사용된다
static Calendar getInstance()	현재의 시간을 가진 Calendar 객체를 반환
final Date getTime()	현재의 객체와 같은 날짜를 가진 Date 객체를 반환
final void set(int *year*, int *month*, int *date*, int *hour*, int *minute*, int *second*)	년, 월, 일, 시간, 분, 초를 지정하여 현재의 객체를 설정
final void setTime(Date *d*)	Date 객체 *d*의 정보를 이용하여 현재의 객체를 설정

예제

CalendarExam.java

```
import java.util.Calendar;

class CalendarExam {
  public static void main(String args[]) {
    String months[] = {
          "1월", "2월", "3월", "4월",
          "5월", "6월", "7월", "8월",
          "9월", "10월", "11월", "12월"};
    Calendar calendar = Calendar.getInstance();

    System.out.print("날짜 : ");
    System.out.print(calendar.get(Calendar.YEAR) + "년 ");
    System.out.print(months[calendar.get(Calendar.MONTH)]);
    System.out.println(" " + calendar.get(Calendar.DATE) + "일");

    System.out.print("시간 : ");
    System.out.print(calendar.get(Calendar.HOUR) + "시 ");
    System.out.print(calendar.get(Calendar.MINUTE) + "분 ");
    System.out.println(calendar.get(Calendar.SECOND) + "초");

    calendar.set(Calendar.HOUR, 1);
    calendar.set(Calendar.MINUTE, 8);
    calendar.set(Calendar.SECOND, 2);

    System.out.print("수정된 시간 : ");
    System.out.print(calendar.get(Calendar.HOUR) + "시 ");
    System.out.print(calendar.get(Calendar.MINUTE) + "분 ");
    System.out.println(calendar.get(Calendar.SECOND) + "초");
  }
}
```

Quiz 위 예제를 실행하고 결과를 확인해 보자.

CHAPTER 15

JDBC

15.1 데이터베이스란?

(1) 데이터베이스에 대한 이해

데이터베이스란? 사용자가 원할 때 필요한 데이터를 수시로 찾아 볼 수 있게 지원하는 데이터의 모음으로 DBMS(Database Management System)라고도 부르는데 이 DBMS는 데이터베이스를 생성, 관리, 검색할 수 있는 기능을 제공하는 통합적인 시스템을 말한다. DBMS 종류로는 Oracle, DB2, Access, SQL Server 등이 있다, 이런 DBMS내에 데이터를 저장해서 저장된 데이터를 DBMS를 통해서 검색, 수정, 삭제 등이 가능해진다.

(2) SQL

DBMS에 저장되어 있는 데이터에 접근하는 방식은 각 프로그램마다 다르다. 따라서 자바로 프로그램을 만들더라도 각 DBMS에 맞추어서 프로그램을 해줘야 한다. 이런 문제를 해결하기 위해서 데이터베이스 업계에서는 어떤 DBMS에서도 검색, 저장, 관리 등을 할 수 있는 표준적인 언어를 제시했는데 이것이 바로 SQL(Structured Query Language)이다.

물론 각 DBMS마다 나름대로의 변형된 SQL을 가지고 있으나 표준적인 SQL은

다 지원되고 있다. 자바는 이런 표준 SQL을 지원하도록 JDBC(Java Database Connectivity) 클래스를 제공하고 있다. 따라서 JDBC를 사용하기 위해서는 데이터베이스 표준 언어인 SQL은 반드시 이해해야 한다.

이후 내용은 기본적인 SQL문을 알고 있다는 가정 하에 진행하도록 한다. SQL문을 모른다면 그와 관련된 교재를 찾아보도록 한다.

15.2 JDBC

(1) JDBC(Java Database Connectivity)란?

JDBC란? 데이터베이스 사용을 위해 Sun사에서 만든 인터페이스로서, 자바 프로그램이 데이터베이스를 제어하는 SQL 어떻게 사용할 수 있는지를 정의하는 프로그래밍 인터페이스이다. 즉 JDBC는 자바프로그램이 데이터베이스에 일관된 방식으로 접근할 수 있도록 API를 제공하는 클래스의 집합이다. 이 JDBC는 MS사의 ODBC (Open Database Connectivity)와 유사하다. 또한 JDBC는 기존의 ODBC를 지원하기 위해서, JDBC와 ODBC를 연결하는 JDBC-ODBC Bridge라는 기능을 제공한다.

따라서 자바프로그램에서 JDBC 클래스를 사용하면 하부 데이터베이스가 뭐던 간에 간단하게 실제 데이터베이스를 연결할 수 있다. JDBC와 실제 데이터베이스를 연결하는 방법은 크게 다음과 같은 3가지로 구분된다.

(2) JDBC와 데이터베이스 연결 방법

- 직접 연결

자바에서 제공되는 JDBC를 사용하지 않고 새로운 JDBC 드라이버를 만들어서 연결하는 방법이다. 하지만 잘 사용하지 않는 방법이다.

- JDBC 드라이버를 이용한 연결

일반적으로 DBMS 회사들은 자신의 데이터베이스와 연결하기 위해서 JDBC 드라이버를 제공한다. 따라서 프로그래머는 해당 JDBC 드라이버를 시스템에 설치한 후에 여기에 따라서 JDBC를 사용하면 된다. 하지만 이는 각 JDBC 드라이버를 설치를 해야 한다는 번거로움이 있다. 단, 윈도우 이외의 플랫폼에서는 반드시 이 방법을 사용해야 한다.

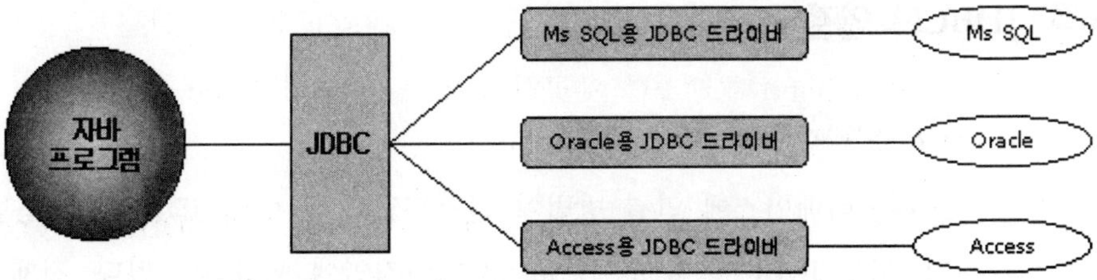

【그림 15.1】 JDBC를 이용한 데이터베이스 연결

• **ODBC를 이용한 연결 -> 주로 사용한다.**

이 방법은 기존의 ODBC를 이용해서 연결하는 방식이다. ODBC는 윈도우 계열에서 지원되는 드라이버로서 데이터베이스의 종류에 관계없이 프로그램을 작성할 수 있도록 해준다. ODBC를 사용하기 위해서는 그림과 같이 JDBC-ODBC 브릿지를 사용해서 ODBC 드라이버와 연결하면 된다. 프로그래머 입장에서는 하위의 데이터베이스가 어떤 ODBC로 연결되건 간에 JDBC API만 이용하면 되고 하부 데이터베이스 입장에서는 기존 ODBC를 그대로 사용할 수 있어서 좋게 된다. 또한 이 방식을 위한, JDBC-ODBC 브릿지는 자바 기본 패키지에 같이 딸려오기 때문에 특정 DBMS 회사에서 드라이버를 받아올 필요가 없다. 단, 윈도우에서만 사용이 가능하다.

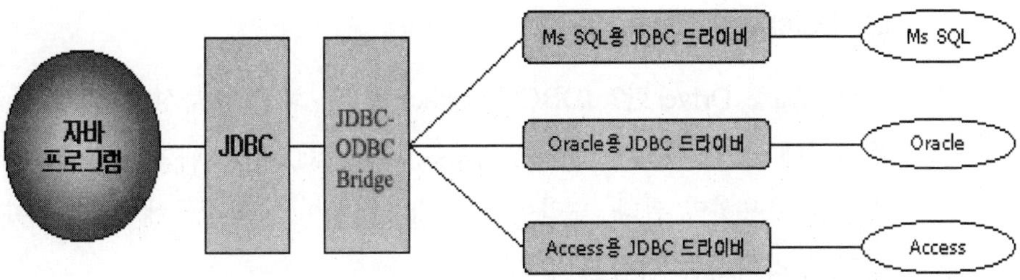

【그림 15.2】 JDBC-ODBC Bridge를 이용한 데이터베이스 연결

15.3 JDBC의 연결

(1) JDBC 연결 개요

데이터베이스에 연결 방법이 결정되었다면, 이제 JDBC의 사용법에 대해 알아보자. 모든 JDBC 클래스는 java.sql 패키지안에 포함되어 있다. 전체적인 흐름은 아래 그림과 같다.

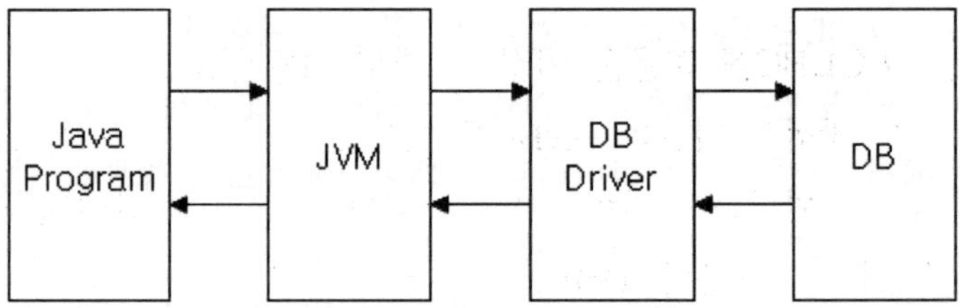

【그림 15.3】 JDBC 연결 개요도

java.sql Package는 기본 패키기로 JVM에 포함하고 있다. 따라서 Java 프로그램 개발자는 java.sql 에 있는 interface와 class를 가지고 DB응용 프로그램을 개발한다. 그리고 자신의 DBMS를 연결(통신)할 수 있는 driver를 java.sql Package에 있는 Dirver interface를 implement하여 개발한다.

(2) Database Driver

Database Driver란? JDBC interface를 각 회사가 특성에 맞게 구현한 것으로 실행시간에 로딩 하고자 한다면 Class.forName("해당 데이터베이스 드라이버명") 메소드를 사용하면 된다. 드라이버는 데이터베이스 회사들에 따라 차이가 나는데 대표적인 드라이버는 다음과 같다.

- MS-SQL
  Class.forName("sun.jdbc.odbc.JdbcOdbcDriver");
- Oracle
  Class.forName("oracle.jdbc.driver.OracleDriver");

여기서 "sun.jdbc.odbc.JdbcOdbcDriver" 드라이버는 ODBC Driver를 연결하여 작동하는 JDBC driver를 의미한다. 이 Type의 driver는 MicroSoft의 표준인 ODBC driver를 연결하고 이를 통하여 테이타베이스를 접근하는 방식이기 때문에 JDBC-ODBC bridge라고도 한다. 이 JDBC driver를 사용하려면 client 컴퓨터에 ODBC driver와 JDBC driver가 설치되어 있어야 한다. 이 때문에 동적으로 driver가 download 되어 사용되는 환경에서는 사용하기 어려우며 고정된 driver가 설치되어 운영되는 환경에 적합하다. sun에서 JVM에 기본적으로 제공하는 JDBC-ODBC driver는 sun.jdbc.odbc.JdbcOdbcDriver이다.

(3) java.sql Package

java.sql Package에는 여러가지 interface와 class로 구성되어 있는데 그중에서 중요한 클래스는 다음과 같은데, 우선 기본적으로 알아야 할 클래스는 다음 네 가지이다.

- DriverManger -- JVM 환경에서 JDBC 관련 Driver를 관리 및 JDBC 클래스 로딩한다.
- Connection -- DataBase 연결 한다.
- Statement -- 쿼리문 실행시킨다.
- ResultSet -- 쿼리문의 실행 결과를 저장

다음은 고급 프로그램에서 사용되는 클래스들이다. 쿼리문을 데이터베이스에 저장하고 함수처럼 호출해서 사용하는 것으로 네트워크로 오고 가는 쿼리문이 없으므로 트래픽이 감소되고 복잡한 Sql문을 단순화, 보안문제 해결, 자바코드가 간결, Sql에 독립적 등 여러 장점을 제공한다.

- PreparedStatement -- 계속 같은 SQL을 반복하여 사용하는 경우에 사용한다. 반복을 피해서 코딩의 번거로움을 덜어준다.
- CallableStatement -- Sql의 스토어드프로시저(Stored Porcedure)를 실행시키기 위해 사용되는 인터페이스.
- ResultSetMetaData -- ResultSet에 대한 정보 즉, 칼럼 이름, 갯수, Type 등 Meta 정보를 알 수 있는 interface.
- DatabaseMetaData -- 사용중인 DBMS에 관련된 여러 가지 정보를 얻을 수 있는 interface.

(4) JDBC의 구현 순서

JDBC 연결 방식을 세번째 방법인 JDBC-ODBC 브릿지를 사용해서 프로그램을 작성하도록 한다. 앞서 살펴본 sql 패키지에 있는 클래스를 사용하여 JDBC 프로그램을 작성해 보자. 우선 다음 그림을 보자.

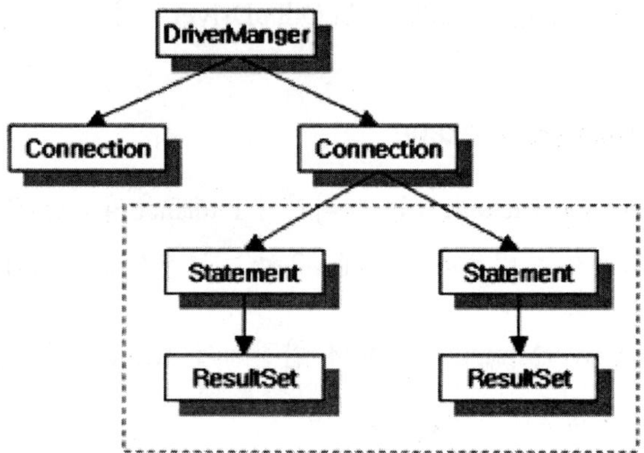

【그림 15.4】 JDBC 클래스 사용법

1단계. JDBC드라이버 로딩 -- Class.forName() 사용.
2단계. Connection객체 생성 -- 데이터베이스에 연결.
3단계. Statement객체 생성 -- Sql 쿼리문 실행 한다.
4단계. ResultSet 객체 생성 -- Sql쿼리문의 실행결과 저장 및 값 출력
5단계. 작업 종료 -- close() 사용.

1단계와 2단계는 단 한번만 실행이되고 연결이 되고 나면 3단계와 4단계가 반복되면서 실행된다. 즉 드라이버는 실행시 단 한번만 로딩이되고 연결이 되면 필요한 직업(데이터 생성, 저장, 수정..)등을 해주고 나면 작업을 종료하면 된다.

이제 소스를 살펴 보자.

① sql 패키지를 import 한다.

```
import java.sql.*;
```

② Class.forName() 사용해서 해당 JDBC 드라이버 로딩한다. 여기서는 sun사가 제공해주는 기본 드라이브를 사용한다.

```
Class.forName("sun.jdbc.odbc.JdbcOdbcDriver");
```

이렇게 해주면 JDBC-ODBC 브릿지 드라이버가 프로그램에 로드된다. 만일 이외에 다른 드라이브를 로드하고 싶다면 JDBC 드라이버를 클래스 패스에 추가한 후에

Class.forName("드라이버 클래스 이름");

의 형태로 지정해 주면 된다.

③ Connection 객체를 생성한다.

DriverManager 클래스는 드라이버를 로딩해주는 역활도 해주지만 더 중요한 Connection 객체를 생성해 준다. 객체가 생성되면 데이터베이스에 연결이 된다. 형식은 다음과 같다.

Connection conn=DriverManager.getConnection("jdbc:odbc:dbdsn", "id", "password");

DriverManager 클래스의 getConnection() 메소드를 이용하는데 이때 인자로는 JDBC URL과 사용자 이름, 패스워드가 들어간다. 만일 사용자 이름과 패스워드가 없다면 JDBC URL만 넘겨주면 된다.

④ Statement객체 생성

3단계에서 생성된 Connection객체(conn)으로부터 Statement객체를 생성한다. 이때 Connection 클래스의 createStatement() 메소드를 사용한다. Statement객체가 생성되면 Sql 쿼리문 실행할 수 있다.

Statement stmt = conn.createStatement();

⑤ Sql 쿼리문 실행

Sql 쿼리문 실행시는 executeUpdate() 나 executeQuery() 를 사용하는데 executeUpdate() 메소드는 Insert, Delete, Update 문 같이 데이터베이스의 내용을 변경하는 쿼리문에 사용하고 executeQuery() 메소드는 Select문 에 사용되는데 그 결과로 java.sql.ResultSet 객체를 리턴한다.

String sql="create table MyTest(neme varchar(20), age int)";
stmt.executeUpdate(sql);

```
stmt.executeQuery("select * from tablename");
```

⑥ **ResultSet 객체 생성**

5단계에서 executeQuery()를 실행하면 쿼리문의 실행 결과를 ResultSet 객체로 리턴한다.

```
ResultSet rs = stmt.executeQuery(sql);
```

이렇게 ResultSet 객체가 얻어지면 ResultSet 은 가상적이 테이블을 가리키게 된다. 보통 next() 메소드를 실행하여 레코드간을 움직이고 각 레코드의 필드에 대한 접근은 getXXX() 메소드를 이용해서 접근한다. 여기서 XXX는 Int, Strng 과 같은 sql의 결과로 넘어올 수 있는 데이터 형이다.
출력하고자 하는 결과에 따라 다르지만 보통 while 문을 이용해서 레코드셋의 처음부터 레코드의 끝을 만날때까지 next() 메소드를 이용하여 조회하게 된다.

```
while(rs.next()){
System.out.println("name : "+"\t"+rs.getString(1));
System.out.println("age : "+"\t"+rs.getInt(2));
}
```

⑦ **close()메소드를 사용하여 작업 종료한다.**

```
rs.close();
stmt.close();
conn.close();
```

이제는 소스를 통해 직접 데이터베이스에 연결을 해 보자, 먼저 코딩을 하기 전에 준비할 것이 있다. 여기서는 DBMS로 MS-SQL Server 2000을 사용하고 JDBC-ODBC Bridge를 이용해서 연결을 할 것이다. 따라서 다음과 같이 준비가 되어있어야 한다.

① SQL에 DB 저장 테이블 생성 --> 우리는 자바로 테이블을 만들 것이다.
② ODBC(데이터 원본)를 이용해서 DSN을 설정 .-->DSN명을 java로 한다.
③ 데이터베이스의 ID와 Password --> ID는 sa 로 하고 Password는 기입하지 않는다.

준비가 끝났으면 먼저 제대로 연결이 되었는지 확인한다. 데이터베이스에 자바 프로그램으로 다음과 같은 테이블을 만든다.

name	age	gender
홍길동	20	남

테이블을 만드는 쿼리문은 다음과 같다.

"create table JavaTable(neme varchar(10), age int , gender varchar(10))"

데이터 값을 삽입한다.

"Insert into JavaTable value ('홍길동', '20', '남')"

예제

MssqlTest.java

```
import java.sql.*;
public class MssqlTest {
public static void main(String args[]){
Connection con;
Statement stmt;
try {
//드라이버를 직접 로딩한다.
Class.forName("sun.jdbc.odbc.JdbcOdbcDriver");
//데이터베이스에 연결한다.
con = DriverManager.getConnection("jdbc:odbc:java", "sa", "");
//쿼리문을 변수에 담는다.
String create="create table JavaTable(name varchar(10), age int , gender varchar(10))";
String insert = "Insert into JavaTable values('홍길동', '20', '남')";
// 실제 데이터베이스에 접근하기 위해, statement를 생성한다.
stmt = con.createStatement();
// 실행한다.
stmt.executeUpdate(create);
stmt.executeUpdate(insert);
//연결이 성공되면 다음 문장이 출력된다.
System.out.println("MS-SQL Server 2000 Success!");
// statement를 종료한다.
stmt.close();
// 데이터베이스와의 연결을 끊는다.
```

```
con.close();
}      catch(SQLException ex) {
         System.out.println("SQLException: " + ex);
}
     catch(Exception ex) {
         System.out.println("Exception: " + ex);
        }
    }
}
```

실행결과

MS-SQL Server 2000 Success!
위의 문장이 출력되면 데이터베이스에 테이블이 완성이 되었는지 확인한다.

15.4 데이터 검색하기

데이터를 검색하기 위해서 Select 문을 사용한다. 이 쿼리문은 insert문과는 달리 실행시 executeQuery() 메소드를 사용해서 실행이 되고 실행 결과를 ResulteSet 객체로 리턴한다. 형식은 아래와 같다.

select 가져올 컬럼 목록 from 테이블명 [where 가져올 행의 조건]

ResulteSet re=st.executeQuery("Select * from JavaTable");

여기서 st는 Statement 클래스 객체이다.

이렇게 ResultSet 객체가 얻어지면 ResultSet 은 가상적이 테이블을 가리키게 된다. 보통 next() 메소드를 실행하여 레코드간을 움직이고 각 레코드의 필드에 대한 접근은 getXXX() 메소드를 이용해서 접근한다. 여기서 XXX는 Int, Strng 과 같은 sql의 결과로 넘어올 수 있는 데이터 형이다. 보통 while 문을 이용해서 레코드 셋의 처음부터 레코드의 끝을 만날때까지 next() 메소드를 이용하여 조회하게 된다.

```
while(rs.next()){
System.out.println("name : "+"\t"+rs.getString(1));
System.out.println("age : "+"\t"+rs.getInt(2));
```

```
}
```

다음 예제를 통해서 여러 데이터를 추가하고 검색해 보자.

예제

In_SelectDB.java

```
import java.sql.*;
public class In__SelectDB {
public static void main(String args[]){
Connection con;
Statement stmt;
try {
//드라이버를 직접 로딩한다.
Class.forName("sun.jdbc.odbc.JdbcOdbcDriver");
//데이터베이스에 연결한다.
con = DriverManager.getConnection("jdbc:odbc:java","sa","");
//쿼리문을 변수에 담는다.
String insert = "Insert into JavaTable values('안지수', '20','여')";
// 실제 데이터베이스에 접근하기 위해, statement를 생성한다.
stmt = con.createStatement();
// 실행한다.
stmt.executeUpdate(insert);

// SELECT 문을 생성한다.
String sqlStr = "SELECT * FROM JavaTable";
// ResultSet을 구한다.
ResultSet rs = stmt.executeQuery(sqlStr);
//결과를 출력한다.
while(rs.next()) {
System.out.print("name : "+rs.getString(1));
System.out.print("age : "+rs.getInt(2));
System.out.print("gender : "+rs.getString(3)+"\n");
}
// statement를 종료한다.
stmt.close();
// 데이터베이스와의 연결을 끊는다.
con.close();
}
    catch(SQLException ex) {
        System.out.println("SQLException: " + ex);
}
```

```
        catch(Exception ex) {
            System.out.println("Exception: " + ex);
        }
    }
}
```

실행결과

```
name : 홍길동age : 20gender : 남
name : 안지수age : 20gender : 여
```

15.5 데이터 변경 및 삭제하기

(1) 데이터 변경(Update 문)

데이터를 수정하고 싶으면 update 문을 사용하면된다. 이는 insert 문과 사용방법이 같다. 형식은 아래와 같다.

update 테이블명 set 바꿀 컬럼=값 where 조건

String sql="update JavaTable set name='안지민' where name='홍길동'";

st.executeUpdate(sql);

(2) 데이터 삭제(Delete 문)

테이블의 레코드를 삭제하고 싶은 경우에도 delete 문을 사용하면 된다. 형식은 아래와 같다.

delete 테이블명 [where 조건]

String sql="delete JavaTable where name='안지민';

st.executeUpdate(sql);

예제

Up_DeleteDB.java

```
import java.sql.*;
public class Up__DeleteDB {
public static void main(String args[]){
Connection con;
Statement stmt;
ResultSet rs;
try {
//드라이버를 직접 로딩한다.
Class.forName("sun.jdbc.odbc.JdbcOdbcDriver");
//데이터베이스에 연결한다.
con = DriverManager.getConnection("jdbc:odbc:java","sa","");
// name 값이 "홍길동"인 데이터를 "안지민"으로 바꾼다.
String update="update JavaTable set name='안지민' where name='홍길동'";
// 실제 데이터베이스에 접근하기 위해, statement를 생성한다.
stmt = con.createStatement();
// 실행한다.
stmt.executeUpdate(update);
// SELECT 문을 생성한다.
String sqlStr = "SELECT * FROM JavaTable";
// ResultSet을 구한다.
rs = stmt.executeQuery(sqlStr);
//바꾸어졌는지 확인한다.
System.out.println("바꾸고 난후---");
//결과를 출력한다.
while(rs.next()) {
System.out.print("name : "+rs.getString(1));
System.out.print("age : "+rs.getInt(2));
System.out.print("gender : "+rs.getString(3)+"\n");}
// name의 값이 "안지민"인 것만 데이블에서 삭제한다.
String sql="delete JavaTable where name='안지민'";
stmt.executeUpdate(sql);
// ResultSet을 구한다.
rs = stmt.executeQuery(sqlStr);
//삭제되었는지 확인한다.
System.out.println("삭제하고 난후---");
while(rs.next())
{
System.out.print("name : "+rs.getString(1));
System.out.print("age : "+rs.getInt(2));
System.out.print("gender : "+rs.getString(3)+"\n");
```

```
}
// statement를 종료한다.
stmt.close();
// 데이터베이스와의 연결을 끊는다.
con.close();
}
    catch(SQLException ex) {
      System.out.println("SQLException: " + ex);
}
    catch(Exception ex) {
      System.out.println("Exception: " + ex);
     }
   }
}
```

실행결과

```
바꾸고 난후---
name : 안지민 age : 20 gender : 남
name : 안지수 age : 20 gender : 여
삭제하고 난후---
name : 안지수 age : 20 gender : 여
```

CHAPTER 16

모바일(Mobile) 자바

16.1 VM의 등장

무선 분야는 최근 몇 년 사이에 갑자기 활성화된 산업분야로서 가장 폭넓고 미래에 영향력 있는 변화를 주도할 분야로 인정받고 있다. 각종 통계와 지표에서 미래 무선 통신 분야의 발전이 어떠하리라는 예측을 보면 하나같이 그 그림들이 지수적인 성장을 예고하는 것들이다.

그러나 실제로 무선 분야에서 과거와 같이 폐쇄적으로 모든 Application을 하드웨어 회사(단말기 제조사)들이 독점하는 것이나 현재의 무선인터넷을 주도하고 있는 WAP방식으로는 새로운 시대를 열어갈 수 없다는 것이 많은 사람들의 생각이다.

모바일 분야에 있어서 기존의 단순한 Text방식의 WAP서비스만으로는 지속적인 성장을 이끌 수 없으며 다양한 잇점을 제공하는 새로운 프로그램 개발방식과 구조가 필요하게 되었다.

Java가 비록 성공하지는 못했지만 처음으로 정적인 웹화면에 동적이고 자유로운 Application이 가능하도록 만들었고(applet) 결과적으로 웹 서비스에 있어서 동적인 서비스에 시초가 되었던 것과 같이. mobile 분야에서도 java의 역할이 유사한 개념을 제공하는 시초가 되었다.

최근 국내 동향에서 VM들이 등장하고 있고 경쟁을 하고 있는 중에 있어 종국에 어떻게 될른지 알 수 없지만 세계적으로는 유수의 무선단말기 업체나 일본의 NTT

Docomo같은 회사들이 Java를 채택하고 있어 Mobile분야에서도 Java의 미래는 밝다고 전망된다.

(1) WAP과 VM

WAP또는 ME에 비해서 VM 기술이 주는 이점은 무었이 있을까 생각해 보자 WAP은 무선 인터넷 서비스를 위한 플랫폼으로 1995년 일찌감치 표준안으로 여겨져 사용되어 왔다. 이것은 HTML과 유사한 WML이라는 Tag방식으로 되어 있고 웹에서의 Javascript와 같이 WMLscript라는 스크립트로 한계를 극복하려고 하였다.

WAP말고 I-Mode 무선인터넷서비스를 제공하여 폭발적인 호응을 입어 자국내에서 뿐아니라 세계적인 회사가 된 NTT Docomo의 서비스는 c-HTML이라는 HTML에 보다 유사한 방식을 사용하며 이것은 보다 HTML에 유사하여 일반 웹브라우져에서도 볼 수 있다.

그러나 이러한 HTML based 서비스는

① 보안적인 한계

② 인터페이스가 매우 조악하다는 점

③ Online상태에서만 사용이 가능하다는 점

무선 인터넷이 발전할수록 멀티미디어나 보안, 복잡한 Application 통신 기능 등이 요구되는데 이러한 점을 충족시키기에는 부족하였다. 이러한 이유에서 Java가 호응을 얻게 되었다.

(2) VM의 장점

현재 모바일 특히 휴대폰에서의 VM은 전성기를 구가하고 있다고 해도 과언이 아닐정도로 VM의 필요성을 인정하고 있으며 단지 Java기반의 VM이 아닌 C 언어 기반의 VM도 개발되어 사용되고 있다. 그럼 왜 이러한 VM이 채택되는지, VM의 장점이 무었인지 간단히 보기로 하자.

• 동적인 애플리케이션의 다운로드가 가능하다.

기존 사용자들은 A/S 센터를 찾아가서 소프트웨어 업그레이드를 받아야 하는 불편함을 감수해야만 했다. 그런 앞으로는 무선 애플리케이션과 서비스를 관리하는 데 있어서 모든 작업을 사용자에게 맡기거나 하는 것은 더 이상 설득력이 없다. VM기반의 무선 Application은 실시간으로, 동적으로, 그리고 안전하게 다운로드될 수 있다. Applet처럼 VM은 실행 코드의 네트웍 이동/실행을 제공하는 우수한 솔루션으로 인정받고 있다.

• 비연결성을 제공한다.

기존 WAP방식의 서비스는 Network에 의존적으로 될 수 밖에 없었다. 즉, 서비스가 되려면 반드시 Network이 가능한 상황이어야 했다. 그러나 항상 네트워크에 연결되어 있을 수는 없다. 사용자는 지하 5층에서 장시간 머무를 수도 있다. VM을 사용함으로써, 네트워크에 연결되지 않았을 때에도 기존에 download했던 응용 프로그램들을 실행시켜서 작업을 하거나 게임을 즐기거나 할 수가 있다. 또한 작업한 내용을 네트워크에 연결이 가능한 상태에서 동기화하는 것이 가능해 질 것이다.

• 향상된 사용자 경험과 역동성을 제공한다.

기존의 WAP 또는 ME브라우저 기반의 서비스는 유저 인터페이스에 근본적인 한계가 있다. 동적으로 다운로드된 자바 애플리케이션은 보다 향상된 그래픽과 더욱 빠른 응답속도를 통해 사용자들의 만족도를 높여 줄 것이다.

• 보안문제에 대한 해결책을 제시할 수 있다.

아직도 무선인터넷에서의 보안 문제는 해결되지 않고 있다. WAP과 ME, 그리고, iMode는 종단간 보안에 관한 한 완벽한 솔루션을 제시하지 못하고 있다. 자바는 이미 훌륭한 보안 모델을 가지고 있으며, 무선네트워크에서의 보안 문제를 해결할 수 있을 것이다.

특히 Java VM이 제공하는 장점은 몇 가지 더 있다.

• 크로스-플랫폼 호환성을 높일 수 있다.

Java VM에서만 가능한 이 장점은 완전하지는 않지만 최대한 플랫폼간의 호환성을 제공해 줄 수가 있다. 유사한 수준의 성능을 제공하는 기종들에서는 상당히 호환성을 갖출 수 있도록 되어 있으며 다른 기기로의 전환도 비교적 용이한 상황이다.

• Object oriented programming language의 장점을 제공한다.

즉 보다 개념적으로 직관적이고 단순한 코딩으로 많은 기능을 수행하도록 개발하는 것이 용이하다. Object Oriented 프로그래밍이 VM에 있어 장점만을 제공하는 것은 아니지만 쉽고 개발에 용이한 Java의 장점에 많은 부분 도움이 되고 있는 것이 사실이다.

• 커다란 개발자 커뮤니티가 있다.

현재 Java개발자들은 약 250만명 있다고 한다. 이러한 개발자들의 수는 많은 개발 산물들을 내어 놓고 있고 결과적으로 웹 분아니라 기존의 Client/Server Application 뿐만아니라 모바일 분야에서도 많은 개발자들을 생겨나게 하고 있다.

Java VM에서 장점만이 있는 것은 아니다. 여전히 로딩 속도면에서는 C기반의 VM에 비해서 떨어지고 있으면 현재 Brew라는 강력한 경쟁자를 만나고 있다. 하지만 이미 Java VM은 선두권을 형성하고 있으며 유럽과 일본의 대다수 서비스가 Java VM기반으로 되고 있고 또 되어가고 있다. 그럼 모바일 기기에 생명을 불어넣는 작업을 모든 개발자들의 몫으로 돌려놓은 J2ME 플랫폼에 대해 알아보도록 하자.

16.2 J2ME개요

Java2플랫폼이라 하면 프로그램언어인 Java, 그리고 실행환경과 개발환경을 전체적으로 규정하는 의미이다. J2ME 플랫폼은 다양한 제품과 임베이드 기기 시장을 목표로 예를 들어 셀롤러폰, 페이져, 팜, 셉톱박스, 인터넷 TV등등을 위한 플랫폼 규정하고 있다.

J2ME플랫폼은 실행, 개발환경으로 KVM, 애플리케이션 프로그래밍 API Library, Deployment와 Configuration tool 들을 제공한다. J2ME플랫폼이 지향하는 제품군들을 두개의 그룹으로 나누면, 첫 번째로 개인의 휴대가 가능하며 네트워크를 통한 정보전달이 가능한 기기군들로 셀롤러 폰, 페이져 등을 말할 수 있으며, 두 번째로 구체적인 기능을 가지며, 고정되어 있는 정보전달 기기군들로 셉톱박스, 인터넷 TV, 자동차 네비게이션 시스템등으로 구분할 수 있다.

셀롤러폰이나 페이져 등은 제품들의 모양,성능, 특성이 제각각이기 때문에 각각의 기계장치들의 공통되는 핵심부분을 모아 버츄얼머신(Virtual Machine)의 Configuration과 API들을 제공하고 있다. 실행환경 측면에서의 J2ME Configuration은 메모리 용량과 프로세스의 처리용량이 비슷한 것들을 같은 범주로한 API들로 CLDC를 정의하고 있다. Configuration의 스펙을 살펴보면, 프로그램 언어인 Java , Java Virtual Machine 실행환경, 개발 도구로 Java라이브러리와 API를 제공하고 있다. 하이-레벨 아키텍처는 기계장치의 OS위에 버츄얼머신이 존재하고 그 위에 컨피규레이션(Configuration)과 프로파일이 수직적 구조로 이루어져 있다. 현재J2ME 플랫폼에서는 CLDC(Connected Limited Device Configuration)와 CDC(Connected Device Configuration), 두 가지의 표준 컨피규레이션이 있다. J2ME 플랫폼은 사용되는 기계장치별로 Java플랫폼을 정의하는 프로파일을 제공하여 개발과 실행을 가능하게 한다. 프로파일은 컨피규레이션 위에 위치하는 기계장치별로 구분되는 API들로서 현재는 MIDP(Mobile Information Device Profile)만이 제공, 실행되며, 차후에 PDA Profile, RMI Profile 등이 포함될 것이다.

SUN은 JCP(자바에 대한 License와 표준을 관장하는 기구로 Java Community Process의 약자)를 만들면서 전체 자바구조를 새로운 기틀로 재편성하였다. 업무/적용 영역에 따라 다음과 같은 세 가지 영역으로 나눈 것이다.

① J2SE : 업무용 서버·시스템전용
② J2EE : 표준적인 구성으로, 데스크탑, 워크스테이션전용
③ J2ME : 적은 자원으로 동작하는 편입 기기용

이러한 구분은 합리적인 것으로 받아들여지는 분위기이다. 가장 많이 보는 그림을 보도록 하자

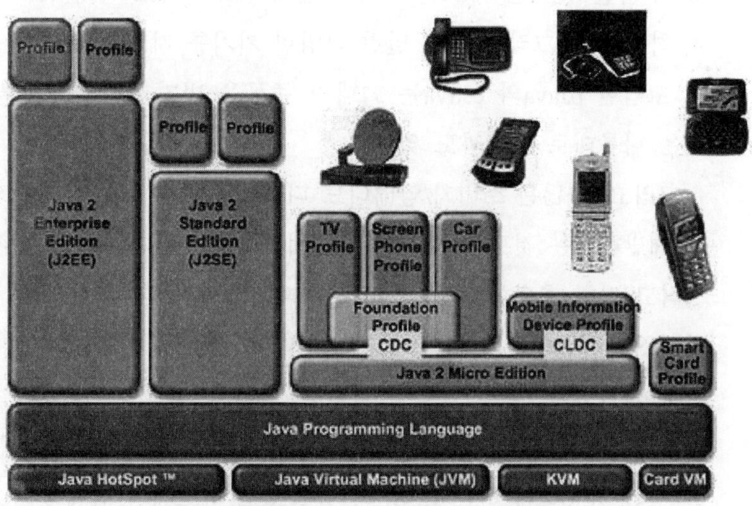

【그림 16.1】 Java Spec 구분도

그림에서 J2EE나 J2SE는 비교적 단순한 반면 J2ME는 복잡한 것을 알 수 있다. 그것은 J2EE나 J2SE는 비교적 고급 사양의 CPU등 자원을 가진 시스템을 위한 것이며 이 경우 시스템의 OS나 환경에 따라 달라지는 것이 없다. 즉 자바의 강점으로

내세우는 부분이라고 할 수 있다.

그러나 J2ME는 그렇지 않다. 보다 많은 세분화된 하드웨어 지원이라는 문제가 있는 것이다. 그래서 보기에도 다양하게 세분화된 전략을 택할 수 밖에 없었던 것으로 보인다. 아래의 표는 각 스펙에 따른 구분 영역을 보여 주고 있다.

<table>
<tr><td>Profile</td><td>Profile</td><td>Foundation Profile</td><td>Personal Profile</td><td>RMI Profile</td><td>PDA Profile</td><td>Mid Profile</td><td>Profile</td></tr>
<tr><td rowspan="2">J2EE</td><td rowspan="2">J2SE</td><td colspan="3">CDC</td><td colspan="2">CLDC</td><td>Configuration</td></tr>
<tr><td colspan="5">J2ME</td><td>Edition</td></tr>
<tr><td>Hotspot VM</td><td>JVM</td><td colspan="3">Classic VM</td><td colspan="2">KVM</td><td>Vertual Machine</td></tr>
<tr><td colspan="2">10MB이상</td><td colspan="3">10MB ~ 1 MB</td><td colspan="2">512KB ~ 32KB</td><td></td></tr>
</table>

【그림 16.2】 스펙에 따른 JavaVM 구분 영역

사실 Java 자체가 탄생한 이유가 가전제품을 위한 플랫폼이었기 때문에 이러한 점에서 J2ME는 본연의 의무를 되찾을 수 있는 계기로 되어질 수도 있었는지 모르겠다. 사실 SUN은 퍼스널 자바와 임베디드 자바로 임베디드 시장을 목표로 한 도전을 하였었다. 그러나 앞서 말한 다양한 기기를 지원해야 하는 특성상 단일한 플랫폼을 고집한 pJava와 eJava는 그다지 주목을 받지 못했다. 몰론 인터넷 셋탑 박스와 같은 나름대로의 성과도 있었다.

그리고, 수많은 소비자/임베디드 디바이스들에 공통적으로 적용할 수 있는 플랫폼을 개발한다는 것도 자체적으로 한계가 있었다. 다양한 하드웨어, 다양한 운영체제, 그리고 전혀 호환성 없는 유저 인터페이스까지, 이 모든 차이점을 극복하면서 기존의 J2SE 기반의 자바와의 호환성까지 유지할 수 있는 솔루션은 불가능하다는 문제 인식이 있었다.

그래서 등장한 개념이 Configuration과 Profile로의 플랫폼 분할이다. 다양한 스펙을 지원 가능하게 하는 J2ME의 등장으로 하드웨어 업체들은 적극적인 지지를 보낼 수 있게 되었다.

16.3 Configuration과 Profile

(1) Configuration

컨피규레이션이란? 자바 가상머신과 코어 API들에 대한 명세를 의미하고, 프로파일은 그 상위의 클래스 라이브러리, 즉 표준 API 집합에 대한 명세를 의미한다. 이러한 개념적인 분할이 필요한 이유는 메모리와 CPU등의 크기와 성능이라는 측면에서의 요구사항이 동일한 디바이스들의 집합을 하나로 묶어서 컨피규레이션을 정의하고, 이러한 컨피규레이션을 바탕으로 각 디바이스들의 기능, 혹은 버티컬 시장의 요구사항에 맞추어 프로파일을 정의함으로써, 플랫폼의 통일성과 다양성을 동시에 만족시킬 수 있기 때문이다.

J2ME의 등장과 Configuration, Profile 개념의 도입은 임베디드 시스템으로의 확장이라는 측면에서 매우 성공적으로 이루어 졌으며 J2ME가 Java전체에서 분할되어 진 것처럼 j2me는 다시 Configuration이라는 환경으로 그리고 다시 그 속에서 Profile이라는 단위로 더 세분화되는 개념을 가져왔다. 조금 복잡하게 보여도 많은 장비업체를 만족시키기에는 어느정도 성공을 거두고 있으며 이러한 역할은 SUN이 후원하는 JCP가 결정적인 역할을 하고 있다.

<표 16-1>은 JCP(Java Community Process)에서 현재 작업중인 J2ME 플랫폼들이다. J2ME 플랫폼은 J2EE, J2SE와는 달리, 다중 컨피규레이션을 수용하고 있으며, 특히 메모리의 요구사항에 따라 두 가지의 컨피규레이션이 정의되고 있다.

즉, 128K에서 512K의 메모리가 가용한 디바이스들은 CLDC로, 512K 이상(주로 2M 정도)의 메모리가 가용한 디바이스들은 CDC라는 컨피규레이션을 적용하려고 하고 있다. CLDC는 KVM(K Virtual Machine)을 기본 가상머신으로 채택하고 있으며, CDC는 기존의 퍼스널 자바를 바탕으로 표준화 작업이 진행 중이다. MIDP는 CLDC를 기반으로 양방향 페이저, 셀룰러폰, 무선 기능이 탑재된 PDA 등의 모바일 인포메이션 디바이스(MID)를 목표로 정의된 프로파일이다. 퍼스널 프로파일, 파운데이션 프로파일, RMI 프로파일 등은 CDC를 기반으로 하는 프로파일 들이며, JCP에서 표준화가 진행 중이다.

▶표 16.2 J2ME 플랫폼 표준화 동향

명 칭	요구사항 정의	명세서 버전	참조구현 다운로드
CLDC(Connected Limited Device Configuration)	JSR-30	1.0 (퍼블릭 리뷰)	바이너리/소스
MIDP(Mobile Information Device Profile)	JSR-37	1.0 (퍼블릭 리뷰)	바이너리
CDC(Connected Device Configuration)	JSR-36	0.5 (JCP 리뷰)	N/A
Foundation Profile	JSR-46	N/A	N/A
Personal Profile	JSR-62	N/A	N/A
RMI Profile	JSR-66	N/A	N/A

Configuration 은 여러 가지의 Profile 들이 올라가서 수행되기 위한 환경(Core Technology)에 대한 명세라고 할 수 있다. 자바 VM 과 Core API 들이 포함되게 된다. 자바 VM 은 KVM, PersonalJava VM, Classic VM 등이 있고, Core API 에는 java.* package와 optional package 들이 존재한다. 그리고 Floating point 연산이라든지, Garbage Collection 일고리즘에 대한 정책 그리고 Thread 정책과 같은 부분도 다루게 된다.

Configuration에는 앞에서 말한 바와 같이CDC 와 CLDC 가 있다. CLDC 는 KVM 을 사용하고 CDC 는 PersonalJava VM 이나 Classic VM 을 사용한다. Core API 부분은 CDC 가 J2SE 의 API 일부분과 J2ME 의 Optional Package 을 사용하고, CLDC 는 CDC 의 일부분만을 사용한다.

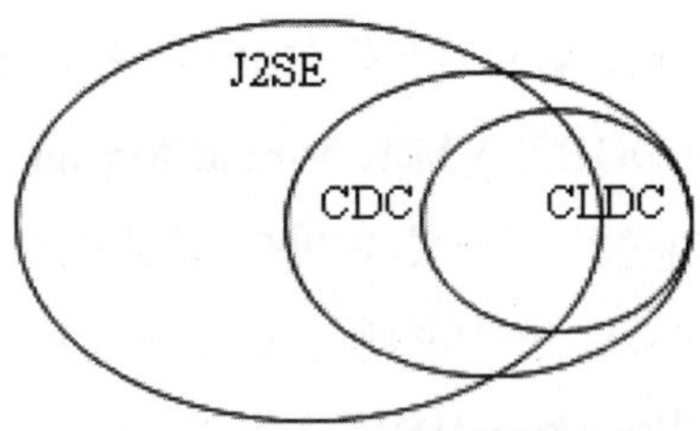

【그림 16.3】 CDC, CLDC 와 J2SE 와의 관계

위의 그림과 같이 CDC나 CLDC 는 J2SE 의 범주에 속하나 Connected Device 의 API 클래스 라이브러리들이 존재한다. CLDC 는 제한된 메모리 용량이나 CPU 용량 그리고 Network bandwidth 가 적은 Device 을 위한 Configuration 이고 CDC 의 범주내에 속하면서 VM 자체나 Core API 부분이 CDC 보다 적다.

(2) Profile

Configuration이나 Profile이니 하는 용어들이 알아야 할 것 많은 개발자들에게 쉽게 다가오지 못하고 생소하게 느껴지는 것은 어쩔 수가 없는 것 같다. Profile에 오면 J2ME는 한마디로 자바의 장점을 포기한 Java라는 평가가 가능하다. 그것은 Profile상호간에는 호환성이 보장되지 않기 때문이며 지금까지 현실적으로도 그러하지 못한 형편이다. 먼저 Profile 이라는 것이 무엇인지 보자 아래 그림에서 보는 바와 같이 Configuration은 장치별 분류에 맞는 API라고 하였다. 즉 일종의 라이브러리라는 것이다.

Profile에도 장치별 유구에 맞는 클래스라는 설명이다. 즉 유사한 라이브러리 개념이라고 볼 수 있다. 이것은 두개이상의 J2ME Profile을 코딩 해보거나 살펴보기만 해도 알 수 있는데 예를 들면 MIDP와 kittyhwak(ez-java에서 사용중인 Profile이다.)를 비교해 보면 알 수 있다. 즉 Profile 이 제공 해야 하는 UI와 Database부분에서 다르다. MIDP에서 제공하는 UI와 KittyHwak에서 제공하는 UI관련 API들의 구조도가 비슷한 부분이 있기는 하지만 분명히 다르다. 또 DB문제에서도 MIDP는 RMS를 제공하지만 KittyHwak에서는 scratchpad라는 것을 제공하여 DB기능을 사용하게 한다. 이러한 차이로 말미암아 class 레벨에서 두 결과 물은 같은 코드를 사용할 수 없고 호환성이 없다.

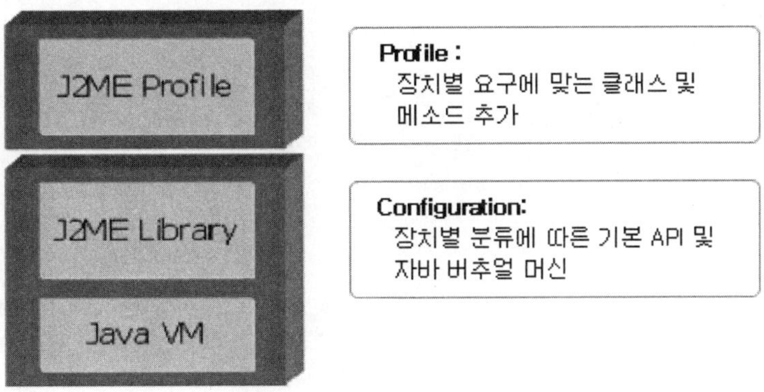

【그림 16.4】 J2ME의 Configuration/Profile

다시 말해서 Profile은 특정 Device type 이나 Vertical Market 을 위해서 같은 Configuration 내에서도 다시 세분화한 Sepc을 말하는 것이다. 각 Device의 type 에 맞게 호환성 있게 설계하는 것이 중요하다.

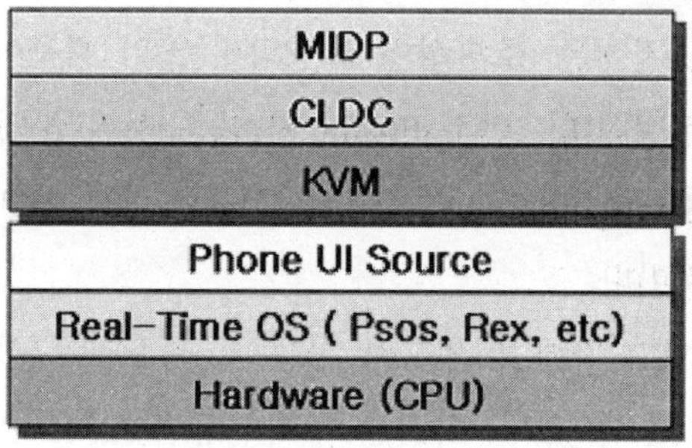

【그림 16.5】 MID Profile 예

동일한Configuration하에서 Target Device 의 Type 에 맞게 Display toolkit이라던가 User input Method, Persistent 데이터 저장 공간, 메시지(SMS, Email, 등), 보안 그리고 무선 환경에서의 네트워크 처리 부분에 대해서 각기 다르게 명세하게 된다. 가장 널리 이용될 가능성이 있는 Profile이 MIDP이다. 현재 많은 Phone 제조 업체들이 MIDP 호환성이 있는 JavaVM을 채택하여 서비스를 하고 있으며 앞으로도 더욱 많은 지원자를 얻을 수 있을 것으로 예상되고 있다.

부록

개발툴 설치 및 환경 설정하기

자바는 SDK만 설치하면 별도로 개발툴이 필요하지 않다. 단순한 기능의 메모장을 이용한 개발도 충분하다. 그러나 개발툴을 이용하면 여러 가지 장점이 있다. 여기서는 가장 일반적으로 사용되는 Editplus를 설치해 보자.

1. Editplus 설치하기

우선 Editplus(http://www.editplus.com/kr/)를 다운로드 받는다.

Editplus는 평가판이므로 30일이 지난 후에는 등록을 하고 사용이 가능하다.

설치를 시작한다. 대화 상자 메뉴의 질문에 따라 '계속' 버튼만 누른다.

설치완료후 Editplus를 실행하면 초기 화면이 나온다.

상단 메뉴에서 도구 > 사용자 도구 구성을 선택하면 '기본 설정' 팝업 창이 나온다.

그룹이름 선택 > java로 바꾼다.

(1) 컴파일 path 설정하기. (컴파일 : 형식 javac 파일 이름)

프로그램을 선택하면 불활성화 되어있던 아래의 항목들이 활성화된다.

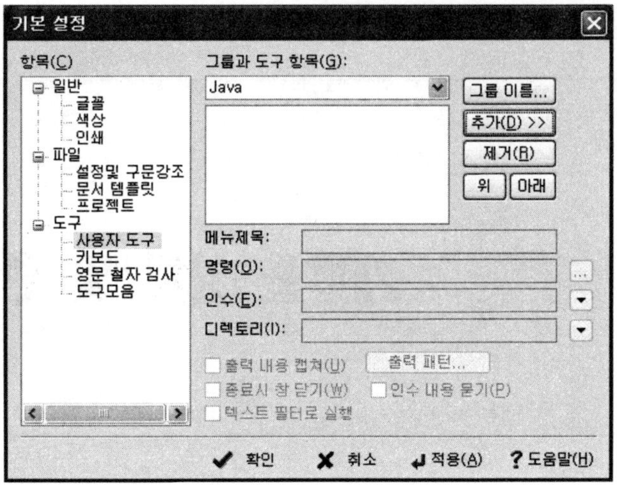

① 메뉴제목 > compile 입력

② 명령 > 옆에있는 '...' 버튼을 눌러서 앞서 설치한 SDK의 bin폴더의 javac.exe를 찾아서 추가한다.

③ 인수 > 옆에있는 버튼을 눌러서 파일 이름을 선택한다. 자동적으로 $(FileName) 입력된다. (파일 확장자 포함)

④ 디렉토리 > 옆에있는 버튼을 눌러서 파일 디렉토리를 선택하면 자동적으로 $(FileDir) 입력된다. 실행하고자 하는 파일의 위치를 지정한다.

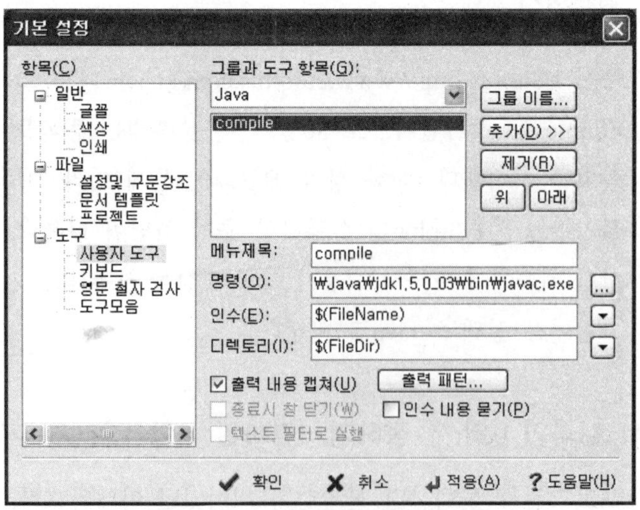

(2) 실행 path 설정하기. (실행 형식 : java 확장자를 뺀 파일명)

추가 > 프로그램 선택하면 불활성화 되어있던 아래의 항목들이 활성화된다.

① 메뉴제목 > run 입력

② 명령 > 옆에있는 '...' 버튼을 눌러서 앞서 설치한 SDK의 bin폴더의 java.exe를 찾아서 추가한다.

③ 인수 > 옆에있는 버튼을 눌러서 확장자를 뺀 파일 이름을 선택한다. 자동적으로 $(FileNameNoExt) 입력된다. (실행시 확장자를 제외한 파일 이름이 필요)

④ 디렉토리 > 옆에있는 버튼을 눌러서 파일 디렉토리를 선택하면 자동적으로 $(FileDir) 입력된다.

(3) 애플릿뷰어 path 설정하기. (실행형식 : appletviewer html 문서명)

추가 > 프로그램을 선택하면 불활성화 되어있던 아래의 항목들이 활성화된다.

① 메뉴제목 > appletviewer 입력

② 명령 > 옆에있는 '...' 버튼을 눌러서 앞서 설치한 SDK의 bin폴더의 appletviewer.exe를 찾아서 추가한다.

③ 인수 > 옆에있는 버튼을 눌러서 파일 이름을 선택한다. 자동적으로 $(FileName) 입력된다. (애플릿이 삽입된 html 문서명)

④ 디렉토리 > 옆에있는 버튼을 눌러서 파일 디렉토리를 선택하면 자동적으로 $(FileDir) 입력된다.

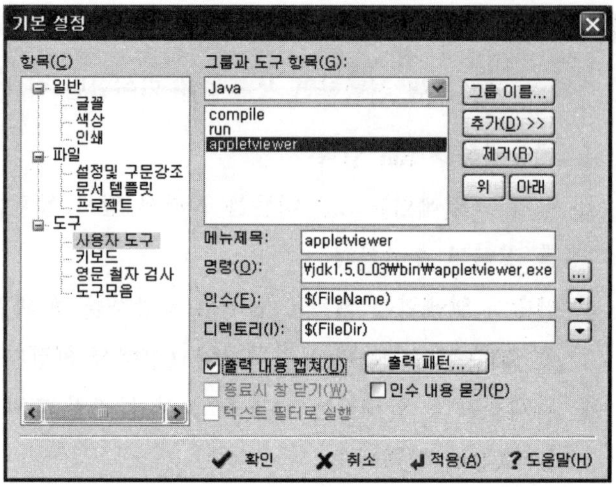

기본설정 창에 있는 체크 박스는 다음과 같은 의미를 가지고 있다.

- 출력 내용 캡쳐 : 명령어 실행시 도스창을 뛰울것인지 여부, 체크를 하면 도스창을 뛰우지 않는다.
- 인수내용묻기 : 실행시 명령행 인자를 넣을 것인지 유무, 체크를 하면 인자를 넣을 수 있은 창이 뜬다.
- 텍스트 필터로 실행 : 체크시 실행 결과를 텍스트 형식으로 출력해 준다.

설정이 끝나면 확인 버튼을 누른다.

설정이 끝난뒤 도구메뉴 창에 다음과 같이 명령어가 추가된 것이 보인다. 실행하는 방법은 선택하거나 단축키를 사용하면 된다.

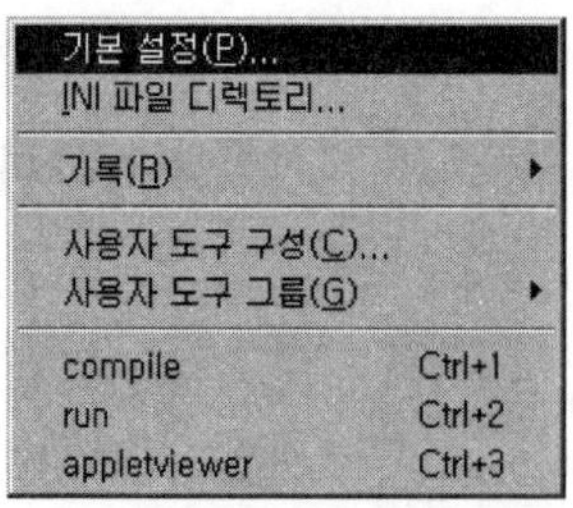

compile	: Ctrl+1
run	: Ctrl+2
appletviewer	: Ctrl+3

찾 아 보 기

(ㄱ)
가비지 컬렉션 / 4
객체 / 4, 85
객체 생성자 / 93
객체지향 / 4
결합성 / 35
공정 / 177
기아 / 177

(ㄴ)
내부클래스 / 135

(ㄷ)
다차원 배열 / 73
다형성 / 87
대입 / 32
대화 상자 클래스 / 282

(ㄹ)
라운드 버튼 / 272
레이블 / 269
리스트 클래스 / 275

(ㅁ)
멀티스레드 / 177, 5
메소드 영역 / 65
메시지 / 84
명령형 인자 / 80
명시적 형변환 / 37
모니터 / 181
모듈성 / 84
몸체부 / 139
무한루트 / 321
묵시적 형변환 / 37
문자 스트림 / 245
문자 스트림과 바이트 스트림 / 246

(ㅂ)
바이트 스트림 / 245
바이트 코드 / 7
반복문 / 52
배열 / 66
버튼 / 271
분기문 / 56

(ㅅ)
상속 / 109, 86
상위클래스 / 109, 111
상태 / 83
상태 변수 / 181
상태전이 / 166
선언부 / 139
선택 클래스 / 273
설계도 / 84
소켓 / 298
스레드 / 154
스크롤바 클래스 / 276
스택 / 65
스트림 / 235

(ㅇ)
애플리케이션 / 3
애플릿 / 209, 3
애플릿뷰어 / 15
예외 처리 / 81
우선순위 / 35
유니코드 / 21
이벤트 / 321
이벤트 지향 / 321
이항 연산자 / 23
인스턴스 / 85
인터페이스 / 146
인터프리터 / 6
임계영역 / 181

(ㅈ)
자료형 / 19
자바 인터프리터 / 15
자바 컴파일러 / 15
자바디버거 / 15
자바빈즈 / 2
자바스크립트 / 2
재사용성 / 85
재정의 / 120, 87
정보은닉 / 84
조건 / 34
주석문 / 16, 53
중복 정의 / 87, 92, 120
중첩클래스 / 131
지역변수 / 45

(ㅊ)
참조형 / 20
체크박스 / 272
추상 메소드 / 128
추상 클래스 / 128

(ㅋ)
캔버스 클래스 / 277
캡슐화 / 84
클래스 / 146, 84

(ㅍ)
파일 대화상자 클래스 / 285
팝업 리스트 / 274

패키지 / 146, 341
표준 입출력 / 78
프레임 클래스 / 281
프로세스 / 149
프로토타입 / 84

(ㅎ)

하위클래스 / 109, 111
행동 / 83
형변환 / 37
힙 / 65

(A)

abstract class / 128
API / 147
appletviewer / 15
Argument / 80
Assignment / 32
AWT / 269

(B)

behavior / 83
Bitwise / 30
boolean / 23
break문 / 56
Button / 271

(C)

Canvas / 277
Casting / 37
catch / 190
character-stream / 245
Checkbox / 272
Choice / 273
class 키워드 / 16
Component / 227
condition variable / 181
Conditional / 34
Configuration / 423
constructor / 94
critical section / 181

(D)

DBMS / 403
deadlock / 177
Dialog / 282
DNS / 297
do-while 문 / 56
double / 22
double 형 / 22

(E)

Editplus / 427
EJB / 2
event / 321
event driven / 321
Exception Handling / 81

(F)

fairness / 177
File Dialog / 285
finally / 190, 194
float / 22
Frame / 281
friendly / 90

(G)
Garbage Collection / 4
GUI / 269

(I)
import 문 / 146
InetAddress / 291
infinite loop / 321
inner class / 135
instanceof / 357
int / 21

(J)
J2EE / 421
J2ME / 420, 421
J2SE / 421
java / 15
Java Beans / 2
javac / 15
javadoc / 15
javah / 15
JavaScript / 2
jdb / 15
JDBC / 404
JIT / 7
JRE / 12
JScript / 2
JSP / 2
JVM / 3

(L)
Label / 269
LinkedList 클래스 / 391
list /275
LiveScript / 2
long / 21

(M)
main 메소드 / 16
method / 120
method overloading / 120
MSB / 31

(N)
nested class / 131

(O)
Object / 356
ODBC / 404, 405
Overloading / 92
Overriding / 120

(P)
Package / 341
paint() / 231
ping 명령어 / 152
Polymorphism / 120
pop-up list / 274
private / 125, 90
Process / 149
Profile / 425
protected / 125, 90
public / 125, 16, 90

(R)
Radio button / 272
repaint() / 231
RMI /5

Runnable / 159
Runtime / 149

(S)
Scrollbar / 276
SDK / 9
Servelet / 2
short circuit / 29
SMTP / 305
Socket / 298
SQL / 403
starvation / 177
state / 83
static / 16
stream / 235
String / 75
subclass / 109, 111
superclass / 109, 111
synchronized / 140

(T)
this / 96
Thread / 154
Throwable / 200
transient / 140
try / 190

(U)
UDP / 302
update() / 231
URL 클래스 / 294

(V)
VM / 417
Void 형 / 20
volatile / 140

(W)
WAP / 417
while문 / 53

자바 프로그래밍

2008년 8월 25일 인쇄
2008년 8월 31일 발행
저 자 안 동 찬 · 신 진 섭 공저
펴낸이 오 성 걸
펴낸곳 오성미디어
주 소 132-916 서울시 도봉구 창 3동 491-1
전 화 02)997-0136
FAX 02)997-0137
등 록 2000. 5. 12 제 7-212 호
ISBN 978-89-92583-32-9 값 18,000원